# 汽车专业大学生科技创新暨全国大赛指南

年轻的朋友们:

◇ 你梦想设计出属于未来的智能车辆吗?

◇ 你梦想亲手造出仅用1L燃油驰骋千里的汽车吗?

◇ 你梦想驾驶自己设计制造的方程式赛车在赛道上纵横驰骋吗?

◇ 你梦想在校期间，通过科技创新获得国家级发明专利吗?

◇ 你梦想在全国科技创新大赛中勇夺桂冠，以最佳成绩回报对你有多年养育之恩的父母以及为母校增光添彩吗?

**如果您有梦想，请加入我们车队，加入大学生科技创新中来！《汽车专业大学生科技创新暨赛事指南》助您梦想成真!**

## 吉林大学大学生汽车创新联盟

Gspeed

FSAE赛车车队——吉速

cOnceptiOn
吉林大学肯赛车队

节能车队——肯赛

Idea smart car

智能车队——爱德

PACE

创新团队——PACE

JLU 大学生创新联盟：113477972　　创新项目讨论群：176238432

吉林大学汽车工程学院吉速车队第一辆赛车新车发布会（2010）

吉林大学汽车工程学院吉速车队荣获首届中国大学生方程式汽车大赛“中国一汽FSAE综合奖”“东风技术创新大奖”“制造成本分析第一名”等多个奖项

吉速车队代表吉林大学参加2012年第三届中国FSAE方程式竞技大赛

肯赛车队代表吉林大学参加第六届HONDA中国节能竞技大赛并获得冠军

吉林大学汽车学院与长安汽车集团共同举办的“奔奔”文化节汽车设计大赛

吉林大学汽车学院勇夺由中国汽车工程学会主办2003年“中国著名高校大学生汽车知识大奖赛”的桂冠

吉林省大学生工程训练综合能力竞赛暨全国竞赛吉林赛区选拔赛一等奖

吉林大学汽车学院学生在潍柴动力参观实习

吉林大学汽车学院组织学生参加一汽丰田实习活动

吉林大学

SCIENCE & TECHNOLOGY INNOVATION ACTIVITIES AND NATIONAL COMPETITIONS GUIDE FOR UNDERGRADUATES IN AUTOMOTIVE ENGINEERING

# 汽车专业
# 大学生科技创新暨
# 全国大赛指南


主　编◎王军年　付铁军

副主编◎王建华　朱　冰　燕玉铎　魏　乐　张英朝　杨　博

参　编◎徐潘龙　赵文强　詹坚成　燕　菲　孙博华

主　审◎高　青　李　静



北京理工大学出版社

BEIJING INSTITUTE OF TECHNOLOGY PRESS

**图书在版编目（CIP）数据**

汽车专业大学生科技创新暨全国大赛指南／王军年，付铁军主编．—北京：北京理工大学出版社，2015.6

ISBN 978－7－5682－0532－0

Ⅰ.①汽…　Ⅱ.①王…　②付…　Ⅲ.①汽车工程－高等学校－教学参考资料　Ⅳ.①U46

中国版本图书馆CIP数据核字（2015）第123678号

出版发行／北京理工大学出版社有限责任公司
社　　址／北京市海淀区中关村南大街5号
邮　　编／100081
电　　话／（010）68914775（总编室）
　　　　　（010）82562903（教材售后服务热线）
　　　　　（010）68948351（其他图书服务热线）
网　　址／http：//www.bitpress.com.cn
经　　销／全国各地新华书店
印　　刷／保定市中画美凯印刷有限公司
开　　本／710毫米×1000毫米　1/16
印　　张／23.5
彩　　插／4
字　　数／337千字
版　　次／2015年6月第1版　2015年6月第1次印刷
定　　价／46.00元

责任编辑／梁铜华
文案编辑／梁铜华
责任校对／周瑞红
责任印制／王美丽

图书出现印装质量问题，请拨打售后服务热线，本社负责调换

# 前言 Preface

创新是一个民族进步的灵魂，是国家兴旺发达的不竭动力。当今社会已经是知识经济时代。经济增长和社会进步比任何时候都更加依赖技术创新和高新技术产业的发展。在日趋激烈的国际、国内竞争中，竞争的核心是综合实力的竞争，而创新力是竞争的制高点。谁拥有了创新力这一竞争的制高点，谁就会在竞争中处于不败的地位。处于知识大爆炸的年代，高校有责任担起创新的担子。大学生科技创新的开展有利于创新人才的培养，有利于国家创新体系的完善。

诚如习近平总书记所言："当今世界，科技创新已经成为提高综合国力的关键支撑，成为社会生产方式和生活方式变革进步的强大引领。谁牵住了科技创新这个牛鼻子，谁走好了科技创新这步先手棋，谁就能占领先机，赢得优势。"李克强总理在全国科技奖励大会讲话中指出，创新是中华民族生生不息的秉性，发展进步的动力，而人民是创新的主体。我国现代化建设正处于关键时期，经济发展进入新常态，要保持中高速增长，向中高端水平迈进，必须依靠创新支撑。国家繁荣发展的新动能，就蕴含于万众创新的伟力之中。我们将坚定不移地走创新驱动发展之路，进一步解放思想，解放并发展社会生产力，激发并增强社会创造力，促进社会公平正义，使人人皆可创新，创新惠及人人，在全社会兴起万众创新的热潮，使中华大地处处充满无限生机和创造活力。

国家层面首次对科技创新做出全面部署，创新引领国家和民族发展的未来。大力实施创新驱动发展战略，在为建设创新型国家，实现"两个一百年"奋斗目标，实现中华民族伟大复兴的中国梦而不懈奋斗的过程中，大学生科技创新是国家科技创新体系中极其重要的组成部分，而大学生创新能力培养是高校实践育人的重要内容。通过实践育人大力推动综合素质教育，对于不断增强学生服务国家、服务人民的社会责任感，勇于探索的创新精神，善于解决问题的实践能力，具有重要作用。在参与课外科技创新的活动中，学生除了能提高科技创新能力之外，还能得到科学思维、领导能力、团队协作沟通能力、市场营销宣传能力、项目组织管理能力、成果总结提炼能力等多重能力的培养，因此课外科技创新活动可以成为综合素质培养的载体。广泛、深入、成功地开展大学生课外科技创新活动是我国高等教育创新型人才培养目标的重要体现，其作用和意义十分重大。当前，我国各高等院校及各专业学科都十分重视大学生课外科技创新活动的开展与实施，都把这种活动看成是促进大学生创新型人才培养的加速器和孵化器。

本书首先通过较为系统的文献收集、整理和分析，对国内外在校大学生科技创新与学生科研的发展概况做一次比较全面的回顾，并总结出大学生科技创新工作的实践经验。以笔者所在吉林大学汽车工程学院的大学生科技创新相关工作为实践基础，详细讲解了大学生科技创新核心环节与实战策略，所以说本书也是吉林大学汽车学院全体师生共同努力的结晶，旨在为汽车专业及机械类其他相近专业大学生科技创新活动提供一定的借鉴，但愿能以此书对有志于此的学生起到抛砖引玉的作用。

作者及其学术团队坚持大学生课外科技创新指导工作已有多年，在指导大学生课外科技创新活动方面成果丰富，水平突出，所指导的大学生课外科技创新项目获得过多项国家级奖项并申请数十项专利。为了提升我国大学生在开展课外科技创新活动时的创新思考水平、创新实践能力和创新训练难度，使更多的大学生在开展课外科技创新活动时有经验可以借鉴，有方法可以参考，有技术可以复制，有成果可以移植，精选了近年来由吉林大学汽车学院专业教师指导的大学生节能车队、方程式赛车队、智能车队以及大学生创新创业训练计划中的优秀项目，将其研究背景、立项依据、主体思路、关键技术和创新成果编撰成书，以飨读者。

本书介绍的这些作品因完善的功能配备，独特的方案设计，巧妙的结构安排，合理的决策规划，优异的运动特性，稳定的性能表现，高效的控制机理，新颖的感测技术，完备的能源管理，科学的实验方法，有益的经验体会，广阔的应用前景而引人入胜。本书以这些作品的研发思路为主线，核心技术为依托，创新成果为抓手，总结在指导大学生课外科技创新活动中设计的新理念，探索的新思路，研发的新技术，实验的新方法，工作的新成果，系统地介绍给读者，以推动大学生课外科技创新活动更加普及，更加深入地开展。

当前，大学生课外科技创新活动的热潮风起云涌，作者所开展的工作及其成果只是沧海一粟。要使我国大学生课外科技创新活动的水平能够真正满足创新型人才培养的需要，只有集众人之智、众人之力才能有所作为。希望本书的出版发行能起到抛砖引玉的作用，同时也希望广大专家、读者对本书的谬误之处不吝赐教。

最后，向支持我国大学生课外科技创新活动的吉林大学汽车学院领导和同事们表示衷心的感谢，尤其向提供案例素材的吉林大学吉速车队、肯赛车队、智能车队、PACE 学生俱乐部及参与“挑战杯”竞赛、大学生创新创业训练项目的指导教师和学生表示衷心感谢。最后向本书所引用参考文献的作者和支持本书出版发行的北京理工大学出版社表示诚挚的敬意。

编者 2014 年 12 月于长春

# 目录
# Contents

第 1 章　绪论　001

1.1　大学生科技创新的内涵 / 002
1.2　大学生科技创新活动的重要意义 / 003
1.3　国内外大学生科技创新与学生科研的现状与发展 / 005
1.4　培养大学生科技创新精神和创新能力的途径 / 010

第 2 章　大学生科技创新核心环节与实战策略　019

2.1　大学生科技创新思维过程 / 020
2.2　大学生科技创新活动核心环节与实战策略 / 023
2.3　国内大学生高级别科技创新大赛参赛指南 / 032
2.4　大学生参加科技创新活动感言 / 036

第 3 章　大学生节能车竞技大赛指南　039

3.1　中国节能竞技大赛赛事一览 / 040
3.2　节能车的节油奥秘 / 043
3.3　车手感言 / 098

## 第 4 章　大学生方程式汽车大赛指南 103

4.1　大学生方程式汽车大赛赛事一览 / 104
4.2　方程式赛车发动机 / 110
4.3　方程式赛车底盘 / 119
4.4　方程式赛车车身 / 132
4.5　方程式赛车电气系统 / 136
4.6　方程式赛车相关工作未来展望 / 138

## 第 5 章　大学生智能车竞赛指南 141

5.1　大学生“飞思卡尔”杯智能汽车竞赛一览 / 142
5.2　电源稳压模块 / 147
5.3　单片机模块 / 152
5.4　电机驱动模块 / 155
5.5　传感器模块 / 157
5.6　人机交互模块 / 165
5.7　智能车相关工作未来展望 / 166

## 第 6 章　PACE 中心学生俱乐部指南 167

6.1　PACE 教育推进伙伴计划 / 168
6.2　吉林大学 PACE 中心及其学生俱乐部 / 169
6.3　吉林大学 PACE 学生俱乐部创新实践项目 / 171
6.4　吉林大学太阳能车队 / 205
6.5　PACE 造型设计团队 / 218
6.6　PACE 软件培训 / 224
6.7　PACE 学生俱乐部管理体系 / 226

6.8 PACE 成员感言 / 229

**第 7 章 大学生创新创业训练计划项目指南** 231

7.1 大学生创新创业训练项目综述 / 232
7.2 大学生创新创业训练计划项目学生工作指南 / 235
7.3 大学生创新创业训练计划项目教师工作指南 / 241
7.4 大学生创新创业训练计划项目申报开展流程 / 249
7.5 优秀项目实例 / 251

**第 8 章 “挑战杯”全国大学生课外学术科技作品竞赛指南** 269

8.1 “挑战杯”起源与发展 / 270
8.2 获奖项目案例 / 273

**第 9 章 大学生科技创新成果提炼** 285

9.1 科技论文撰写指南 / 286
9.2 专利申请指南 / 296
9.3 吉林大学吉速车队商业策划实例 / 320

**附录一 理工类大学生科技创新活动全国竞赛项目** 331
**附录二 “挑战者杯”竞赛章程** 335
**附录三 吉林大学大学生创新创业训练计划实施办法** 341
**附录四 汽车专业大学生创新创业训练计划项目清单** 349
**附录五 肯赛节能车队纳新题** 355
**参考文献** 360

# 第 1 章

# Chapter 1 绪　论

## 1.1 大学生科技创新的内涵

当今社会科技进步日新月异，综合国力竞争日趋激烈，21 世纪对当代大学生的综合素质要求越来越高，科技创新能力成为高素质人才的核心和灵魂，培养和提高大学生创新能力的问题更加突出地摆在我们面前。《国家中长期教育改革和发展规划纲要（2010—2020 年）》指出：“创新人才培养模式应遵循教育规律和人才成长规律，深化教育教学改革，创新教育教学方法，探索多种培养方式，形成各类人才辈出，拔尖创新人才不断涌现的局面。”

大学生科技创新活动是指组织引导大学生通过对科技文化知识的学习、转化、运用和自主创造，培养其科技创新意识、创新精神和创新能力的教育实践活动。它是高校培养具有创新精神和实践能力的高级专门人才的重要途径。随着高等教育改革的不断深化，客观认识大学生科技创新活动现状，深刻分析当前影响大学生科技创新活动的诸种因素，对于推动大学生科技创新教育，提升高校人才培养质量，增强高等教育的自主创新能力，具有重要的历史和现实意义。

大学生科技创新活动一般包括科技学习与试验、科技创新与应用两大层次。

科技学习与试验是指在扎实掌握第一课堂理论知识的基础上通过自学开展的掌握专业知识，查阅文献，听取学术报告，交流学术论文等知识拓展活动。

科技创新与应用是指开展科技创新，并应用创新成果。科技创新是原创性科学研究和技术创新的总称，是指创造和应用新知识、新技术和新工艺，采用新的生产方式和经营管理模式，开发新产品，提高产品质量，提供新服务的过程。科技创新可以被分成 3 种类型：知识创新、技术创新和现代科技引领的管理创新。本书主要阐述理工科专业在校大学生群体的技术创新。

大学生的活动丰富多彩，从学生会、社团，到各种实践活动，都有很多接触新事物和锻炼自身能力的机会,而科技创新也是其中的一项。在高中时代,学生接触更多的是基础知识,更多地偏向于理论,如数、理、化。另外,高中的生活都被排得很满,一般难有空闲时间去做一些实践性的东西;而大学生具备这样一个环境,开始学习专业知识,自由支配时间,最重要的是可以自学感兴趣想学习的任何东西。科技创新活动对于锻炼自己的动手能力,以及对专业知识的了解,都有很大的帮助,特别是可以提前熟悉今后从业的方向,为走向社会打下基础。

## 1.2 大学生科技创新活动的重要意义

当代大学生作为未来中国创造原创性成果的中坚力量和希望所在,必将承担起民族发展与强盛的历史重任。在知识经济时代,高校有责任担起创新的担子。大学生科技创新的开展有利于创新人才的培养,有利于国家创新体系的完善。着力开发大学生的科技创新能力具有积极的理论意义与现实意义。

### 1.2.1 从当代大学生的自身能力培养和发展角度来看,科技创新活动具有十分重要的作用和意义

1)科技创新是培养大学生具备现代科技知识和实践动手能力的必由之路。

2)参与科技创新活动有利于扩大学生的知识面,建立更加合理和实用的知识结构。

3)多种多样的科技活动丰富了大学生获取各类知识的渠道,有助于形成"教—学—研"的良性循环;

4)科技活动能有效地激发学生的主观能动性和创造力,增强"敢于攻坚,敢于突破"的信心,并进一步通过科研活动意识到学习的重要性和目的性。这些对当代大学生而言,都是不可或缺的重要精神财富,并在未来的学习、工作和科学研究中逐步体现其重要意义。

### 1.2.2 从高等教育发展的角度来看，能否培养出一批真正具有科研意识、科研能力和创新精神的研究型人才，将关系到我国人才素质教育的全面推进，关系到科学技术能否在更高层次上取得进展，乃至国家现代化建设的兴衰成败

1）培养大学生的创新能力是法律规定的高等教育中心任务之一。《中华人民共和国教育法》第五条规定：“高等教育的任务是培养具有创新精神和实践能力的高级专门人才。”

2）培养大学生的创新能力是国家教育兴国，深化教育改革，全面推进素质教育基本国策的必需。高等教育作为高级人才培养的摇篮，一直被认为是国家创新体系建设的关键环节之一，起着引领和开拓知识创新和技术创新的重要作用。高等学校的主要任务是培养并造就具备科技创新意识与能力的高素质专业人才，并使大学生成为科教兴国战略和推动国家创新体系建设的生力军。早在1999年，中共中央、国务院《关于深化教育改革，全面推进素质教育的决定》就明确指出：高等教育要重视培养大学生的创新能力、实践能力和创业能力。《国家中长期教育改革和发展规划纲要（2010—2020年）》也指出：应全面实施素质教育，坚持能力培养为重；优化知识结构，丰富社会实践，强化能力培养；着力提高学生的学习能力、实践能力和创新能力，教育学生学会知识技能，学会动手动脑。

3）大学生创新教育是整个大学科技创新体系乃至国家创新体系的重要组成部分。大学生创新能力的培养，已成为高等院校的一项重要任务。《国家中长期教育改革和发展规划纲要（2010—2020年）》指出：应该充分发挥高校在国家创新体系中的重要作用，鼓励高校在知识创新、技术创新、国防科技创新和区域创新中做出贡献。

4）大学生创新教育既是影响高等教育人才培养水平的关键领域，也是本科质量工程改革的重点。2011年《教育部、财政部关于“十二五”期间实施“高等学校本科教学质量与教学改革工程”的意见》指出：我国高等教育人才培养存在还不完全适应经济社会发展需要的突出问题，为此要在高校专业结构不尽合理，办学特色不够鲜明，教师队伍建设与培养培训薄弱，大学生实

践能力和创新创业能力不强等关键领域和薄弱环节上，通过一段时间的改革建设，力争取得明显成效，更好地满足经济社会发展对应用型人才、复合型人才和拔尖创新人才的需要。

5）大学生科技创新教育开展的深度和广度，是衡量一所高校科研能力和科研水平的一个重要标志。只有鼓励并发动尽可能多的学生参加到科技创新队伍中来，才能激发学生的创新思维和创新能力，才能把学生培养成创新型和复合型人才。

## 1.3 国内外大学生科技创新与学生科研的现状与发展

### 1.3.1 国外大学科技创新与学生科研的发展与特点

国外普遍重视大学生创新工作，特别重视大学生的科学研究训练。世界各国在高教改革中都把培养创新意识和创新能力放在重要位置。各国都纷纷出台了大学生创新政策，以强化国家创新体系建设。

美国从 20 世纪 70 年代起不仅在一些大学里设立了创新中心，以指导学生的创造发明活动，而且在许多大学开设了一系列专门训练、培养大学生创造意识和能力的课程。1980 年美国国会还通过了《Stovedson－Wydler 技术创新法》，后又于 1989 年出台了《2061 计划》，提出从根本上改变教育体制，加快创新人才培养，造就新一代高素质国民的发展目标。美国的教育政策始终注意引导并发展学生的创造意识与创新能力的培养。

法国教育部部长阿莱格尔于 1998 年与大学校长联席会签署了一份“旨在鼓励创新”的共同声明，后又于 1999 年 7 月颁布了《创新与研究法》。该法为高校坚持以创新求质量、以创新求发展奠定了基础。

德国自 1998 年开始大力推行科技战略，从“研究”政策向“创新”政策转化。1998 年的《德国技术能力报告》《德尔斐研究报告》和《德国科研报告》都明确指出把“创造知识”和“知识经济”作为未来的发展战略，并实施了“大学生科研津贴制度”，以鼓励并支持大学生参加科研活动。

日本更是把发展创新能力视为国策，把对学生创造力的培养作为 21 世纪的教育目标。

与上述各国相仿，加拿大、澳大利亚、奥地利、比利时、英国、丹麦、芬兰、意大利等国，也对创新问题相当重视。世界各国在高教改革中已把开展创新教育，培养创新意识，放在了重要位置。

通过对国外大学生科技创新活动的了解，可见国外大学对大学生科技创新活动重视的程度。其呈现以下特点：

1）对大学生科研工作实行制度化，从相关的任务、内容、经费、奖励、管理体制等方面形成了制度上的保证。如苏联曾颁布多项关于大学生科研工作的条例。法国 1976 年颁布了《大学生科研津贴制度》，而美国从学生高中起即实行“本科生研究会”制度。

2）国外重视科学研究的同时，更提倡大学生的科学研究同教学、专业学习紧密相联。“教学科研化”和“专业性科研化”成为欧美许多国家组织大学生科研工作的原则。在北京大学百年校庆典礼上，美国麻省理工学院的 Charles Mest 校长就曾说过美国麻省理工学院成功的最大秘密就是促进研究和教学的结合，并尽可能地把大学生引到科研领域中去。美国的哈佛大学通过百年的不断创新，发展成为世界一流大学。哈佛大学的创新紧密围绕社会发展的变迁，实施稳妥的创新策略，从而形成其独具特色的创新与稳定的发展，并以此确保其成为美国和世界一流大学。作为一所研究型大学，斯坦福大学（Stanford University）本科教育的基本目标之一就是为学生提供从事各种科研活动的机会。为此，斯坦福大学斥巨资为本科生们创造参与各种科学研究和学术研讨的机会，让学生能够充分投入到探索与发现的过程中去。在这一过程中，“讲授与学习”“教学与研究”“知识的交流与发现”有机地融合在一起。斯坦福大学非常强调师生之间的密切接触。本科生一入校门就有机会与资深教授密切合作。学校通过直接向学生提供研究项目，鼓励他们参与教师科研项目，以提高学生的科研能力。2002 年，用于资助 800 余位学生的研究项目经费就多达 225 万美元，而项目申请者必须是那些已显示出优秀学术才华和浓厚研究兴趣的学生。

3）从课程设置上，欧美多国均设置了科研原理和方法的课程，以提高学生科研的理论水平；同时还要求培养学生的研究能力，并以此促进教学质量。

4）大学生参加科研活动的形式多种多样。欧美学校普遍重视学生在教学实践中的主要参与程度，建立以本科生研究、探索为基础的教学模式，把学生从单纯的知识接受者转变成科学研究的探索者。如加州理工大学（California Institute of Technology）推出的“夏季大学生研究奖学金项目”（Summer Undergraduate Research Fellowships，SURF），麻省理工学院制定的“大学生研究机会项目”（Undergraduate Research Opportunities Program，UROP），哈佛大学的FAP（Freshman Arts Program）项目和HCRP（Harvard College Research Program）项目，使本科生可直接参与以前只有研究生才能参加的科研活动。普林斯顿大学（Princeton University）也有意督促本科生参与科研活动，规定三年级学生均应开展一项独立的创新活动。此外，很多学校为了激发学生的积极性，开设了大量研讨式课程，以促进教学与研究的结合。如俄罗斯就开设有科研原理课、学生科研讨论会以及带有科研性质的作业、实习、生产、论文（设计）等，在课外有大学生科研小组、设计局、大学生科技联合组织的研究活动。美国、加拿大等国的大学中有科研理论和方法课，有研究性的讨论课和实验课，采用“独立研究”或“个别调查研究”等方式。

5）大学生科研的选题越来越趋于联系国民经济和社会实际，而且大学生科研的社会性、实用性越来越显著。如美国鼓励学生到社会上做一些考察研究，做对国家有意义的科学研究工作。匈牙利有的“大学生科研俱乐部”的活动同科学院的国家科研计划进行结合。俄罗斯的学生和教师合作完成的2 000多项发明，20 000余篇科学论文、报告和近24 000件作品在生产中得到运用。日本实行“21世纪卓越研究基地计划”“科学技术人才培养综合计划”等，将大学和公共研究机构的创新能力应用于社会，产生社会价值与经济人工合成，并把创新带来的部分收益返还到科研活动中去，从而形成创新的良性循环机制。

6）普遍加强对大学生科研活动的指导。以美国为例，本科生科研活动是美国研究型大学本科教育中的一个亮点。美国提倡大学生早期参加科研，通过有规模的指导与训练，使参加科研活动的大学生越来越多，而低年级大学生科研活动的队伍也有逐渐发展壮大的趋势。此外，如何实现“大学生从学业开始，便以简单的形式从事研究工作”，也是法国高教界日益重视的重要内容。

### 1.3.2 国内大学生科技创新与学生科研的发展与现状

#### 1.3.2.1 国内大学生科技创新与学生科研的发展历程

国内大学生的科技创新与学生科研发展过程呈现出阶段性和渐进性的特点。从新中国成立至今的60多年间，根据大学生培养范畴的不同，即基础研究能力、工程实践能力和创新意识能力，可大致划分为3个不同阶段：

（1）从20世纪50—80年代初：专门人才培养阶段

这一时期,高校的定位是“培养为社会主义建设所需要的各种专门人才”。高校开始支持学生开展科研活动，将学生视为主，形式上大多通过组织科学研究小组，内容上以理解专业理论知识为主。通过科学研究小组的活动，大学生注意观察生产活动的整个过程，并尝试将理论知识初步运用到解决实际问题的过程中去。在熟悉生产技术的同时也培养了科学研究的兴趣，从一个侧面推动了当时的教学改革发展。

（2）从20世纪80年代中期—90年代中期：复合型人才培养阶段

1977年恢复普通高校招生考试制度。高校的培养目标也随之发生了转折性的调整，开始逐步从专门人才向复合型人才转变。自20世纪80年代中期以后，随着经济体制改革，高校本科教育环境发生变化，许多高校自发尝试进行教育创新尝试，通过开展自主研究性学习，将教学和研究相结合。其中，中国科技大学（中科大）少年班开创历史先河，在我国高校中最早实施创新型人才的培养实践，1994年，中科大八年班全面推行了“大学生研究计划”，开设了“科研实践”必修课，要求所有少年班学生结合各自专业，参加中科大校内的科研小组，从事系统的科研活动。1996年清华大学推出了一项“大学生研究训练计划”（Students Research Trainning，“SRT”计划），该计划是一种培养并提升大学生科学素养、科研能力的有效方法和载体，标志着我国理工科大学本科生参与科研的开始。此外，以“挑战杯”大学生课外学术科技竞赛（1989年）、全国大学生数学建模竞赛（1993年）和全国大学生电子设计竞赛（1994年）等大型竞赛类活动的成功举办为标志，我国大学生科技创新活动逐步趋于规范化和系统化，且表现出市场化、社会化的倾向。

（3）从20世纪90年代末至今：创新型人才培养阶段

1999年以后，国家提出了“如何培养创新型人才”的问题，并赋予高校“培养具有创新精神和实践能力的高级专门人才，发展科学技术文化”的重任。随着创新型国家战略的提出，创新型人才的培养开始进入蓬勃发展期，本科生科技创新活动体系基本形成，大学生课外科技创新活动成为高校创新型人才培养的重要途径。这一时期的标志性活动有“挑战杯”中国大学生创业计划竞赛（1999年起）、全国大学生机械创新设计大赛（2004年起）和全国大学生结构设计竞赛（2005年起）。

从近年来大学生科技创新活动和学生科研的广泛开展来看，各高校已越来越重视培养大学生的科研意识及能力，注重提高学生的综合素质，并取得了一定的成绩。在高校创新型人才培养过程中，以学科知识竞赛为代表的科技发明与创新活动表现最为突出。比如，“挑战杯”系列科学竞赛、全国大学生数学建模竞赛电子设计竞赛、机械创新设计大赛、结构设计竞赛等活动的举办，都取得了丰硕的成果。此外，名校积极组织学生参加各类科技创新活动，参与学术讲座和学术交流活动，广泛动员学生搞科技发明与创造，有规模地组织学生参加科技活动周、创新实践活动宣传周等。这些举措已形成良好的循环模式，也给当代大学生带来了更多的机遇与挑战。通过一系列的科技创新活动的锻炼，各高校逐渐形成良好的科技创新管理体制，高校的创新性人才培养呈现出良好的发展势头。

#### 1.3.2.2 大学生科技创新与学生科研的现状

近年来，全社会已逐步形成尊重科学，尊重人才的良好氛围。高等院校，特别是普通高等院校也日益重视提高学生的综合创新素质，重视培养大学生的创新意识与创新实践能力。随着全社会对大学生科技创新活动重视程度的日益加深，国内高校教育界对科技创新型高素质人才的培养也日益加强。像“挑战杯”这类全国性大学生科技竞技比赛，已经发展成为国内高校颇有影响力的赛事，极大地影响着全国大学生科技创新活动的发展势头。

国内很多高校通过完善相关扶持制度，加大支持学生自主创新力度，为大学生提供培养科研意识和能力的平台，大力促进大学生开展科技创新活动。很多高校已在大学生科技创新活动这项工作上做了许多积极的和有益的尝试。整体来看，从无到有，取得了一定成效。如一些高校为培养大学生的科研创新意识，提升其创新能力采取了专项措施，设立了科技创新专项，建立了科研创新学分制度，免费开辟实验室，供学生开展研究，投入专项基金资助大学生开展科技创新活动等，从而为大学生科技创新活动提供良好的设施和完善的条件。

可以说，近年来我国大学生科技创新活动已呈现出积极、活跃的局面和发展态势。从各高校学生积极参与各类科技创新活动的热情程度来看，已经有越来越多的大学生认识到了科技创新的重要性。这对提高学生的综合素质是十分重要的。在有关政策的鼓励与引导下，在校大学生也充分认识到科研创新活动对自身能力培养的重要性，许多人积极投身到各种类型的大学生科技创新活动中来，从而形成了大学生科研创新的良好发展态势。

## 1.4 培养大学生科技创新精神和创新能力的途径

### 1.4.1 大学生科技创新活动的特征

大学生科技创新活动呈现出多样性、系统性和运营性的特征。

#### 1.4.1.1 大学生创新活动的多样性

（1）过程的多样性

创新活动是一项复杂的实践活动，因此必然经历一个知识学习、想法提出、创新实践的过程。虽然大学生的学习有了自主性，科技创新需要遵循科学的一般规律，严格要求自己，符合学术活动规范，但因人而异也需尊重学生的个人想法。学生可以深入发掘自己的潜力，展现出自己的创新特质。这种展现方式凸显大学生创新活动过程的多样性。

（2）形式的多样性

大学生创新活动的形式，既可以是竞赛类，又可以是讲座类，还可以是创业类，具有多样性的特点。

（3）大学生创新活动涉及关系的多样性

学生如何处理好第一课堂和第二课堂的关系，即如何分配正常课堂学习与科技创新时间的问题，如何处理自主学习和老师指导学习间的关系，如何处理学校创新团队和个人的关系等一系列问题。

#### 1.4.1.2 大学生创新活动的系统性

高校科技创新是一个复杂的开放的系统，是国家科技创新系统的一个分支。这样的系统必然要求高校与国家的互动性，学校管理者与学生的互动性。高校是社会的一分子，为社会输入优秀的人才，因此高校的科技创新必然切合我国的实际状况，具有合理性、科学性和易操作性。科技创新竞赛，体现了团队合作精神。首先学校管理者应该起到良好的引导作用，辅导老师在科技创新中对学生起到良好的指导作用，使大学生科技创新活动真正能系统规范地开展。

#### 1.4.1.3 大学生创新活动的运营性

巧妇难为无米之炊。没有资金，再好的创意也难以转化为现实的大学生创新作品。在确定大学生创新项目后，首先清楚项目运作需要多少资金，如何获得资金，资金的来源渠道如何，因此需要做出详细的项目经费预算。以团队方式运作的大学生创新项目还必须由学生担任项目经理，负责项目自始至终的财务运营。大学生要开拓思路，多渠道融资，除了学校学院资金支持传统途径外，还可充分利用风险投资、创业基金等融资渠道，建立良好的商业关系网络。国内外许多风险投资家一直对大学生创新创业作品表示了浓厚兴趣，对具有实际运作价值的作品进行投资可行性分析。创业者必须具备一定的商业概念，选择什么东西给投资人做保障。这些基本问题将决定创业的前期是否成功。可以向风险投资家充分展现自己的产品、服务的巨大市场前景，为进一步创业赢得资金。

### 1.4.2 当前大学生科技创新工作存在的问题

（1）大学生创新认识问题

近年来虽然学生参加课外科技活动的人数呈现逐年上升趋势，但在国家及全社会倡导“使人人皆可创新，创新惠及人人”“使创新成为一种价值导向，一种生活方式，一种时代气息 ”的新形势下，大学生科技创新的深度和广度还是远远不够的。创新教育活动不是可有可无的。无论对国家、社会、学校、学院，还是对学生本身，都是不可或缺、无法代替的环节。因此，对于大学生创新教育活动，高校的教师和学生都应高度重视。

（2）大学生创新机制问题

受资金、时间、比赛性质及科技创新活动短期不易出成果等诸多原因的影响，研究课题大都浅尝辄止，缺乏有效的接力，最终导致研究浮于表面，难出精品。首先存在资金问题。学校针对学生的科技创新活动并未出台完整的资金奖励制度。许多学生鉴于自筹资金困难，不得不停留在兴趣层面。针对科技创新的时间来说，许多高校以教学为主，课堂依然是第一阵地，学生完成老师的课堂作业是首要任务，因此严格控制学生参加科技创新活动的时间。科技竞赛中参加的作品多以论文形式见长，有突击成果的嫌疑，虽有创新意识，但科技含量过低，而且在竞赛中缺乏团队精神，多是各自为战，专业单一，缺乏统筹策划理念。

（3）课程设置问题

传统教育的一个很大弊端就是忽视探索和创新精神的培养，以应试为目的的教育极大地妨碍着民族创新精神的培育。高校目前的课程教育内容仍以传授知识为主，教学方法仍以课堂讲授为主，尤其工科学生在本科阶段及研究生阶段都缺少 1 年的工厂实际工程经验，教师思路狭窄，受思维定式束缚，造成学生主动性差，思维滞塞，缺乏质疑的品质，片面追求考试成绩，忽视科研能力的培养，造成动手能力差，实践活动能力薄弱的后果。

### 1.4.3 大学生科技创新活动的基本原则

（1）思想性原则

培养大学生科技创新能力是建设社会主义现代化的需要。深化教育改革，加快培养具有创新能力和创新精神的高素质人才，已成为我们在未来竞争中赢得主动权的关键。当代大学生是将来建设中国特色社会主义的主力军。高等教育必须尽快担负起培养大学生科技创新精神和科技创新能力的历史责任，把增强大学生创新能力上升到关系到中华民族兴衰存亡的高度来认识。

（2）实践性原则

坚持实践性原则，就是要求教学与实践相结合，让学生在教中学会做，在做中提高能力。坚持实践性原则，就是走出课本，贴近自然，贴近生产，贴近高科技，结合现实，结合实际教学，既让学生学到创新本领，又能更好地服务社会。坚持实践性原则，要坚持开展丰富多彩的科技创造活动，让学生独立开展科学研究，自己设计，亲自体验，自我评价，从而培养观察、想象能力和发现、解决问题的能力。

（3）主体性原则

大学生科技创新活动的主体涉及本专科生、研究生，甚至博士后。科学发展观的基本要义就是要坚持以人为本，全面、协调、可持续发展。在学生的科技创新能力培养中，要坚持落实学生主体地位，尊重学生，信任学生，让学生主动在学习与生产实践中提高科技创新能力。坚持主体性原则，就要求高校在人才培养过程中将尊重学生与科学培养结合起来，既要注意对共性的全面培养，又要鼓励个性的发展，区分不同年级、不同专业，有针对性地开展创新能力的培养；将第一课堂与第二课堂结合起来，积极营造浓厚的科技学术氛围，激发学生的想象力，引导、鼓励学生从事各类创新性活动；将传授知识与个性心理品质培养结合起来，不仅传授知识，还要教给学生发明创造的规律，教给学生发现、获取知识的能力，强化学生自信力，树立自信心，勇于开拓创新。坚持主体性原则，既要注重对学生共性的全面培养，又要重视学生创造个性的培养，充分发挥学生在创新素质教育中的主体地位。

（4）科学性原则

创新能力的培养本身是一个长期和复杂的过程，不是简单的一门课、一个活动、一个实验就能实现的。坚持科学性原则就要求高校要以科学发展观为指导，科学、全面地认识创新与创新能力的培养，将大学生科技创新能力的培养与世界观改造，促进生产力发展和社会进步结合起来，科学地规划人才培养全过程，逐步推进创新能力的提高。高校应统筹规划，科学运作，围绕培养科技创新人才的需要，对教育办学体制、教育观念、教育内容、教育条件等诸多因素进行综合改革和优化，建立良好的创新素质教育运行保证机制与体制，用良好的条件保证大学生创新能力培养的质量与水平。

（5）整体性原则，即根据系统科学原理，统筹规划，科学运作，追求实施创新能力培养的整体效益

依据这一原则，学校要围绕培养科技创新人才的需要，对教育办学体制、教育观念、教育内容、教育条件等因素进行综合改革和系统优化，创新素质教育运行机制与体制，坚持全面性、主动性与创新性，使受教育者在德、智、体、美、劳与创新精神、创造能力等方面得到整体发展，成为高素质创造型人才。

因此，对于中国而言，大力发展高等教育，开发大学生科技创新能力迫在眉睫。在社会发展和经济生活中，学校在传授知识与培育人才方面，扮演着重要的角色。恰如比尔·盖茨所言：在21世纪重要竞争方式的改变中，高等教育扮演的角色是具有决定意义的。在此背景下，大学生科技创新能力开发研究成为一个非常有意义的主题。

### 1.4.4 高校大学生科技创新活动的长效机制

（1）强化宏观领导，构建创新体系

高校应不断健全制度保障，建立学生科技创新制度的基本框架。首先，高校应该解放思想，为学生营造一个良好的科技创新氛围。转变教学方式，培养学生科技创新的兴趣，并加以正确的引导，改变以往的陈旧教学模式，鼓励学生创新。其次，应成立学生科技活动专门领导小组及学生科技活动评审专家委员会，出台鼓励大学生科技创新活动的条例和办法，制定大学生科技创新管理政策和大学生学科竞赛统筹等配套规章制度，创建激励体制。学校出资并且配合社会资金设立大学生创新活动基金，调动大学生科技创新的积极性和主动性。建设行政管理和学术管理相协同的运行机制。首先，建立学科带头人负责制，优化学科资源，以学术管理为主导；其次，明确行政负责人的服务角色，以行政手段正确引导，主动维护学科带头人的权威，充分调动团队成员参与的积极性。

（2）加强对科技创新活动的宣讲，开设与活动相关的创新课程

加强培训和宣传教育活动，开展科技创新基础知识的学习，掌握科技创

新活动申报及管理规章制度，了解国家级科技创新大赛赛制规程，了解科研选题、申报、立项操作的基本流程，了解各类科技竞赛的基本情况，引导更多的学生投身到科技创新活动中来；加强基本科技创新技能的训练，引导学生发现、思考、解决问题的能力。

（3）高校应完善知识结构，构建合理的课程体系

大学生创新能力来源于广博的知识和良好的素质，仅仅掌握单一的专业知识是很难做到的。因此，加强大学生基础教育的内涵，更新、拓展、构建合理的课程体系非常重要。首先，要优化课程结构，按照“少而精”的原则设置必修课，确保学生具备较为扎实的基础知识。其次，要提高学生获得信息的手段，使学生有机会接触各学科发展前沿，了解科技发展的趋势，掌握未来变化的规律。再次，需开设创造学等课程，培养学生的创新意识。最后，要增加选修课比重。这不仅可以优化学生的知识结构，为在某个专业深造做好准备，同时有利于发展学生的特殊兴趣，使之能学有所长，以提高创新的积极性。

（4）打造创新队伍，搭建创新平台

学校应牵头鼓励学生积极组建科创类社团，打造创新队伍，推动大学生科技创新活动的开展，打造出一个良性竞争的平台。如建立学校科技创新协会并下设各学院分会。以此类科创社团为主体，通过举办品牌学术科技报告、各类科技创新讲座、科技创新成果展览等活动，激发学生的科研热情，给他们创建一个表现自己的平台，形成浓郁的科技创新氛围。学校应鼓励各院系结合专业特点，筹建“科技创新人才实验室”。实验室是科技创新的基础，学校引进先进的实验设备，在实验室里汇聚人才，打造创新项目。实验室的强弱关系到学校的科技储备和创新能力的强弱，也是一个学校综合实力的象征。建立“科技创新人才档案”，树立典型，以此激励学生积极加入活动。通过表彰科技创新的优秀人才，使科技创新深入人心。总之，身为高校，为学生的科技创新搭建平台，为同学提供科研所必需的场地、设备，通过采取多项措施来激发学生的科研兴趣。

（5）建立健全学生科研导师制

加强指导教师队伍建设，是开展好大学生科技创新活动的重要条件。教

师是推动科技创新的关键点，可以对科技创新各个环节进行把关，既避免了学生的盲目性，也避免了项目资金的浪费，保证了项目的可行性，引导学生正确地投入科技创新。一个优秀的大创项目，几乎100%得到过专业课教师的详细辅导，甚至是教师的科研课题资助。同时，应将指导创新和创新实践与老师和学生的切身利益挂钩，将指导学生创新活动作为考核指导教师工作量的重要内容，将科技创新成果与学生奖学金、评优等挂钩，从而达到提高教师和学生积极性的目的。

（6）依托行业企业，引导大学生创新成果商业化运作

将高校的科技创新活动推广到社会，并应用于企业，带动企业的发展；反之，企业又为高校科技创新提供资金和实践场所。学生的科技创新只有产业化才具有真正的意义。大学生科技创新的科技成果应用于实际，而企业以高校为依托发展经济。一方面，企业可以利用高校人才，利用高校的创新技术，孵化出新型工业模式；另一方面，企业也可以利用技术创新收益进一步投资高校创新，拓宽高校创新资金的来源渠道。对于学生而言：一方面，科技创新成果应用于社会，鼓励了他们的积极性；另一方面，学生可以以企业为实践基地，进一步把自己的创新想法衍化为新的生产力。

只有将高校科技成果投入社会，并加以商业利用，才能使得大学生的科技创新活动融入整个国家创新系统之中。市场化的一个表现就是保证知识产权。只有这样，才能促进技术流转和流行，让更多的人分享到科技创造带来的福祉，进而推动经济、社会的进步和发展，提高人们的生活质量。知识产权法律制度中的权利利用制度，主要通过转让和许可的方式，高校科技创新成果通过知识产权化，合理转让技术，使其转变为企业的技术创新和产业应用，从而转变为新的生产力。

### 1.4.5 吉林大学汽车学院大学生科技创新体系

本书笔者所在的吉林大学汽车学院多年来对大学生科技创新活动尤为重视，构建了“一月、三队、四赛”的学生科技创新体系，创立了吉林大学大学生汽车创新联盟，大力推动创新性校园文化建设。针对低年级学生，开展了科技创新宣传月活动，包括“博士生导师报告会”“创新经验交流会”“学

生科技创新成果展”以及“汽车知识大赛”“微型车设计竞赛”“智能车竞赛”“发动机拆装大赛”等选拔赛活动，浓郁了校园的创新氛围，增强了学生的创新意识。针对高年级学生，结合各类竞赛，相继成立了“爱德”智能车队、“肯赛”节能车队和“吉速”大学生方程式赛车队。车队成员达200余人，参与者达600余人。学院每年投入近50万元支持学生创新项目,学生利用专业知识，自己动手制作赛车，参加全国比赛，丰富了学生的创新思维，提高了创新实践能力。另外，我院吉速车队每年都组队参加FSAE中国大学生方程式汽车大赛，在2012年第三届大赛中荣获赛车设计第一名，在2013年第四届大赛中获得直线加速赛第二名、赛车设计第三名的优异成绩；爱德车队连年获得“飞思卡尔”全国大学生智能车竞赛一等奖；肯赛车队在2012年HONDA中国节能车竞技大赛中荣获全国冠军。

另外，在科技创新平台建设方面，主要构建了以吉林大学PACE学生俱乐部、汽车专业大学生课外创新活动汽车结构认知实验室、汽车专业大学生课外创新机加工实验室和汽车专业大学生课外创新汽车电控实验室为代表的实践条件平台，以及学校层面专门用于支持在校学生在科研领域的自由探索，资助创新性的自主选题的科学研究和学校参与国家项目竞争、国家科技创新类竞赛前的项目及团队的培育的“吉林大学青年科技创新基金”项目，重点支持“挑战杯”大学生课外学术科技作品竞赛赛前项目及团队培育，以及全国大学生数学建模竞赛、ACM国际大学生程序设计竞赛、电子设计竞赛、全国大学生机械创新设计竞赛等活动。申报项目种类包括自然科学类学术论文、哲学社会科学类社会调查报告和学术论文、科技发明制作3类。此外，在受众面更广泛的层面，从2007年开始持续设置有“大学生创新创业训练计划”项目。项目等级分为3个层次：国家级、校一级和校二级。该项目被用于支持近50%的在校学生自主性研究式学习，提升大学生创新意识与创新实践能力，使大学生在实践过程中得到全面锻炼与发展。

# 第2章
# Chapter 2 大学生科技创新核心环节与实战策略

21世纪是一个知识经济的时代，知识经济的发展依靠新的发现、发明研究和创新。其中，创新是其核心，应大力弘扬以改革创新为核心的时代精神。人是科技创新最关键的因素，故必须充分尊重人才，保障人才权益，最大限度地激发人的创造活力。推动科技创新的核心是人的创造力。本章着重阐述当代大学生参加科技创新活动的核心环节和应对策略。

## 2.1 大学生科技创新思维过程

### 2.1.1 参加大学生科技创新活动应具备的创新素质

创新素质主要包括：创新意识、创新思维、创新知识、创新能力与创新人格。大学生科技创新的关键取决于学生的创新素质。

创新意识是一种不安于现状、精益求精的意识，面对任何未知的问题、未知的领域，大学生都要有勇于尝试的冲动，不断探索，勤于思考，善于发现并提出问题，激发求新、求异的兴趣和欲望；创新意识是创新的重要心理素质之一，是创新思维与创新能力的前提。只有在强烈的创新意识引导下，才可能产生强烈的创新动机，才能充分发挥其创造的潜能。

创新思维是由相辅相成的发散思维与聚合思维组成的，是发明或发现一种新方式，并用其处理某种事物的思维过程。它有 5 个明显的特征：积极的求异性，敏锐的观察力，创造性的想象，独特的知识结构，以及活跃的灵感。创新思维是整个创新活动智力结构的关键，是创新能力的核心。它可以使学生顺利解决新的问题，深刻地、高水平地掌握新知识，并能将这些知识广泛地迁移到学习新知识的过程中，使学习活动顺利完成。

创新知识是指在某一领域具有独到的见解或较深的造诣，具有扎实的基础和深厚的文化底蕴，并及时汲取最新的知识。创新知识是创新活动的坚实基石，是有源之水，有本之木，有米之炊。创新能力是把创新意识与思维转化为有价值的、前所未有的精神产品或物质产品的实践能力，是创新意识与创新思维在实践中的确证和外化。创新能力要求学生拥有扎实的理论基础，构建合理的知识框架，较强的获取知识和运用知识的能力、信息加工能力、科学研究能力、动手操作能力以及良好的创新心理素质。

创新人格是指具有敢于怀疑、批判、冒险的科学精神，挫折面前不气馁、不动摇，决不因困难和挫折放弃自己的想法和计划，勇于突破思维定式的束缚，有相对较强独立性的品格。创新不仅需要智力因素，也需要非智力因素。非智力因素可以激发创新意识，促使创新思维更好地发挥作用。因此，要着力培养大学生的创新人格，使他们具有远大的理想，坚定的信念，务实的作风，无畏的胆识，坚强的意志，以及浓厚的兴趣。

### 2.1.2 树立勇于创新人生观，培养科技创新素质

从大学生自身来讲，培养科技创新素质，可以从以下几方面入手：

（1）不畏常规，敢于超越，增强创新意识

创新是真正意义上的超越，是一种敢为人先的胆识。现在的大学生从应试教育中走过来，从小接受的教育大多是老师机械地灌输，学生被动地接受，课堂上缺乏热烈宽松的气氛，学生很少有自己独立思考的空间，即使是掌握得很好的知识，也只是将其运用于考试之中。学习的目的是为了考试，平时学习的方式也很单调，基本上都是做题。这样，大学生的悟性、灵感在经过“千锤百炼”之后基本上被埋没了，思维被严重地束缚。强烈的创新动机是创新意识的动力源，是形成和推动创新行为的内驱力，是引起和维持主体进行创新活动的内部心理过程，也是创新才能得以施展的能源。大学生的敢于超越的精神就显得可贵了，在超越中求发展，创新能力的提高应该从增强创新意识开始。

（2）改变传统思维定式，增强创新思维

大学生并不缺少知识和经验，创新环境也很好，本人也愿意并且敢于创新，但辛苦努力后发现所获得的创新成果并不多。究其原因，很可能就是思维方式上出了问题，即存在思维模式障碍。思维模式本身并非不好。所谓思维模式，简而言之，就是人在思维活动中已经形成的定式。人的思维模式需要不断完善和发展。这也是人脑智能和机器智能的本质区别。显然，一个人的思维模式如果不能及时转换，就会有碍于创新智能的形成。这就是所谓的思维模式障碍。思维模式障碍最常见的表现为：循规蹈矩，墨守成规；唯书唯上，迷信权威；人云亦云，安于人尾；先入为主，只进不退；逻辑至上，生怕越轨。思维模式障碍的核心问题就是思维定式。它是相当顽固的，只有花很大的勇

气才能将其克服。思维模式障碍是影响创新的重要因素。

学生要冲破“书本定式”“学术权威性”等传统思维定式的束缚，对书本，对所讲内容及认识提出质疑，带着批判意识去听课，逐渐培养批判精神。在授课中不能只满足于对已有知识、理论及研究成果的介绍，同时要尽力调动学生寻找现有理论、工艺、产品中存在的问题，通过对现有成果的批判，形成新的研究思路和方向；要培养学生批判地阅读书籍的习惯，鼓励学生善于提出问题，勇于解决问题，不迷信前人结论。在授课时要组织学生展开讨论，是突破固定思路、建立新观念的有效方法；要改变旧的思维习惯，传授思维技巧，如逆向思维法等。

（3）完善知识结构，构建系统的创新知识体系

一个人的创新意识可以在短时间内快速得到增强，但是一个人创新能力的提高是一个日积月累、循序渐进的过程。创新需要基础。一些世界级的重大科技成果都是从基础研究开始的。目前我国高度重视基础研究工作，就是因为没有了基础研究，超越便没有可能。要真正做好基础研究工作，为创新做好准备，必不可少的一个环节就是脚踏实地地学好知识，掌握真才实学，在此基础上融会贯通，构建健全合理的知识体系。对于理工科机械专业大学生来说，单片机、C 语言编程、数模电（即数字电路及模拟电路）方面的知识尤为重要。

（4）树立勇于创新的人生观，养成坚韧不拔的创新人格

我们国家是拥有 13 亿人口的大国，应该对人类做出巨大的贡献，然而近百年来，影响人类生活的重大发现和发明，竟然没有一项是属于中国的。中国人的创造力到哪里去了？在世界范围内，发达国家平均建国 35 年，便会有一项诺贝尔奖。我们新中国成立 60 多年仍在等待。我国的发明专利转化为生产力的只有 15% ~ 20%。那些脱离实际的论文，难以给社会发展带来福祉。照此下去，中华民族何时能耸立世界之林？不少产品仍处于全球产业链的中端或者低端，具有自主知识产权的核心技术还不多，国际知名品牌还比较少。这是我们理工科专业高校师生责无旁贷的使命所在。

改革开放 30 多年，中国取得了令人瞩目的快速发展。今天，没有人怀疑中国在全球制造业中的领军地位。中国这个巨大经济体要保持较高的可持

续发展能力，需要多种因素的支撑。其中，科技创新是突破发展“瓶颈”，赢得发展先机的根本力量。国家把创新驱动进一步上升为国家战略。我国经济总量已跃居世界第二位，但是经济发展面临的矛盾和问题日趋增多，面临的国际竞争压力越来越大。有鉴于此，我国做出了建设创新型国家战略的重大决策。

当代的大学生是未来的建设者和接班人。当今时代的发展对大学生的创新能力提出了更高的要求。对大学生来说，这既是挑战，也是实现自我全面发展的机遇，大学生要在迎接挑战的过程中把握机遇，勇于创新，担负起中华民族伟大复兴的时代赋予的责任。只有端正认识，学生对自己的创新行动目的有明确的认识，才能在挫折与失败中不断进取，坚持不懈地克服一切困难和障碍，取得创新成果。

## 2.2 大学生科技创新活动核心环节与实战策略

大学生的科技创新有它的特殊之处。一是团队成员是在校学生，学生还有学业，时间的支配没有完全的自由，主要是靠学生利用自己闲散的时间进行创新；二是学生的项目经验和专业知识掌握程度不一，特别是对于刚接触项目的学生，在科技创新活动中更是需要一个过渡的过程。下面对于大学生的科技创新活动的流程做详细的分析。学生可以根据个人的需要和项目的不同情况做适当的调整。

### 2.2.1 早决策

来到大学之后，有很多精彩的东西等待着我们探索。大家都在追逐自己的梦想。大学生可以尝试参加丰富多彩的社团活动，那么如何定位科技创新活动呢？

大学生这个年龄段是人一生中精力最充沛，培养创新思维的最佳时段。很多世界上著名科学家都是在二十几岁就做出了伟大的发明。经典力学奠基人牛顿在 22 岁就发明了微分学，23 岁发明了积分学，为人类科学事业做出了重大贡献。意大利物理学家伽利略在22岁时发明了浮力天平，现代物理学的开创者、集大成者和奠基人伟大的物理学家爱因斯坦在26岁那年发表6篇划时代的论文，因此这一年被称为“爱因斯坦奇迹年”。古往今来，英年成才的科学大师不胜枚举，因此作为一名优秀的当代大学生必须认识到：

（1）大学生创新活动不是选修，是人才培养的必修课

创新教育活动不是可有可无，无论对国家、学校、学院，还是对学生本身，都是不可或缺的无法代替的环节。因此，对于大学生创新活动应高度重视。

（2）大学生创新活动是优秀企业家和一流工程师的启蒙

创新活动关键在于通过亲身实践促使学生具有求新的意识和相应的能力，能够善于发现并认识有意义的新知识、新思想、新事物和新方法，掌握其中蕴含的基本规律，并具备极其重要的工程实践能力。

（3）大学生创新活动不是奢侈品，是每个学生享有的教育权利

《国家中长期教育改革和发展规划纲要》在战略目标、战略主题、工作方针等部分多次提到，教育资源要面向全体学生，要实现教育公平。《关于进一步推进吉林大学创新创业教育及大学生自主创业工作的实施意见》明确了在校大学生科技创新工作的指导思想，提出学生创新教育活动要实现第一课堂和第二课堂相结合，普及与提高相结合，努力打造大学生创新活动的平台，为每一个学生提供科技创新的条件，让每一个学生都参与科技创新活动，使每一个学生都能在科技创新活动中得到提高。

学校基本教学（即第一课堂）与大学生课外科技创新（第二课堂）两者密切相关，相辅相成，共同构成高校育人系统。

第一课堂注重基本知识传授和共性教育，是高等教育的主体；但教学不仅仅是对书本知识的简单重复，而是一个再创造的过程。第二课堂既是第一课堂的有益补充，也是提高学生综合素质与能力的有效途径。

综上，对于每个学生参加大学生创新活动的建议是赶早动手。早决策会使学生在整个大学期间的学习、工作都会有明确的目的性及主动性，且大学学业中的前期可支配的空闲时间相对较多，而到了高年级课程压力比较大。尽早进入大学生创新环境，对积累经验肯定是有帮助的，后期做的作品肯定更加成功。有些同学认为，等到了高年级学到足够的专业知识之后再开始大

学生创新项目会顺利一些。其实不然。科技创新更多靠的是自学，根据项目需要学习新的知识。大学课程更多偏向于理论，而科技创新还需要的是实际的技术点，更多偏向于应用。以科技创新项目作为载体来学习，也不失为一个不错的学习方式。

### 2.2.2 创新知识储备

基础知识流程建议是：C 语言→单片机→数模电。下面详细阐述一下。

（1）C 语言

C 语言（见图 2-1）的学习诀窍其实是在“练习”二字上。多下功夫思考编程书中所写程序的内涵，结合书中例题独自编写课后习题的程序，并用计算机实现，看看效果如何，遇到困难可以上网查资料或者与老师沟通。将整本书学完之后，可以认真回顾一下各部分知识，然后做一个 C 语言编程小项目，把各部分知识都应用一遍（可以找教 C 语言的老师布置一道综合应用的编程题目，独立自主把它完成）。这样通过实践理论相结合的方式学习 C 语言会更有效果，同时也保证印象深刻，运用自如。

图 2-1　C 语言

（2）单片机

单片机的学习秘诀是“多动手，勤锻炼”。建议学习 C51 单片机相关的内容（见图 2-2），初期不建议看汇编的。一是汇编语言过于抽象，对初学者来说难以理解；二是我们刚学完 C 语言，可以趁热打铁，直接上手去做。而且，结合实际情况，在实际开发中我们基本上都是用 C51 语言进行单片机编程，优势是很明显的。

图 2-2　C51 单片机

在明白相关理论知识之后，我们可以动手操作了：建议实践写代码，一定要做一些题目（可以是一些单片机小项目，比如说数字钟就是经常做的。也可以是全国大学生电子设计大赛上的一些题目）。

做完上述工作之后，相信同学已经入门。之后的单片机学习可以在实际项目中实现，用具体问题促进单片机的学习。

（3）数模电

关于数模电的课程，建议学习教材，看一看课本，了解一些基础和必要的概念就行。前期并不需要太深入的学习，此时进入项目比较合适，所以同学们可以结合项目需要学习数模电的知识。

### 2.2.3 组建大学生创新团队

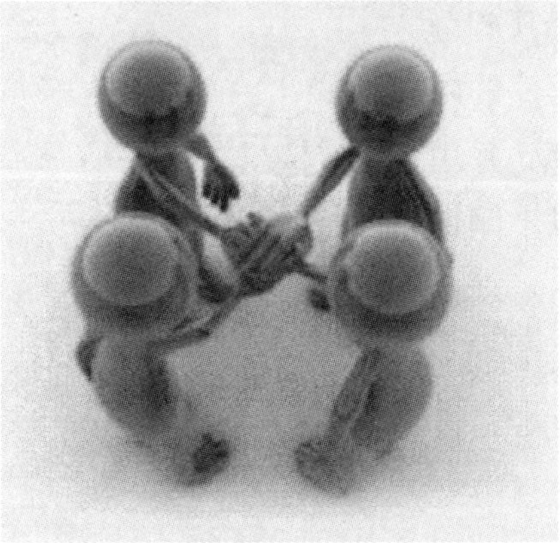

图 2-3 组建大学生创新团队

构建优秀的科技创新团队（见图 2-3）是大学生科技创新活动成功的关键。大学生科技创新团队由 3 个部分组成，包括项目组成员、指导教师和管理教师。学校从制度上规定基金项目组成员必须有合理的专业背景和年级结构，鼓励科研项目多、经费充足的高职称、高学历教师参与基金项目指导，充分发挥团委、辅导员和学生接触多，关系密切的特点，要求其参与科技创新活动的日常咨询、督促和引导。优秀学生早一些接触科研课题，进入实验室实践，就能早些提高自己的创新能力与动手能力。

对于一般的大学生创新项目或者课题，建议团队规模在 3 ~ 5 个成员为宜。给团队起一个队名也是非常好的，因为有些比赛要求各团队都要有自己团队的名称。有了队名，整个团队更有归属感。建议团队定期进行讨论，大家分享自己的想法、遇到的问题，以及进展情况。如果有条件，最好利用 PPT 开正式会议。一方面便于交流，另一方面锻炼大家的演讲能力。

### 2.2.4 确定研究方向与创新题目

确定课题研究方向（见图 2-4）。分两种情况：第一种是指导老师提出研究方向；第二种是没有确定研究方向，即研究方向没有限制。

对于第一种情况，首先和导师进行沟通，把老师的想法了解清楚。再对该方向进行初步的调研，了解可行性等。然后和导师进行交流，把课题方向清晰化。

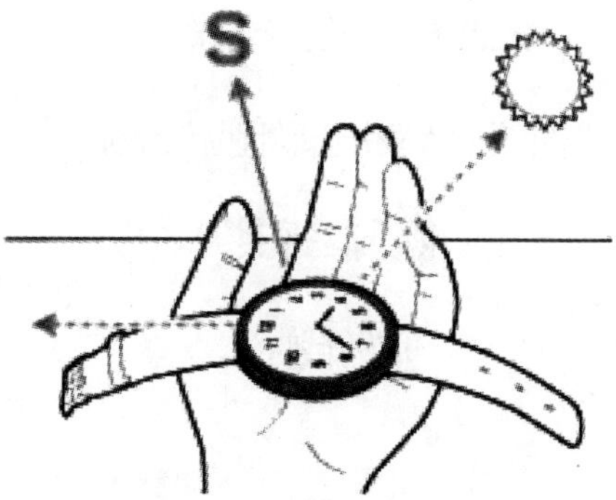


图 2-4　确定课题研究方向

对于第二种情况，这种情况自由度大，也因此带来了一些麻烦，比如有时会“迷失”了方向。最好的方法是找好目标点，比如参加某项比赛，申请大学生创新或者某方面的兴趣研究。以参加比赛为例，一般比赛会有比赛的要求，比如使用何种平台、器件、系统的要求等，可以根据这些条件把范围缩小。一个好的大学生创新题目不是一下子冒出来的。只有通过大量看资料才能归纳出来。可以在网上看科技新闻、Google 学术、图书馆数据库以查资料，看各种比赛中大家做了什么，还可以从身边的问题出发……当产生了一个创新题目之后，就去查找相关资料，了解实现的可行性以及意义。往往创新的方向及题目都需要经过发现、讨论、验证等过程，最后才有了最终的研究方向。在定方向的时候，可以和导师、有经验的同学多交流。最终确定的方向要求清晰、明确，不要太空泛。研究方向最好要有意义，对可行性、开发难度等都要有基本的认识。

在确定研究方向的过程中，已经对研究方向有了一个基本的认识。在实际开发之前，我们需要进行详细的需求分析和调研。一开始我们做项目可能会忽视这么一个步骤，觉得枯燥或者没有必要。我的观点是，只有经过调研，对项目有非常清晰的了解，才能减少后面开发时带来的困难。Google、百度、图书馆数据库、Google 学术、百度文库、论坛等都是获取信息的地方。另外，有些项目可能还需要进行实地的调研，比如进行问卷调查，研究需求情况。调研至少要包括当前的研究情况，一些典型的设计方案，需求情况；另外，还需要对一般方案中各模块知识有一定的了解，特别是参加比赛，对主办方要求的芯片要有充足的认识（主要是功能层面）——可以通过该芯片应用方面的一些论文进一步了解。

### 2.2.5 开发计划书

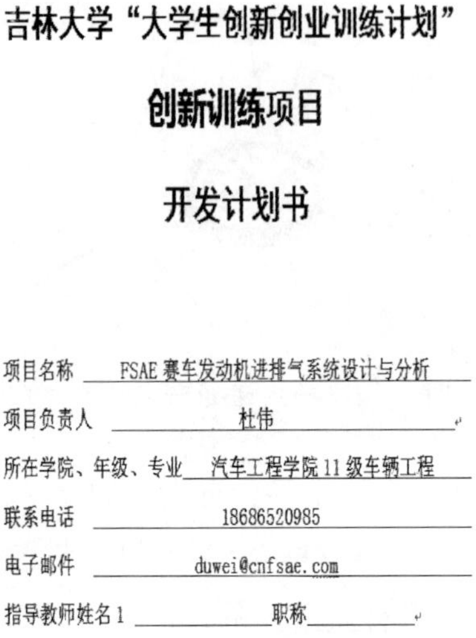
吉林大学“大学生创新创业训练计划”

创新训练项目

开发计划书

项目名称 FSAE赛车发动机进排气系统设计与分析

项目负责人 杜伟

所在学院、年级、专业 汽车工程学院11级车辆工程

联系电话 18686520985

电子邮件 duwei@cnfsae.com

指导教师姓名1 职称

图2-5 项目开发计划书

项目开发计划书（见图2-5），是根据前期调研情况，阐述研究意义以及当前的系统方案，提出我们的开发方案以及后期的开发安排，是后期项目开发的指导书。搞项目开发，需要撰写项目开发计划书，并通过指导老师的审核。项目开发计划书的一般结构：

项目背景：社会需求、研究现状、研究意义等。

系统原理：系统中一些核心、难点内容的原理。

项目方案：系统整体方案以及各模块的方案，最好能够和现有的多种方案进行对比。

方案实现难点：方案中一些实现难点阐述。

系统设计指标：系统的设计指标，如精度、成本、功耗等。

可行性分析：系统中一些疑难内容的可行性分析。

项目创新点：项目的创新点和闪光点。

项目计划：人员分工（见图2-6）、时间安排、经费预算等。

参考文献：参考的文献、资料。

### 2.2.6 软、硬件设计

图2-6 人员分工

大学生创新团队人员分工，一般是按系统、软件、硬件来分。建议系统部分由1个人主要负责，软件部分1～2人，硬件部分1～2人。系统部分主要负责整体系统的构建，需要对系统的各个部分都比较了解。对系统的功能需求以及定位要清晰，协调软件和硬件部分的工作。另外，建议也要参与软件和硬件部分的一些设计，加深对

各个知识点的认识。推荐队长做系统部分，如果软、硬件压力较大，再做软、硬件中的一部分。软件负责程序设计，而硬件负责电路设计。时间安排也是非常重要的，需要合理、具体。可以跟有经验的学生交流，共同确定项目时间节点。

这个阶段的一项重要工作是作品的开发和制作（见图 2－7）。从组队到撰写开发计划书，我建议所有成员都参加，都要对系统有深入的了解。软、硬件设计开始后，各成员将进入各模块的深入设计，相对独立，但也要保持交流。这是因为每一部分都和系统息息相关，不能偏离了系统方向。

图 2－7　软、硬件设计

软、硬件设计前期也有一个预备知识的过程，如学习一些要用到的知识，熟悉开发平台，深入了解自己部分的设计。做软件部分的人一般会基于开发板进行一些相关的小实验，研究算法知识和程序架构，和其他成员探讨一些模块的深入解决方案；做硬件部分的人一般是深入学习各模块的电路设计，做一些小实验、芯片选型、电路设计、PCB 设计等，同时也要和其他成员做好交流；做系统部分的人需要和做软件、硬件的人多交流，也参与到相关的学习中，与他们一起对整个系统进行讨论和构建，确定最终的内容。

### 2.2.7　系统调试

在软、硬件设计阶段已经对各模块或者子系统进行了单独的调试，各部分都调试成功之后再进行系统调试。调试是测试系统，发现问题，修改设计，然后继续测试的过程。联合调试的最终结果就是系统中各功能都实现并且能够按照要求稳定工作。测试这个环节是非常重要的。只有通过有效数据验证，系统才有说服力。系统测试环节要设计测试方案，测试内容根据系统的需要确定。测试数据可以回馈系统的设计，可以和开发计划书中的设计指标进行比较。

### 2.2.8 参赛准备

对于参加比赛的项目，在基本完成作品设计的基础上优化作品，同时需要开始做决赛前的准备工作。一般主办方都会要求在决赛之前提交一些文件。这一方面是了解各参赛队的项目情况；另一方面是作为决赛结果的一个影响因素。文件一般包括论文、视频、PPT 等。

（1）包装与商业策划

包装，就是将作品封装起来，提高美观性和易用性。我认为，做设计应该像做产品一样，瞄准自己的目标用户，使一般的消费者也能够看懂，可以使用。观赏性也是比赛评判标准中的一项。

（2）论文

有的比赛会有论文要求。下面提一下经常使用的论文结构：

摘要：内容提要，语言要简练，最好能有中、英文摘要。

系统概述：项目背景、研究现状、研究意义以及系统的整体概述等。

硬件电路设计：各模块硬件电路设计内容。

软件系统设计：软件部分设计内容。

系统测试：系统的测试情况。

项目创新点：项目的创新点和发光点。

总结与展望：总结以及应用前景和后期开发的展望。

参考文献：主要参考的文献、资料。

另外，也可以以系统核心思想为主线，描述各部分内容。

（3）演讲和 PPT

PPT 被用来辅助演讲者演讲（见图 2－8），而对于现场决赛，PPT 则起着引导评委和听众的作用，PPT 也是展示作品的一种方式。对于比赛演讲，最佳的演讲时间为 5 ~ 6min（包括视频展示），因此 PPT 内容时间最好控制在 4 ~ 5min，对应的 PPT 页数为 12 ~ 15 页（需要比较快的演讲速度）。在准备比赛时一定要进行试讲练习，注意时间的把握，同时让大家根据演讲情况给建议。

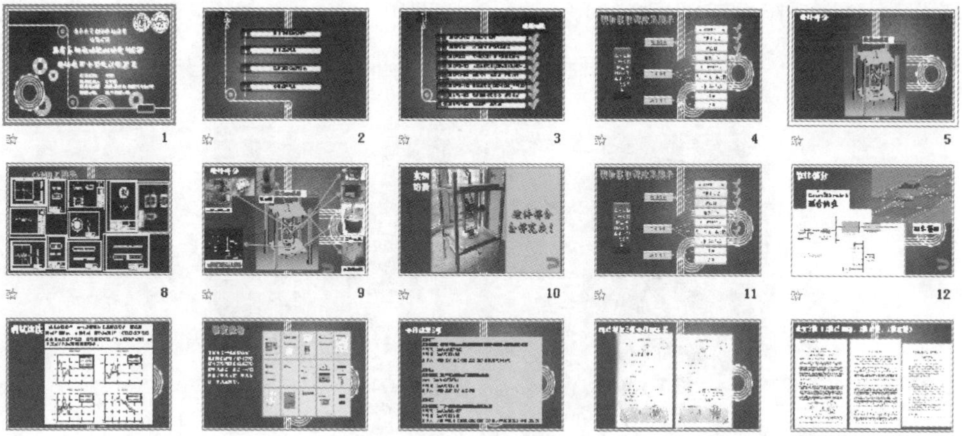

图 2－8　PPT 辅助演讲

参赛 PPT 的结构有很多种。学术性的比赛可以加大技术性描述的页面数，而商业性比赛则可以适当减少技术性的描述。下面是一种常用的 PPT 结构：

项目背景：从项目的大背景讲起，阐述研究的必要性以及意义。

系统方案：先描述当前的解决方案，然后引出我们的解决方案，再到细节模块的方案（或者方案中的特色内容），表达出我们的创意（如果限定芯片，需要有一页阐述该芯片带来的优势或者我们是如何利用它的）。

研究结果：解决的问题，系统的优势，以及和现有系统的对比情况。

创新点：系统的创新点和发光点。

应用前景：系统和研究内容的应用前景。

当然不必限制在固定的结构上，关键是演讲者有清晰的思路，让 PPT 辅助演讲。另外，PPT 中不要复杂的背景，不要一大段一大段的文字，把关键点陈述出来就可以了，因为演讲者会把内容衔接起来。

通过创新团队精心准备后，作为参赛者如果有机会能够把自己的作品带上决赛现场，更是一种非常难得的机会。去决赛现场看比赛是拓展知识面的好渠道。多和其他参赛队成员以及评委老师交流，一起讨论项目，会收获很多宝贵的建议。

现场决赛（见图 2－9）的时间一般比较紧凑，给每个团队的展示时间有限，所以要充分利用有限的时间把自己的作品推销出去。清晰的思路加上对作品的信心，不管结果如何，展示自己作品时的那种快乐才是最快乐的。

图 2-9 现场决赛

## 2.3 国内大学生高级别科技创新大赛参赛指南

近年来国家大力实施“科教兴国”战略，努力培养广大青年的创新、创业意识，造就一代符合未来挑战要求的高素质人才，已经成为实现中华民族伟大复兴的时代要求。为了给当代大学生提供科技创新的平台，国家也通过教育部组织了丰富的科技创新赛事。这些活动启发了大学生的思维，提升了大学生的动手实践能力，也涌现出了一大批优秀的组织单位和个人。

### 2.3.1 单科类学科竞赛

单科类学科竞赛主要指围绕某门课程，如英语、数学、物理、力学等开展的学科竞赛，注重单科知识的掌握程度与运用水平。

全国大学生英语竞赛：

大赛简介：全国大学生英语竞赛（National English Contest for College Students，NECCS）是经高等学校大学外语教学指导委员会、高等学校大学外语教学研究会研究决定，并经教育部批准而举办的全国唯一的大学英语综合能力竞赛活动。竞赛试题由全国大学生英语竞赛组织委员会办公室统一制作。

竞赛时间：每年竞赛时间相对固定，初赛为 4 月中旬，决赛时间为 5 月中旬。

参赛指南：初赛由学校组织，在校本科生可参赛。最新竞赛动态信息详情可登录中国英语外语教学网（www. tefl-china. net）及英语辅导报社网（www. ecp. com. cn）查询。

### 2. 3. 2 专业类科技竞赛

专业类科技竞赛主要指偏向于某些特定专业的科技竞赛。一般来讲，其竞赛内容是针对某些实际或设定的问题，利用专业知识寻求解决方案。

（1）全国大学生数学建模竞赛

官方网址：http：//www. mcm. edu. cn。

大赛简介：全国大学生数学建模是全国高校规模最大的课外科技活动之一，是教育部高教司和中国工业与应用数学学会共同主办的面向全国大学生的群众性科技活动。竞赛题目一般来源于工程技术、管理科学等方面经过适当简化加工的实际问题。参赛者应根据题目要求，完成一篇包括模型的假设，建立和求解，计算方法的设计和计算机实现，结果的分析和验证，以及模型的改进等方面的论文（即答卷）。

竞赛时间：本项竞赛一般在每年 9 月第 3 个星期五至下一周星期一（共 3d，72h）举行。

参赛指南：大学生以队为单位参赛，每队 3 人，专业不限。学校将组织选拔和集中培训工作。

参赛奖励：奖励分为全国一等奖、二等奖；所有参加的同学均有成功参赛奖证书。

（2）全国大学生电子设计竞赛

官方网址：http：//www. nuedc. com. cn。

竞赛简介：全国大学生电子设计竞赛是由教育部高等教育司和工业和信息化部人事教育司主办的大学生学科竞赛，每两年举办一届，赛事在单数年份举行。

竞赛时间：全国竞赛一般在单数年份的 9 月份举行。

竞赛内容：以电子电路（含模拟和数字电路）应用设计为主要内容，涉及模 - 数混合电路、单片机、可编程器件、EDA 软件工具和 PC（主要用于开发）的应用。

参赛指南：全国大学生电子设计竞赛采取“一次竞赛，两级评奖”方式，评奖等级分为“赛区奖”和“全国奖”两种形式。由 3 名学生组成一个参赛队，在 4d 内合作完成相关内容。

（3）全国大学生机械创新设计大赛

官方网址：www. cn－mmtd. com。

大赛简介：全国大学生机械创新设计大赛是由教育部高教司发文举办的全国理工科大学生专业竞赛之一，每两年举办一次，一般逢双年份举办。该项赛事为“主题”赛事，每届比赛会确定一个主题。主题确定时间一般在单年份的下半年。

参赛指南：在校本、专科学生均可以个人或小组的方式，通过学校推荐报名参加。每个参赛队学生人数不得多于 5 人，指导教师不多于 2 人。我校一般在单年份的下半年，按照当年度确定的大赛主题进行“机械创新设计创意大赛”，从中挑选作品给予经济资助，完成竞赛作品的设计、加工、装配和调试。

（4）全国大学生智能汽车邀请赛

官方网站：http：//www. smartcar. au. tsinghua. edu. cn。

大赛简介：全国大学生智能汽车邀请赛是教育部设立举行的 5 项大学生设计竞赛之一。该项赛事每年举办一届，一般从前一年的 11 月启动，次年的 8 月决赛，期间包括初评、复审等环节。

参赛指南：在校本科生、研究生均可参赛。每支参赛队由 3 名学生组成，其中至少包括 2 名本科生，另有带队老师 1 名。每名学生只能参加一支队伍。组委会提供统一智能车竞赛车模、单片机 HCS12 开发板、开发软件 Code Warrior，以及在线调试工具等。

### 2.3.3 综合类科技竞赛

（1）“挑战杯”全国大学生课外学术科技作品竞赛

官方网站：http：//tiaozhanbei. com。

竞赛简介：“挑战杯”全国大学生课外学术科技作品竞赛是由共青团中央、中国科协、教育部、全国学联主办的大学生课外学术科技活动，每两年举办一届，已被公认为中国大学生的“科技奥林匹克盛会”。目前，该项赛事已形成校级、省级、全国三级赛事。

竞赛宗旨：崇尚科学，追求真知，勤奋学习，锐意创新，迎接挑战。

作品分类：“挑战杯”申报参赛作品分为自然科学类学术论文、哲学社会科学类社会调查报告和学术论文、科技发明制作三大类。

参赛指南：该项赛事每两年举办一届。省级比赛一般在单年份的4—6 月，全国比赛一般在单年份的 11 月。在校全日制非成人教育的专科生、本科生、研究生都可申报参赛。自然科学类学术论文作者限本、专科学生；科技发明制作类分成 A，B 两类。A 类指科技含量较高，制作投入较大的作品；B 类投入较少，且为生产技术或社会生活带来较便利的小发明、小制作。

（2）“挑战杯”中国大学生创业计划竞赛

官方网站：http：//tiaozhanbei. com。

竞赛简介：“挑战杯”中国大学生创业计划竞赛又称商业计划竞赛。它借用风险投资的运作模式，要求参赛者组成优势互补的竞赛小组，提出一项具有市场前景的技术、产品或者服务，并围绕这一技术、产品或服务，以获得风险投资为目的，完成一份完整、具体、深入的创业计划。创业计划书的内容包括：企业概述、业务展望、风险因素、投资回报与退出策略、组织管理、财务预测等。

竞赛宗旨：宣传风险投资理念，传播自主创业意识，激发广大青年学生适应时代要求，勇于创新，勤奋学习，投身实践，努力成为新世纪适应时代要求的复合型骨干人才。

参赛指南：该项赛事逢双年份举办，采取学校、省和全国三级赛制，分预赛、复赛、决赛 3 个阶段进行。同学需要参加校、省作品选拔赛，优秀作品报送全国组委会参赛。

（3）全国大学生机器人大赛

大赛简介：全国大学生机器人大赛作为“亚太大学生机器人大赛”的国内选拔赛，由中央电视台主办，教育部、科技部、中国科协协办，一年举办一届，是国内大学生竞技机器人技术方面最重要的赛事。大赛每年选取不同主题，制定相应规则。初赛实行小组循环制比赛，而复赛、半决赛和决赛则实行淘汰制比赛。

## 2.4　大学生参加科技创新活动感言

《吉速一年——一个新人的成长》

2014 年 11 月 2 日 19：24

**一、初识吉速**

怀着一种崇敬的心态来到吉速，真的非常紧张，要参加笔试、软件考核和面试。因为觉得自己在接受大神们的考核，自己能不能加入他们……这是一个不同于社团、学生会的组织。这里可能没有奖状、证书，这里可能不会给你加分，其实真的没有任何看得见的奖励，因为这里就是一个纯粹追逐赛车梦、吉速梦的地方。

刚加入吉速，心里还是有点小激动呢，特别希望组长给安排活，因为这表示你的能力得到了认可，或者你得到了信任。人都希望被别人认可和信任。慢慢的，这种激动变成了热情，开始喜欢上了实验室，习惯了为车队工作。开始喜欢这辆车的每一部分并且参与到每一部分中去，开始融入吉速这个家庭。

很多新同学在加入吉速的时候都有另外一个目的：跟大神们在一起涨姿势！那我就先着重谈一下我感觉在吉速这一年对我成长的帮助吧。

**二、吉速感悟**

学以致用：从设计开始我就不断惊叹，这不是我学过的书的哪一章吗？这不是当时老师课上讲过的吗？当时上课的时候心想：这些知识有什么用，还不是都用来考试的啊？现在发现，这些知识真的很有用。一个零件的尺寸标注，公差的给出，都要经过反复的论证。随便给出一个的代价是承受不起的。这也是我给新人的一个提醒。当你在设计零件的时候，只有抱着非常认真的态度才可以！现在很庆幸自己当时上课听课很认真，否则会痛恨自己翘了一堂很重要的课。

超越课本：课本联系实际会学到超越课本的知识。以前上课，都是很机械地接受老师的灌输；现在上课，我就会想：把这个东西用在赛车上会怎样啊？我的赛车利用这些知识后性能会不会提高啊？这样的学习产生新的疑问，然后去问老师。我觉得学的每一堂课都是有用的，虽然还是会走神，但是对待上课的态度已经不一样了。

能力提高：一辆赛车的设计、加工、装配、调试、营销、比赛等，我多多少少都会参与进去。这也是一个工程企业所涵盖的大部分模块。这样对我以后的职业发展不敢说有很大的提高，但是会使我对其不再感到陌生。

就业问题：就连最现实的就业问题，吉速也给了我很大的自信。记得去参加招新宣讲，建平哥跟资源管理部的人交流的时候，资源管理部的人对车队队员的关注让我感到非常自豪！

**三、吉速力量**

最让我自豪的，最让我感动的，是吉速隐形的力量。大家团结在一起为了同一个目标努力。在这个过程中我们付出了很多。设计的时候臣哥通宵加班，在整个赛车的加工、装配到比赛过程中，强哥都是第一个到实验室，最后一个离开。这样的事情还有很多很多。出了问题我们要立即解决。为了练车，我们要清早起床；为了赛车，很多人的节假日变成了工作日，但是没有人后悔。我们苦中作乐。解决了赛车问题后的开心让我现在想起来都会嘴角上扬。我们付出，我们收获，我们朝着同一个方向努力。

现在我们邀请有才华、有激情、有责任心的你们加入吉速这个大家庭，为了赛车梦、吉速梦共同奋斗，一起享受这个美妙的过程！

# 第3章 Chapter 3 大学生节能车竞技大赛指南

## 3.1 中国节能竞技大赛赛事一览

### 3.1.1 赛事起源与发展

国内大学生参与的一大汽车赛事就是中国节能竞技大赛。该赛事由本田创始人本田宗一郎先生在 1981 年于日本创始。大赛的宗旨是为进一步提高环保节能意识做出积极的贡献。2007 年，该赛事被引进中国后，吸引了国内各大高校的节能车爱好者参赛。该赛事分为节能车（燃油）和 EV 电动车两个级别。其中，节能车（燃油）级别还下设关联企业组别，大学、高等学校、职专组别，以及普通组别。2014 年的中国节能竞技大赛上，燃油组的最高成绩 3 779km/L，由本田汽车（中国）有限公司的速之域车队创造。该成绩也创造了当时世界最高纪录。参赛队伍数量随着比赛规模的扩大而逐年增加。到 2014 赛季，大赛燃油组大学专科组参赛队伍已达 159 支。比赛要求赛车搭载赛方统一提供的 125cc 低油耗 4 冲程发动机，而车架、车身等则由各车队独立创作完成。根据比赛规定，赛车需要在规定时间内跑完指定赛程，以燃油的消耗量作为成绩的评定标准。2011 年赛方在中国首创了电动组别的比赛。赛车利用大赛提供的电池作为车辆行驶的唯一动力源。

国外也有多种节能车比赛。壳牌汽车环保马拉松赛是其中最有影响力的比赛之一（见图 3－1）。壳牌汽车环保马拉松赛秉持“创新、节能和激情”理念，每年在欧洲、美洲和亚洲都会举行相应的赛事。全世界参加比赛的车队超过了 400 支。壳牌汽车环保马拉松赛分为“原型车”和“城市概念车”两个组别。参加“原型车”比赛的是未来主义车型，即通过采用减阻等创新设计，实现燃料效率最大化的流线型汽车。“城市概念车”关注的是适合一般道路行驶的高效节能车辆。为了实用，这些车的外形更加接近道路上常见的省油汽车[1]。

图 3-1 亚洲壳牌汽车环保马拉松

壳牌汽车环保马拉松鼓励使用多种能源进行比赛。“原型车”和“城市概念车”组别的车队均可使用常规途径获取的能源（柴油、汽油和生物燃料等），也可以使用替代燃料（太阳能、氢气或插电电池等）。针对不同的能源，比赛规则中会给出相关的计算公式和测量方法，将赛车的成绩统一转化为等效油耗，结果用 km/L 表示。

### 3.1.2 吉林大学肯赛节能车队

吉林大学肯赛节能车队（CONCEPTION ECOCAR CLUB）于 2007 年成立，隶属于汽车工程学院，历年取得了不错的成绩。在学校的大力支持下，经过多年的不懈努力，车队在团队管理、设计理念以及加工工艺等方面积累了丰富经验。让学生亲自动手打造独一无二的赛车的过程，可以锻炼学生的创新思维和实践能力，更让节能环保意识融进车队队员的心中。同时，我们也致力于将环保理念和环保知识向学校和社会推广。

吉林大学肯赛节能车队下设发动机组、行驶组、电控组、车体组和 EV 组等几个技术组别，协同完成技术工作。成员均为经过层层选拔的吉林大学优秀本科生。赛车的开发过程需经历设计、加工、验证、调试等多个流程，多年来已经积累了一定的实践和技术经验，多项关键技术已获得中国专利授权。车队队员每年都拼尽全力，力图使赛车拥有更高的发动机效率、更合理的转动转向系统、更节能可靠的车体，以及更稳定有效的电控技术。

肯赛节能车俱乐部有 8 年的参赛历史，在 2012 年第六届 HONDA 中国节能竞技大赛中以 1 042. 303 km/L 的成绩获得大学专科组第一名（见图 3-2）。

图 3-2　吉林大学肯赛节能车队于 2012 年夺冠

吉林大学肯赛节能车队 2007—2014 赛季的赛车见图 3-3。

图 3-3　吉林大学肯赛节能车队 2007—2014 赛季的赛车

关于赛事的详细介绍就不再赘述了，简单来讲就是如何利用最少的燃油在规定的时间内完成规定的路程。这不仅取决于赛车,还取决于赛车手。所以,本章分成了两部分，分别从车和人两个方面来讲如何让赛车更节油。

## 3.2 节能车的节油奥秘

从能量传递和流失的角度分析节能车可以让我们的设计思路更清晰。如图 3－4 所示，以整车为研究对象，下面将结合图 3－4 详细地为大家介绍节能车的设计思路和方法。

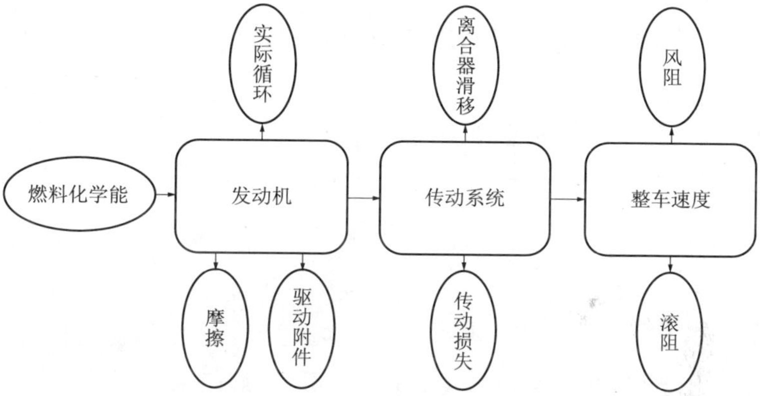


图 3－4　节能车能量传递和流失

发动机将燃油化学能转换成机械能并通过传动装置传递到车轮，从而驱动整车行驶。这个过程中主要存在如下能量流失：

1）内燃机实际循环相对于理论循环存在许多不可逆损失。

2）内燃机工作时存在机械损失，比如摩擦损失、驱动附件损失等。

3）摩擦式离合器结合过程中存在滑移，主动件与从动件之间相对运动导致能量损失。

4）传动方式的选择以及传动的设计影响传动效率。

5）轮胎与地面之间的滚动阻力造成的能量损失。

6）车辆行驶时风阻造成的能量损失。

如何设计一辆优秀的节能赛车呢？其实很简单，挖掘每一滴燃油的潜力，让尽可能多的能量传递到驱动轮；同时减小车辆的行驶阻力。下面我们将针对上述 6 条分别介绍节能车的省油奥秘。

### 3. 2. 1 提高发动机的热效率

一般把火花点火发动机的实际循环简化为等容加热循环。不过，内燃机的实际循环相对理论循环存在许多不可逆损失，因而不可能达到理论循环的热效率和循环平均压力。分析这些损失，有助于掌握两者之间的差异和成因，为提高内燃机工作过程的热效率指明了方向。两者之间的差异主要有：①工质的影响；②传热损失；③换气损失；④燃烧损失。

综合考虑节能赛车用发动机的使用环境，笔者提供了一些解决方案，以供读者参考。

#### 3. 2. 1. 1 提高发动机理论循环热效率

等容加热循环热效率可由下列等式表示：

$$\eta_t = 1 - \frac{1}{\varepsilon_c^{\kappa-1}}$$

其中：$\eta_t$ 表示等容加热理论循环热效率；$\varepsilon_c$ 表示压缩比；$\kappa$ 表示绝热指数。

压缩比是指压缩前气缸的最大容积 $V_a$ 与压缩后的最小容积 $V_c$ 之比，即：

$$\varepsilon_c = \frac{V_a}{V_c}$$

毫无疑问，根据上式可以看出，增加压缩比 $\varepsilon_c$ 可以提高等容加热理论循环热效率 $\eta_t$。那是不是压缩比就越高越好呢？当然不是。压缩比增加会使发动机的负荷水平、振动、噪声和摩擦损失增加，并且过多地增加压缩比，会产生表面点火、爆燃等不正常燃烧现象，对发动机产生较大的伤害，使发动机的寿命急剧缩短。因此，压缩比能提高多少必须根据实际情况而定。

赛车用发动机在改造前的压缩比为 9. 0。根据发动机台架试验数据以及车手驾驶情况可得知，在比赛过程中发动机的负荷比较小，最大时的负荷为 35% 左右。因此，我们可以适当增大压缩比，同时还可以不必考虑由于压缩比增大导致的机械负荷增加。从笔者改压缩比的经验来看，把发动机的压缩比增加到 11.0 比较合适，这样既能有效增加循环热效率，又不会产生表面点火、爆震等不正常燃烧现象。

我们采用铣削气缸体上表面的形式减小燃烧室的容积，从而增大压缩比。铣削厚度为 2 ~ 3mm。不过，这样会导致气门与活塞顶部发生干涉。这就需要我们对活塞顶部进行一定的改造。

为了避免活塞顶部与气缸盖干涉，可把图 3－5 中虚线圈起的部分铣削掉。铣削深度 $h$ 应等于气缸体的铣削厚度。图 3－6 中角 $\alpha$ 为 13° 左右。

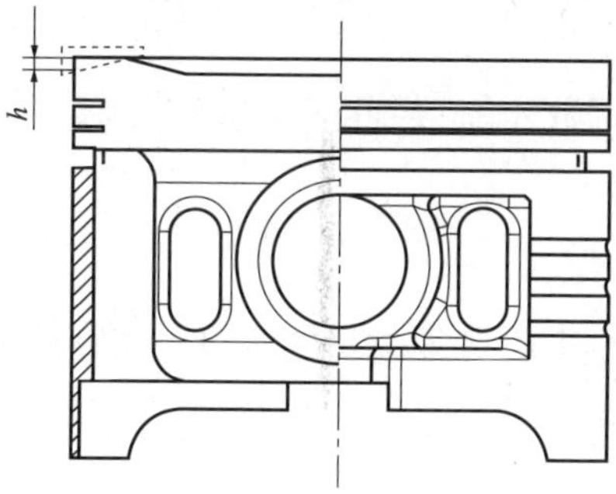


图 3－5　铣削深度 $h$

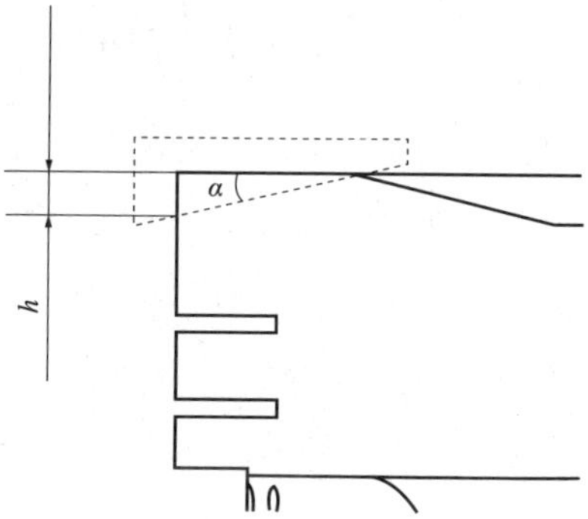


图 3－6　铣削方向与活塞顶部呈 $\alpha$ 角

另外，为了避免铣削后的活塞顶部与气门、火花塞干涉，需要在活塞顶部挖避让坑。避让坑的位置和深度可通过如下步骤确定：

1）在进、排气门及火花塞上抹上涂料（涂料颜色要易于识别）。

2）将铣削好的气缸和活塞按正确的装配关系装配到发动机中，然后缓慢地让曲轴转动几圈。

3）把活塞取出观察，活塞上沾有涂料的位置即避让坑的位置。

4）用雕刻机在活塞顶部挖避让坑。

5）重复步骤 1）2）3）4），直到活塞顶部不再沾有涂料。

改造前、后的活塞分别如图 3－7 和图 3－8 所示。

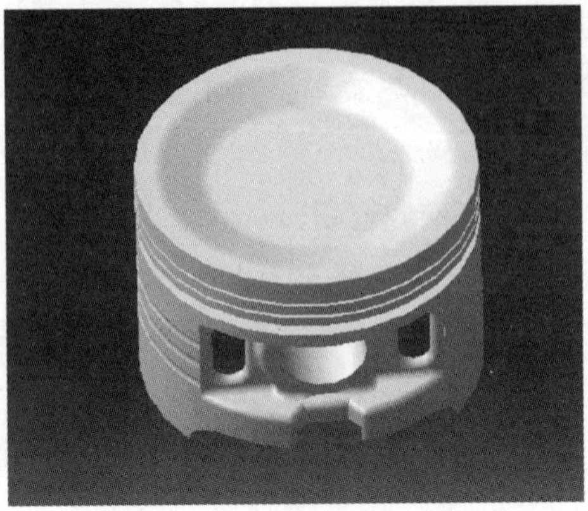

图 3－7　改造前活塞

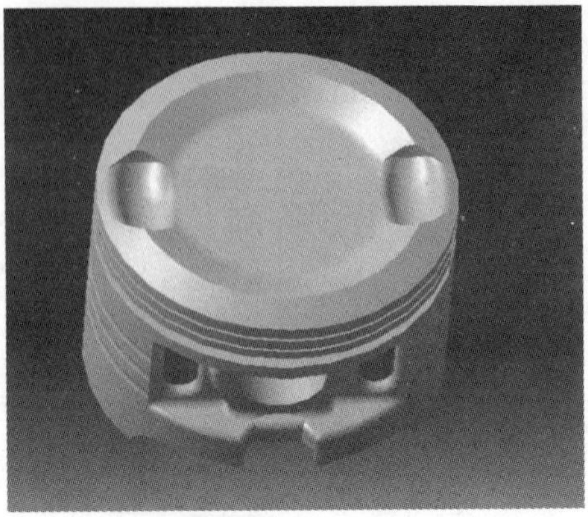

图 3－8　改造后活塞

现在发动机压缩比改完了，那么该如何做才能得到比较精确的改造后的压缩比呢？笔者提供以下方案，以供大家参考。

首先，从发动机技术规格中得到以下数据：

原压缩比 $\varepsilon_c$、气缸工作容积 $V_h$（单缸发动机 $V_h$ 为发动机的排量）和缸径 $D$。

其次，测量改造后的发动机的参数：

气缸体铣削的厚度 $t$

活塞改造前的体积 $V_0$（找一个能容下活塞的量杯，在量杯中加入一定量水，记下读数 $V$；把活塞放进量杯后记下读数 $V'$；$V_0=V-V'$）

活塞改造后的体积 $V_1$。

最后，计算：

根据公式 $\varepsilon_e=\dfrac{V_a}{V_c}$（$V_a=V_c+V_h$）可算出 $V_c$

改造后的燃烧室容积 $V_{c1}=V_c+(V_0-V_1)-\pi/4\times D^2\times t$

改造后压缩比$\varepsilon_{c1}=\dfrac{V_{c1}}{V_h+V_{c1}}$

#### 3.2.1.2　降低传热损失

那损失的热量去了哪里呢？要想追踪到它们的去向，就不得不提及发动机强大的冷却系统。发动机冷却系统的存在，是为了保证发动机温度在所有工况下都保持在适当的范围内。如图 3－9 所示就是比赛用的发动机缸体。层层密布的散热片就是利用气流将发动机的热量带走，不至于使发动机温度过高。但值得注意“适当的温度范围”意味着发动机既不能过热，也不能过冷。如果发动机的气缸体及气缸头温度过低，反而会导致发动机传热损失增加，温度较低的壁面处出现燃烧不完全现象。

图 3－9　改装前气缸体

在比赛的过程中，发动机在绝大部分时间内是处于不工作状态的，但只要发动机温度高于环境的温度，散热片就要将发动机的热量传递出去，直至与环境等温。所以，为了减少这部分的热量损失，要去除气缸体和气缸头的散热片，并以保温材料包裹气缸体和气缸头，如图 3－10 和图 3－11 所示。

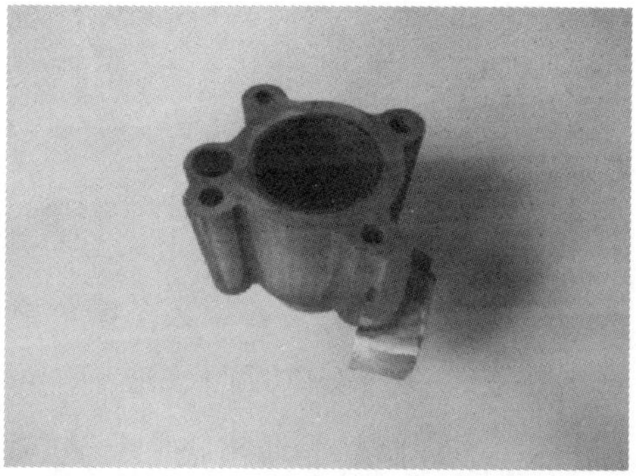

图 3－10　切去散热片的气缸体

图 3－11　加保温材料的气缸体

去除气缸体和缸盖散热片，我们通常会选择线切割工艺去除材料。首先我们要对气缸头底面和气缸体底面进行尺寸测量，并按照切割路线生成图纸（见图 3－12）。注意：考虑到线切割的工艺特点，大家一定要在绘制图纸的时候明确重要部位是否会损伤！

当然，有时为了加快效率，我们也会直接将线切割用的 CAXA 图形绘制好后交给加工厂。将线切割后的零件拿回实验室后，要用工具将机床没有处理好的边角去除，这就要看队员们的耐心和使用工具的技能了。在这个过程中，各类锉刀和角磨机是必不可少的两种工具。出于节约车辆制造成本的角度和加强队员动手能力的考虑，偶尔也会安排队员不依靠工厂，利用实验室现有资源进行自主切割和打磨。最后一个步骤是，我们要对多种保温材料进行调研、实验，比对各种材料在实车应用方面的优缺点。其中，除了保温能力这一先决条件之外，大家一定要考虑材料的防火能力。

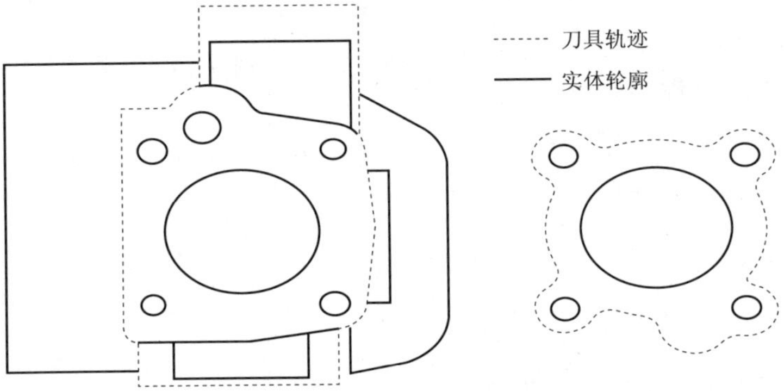


图 3－12　切割路线图样

### 3.2.1.3　降低燃烧损失

（1）点火系统优化

汽油机的混合气在压缩行程终了时采用高压电火花点火。点火系统需满足以下功用：在发动机的各种工况和使用条件下，在气缸内适时、准确、可靠地产生电火花，以点燃混合气，使汽油发动机实现做功。通常我们会从软、硬件两个方面对点火系统进行优化。

软件方面主要是针对点火提前角的设定。因为燃料燃烧需要时间，实际点火时刻要先于压缩冲程上止点，期间曲轴的转角叫点火提前角。点火提前角的选取对汽油机的经济性影响较大。研究表明，如果点火提前角偏离最佳值 5° CA，则热效率下降 1%；若偏离 10° CA，则热效率下降 5%；若偏离 20° CA，则热效率下降 16%。超级点火器是一种摩托车点火系统的改装产品。它使用单片机控制点火正时。用户可以根据需要输入任意的点火曲线。对于我们来说，台架试验标定是优化发动机点火提前角的最佳方法。首先选取常用工况点，然后对每个工况点进行标定，最后选取有效燃油消耗率最小的点火提前角写入超级点火器内。

IgnTune 是光印动力数字点火器的 PC 端设置软件，被专门用于光印动力数字点火器的各项参数设置、调谐，允许光印动力数字点火器的用户自由下载。拥有点火系统自检能力，感应其他点火器的点火曲线，可以单独设定与点火曲线无关的启动点火角度等实用功能。图 3－13 为软件的界面。

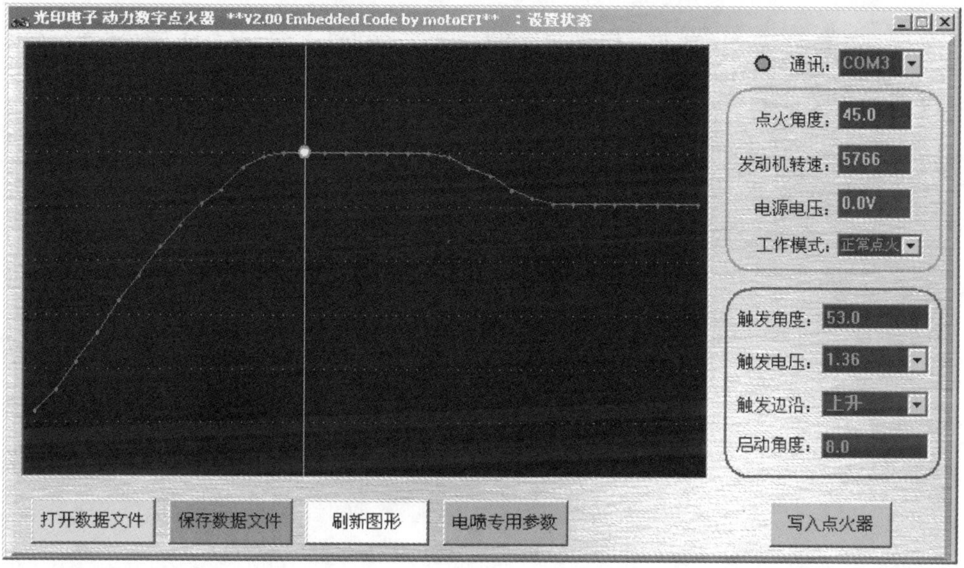


图 3－13　IgnTune 软件界面

点火系统硬件这部分常使用的方案就是双火花塞点火。采用双火花塞可提高点火能量，使点火更为可靠，有利于稀混合气的燃烧；能缩短火焰传播距离，提高燃烧速度，有效降低在高压缩比情况下发生爆燃的可能性；能防止表面点火现象，减少燃烧室内的积炭形成。

具体而言，在汽油机原火花塞对侧再加装一个火花塞（见图 3－14），并且将两个火花塞布置在两套独立的点火系统里。这样当某一路的点火器或者高压包无法正常工作的时候，还会有另一路仍能正常地实现点火任务，这样大大提高了点火线路的可靠性。当然，加装的新火花塞需要估计对压缩比的影响和与活塞干涉后的后处理步骤。单路的点火原理可以简化为：曲轴位置传感器（信号）→点火器（控制器）→点火线圈（高压包,升压）→火花塞（见图 3－15）。

图 3－14　加装的火花塞

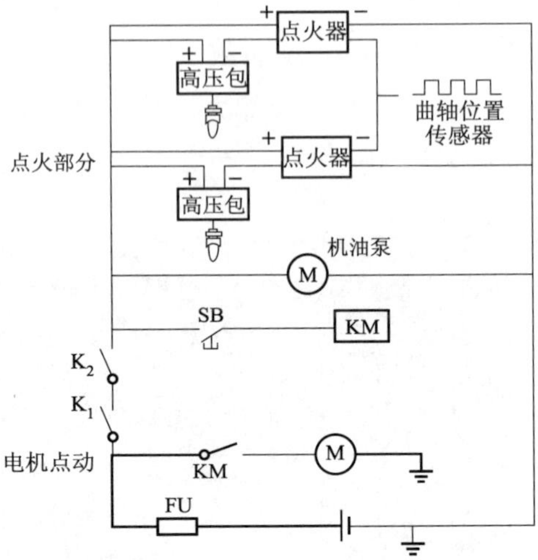


图 3－15　点火线路简图

加钻的新火花塞孔的位置及方向是通过多次试验并与压缩比工作协调后获得的数据。最终选取标记点向上 10mm，17° 角进行钻孔作为实际加工指导。在实际加工中采用立式钻床,先使缸头倾斜放置,预钻火花塞孔轴线竖直,然后夹紧开始钻孔，最后攻螺纹。然而，这种方案有很多缺点：普通钻床无法进行精确角度量。关于角度的精确确定至少需要用到四轴机床，而这样会大大增加加工成本；夹紧的时候选用的平面是进排气道的接合面，会对进排气道造成损失,严重的话会密封不严而漏气。此种加工方式不利于效率的提高,甚至会产生废件。

为了改善这种情况，推荐制作火花塞钻孔的专用夹具，如图 3－16 所示。因为其长度大于缸头尺寸，所以装夹时与机床接触的是夹具金属块，保护了气缸头；缸头与夹具之间借由缸头自己的装配通孔，用螺栓和螺母紧固，同样为防止气缸装配面被破坏而加垫片；当夹具和气缸头装配完成后，根据夹具预设的角度就可以保证气缸头的倾角正确，普通机床即可完成上述操作，节约加工成本。

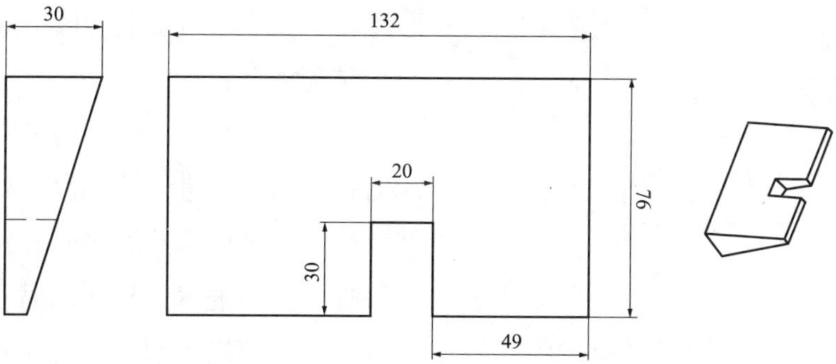


图 3－16 火花塞钻孔专用夹具

（2）熄火闭气装置

发动机在熄火后，由于飞轮的惯性转动，仍会有一部分混合气进入气缸，而此时火花塞已经停止工作，因此这部分燃油就会白白地浪费掉。我们的节能车在参加比赛时，要起动、熄火多次，因此有相当一部分燃油被浪费。为了提高燃油利用率，需要做一个机构（闭气机构），以阻止汽油和空气继续混合，从而达到节油的目的。在比赛中，发动机的工作过程如下：当前车速达到赛道策略指定的速度时车手手动按下熄火开关，并迅速松开油门使供油柱塞降到最低，车载 MCU 检测到开关信号，控制离合器分离，切断发动机与传动轴的能量传递。熄火后发动机在阻力（主要是活塞环与气缸壁的摩擦阻力）的作用下逐渐降低转速，但在这时间段内化油器无法停止供油，仍会有小部分燃油被吸入气缸内，却不能被用来做功，从而导致燃油消耗量增加。我们设计出一套发动机熄火后可以自动断油装置（见图 3－17）。试验数据表明，该系统控制过程精确，执行机构运转稳定，节油效果明显，可以显著提升节能赛车比赛成绩。

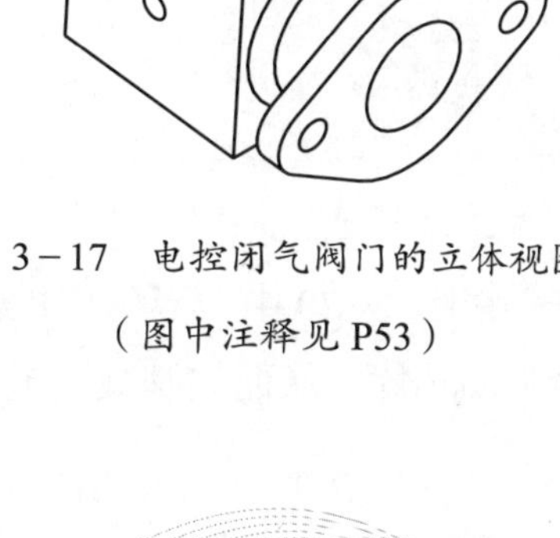


图 3－17 电控闭气阀门的立体视图

（图中注释见 P53）

具体实施方式：

零件结构：

由上盖、连接板、阀芯、阀体、圆柱

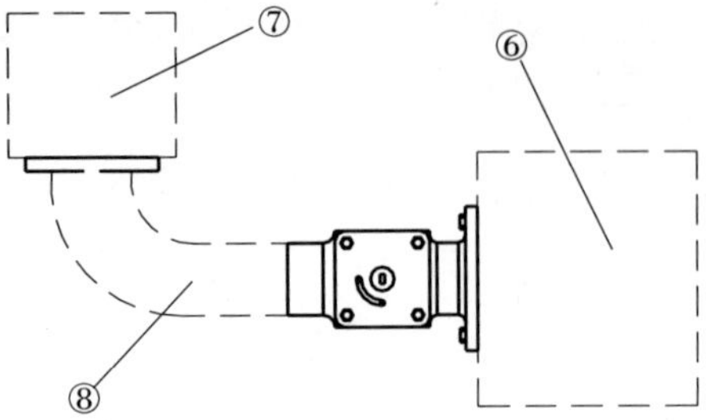


图 3－18 电控闭气阀门在发动机上的安装位置

（图中注释见 P53）

面配合、减速电机、限位棒组成。

装配关系：

在图 3－18 中，该阀门被安装在化油器式发动机的进气管部位。其中，法兰盘的一端采用螺栓连接的方式与发动机气缸头上的进气口相连，另一端与发动机原进气管的一部分焊接为一个完整的进气管，在原进气管的末端安装有化油器。

在图 3－19 中，上盖与阀体采用 M4 普通螺栓连接（图中未画出螺栓）。连接板与阀芯采用过盈配合，两者装配后，连接板上表面与阀芯上表面平齐（或前者略低于后者）。阀芯与阀体内孔采用过渡配合，并采用精车，达到保证气密性的表面粗糙度。阀芯下表面与阀体内孔底面留有一定的间隙，保证安装好上盖后阀芯能在阀体内自由转动，减少表面间的作用力和摩擦力，并且间隙也可起到储存润滑脂的作用。在阀体上表面钻有一小孔，将限位棒采用过盈配合方式装入小孔内。装入后，限位棒上端应高出阀芯上表面一定距离。该距离略小于上盖的厚度。

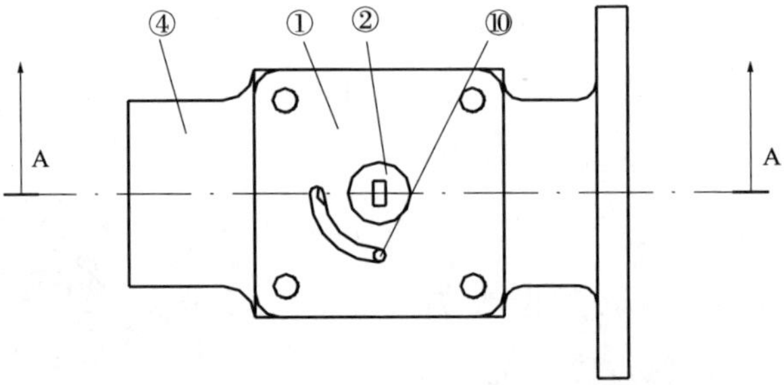


图 3－19 电控闭气阀门俯视图

（图中注释见 P53）

工作原理：

在图 3－20 中，当单片机检测到发动机熄火信号之后，单片机输出信号给驱动芯片，从而控制减速电机执行动作。减速电机的输出轴转动，带动连接板。连接板与阀芯固联，从而会带动阀芯在阀体中转动。当转动至 90° 时，阀芯上的限位棒到达限位槽的末端而停止，阀芯的中部有一通孔，可实现管路导通。在与该通孔轴线垂直的方向上有一小侧孔，当通孔转动 90° 关闭管路时，侧孔正对法兰盘一侧的管路（即正对发动机气缸头进气口），通孔正对阀体侧面的小孔，实现在关闭管路的同时将有法兰盘的一侧管路与大气导通的功能。也就是说，在阻断化油器向发动机气缸内供给混合气的同时，将发动机气缸与大气导通。这样一方面可以避免闭气后气缸内的真空度使阀芯和阀体的配合面泄漏出混合气；另一方面，如果只有闭气功能，没有将气缸与大气导通的功能，则会导致发动机气缸在气门重叠角内将排出的尾气倒吸，甚至将排气管内的其他异物吸入气缸。在闭气动作结束后，电控部分设定延时程序，控制阀芯在一定时间后反向转动 90° ，使阀门再次打开，实现发动机与化油器的导通，准备下一次发动机点火。

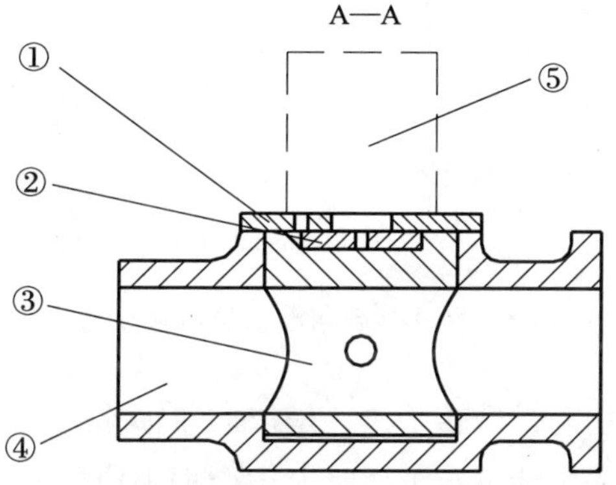


图 3－20　电控闭气阀门剖视图

图 3－17 ~图 3－20 中的零件为：1—上盖；2—连接板；3—阀芯；4—阀体；5—减速电机；6—发动机；7—化油器；8—原进气道；9—限位槽；10—限位棒

### 3.2.2　提高发动机机械效率

#### 3.2.2.1　外置机油泵

发动机在工作时各个传动件的摩擦表面需要足够的洁净润滑油来润滑摩擦表面，从而减小摩擦阻力，降低功率消耗，减轻部件磨损，进而提高发动机工作的可靠性和耐久性。

改造前的润滑系统：油底壳里的机油经由机油集滤器，被吸入机油泵；高压机油再从机油泵出发，泵入凸轮轴和曲轴的内部油道；曲轴还会把润滑油供入连杆和活塞，凸轮轴将其供给气门各个传动件；最终润滑油通过各路回油道重新汇集到油底壳。这个过程中，主要依靠压力润滑和飞溅润滑两种润滑方式。

图 3－21 是前后润滑系统对比，机油泵分别代表机械式转子泵和电机驱动齿轮泵。

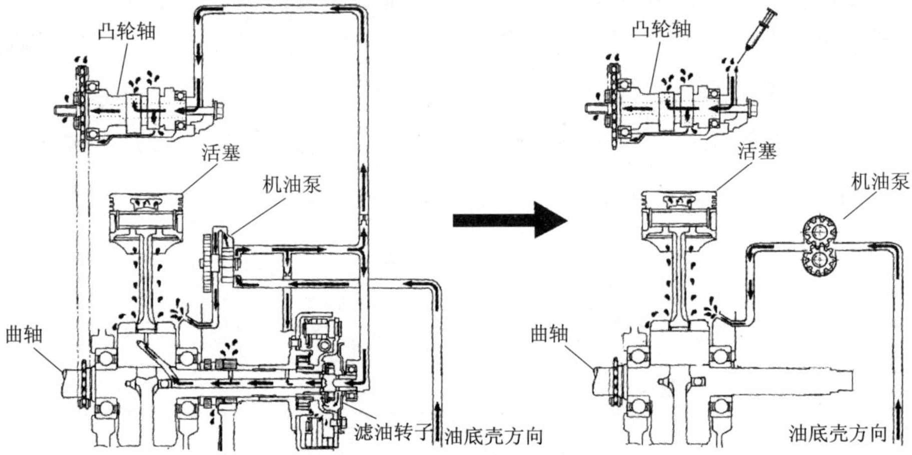


图 3－21　前后润滑系统对比示意图

然而，原机使用的机械转子泵，是依靠曲轴的旋转带动转子进行泵油工作，因此原机转子式机油泵在工作时必定会损失掉一部分机械能。为了避免这部分机械能的损失，一般采用外置式电动机油泵代替原机的转子式机油泵，借此有效地提高比赛成绩。

电动机油泵有隔膜式、叶片式和齿轮式 3 种。经过调研对比之后，我们选用了齿轮油泵，配以缸外油管。当一对齿轮在泵体内做啮合传动时，啮合区前边空间的压力降低而产生局部真空，油池内的油在大气压作用下进入油泵低压区内的进油口。随着齿轮的传动，齿槽中的油不断被带至后边的出油口而把油压出，从而提高油的压力，送至曲轴箱内需要润滑的部位。主动齿轮由电动机控制。

原装机油泵——电动机油泵

在改造润滑系统过程中需要注意的是密封问题，主要分为 3 个方面：

1）配有电动机油泵的气缸外油管与油底壳改造协调好，各个两通接头处的密封性要保证良好（见图 3－22）。

（a） （b） （c） （d）

图 3－22 保证接头密封性

2）凸轮轴两端：凸轮轴两端可以尝试使用标准件替换，即将原机的滚动轴承换成了密封轴承，加强了凸轮轴两端的密封效果。

3）曲轴外伸的两侧：曲轴的轴承不可拆卸，采用了加装零件的方式进行密封，而且由于密封圈没有找到相对应的尺寸，所以需自行设计并加工零件。简单来说，设计了一个环形的铝片，用螺钉将其固定在曲轴箱上。为进一步提高密封性，内端加装硅胶垫片（自制），周边加密封胶。曲轴的另一侧因为存在不可拆卸的正时链轮，所以要将铝片切成两部分，然后按照另一侧方案密封，如图 3－23 所示。

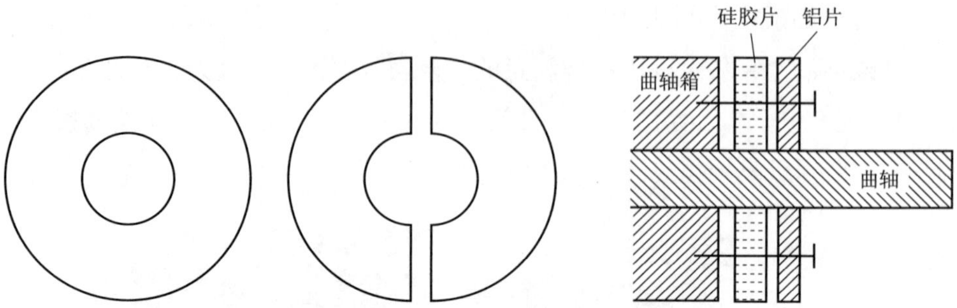


图 3-23　加装零件密封

### 3.2.2.2　电磁离合器

分析图3-24，100%分别代表滑移率最大值、最高车速、发动机设定最高转速和最大油门开度。现在国内车队一般都采用原机离心式离合器。它是一种机械式的自动离合器。随转速的升高，离心式离合器的离心力变大，离合器传递扭矩增大。发动机台架试验表明，发动机的经济工况一般在中高负荷。赛车加速时，节气门开度过大，受离合器传递扭矩的限制，离合器存在滑移，造成能量损失； 若降低离合器滑移率，则必须以较小的节气门开度加速。这就导致发动机大大偏移发动机经济工况区，此时发动机效率偏低。电磁离合器可以对传递扭矩进行控制，有效控制滑移率，同时保证发动机工况更接近经济工况区。

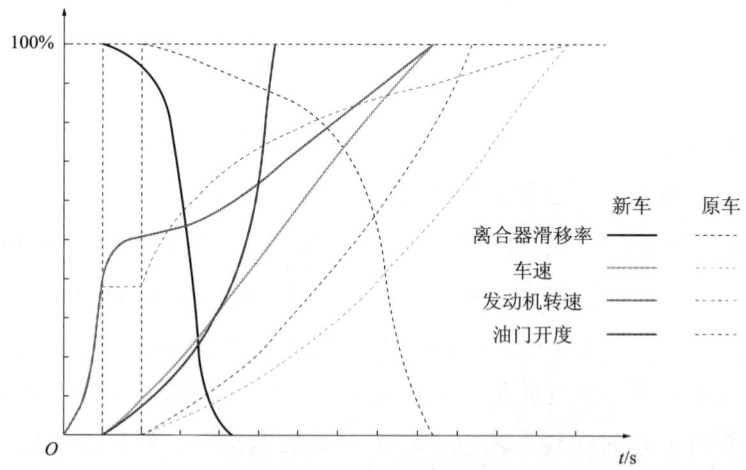


图 3-24　滑移率、车速、发动机转速、油门开度随时间变化曲线

（1）离心式离合器与电磁离合器的工作原理

离心式离合器（见图 3－25）的工作原理：离心式离合器通过摩擦力传递扭矩。它的基本结构由 3 个元件组成：主动件、离心体和从动件。离心体滑装于主动件上，由原动机驱动主动件旋转加速而将其径向甩出。当主动件达到规定角速度时，甩出的离心体与从动件内壁压紧，由摩擦力强制其进入运动状态而传递扭矩。离合器的从动件可以直接或通过皮带轮等机构与负载连接。

电磁离合器（见图 3－26）的工作原理：电磁离合器由衔铁、线圈、摩擦片、回位弹簧、动盘等主要元件组成。通过电流大小控制离合器的接合程度。当线圈通电时产生磁力，在电磁力的作用下，使衔铁的弹簧片产生变形，动盘与“衔铁”吸合在一起，离合器处于接合状态；线圈断电时，磁力消失，“衔铁”在弹簧片弹力的作用下弹回，离合器处于分离状态。

图 3－25　离心式离合器

图 3－26　电磁离合器

（2）电磁离合器的安装

由于现有电磁离合器无法与曲轴配合，经过反复设计—装配—改进，确定最终离合器安装方法及其零件尺寸，如图 3－27 和图 3－28 所示。其中，轴套内圈有与曲轴上花键相配合的外花键，外圈有与离合器内圈相配合的平键。通过轴套使离合器与曲轴刚性连接。轴套端盖、轴套一端的卡环以及轴套内圈与曲轴配合的阶梯保证离合器无轴向窜动。在最外端利用螺栓将离合器压紧。

随后我们对轴套端盖进行了一体化设计，不仅方便了加工，而且简化了安装过程，如图 3－29 所示。

图 3－27　轴套

图 3－28　端盖

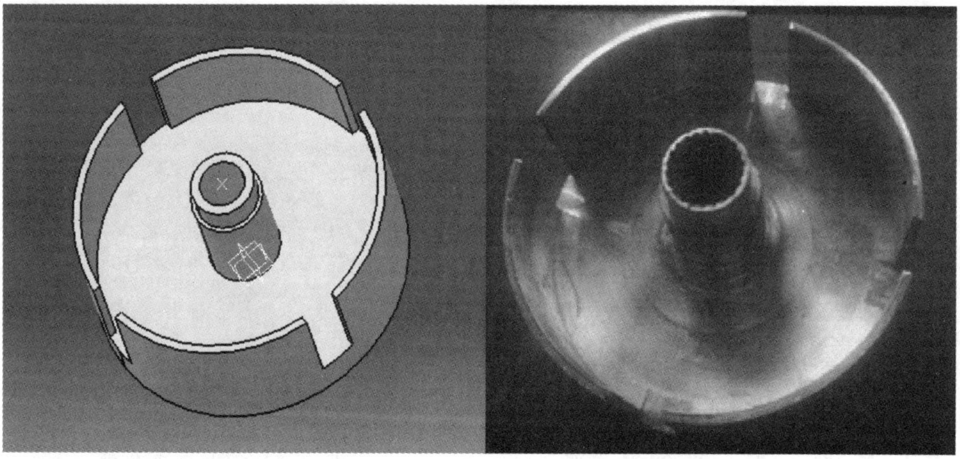

图 3－29　Catia 建模及加工实物

图 3－30　电磁离合器与曲轴连接运转

电磁离合器通过轴套端盖与曲轴相连接，以轴套端盖和摩擦片为主动件，与曲轴同步运转（见图 3－30）。以衔铁、小带轮部分为从动件向后轮传递发动机扭矩。根据所提供的电流大小转化为不同大小的电磁离合器摩擦力矩，从而实现发动机动力的传递与中断。

（3）电磁离合器电流—扭矩曲线测定

我们将电磁离合器安装在曲轴上，用两块串联 12V 电池作为离合器电源，连接外电路并将滑线变阻器和电流表串联到电路中。通过变阻器改变通入离合器的电流，从而改变其扭矩。实物如图 3－31 所示。将离合器输入电流设定为一数值，利用力矩平衡原理和分度值为 0. 2Nm 的扭矩扳手给离合器施加力矩。调整该扭矩值，当离合器正好不发生相对滑动时，此扭矩即该电流对应扭矩值。改变电流值，重复多次试验，得出多组数据。

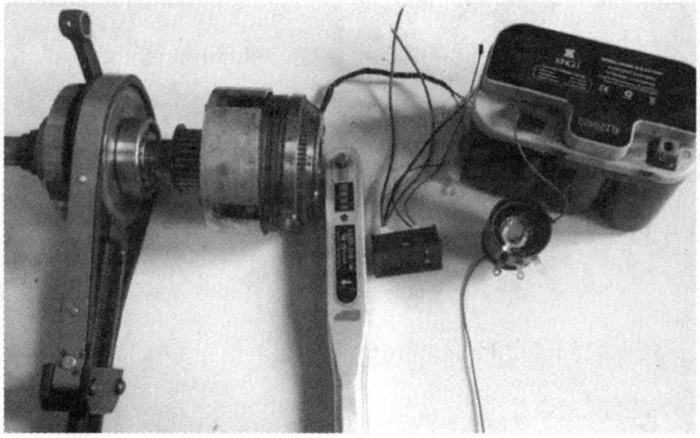

图 3－31　实验装置图

利用 Matlab 软件处理试验所得数据，得出曲线（见图 3－32）。

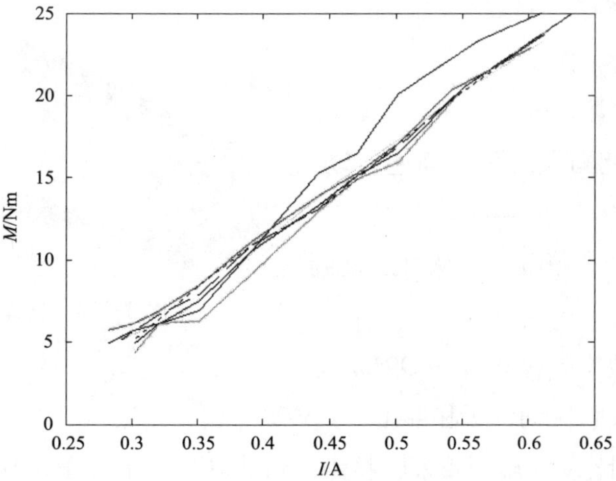


图 3－32　数据曲线

采用多项式拟合，得出方程：$M = 60I - 13$

### 3.2.3 传动系统优化

#### 3.2.3.1 传动方式选取

图 3－33 链传动

（1）链传动（见图 3－33）

优点：

1）平均传动比准确,无滑动。

2）作用在轴上压力小，对轴承的摩擦小。

3）结构紧凑，工作可靠性较高，寿命较长。

4）能在恶劣的环境下工作。

缺点：

1）瞬时链速和瞬时传动比不恒定，传动不平稳。

2）传动时有噪声、冲击。

3）只能被用于平行轴间的传动。

4）与带传动相比，制造和安装较困难。

（2）同步带传动（见图 3－34）

优点：

1）传动比恒定。

2）结构紧凑。

3）速比范围大，适于高速传动，带速可达 40m/s。

4）传递功率范围大，从几十瓦到几百千瓦。

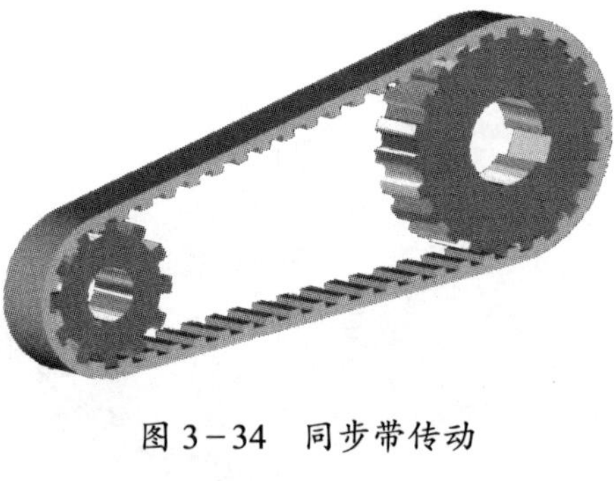

图 3－34 同步带传动

5）传动效率高达 98% ~ 99%。

6）能够吸收振动、缓和冲击，其传动平稳、无噪声。

通过分析比较可知，如果能将齿形带成功用于节能车，其优势将是链传动无法替代的。其最主要的优势是传动效率高，传动比恒定，吸收振动，缓和冲击，传动平稳，噪声小。

#### 3. 2. 3. 2　传动比优化

根据发动机燃油消耗率与转速的关系曲线，发现发动机转速在 2 800 ~ 3 600 rpm 时，具有较好的经济性。如果对应 46 km/h 的最高速度，那么传动比应在 6. 79 ~ 7. 75。

选取较大的传动比，可以获取较大的加速度，减小每次发动机运转的时间；而选取较小的传动比，则有助于提高发动机的效率，减小发动机的内部阻力。经试验得到拟合曲线，如图 3－35 所示。传动比选取在 7. 2 左右时发动机油耗较低。

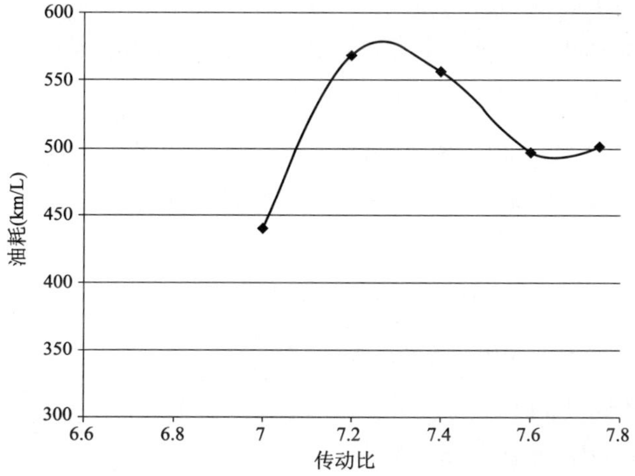


图 3－35　发动机油耗与传动比关系曲线

#### 3. 2. 3. 3　传动的设计

以下面条件为例，介绍传动的设计过程。

已知条件：1）传递的功率 $P$=1. 5 kW。

2）小带轮最大转速 $n_{1max}$=3 200 r/min。

3）二级传动，总传动比 $i$=7. 2。一级为带传动，传动比定为 $i_1$=3。二级为链传动 $i_2$=2. 4。

4）传动用途、载荷性质、原动机种类与工作制度：单缸内燃机，断续使用，每天 3 ~ 5 h。

（1）确定设计功率 $P_d$/kW

$P_d=K_A \cdot P$

工况系数 $K_A$：查表得同步带在此工作条件时，$K_A$=1.2。

$P_d=K_A \cdot P=1.2 \times 1.5=1.8$（kW）

（2）选择齿形和带型

齿形的选择：设计传动比 $i \leqslant 10$，带速为 1～40 m/s，传动效率要求尽可能高。对照相关选型表可知圆弧齿较为合适。

带型的选择：根据 $P_d$=1.8 kW，$n_1$=3 200 r/min，对照设计标准图。为使传动平稳，提高传动的柔韧性，增加啮合的齿数，应该选 5M 型。

（3）确定小齿轮齿数 $Z_1$

$Z_1 \geqslant Z_{min}$，带型为 5M，小齿轮转速 $n_1$=3 200 r/min。查表对应 $Z_{min}=28$；$Z_1=28$。带速 $V$ 和安装允许时尽可能选最大值。

（4）确定小带轮节圆直径 $d_1$/mm

$d_1$= 齿数 × 节距 /π =28 × 5 ÷ 3.14 = 44.56（mm）

（5）带速 $V$/（m · s）

$V=(\pi d_1 \cdot n_1)/60\,000=7.467$ m/s $\leqslant V_{max}$

5M 带型的 $V_{max}$ 在 40 ～ 50 m/s。

（6）检验传动比 $i$

$i=n_1/n_2=3$（已给出）$\leqslant 10$

（7）确定大带轮齿数为 $Z_2$

$Z_2=i \cdot Z_1=84$

（8）确定大带轮节圆直径 $d_2$/mm

$d_2$= 齿数 × 节距 /π = 84 × 5 ÷ 3.14 = 133.76（mm）

（9）初定中心距 $a_0$/mm

根据公式有 $0.7(d_1+d_2)<a_0<2(d_1+d_2)$

代入数据，得 124.82 mm $< a_0 <$ 356.64 mm

定为 350 mm。也可根据结构要求灵活确定。

（10）初定带的节线长度 $L_{0p}$ 及其齿数 $Z_b$

$L_{0p} \approx 2a_0+(d_1-d_2)^2/4a_0+\pi(d_1+d_2)/2=985.79$mm

$Z_b=195$。查表取接近的 $L_p$ 和 $Z_b$。

（11）实际中心距 $a$ / mm（可调）

$a \approx a_0+(L_p-L_{0p})/2=350$ mm

$M=4L_p-6.28(d_2+d_1)=2\,823.31$ mm

$a=[M+\sqrt{M^2-32(d_2-d_2)^2}]/16=350.07$ mm

（12）小带轮啮合齿数 $Z_m$

$Z_m=\text{ent}[Z_1/2-P_bZ_1(Z_2-Z_1)/(2\pi^2a)]=13$

（13）基准额定功率 $P_0$ / kW

查表可知 $P_0=0.822$ kW。

（14）带宽 /mm

查表可知带长系数 $K_L$=1.20，小带轮啮合齿数系数 $K_Z$ = 1.5M 对应的 $b_{s0}=9$，有

$$b_s \geqslant b_{s0}\sqrt[1.14]{\frac{P_d}{K_LK_ZP_0}}=15.25 \qquad \text{得 } b_s=20$$

带轮宽 $b_f=21.3$（有挡圈）

（15）额定功率 $P_r$ / kW

带宽系数 $K_W=\left(\dfrac{b_s}{b_{s0}}\right)^{1.14}=1.82$

$P_r=K_L\cdot K_z\cdot K_w\cdot P_0=1.80$ kW

（16）作用在轴上的力 $F_r$ / N

小带轮包角 $\alpha_1=180°-\dfrac{d_2-d_1}{a}\times 57.3°=165.40°$

矢量相加修正系数查图可得 $K_F=0.99$

$$F_z=\left(\frac{K_F\cdot P_d}{V}\right)\times 1\,500=357.98\text{ N}$$

（17）带的张紧

计算切边长 $t$ / mm。

$$t=\sqrt{a^2-(\frac{d_2-d_1}{2})^2}=347.18\text{ mm}$$

计算挠度 $f$ / mm。

$f=t/64=5.42$ mm

确定载荷 $W_d$ / N。

查表，对应 $W_d=9.8$ N

### 3.2.4 转向机构设计与优化

节能车在转向时，能量损失会加大，这主要由以下 3 方面原因造成。转向梯形优化不到位，使节能车转弯时轮胎相对地面发生滑移，增大与地面的摩擦阻力；在转弯行驶时，轮胎发生侧偏现象，滚动阻力大幅度增加；转弯时各零部件变形量加大，导致内摩擦力增加。节能车的设计显然要尽量减少转向时的能量损失，以期获得更好的燃油经济性。

转向系统是汽车底盘的核心组成部分。节能车在行驶过程中有足够的转弯半径与较小的能量损失是对转向系统最基本的要求。下面对转向系统各个机构及设计过程逐一介绍。

首先介绍一下吉林大学肯赛节能车队转向系统的结构，如图 3－36 所示。

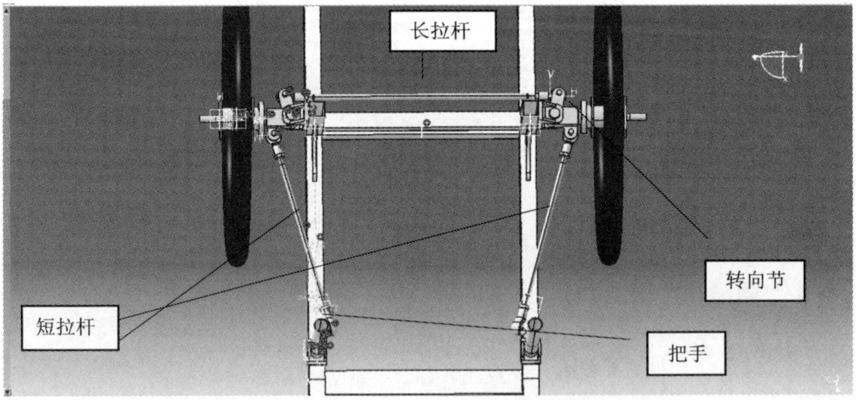


图 3－36　肯赛车队转向系统机构示意图

车手前后推动两侧把手。两侧把手分别通过球铰带动两侧短拉杆一前一后移动。短拉杆通过球铰连接在转向节上，从而带动转向节转动。转向节的转动转换成车轮绕主销的转动，从而使节能车完成转向。转向梯形是由左、右转向节节臂和长拉杆通过杆端关节轴承连接构成的。长拉杆和短拉杆的两侧螺纹旋向相反，以便调节短拉杆和长拉杆的长度，使得把手位于正确的定位位置并且车轮位于正确的车轮前束值。

现阶段国内大多数车队选用的操作系统为类似方向盘的布置在赛车中间的机构。我车队的这套机构相比其他车队来说，有机构相对简单、不影响车手视野的优点，并且车手乘坐空间较大。经过多年的发展，我车队对这套机构不断优化，已经形成了一套成熟的方案。

#### 3.2.4.1 转向梯形的设计

（1）转向梯形的工作原理

首先介绍一下为什么需要设计转向梯形。为了避免在汽车转向时产生路面对汽车行驶的附加阻力和轮胎的过快磨损，要求转向系统能保证在汽车转向时所有的车轮均做纯滚动。显然，只有在所有车轮的轴线都相交一点时方能实现。此交点 $O$ 称为转向中心。对于两轴汽车，由图 3－37 可知，内转向轮的偏转角 $\beta$ 应大于外转向轮的偏转角 $\alpha$。在车轮为绝对刚体的假设条件下，角 $\alpha$ 与角 $\beta$ 的理想公式应该为：

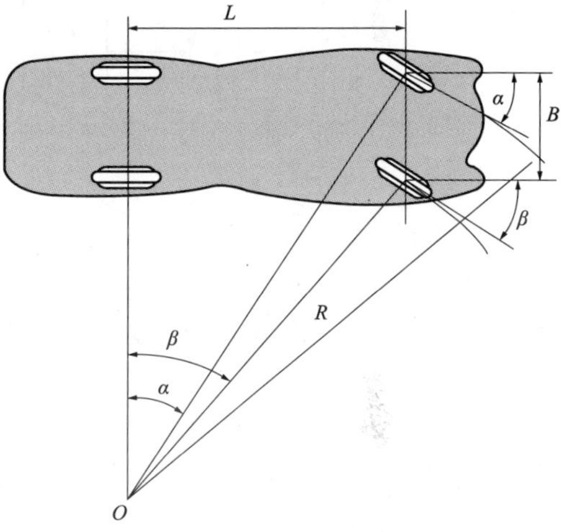

图 3－37　转向梯形示意图

$$\cot\alpha = \cot\beta + B / L$$

式中，$B$ 为两侧主销轴线与地面相交点之间的距离，$L$ 为汽车轴距。因此，必须精心设计转向梯形，使得在一定车轮偏转角下，两侧车轮偏转角的关系大体上接近于理想关系。

了解了转向梯形之后，我们就需要设计相应的转向传动机构。众所周知，转向传动机构分为与独立悬架配用的转向传动机构（见图 3－38）和与非独立悬架配用的转向传动机构（如图 3－39 所示）。

节能车设计思想就是用最简单的结构满足要求即可。我们的节能车是非独立的机构，所以我们选择了与图 3－38（b）类似的结构，而对应到实体上就是由转向节臂、长拉杆和杆端关节轴承构成的梯形结构。

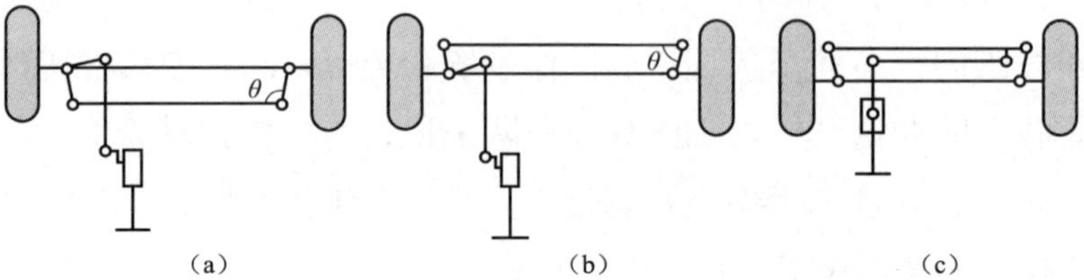


图 3－38　与非独立悬架配用的转向传动机构

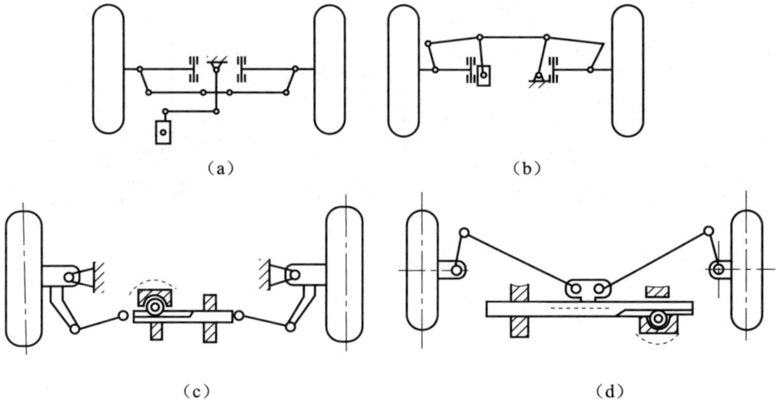


图 3－39　与独立悬架配用的转向传动机构

（2）Adams 转向梯形的设计

Admas 建模及分析的大致步骤与结果：

1）建立 2 个变量 jiaodu bichang。

2）建立 4 个 point（x，0，0）（－x，0，0）主销位置：

((200 + bichang * COS（jiaodu)),（bichang * SIN（jiaodu)), 0）

((－200 － bichang * COS（jiaodu)),（bichang * SIN（jiaodu)), 0）

3）建立 3 个连杆。

4）建立 4 个铰链运动副。

5）给左轮一个驱动力 20 度 /s 仿真 1s，step500 开始仿真分析。

6）创建 2 个 marker 点 on ground　点 3，4。

7）测量内转角、外转角。

理论转角（ATAN（ 1/（TAN（（90 －. tixing. zuozhuanjiao）/180*3. 1415926）+ 0. 25）））*180/3. 1415926。

外转角与理论转角差 ABS（. tixing. lilunzhuanjiao－. tixing. youzhuanjiao）

软件仿真的结果如图 3－40 所示。

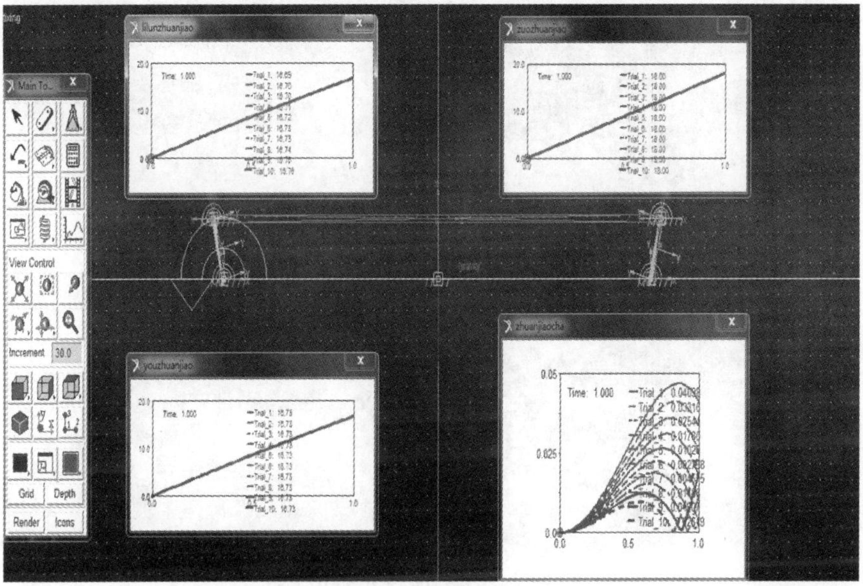


图 3－40　软件仿真

至此基本完成了节能车转向梯形的设计。转向梯形的设计是一个不断优化的过程，因为转向过程中因轮胎相对于地面的滑移而损失的能量将是巨大的，对成绩的影响也是至关重要的。

### 3. 2. 4. 2　悬臂轴和羊角（转向节）的优化

（1）四轮定位参数的确定

考虑到节能车质量轻并且行驶速度较慢的特点，所设计的结构简单有效即可。由于主销后倾角与主销内倾角主要和车轮直线行驶时的回正力矩有关，对车辆的行驶阻力影响较小，故都取零。车轮外倾角取 2°，与之配合的车轮前束取 5 mm，轮距前后距离之差在 10 mm 左右。

（2）悬臂轴和羊角的轻量化

为了彻底对转向系统进行轻量化研究，2014 赛季我们采用了综合性能和比重特性都满足节能车要求的 7075 铝作为转向节和悬臂轴的制作材料。首先我们对其进行了简单的有限元分析，并根据分析结果对悬臂轴的直径进行了修改分析（见图 3－41 和图 3－42）。

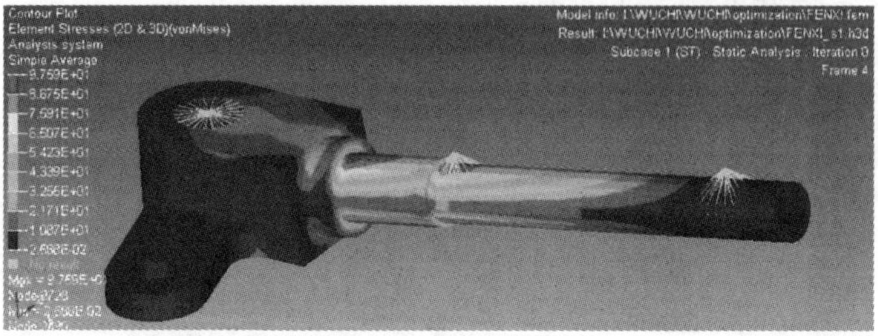


图 3－41　应力分布图

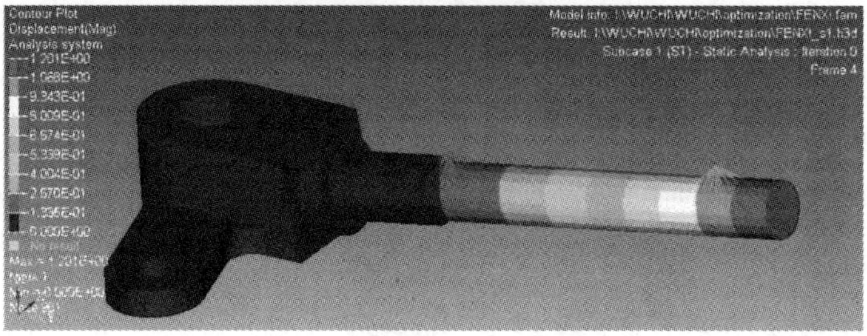


图 3－42　位移分布图

由此确定了悬臂轴的直径（见图 3－43）。上述尺寸设计在理论软件校核和实车试验过程中均表现出稳定的性能。

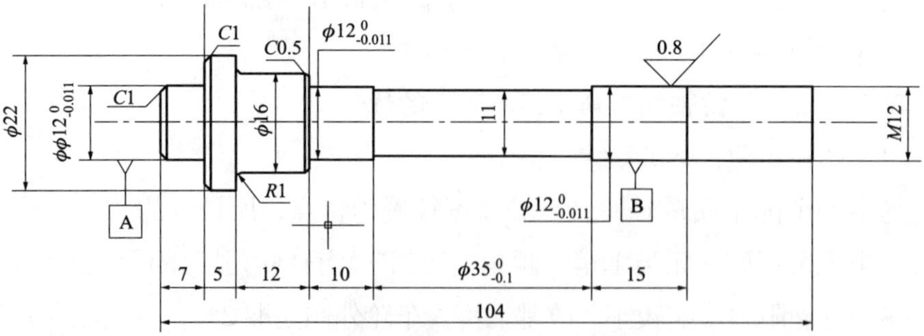


图 3－43　悬臂轴设计图

（3）轴承的选择

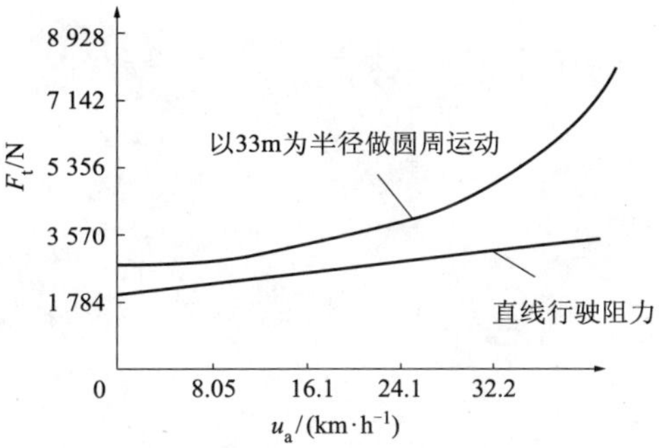


图 3－44　转弯时车速与行驶阻力的关系

节能车在转向时，能量损失会加大，主要由以下 3 方面原因造成。转向梯形优化不到位，使节能车转弯时轮胎相对地面发生滑移，增大与地面的摩擦阻力；在转弯行驶时，轮胎发生侧偏现象，滚动阻力大幅度增加；转弯时车速与行驶阻力的关系如图 3－44 所示。转弯时各零部件变形量加大，导致内摩擦力增加。节能车的设计显然要尽量减少转向时的能量损失，以期获得更好的燃油经济性。因此，为了减小转向时的能量损失，要从以下几个方面入手，有针对性地进行优化设计。

利用仿真软件不断优化转向梯形，尽量使节能车在转向时，两轮偏转角符合理想的状态，既减小地面的摩擦阻力，也减少轮胎的磨损和其他相关零部件的变形量。

选择合适的轮胎，控制转弯时轮胎发生的侧偏现象，进而抑制转弯时滚动阻力的增加，减少能量损失。轮胎的选择已在上一节 1. 4. 1 做了详细论述。

在设计节能车的转向机构时，要尽量采取刚度较大的材料，同时配合转向梯形的优化；要尽量减少转弯时转向机构各零部件的变形量，减少内摩擦。

在变形问题上，不得不提的是，轴承承受轴向力的能力。转向轮轮毂需要使用轴承与转向节连接。普通的深沟球轴承（见图 3－45）滚动阻力较小，直线行驶时滚动较为顺畅；但是在转向时，轴向力的存在导致其变形，使其滚动性能大大降低，增加了能量的损耗。角接触轴承（见图 3－46）在直线行驶时的滚动性能与深沟球轴承相当，在其受到轴向力时，其结构的特殊性，使它的滚动性能不会发生太大的变化，转向时体现出了明显的优越性。因此，在节能车的转向轮轮毂上，设计时采用角接触轴承，会使转弯时的阻力大大减小。

图 3－45　深沟球轴承

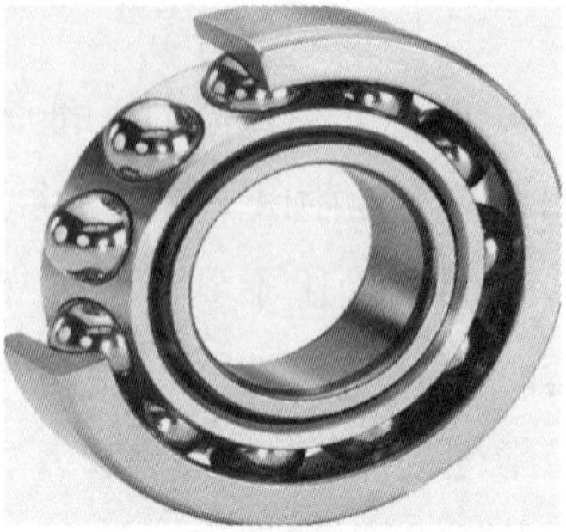

图 3－46　角接触轴承

（4）轴承润滑和密封

轴承可以选用脂润滑或者油润滑。

脂润滑的轴承阻力要比油润滑的轴承阻力大 3 ~ 4 倍。一方面是因为润滑脂黏性大，另一方面要归咎于润滑脂在轴承内的分配不均匀，尤其是轴承刚刚充满润滑脂的时候。另外，如果润滑脂质量存在问题也会增加阻力值。

就算是普通的油润滑，从工程学的角度来说也会使问题变得复杂。装配轴承时只用几滴油进行润滑也是有危险的，因为润滑油会在重力和离心力的作用下流失，从而使得轴承得不到润滑。

事实上，最可行的方法是用被推荐的润滑脂（或者更少一点）进行润滑，并且预先让车轮旋转几个小时。这样做有两个好处：一方面在轴承旋转的同时它的搅动作用使得润滑脂均匀分配和融合。用安装了新轴承的赛车参加重要的比赛，就相当于穿着新的登山鞋攀登珠穆朗玛峰一样不可取。

想要保持比较低的摩擦水平，保护轴承不被灰尘污染也是十分重要的。接触密封或者全密封的轴承也是不可取的，因为密封机构本身产生的阻力比轴承本身的还要大很多。所以，最好的解决方法是上面所说的用润滑脂担当防止灰尘污染的第一条防线（润滑脂可以吸附灰尘）。还有一种方法就是将两块互不接触的挡板放置在轴承的两边，使得轴承两边的空间减小，从而使灰尘进入的可能减小，这样还可以引导灰尘粘在轴承外面的润滑脂内。

### 3.2.4.3　转向杆系统的设计

众所周知，碳纤维材料质量轻，强度高，抗拉强度为同截面钢材的 10 倍以上，密度为 2.0 ~ 3.0 g·cm$^{-3}$。在满足相同强度与刚度的条件下，用碳纤维材料制作的构件更轻，而且其在交变载荷作用下的疲劳极限更大。因此，构件在耐久性上有明显的优势。

2014 年是车队第二年使用碳纤维材料制作转向杆系。本车队使用了一套独特的由两根短拉杆和一根长拉杆组成的杆系结构。为了充分做到轻量化，总结了 2013 年车队在使用碳纤维拉杆时出现的接头处强度不够、接头打销出现的应力集中以及拉杆接头胶结不牢的现象。2014 赛季采用了更好的处理工艺。具体做法如图 3－47 所示。

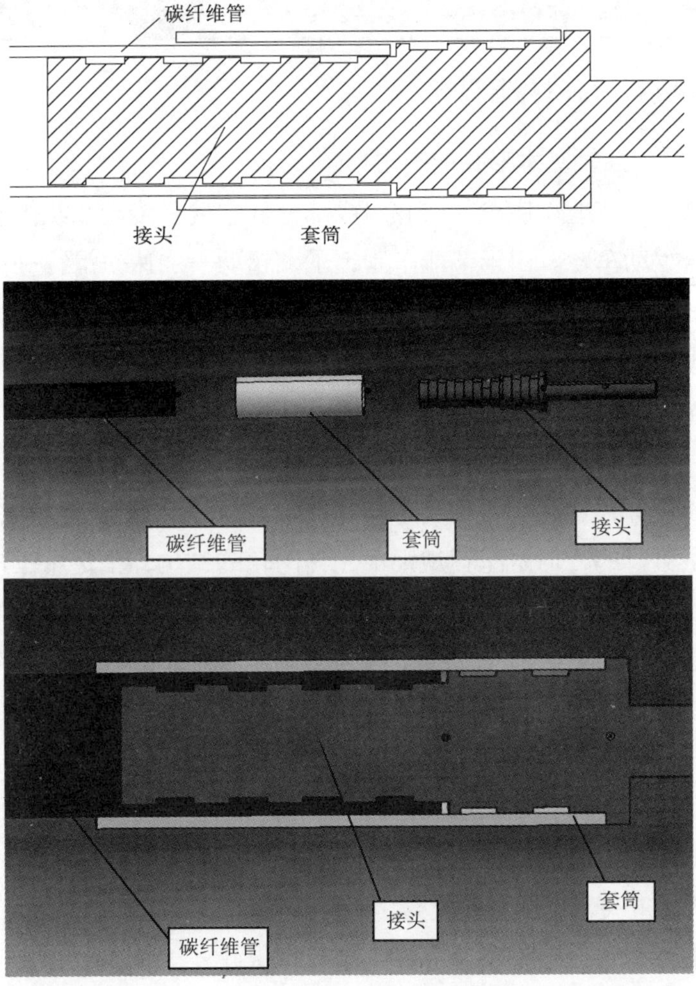


图 3－47　改进后的效果图

如图 3－47 所示，接头上开了很多环形槽，以增大粘接效果，提高抗剪切的能力。套筒和接头两者共同作用，使得碳纤维杆多了两个粘接面，因此会有更好的粘接效果。碳纤维杆也选用了内径 10mm 外径 12mm 的尺寸，以增加其强度，黏合剂也采用了 3Mdp460 胶水。胶水特性如表 3－1 所示。

表 3－1　3Mdp 460 胶水特性

| 品牌 | 3M | CAS（物质数字识别号码） | dp460 |
|---|---|---|---|
| 用途 | 可以粘接金属、碳纤维、磁铁和塑料 | 操作时间（24℃） | 60 min |
| 抗剪切强度 | 1 000MPa | A 比 B | 1∶2 |

### 3. 2. 5　后轴与离合器设计

#### 3. 2. 5. 1　后轴基本形式的确定

后轴总成是节能车底盘的核心组成部分。它接受传动系统传递来的动力并将其传给驱动车轮。由于节能车制定了“起动—加速—滑行—再加速”的行驶策略，后轴总成还应该具有传递和断开驱动力的功能。此外，地面的所有反力经过车轮传到后轴，再传给车架，因此后轴总成还兼起悬架的作用。总之，后轴总成应该具有以下功能：传递动力，离合功能，承受各种力和扭矩。

后轴的设计，首先要考虑赛车车轮的数量。一般来说，两轮、三轮和四轮赛车都是可行的，但是比赛规则不允许两轮的结构，指定用三轮或者四轮的结构，要求滚动时与地面连续接触。四轮的赛车可能看上去更像一辆赛车，但是这种设计不适合节能车。这是因为它增加了赛车的重量和复杂程度，需要悬架系统来补偿路面对车辆的冲击，并且它需要差速器来实现两侧车轮的差速。因此，节能车选用的轮胎数量是 3 个（见图 3－48）。进一步说，为了保证赛车的稳定性，设计时决定采用两个前轮和一个后轮的布置形式。

如果再考虑车架的整体形状，那么后轴部分最重要的零件——后轴的基本形式就确定下来了。它应该是一根有足够强度和刚度、能够承受各向力作用、能够容纳下一个车轮且不需要太长的刚性轴。此外，它还应该是传动系统部分零件、离合装置和车轮的装配基体。

图 3－48　各种形式的车轮布置形式

### 3.2.5.2　离合装置的设计

节能车发动机在输出动力时，已经使用了类似汽车上的摩擦式离合器，目的在于当发动机不足以驱动节能车前进时，断开发动机对外的动力输出。理论上，此种离合器可以实现节能车的“起动—加速—滑行—再加速”的行驶策略，但是这种方法在节能车熄火滑行时，由于车轮、后轴、传动机构，还有离合器的从动部分都没有脱开，所以拖拽的从动部件数量极多，产生较大的阻力矩。这显然与节能车的设计理念相违背。为了实现后轴部分可以适时控制动力传递的接通或中断，使车轮与传动系统完全脱开，必须设置类似离合器式的装置。从功能上看，这种离合装置必须反应迅速，接合可靠，分离彻底，并且由于发动机与传动系统之间已经有离合器，故这种离合装置不需要有相对的滑移。

肯赛车队使用过超越离合器，即单向轴承的方案。这种方案最容易实现，仅需要设计一种驱动后轮专用的轮毂即可，并且成本较低。其主要构造如图 3－49 所示。车轮轮毂 1 上与单向轴承 3 配合的表面有平键，与单向轴承 3 的外圈键槽配合。二者之间不能发生相对位移。后轴 2 与单向轴承 3 内圈配合。并有平键与单向轴承 3 内圈配合，二者之间也不能发生相对位移。

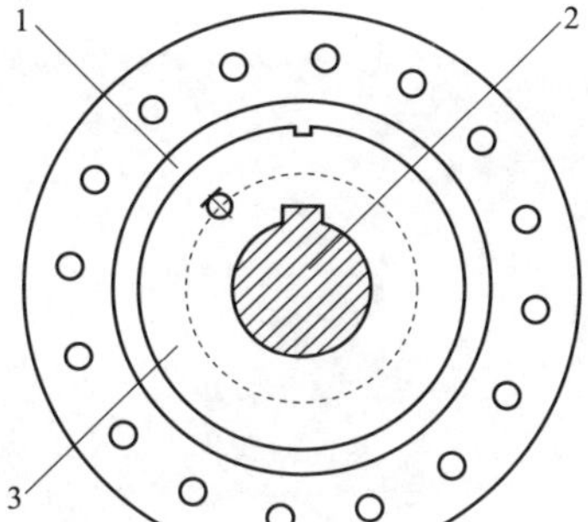


图 3－49　1—车轮轮毂；2—后轴；3—超越离合器（单向轴承）

当后轴2驱动车轮轮毂1时（如图3－50（a）所示），后轴2转动，带动单向轴承3内圈转动（以逆时针为向前）。由于单向轴承3的单向（超越）性能，内圈会带动外圈向相同的方向转动，继而带动车轮轮毂1转动，实现车轮的驱动。

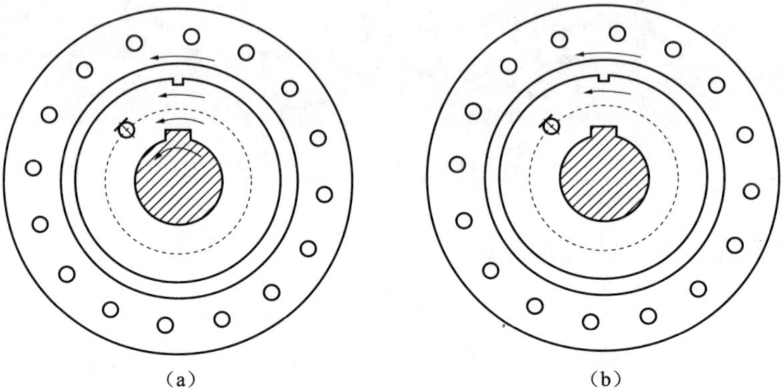


图3－50　不同车况下的车轮装置图

（a）驱动前进时；（b）熄火滑行时

当发动机熄火，节能车进入滑行状态时，车轮轮毂1继续按照原来的旋转方向转动。此时由于发动机已经停止了动力输出，后轴2处于相对静止状态。因为后轴2与单向轴承3内圈有键连接，所以单向轴承3内圈同样也保持相对静止状态。由于单向轴承3的单向（超越）性能，此时的外圈不会同内圈保持相对静止，而是同车轮轮毂1保持相同的转速，继续转动（见图3－50（b））。这样便实现了车轮与传动系统的完全脱开，滑行时拖拽的从动部件数目大大减少，具有较好的滑行性能。

图3－51　单向轴承实物图

对于这种方案，肯赛车队经过实车试验之后发现，其滑行效果并没有想象中的那样完美。其原因在于，单向轴承（见图3－51）虽然能够实现简单的离合功能，但是其滚动阻力较大，被用在以节油为目的的节能车上，不能说是一个理想的选择。

肯赛车队比较经典的离合装置是以牙嵌啮合为基础的牙嵌式滑行离合器。此种方案通过牙嵌的接合与分离控制动力的传输与中断。其结构如图 3－52 所示。

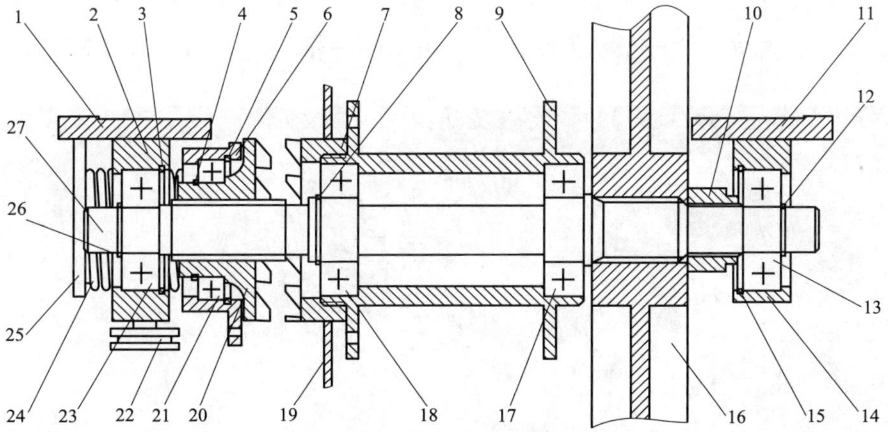


图 3－52　牙嵌式滑行离合器

1—左底板；2—左轴承支座；3，4，5，8，12，15，26—弹簧挡圈；6—法兰；7—从动牙嵌；9—车轮轮毂；10—限位螺母；11—右底板；13，17，18，21，23—轴承；14—右轴承支座；16—大带轮；19—编码盘；20—主动牙嵌；22—滑轮；24—接合弹簧；25—弹簧支座；27—后轴

其中，法兰 6 通过拉线绕过滑轮 22，与电推杆相连。接合弹簧 24 与法兰 6 常接触。

当需要传递动力驱动车轮时，通过电子控制，电推杆动作，使接合弹簧 24 推动法兰 6 向右侧移动，进而推动主动牙嵌 20 与从动牙嵌 7 接合。大带轮 16 将发动机传来的动力传给后轴 27。后轴 27 通过花键驱动主动牙嵌 20 转动。主动牙嵌 20 进而通过齿间啮合驱动车轮轮毂 9 转动，实现动力传递。

当发动机熄火进入滑行状态时，通过电子控制，电推杆动作，拉动拉线，使法兰 6 向左移动，主动牙嵌 20 与从动牙嵌 7 脱开，即车轮与传动系统完全分离，拖拽的从动件数目大大减少，可以自由滑行。

这种方案，较好地实现了动力的传递和中断，并且可以通过精确的电子控制，使主、从动牙嵌接合时的速度达到一致，减少齿间的冲击。所使用的轴承为滑行阻力极小的深沟球轴承，同节能车节能的原则相呼应；但是，其缺点也非常明显。那就是结构和控制比较复杂。相比之下，算是一个比较完美的离合装置了。

一次偶然的机会，在肯赛车队的大本营——东门内燃机实验室，行驶组成员见到了发动机组成员从发动机上拆下来的一根防起动轴（见图 3-53）。

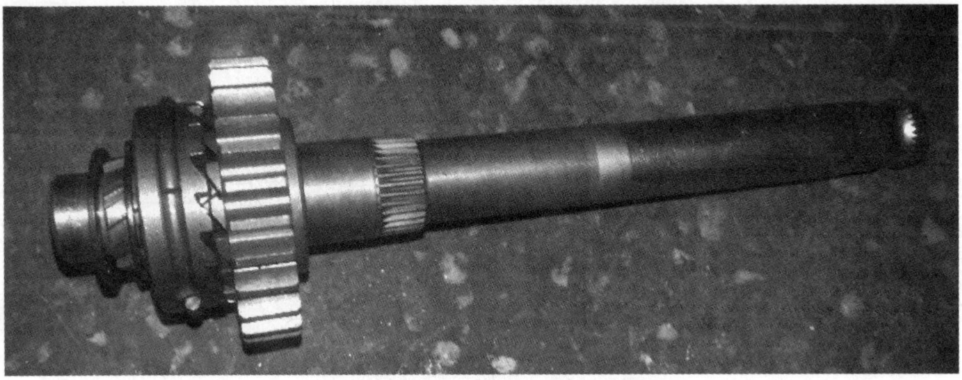

图 3-53　发动机防起动轴

当主轴转动时，由惯性产生的轴向力可以推动牙嵌轴向移动（见图 3-54）。当主轴停止时，由于惯性产生的轴向力又会向相反方向推动牙嵌运动（见图 3-55）。车队成员原本想对此装置加以改造，直接把其当作离合装置，但是这根轴的螺旋花键旋向与我们的期望刚好相反，因此需要重新设计加工。

图 3-54　驱动前进时

图 3-55　熄火滑行时

受到这个装置的启发，行驶组成员设计出了一种可以自动实现主从动牙嵌接合与分离的离合装置。

车队成员将滑动的矩形花键变成了螺旋形状，主动牙嵌有与其配合的内螺旋花键。当后轴接受了另一端大带轮传来的转矩而向图 3-54 所示方向转动时，由于惯性而产生的惯性力会推动主动牙嵌向从动牙嵌移动，以实现接合。

当发动机熄火，后轴停转进入滑行状态时，由于惯性力作用，主动牙嵌会自动向远离从动牙嵌的方向移动，实现车轮与传动系统的完全脱开（见图 3-55）。

这种方案，集以上两种方案的优点，结构简单，滑行效果好。此种设计方案的提出时间还不是很长，试验时间也较短。在短期的试验中，也发现了一些比如冲击载荷较大、主动牙嵌滑动不是十分顺畅等问题。相信随着后续试验的进行，此种方案会得到优化，以发挥更理想的作用（螺旋花键后轴实物如图 3-56 所示）。

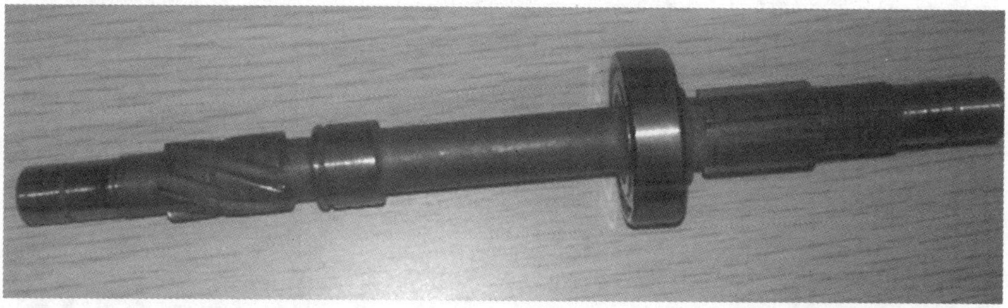

图 3-56　螺旋花键后轴实物图

### 3.2.5.3　后轴强度的校核

任何一种零件的设计都少不了强度校核这一环节。当然，节能车的零件设计也不例外。后轴兼起传动轴和车辆悬架的作用，会受到各个方向大小不等的力和力矩的作用。对于这种节能车的关键零件来说，强度校核显得更加重要。

有限元分析是一门很深的学问。车队成员只能利用对其十分浅显的理解和对某些有限元分析软件的基本掌握对零件进行有限元分析。

图3－57和图3－58所示是车队利用hypermesh对后轴的有限元分析结果。幸运的是，此次分析符合我们的预期（看上去变弯是放大后的结果）。当然，我们很希望看到这样的结果。如果不满足要求，就要走重新设计的路线了。

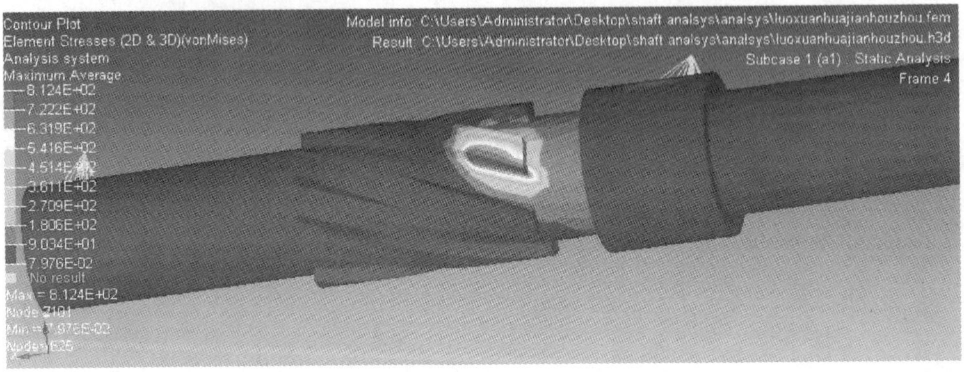


图3－57　应力分布图

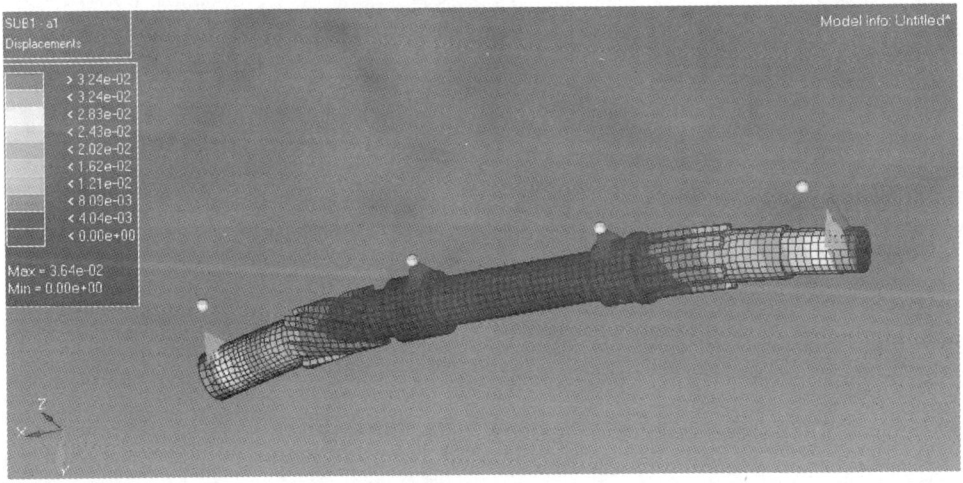


图3－58　位移分布图

#### 3.2.5.4　从动牙嵌的设计与改进

牙嵌式滑行离合器的齿是经常性啮合的。这其中还存在冲击等比较恶劣的工况。因此，制作这两种零件的材料必须具有较高的硬度和刚度。通常，需要获得良好综合性能的都会选择一些调质合金钢，之后对其进行调质处理。我们常用的调质钢是40Cr。

按道理讲，从动牙嵌与车轮轮毂应该是同一个零件，使用相同的材料，并且这种材料应该具有高硬度和高刚度；但是40Cr这种材料应该是节能车上密度最大的材料了，对节能车的轻量化没有一点帮助。

这不得不让我们想到了发动机的气缸套。为了提高气缸表面的耐磨性，缸体的材料应该是优质的材料；但是，如果缸体全部用优质的耐磨材料来制造，将造成材料上的浪费。因为除了与活塞配合的气缸壁表面之外，其他各部分的耐磨性要求并不高，因此采用在气缸中镶入气缸套的方法，既可以提高气缸的耐磨性，又能节省材料。

于是，从动牙嵌与车轮轮毂便被我们分开设计了（见图3-59）。从动牙嵌用40Cr加工，轮毂用7075铝加工。为了迎合加速扭矩的方向，二者用左旋螺纹连接，以使其不至于加速时被扭转脱开。

图3-59　从动牙嵌与车轮轮毂的设计

左旋螺纹的旋向，导致了在传递动力时从动牙嵌会被越拧越紧。这原本没有什么问题，但是套在其中的编码盘便出现了问题。由于装配的先后顺序，被拧紧后的从动牙嵌将编码盘固定在了牙嵌与轮毂之间，拆卸编码盘变成了不可能。除此之外，过大的扭转力会破坏螺纹。螺纹失效之后，整套离合装置也就失效了。

为解决这一矛盾，车队成员调研了铝的各种性质及热处理的方法。最后发现，从动牙嵌完全可以用经过表面硬质阳极化的7系铝来制作。没有了技术上的障碍，设计带有从动牙嵌的一体化车轮轮毂（见图3-60）便只是设计一张图纸的事情。

处理过的铝,硬度和刚度都可以满足要求。解决了用螺纹连接的种种问题，并且从动牙嵌的材料变成了铝，重量就大大减轻了。

### 3.2.5.5 装置的设计及改进

图 3－61 中画圆圈的部位，是节能车中重要的霍尔测速装置。编码盘上安装有一定极性的磁铁。在编码盘上的磁铁正对霍尔测头时，会产生电信号。这样，在车轮滚动时连续的电信号经过计算，会转换成速度信息。这就是测速装置的简单原理。

图 3－60 带有从动牙嵌的一体化车轮轮毂

图 3－61 节能车中的霍尔测速装置

上面提到，从动牙嵌和轮毂的一体化设计，可以解决螺纹连接的种种问题；但是，改造之后的轮毂结构给编码盘的安装提出了新的问题。由于是整体式的轮毂，所以由装配顺序固定编码盘的方案遭到了淘汰。必须提出一种新的改进方案，既能固定编码盘，又能方便编码盘的拆卸。

编码盘需要轴向和周向两个方向固定。车队成员尝试过用键连接固定，但是键连接只能周向定位，不能实现轴向的限位。也尝试过用小过盈配合固定编码盘，但是在过盈情况下装配极有可能会损坏编码盘，使采集的数据产生偏差。

最终，我们还是决定使用螺栓固定编码盘。这样既可以实现轴向的定位，又可以防止编码盘相对轮毂做周向的相对旋转。在编码盘上切孔，并且改动轮毂的设计，在轮毂上钻螺纹孔，两者配合，可以完美地满足我们的要求

（见图 3－62）。

图 3－62　螺栓固定编码盘

### 3.2.6　降低空气阻力

空气阻力直接影响汽车的动力性和经济性。对节能车来说，降低空气阻力主要体现在汽车造型方面，因而消除和降低空气阻力是汽车造型设计的要求之一。

大量试验研究表明，汽车速度达 70 ～ 80 km / h 时，空气给车身造成的阻力将成为影响汽车最高车速、燃油经济性、操纵稳定性等的重要因素。汽车总的消耗功率随着车速的提高而迅速增加，其中空气阻力消耗的功率增加非常迅速。当车速超过 70 km / h 时，它将大于滚动阻力消耗的功率。尽管目前节能车的最高车速没有达到 70 km / h，但随着汽车行驶速度的增加，空气阻力逐渐成为不可忽视的因素。合理设计汽车车身造型，尽量减少行驶空气阻力，是汽车节能的一个重要方面。

#### 3.2.6.1　空气阻力的组成

欲使汽车能够正常行驶，就必须确保动力总成提供的驱动力可以克服来自外界的全部行驶阻力。汽车总的行驶阻力如下：

$$\sum F = F_f + F_\omega + F_i + F_j$$

式中，$F_f$，$F_\omega$，$F_i$，$F_j$——滚动阻力、空气阻力、坡度阻力和加速阻力。坡度阻力只有在坡道上上坡行驶时存在，加速阻力只有在汽车加速行驶时存在，而滚动阻力和空气阻力是在任何行驶条件下均存在的。

空气阻力是汽车行驶时受到空气作用在汽车行驶方向上分力的合力。根据各分力形成的机理，空气阻力主要构成如下：

1）压差阻力——汽车前端的气流速度小于后端。根据流体力学伯努力方程式可知，前端压力大于后端。气流流过汽车时，在汽车前端与后端法向会形成压力差，即压差阻力。这部分阻力与汽车整体的外形密切相关，也被称为外形阻力。

2）摩擦阻力——根据空气流体力学研究结果可知，附在物体表面很薄的一层空气（附面层）的流动情况与外层空气不同。附面层与空气流层之间存在速度梯度，即附面层在各微层空气之间存在切向力。因空气具有黏性，空气与车身表面及各层空气之间会产生摩擦力。这些摩擦力在车身表面产生的切向力的合力在行驶方向上的分力就是摩擦阻力。

3）干扰阻力——在汽车空气动力学中，因车速有限，一般不考虑空气的压缩性，但空气的黏性是不能忽略的。因空气的黏性，空气在汽车表面突出的部件表面会产生分离现象与涡流。分离现象和涡流耗费能量，产生了干扰阻力。

4）内部阻力——为满足动力总成冷却和驾驶室内通风的需要，则将气流导向机舱和驾驶室。这部分气流在汽车行驶方向的分力成为内部阻力。

5）诱导阻力——汽车上部与下部形状不同，气流流速不同，因而会产生压力差，形成升力。诱导阻力主要与升力有关。

在计算空气阻力时，引入风阻系数的概念，将空气阻力表示为：

$$F_{\omega} = 1/2 C_{d} S \rho u_{r}$$

其中，$F_{\omega}$——空气阻力；

$C_{d}$——风阻系数；

$\rho$——空气密度（一般 $\rho$ =1. 225 8kg / m$^3$）；

$S$——车身正投影面积 / 迎风面积，即汽车行驶方向的投影面积（m$^2$）；

$u_{r}$——相对速度，即在无风时的汽车行驶速度（m /s）。

### 3. 2. 6. 2　节能车如何降低空气阻力

由空气阻力计算公式 $F_{\omega} = 1/2 C_{d} S \rho u_{r}$ 可知，车辆在赛道上行驶时空气密

度 $\rho$ 由实际工况决定，无法改变。要想降低空气阻力，减小风阻系数 $C_d$ 和迎风面积 $S$，以及在满足大赛要求的情况下将车速控制在一定的范围，成为降低空气阻力的有效措施。另外，根据油耗计算公式 $W = C \times v^2$ 可知，降低风阻系数 $C_d$ 是减少油耗的必要措施。

（1）汽车整体造型

根据美国人雷的风洞试验结果，汽车造型设计师在进行汽车整体造型时，应努力使汽车头部低矮圆滑，中部呈腰鼓形且逐渐后缩，尾部呈方背式或斜背式，底部平坦。只有这样，才有可能获得较低的风阻系数。对此，我们节能车整体造型采用“鲸鱼式”（见图 3－63），通过 FLUENT 软件模拟得到所设计车身的风阻系数 $C_d$（见图 3－64）。

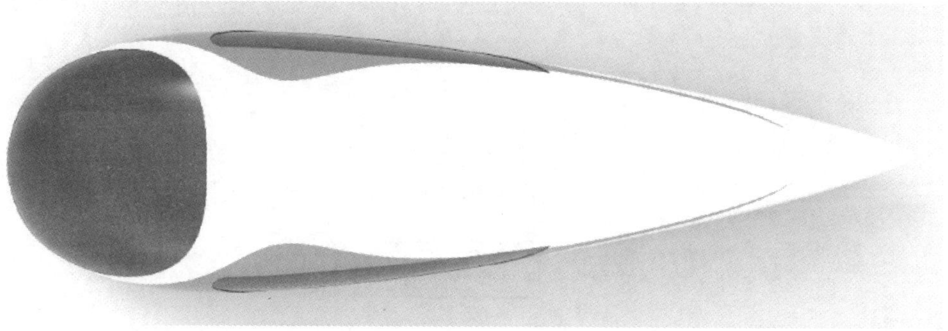

图 3－63 “鲸鱼式”车身整体造型

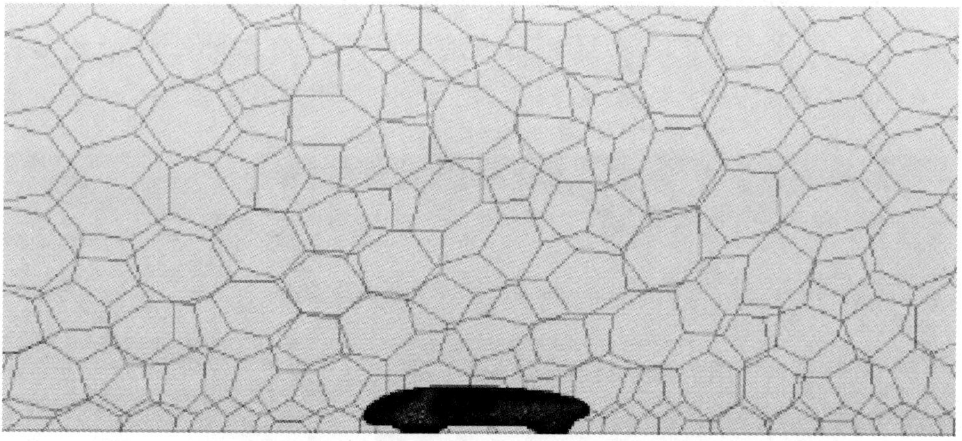

图 3－64 FLUENT 车身三维流场模拟分析

结合风洞试验结果，实验数据表明车身风阻系数 $C_d$ 界于 0.137 ~ 0.138。

（2）降低干扰阻力，减少车身外表面部件，保证汽车车身平滑化的设计要求

由模拟结果可知（见图 3－65），方框内表示流速最大的部位，圆圈内表示最小。在车身设计以及加工时应严格把握气体流速较大部位车身表面的平滑程度，以保证车身外表面干扰阻力在较低水平。

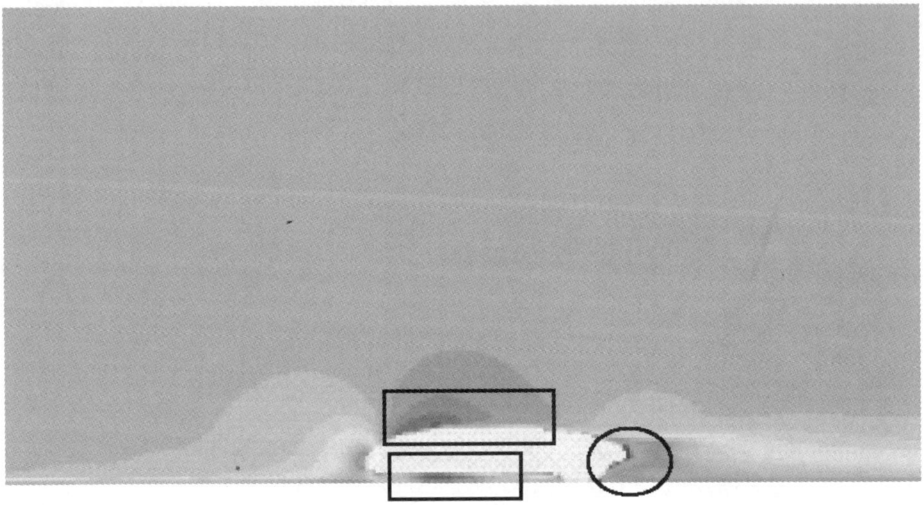

图 3－65　三维模拟流场车身表面流体速度分析

（3）采取降低诱导阻力的措施，以确保下车身平滑且直

下车身平滑且直能够保证气流顺利地从下车身与地面间隙通过，避免空气在局部形成湍流或者涡流，以减少不必要的诱导阻力（见图 3－66）。

图 3－66　车身下车身与地面示意图

（4）降低摩擦阻力，采用碳纤维材料车身，保证汽车整车外形的光洁度（见图 3－67）

图 3-67　碳纤维光洁表面

## 3.2.7　节能技术中的电子控制

### 3.2.7.1　节能技术的电控实现总体方案

电控执行器部件可以突破机械特性的限制，让节能手段更丰富，使得进一步节油成为可能。在把原型车改造为节能车的过程中，有些组件固有的性能和使用方式在很大程度上限制了赛车的节能效果，比如传统的传动系统连接形式、发动机进气道形式、离心式离合器接合方式，以及车手对点火开关及油门的操作等。相应地，以下几种电子控制模块在节能车上得到实践：

1）数显模块：显示车速、发动机转速、时间、里程等必要信息。

2）数据采集记录模块：记录车辆行驶时的相关数据，以供分析车辆性能时使用（见图 3-68）。

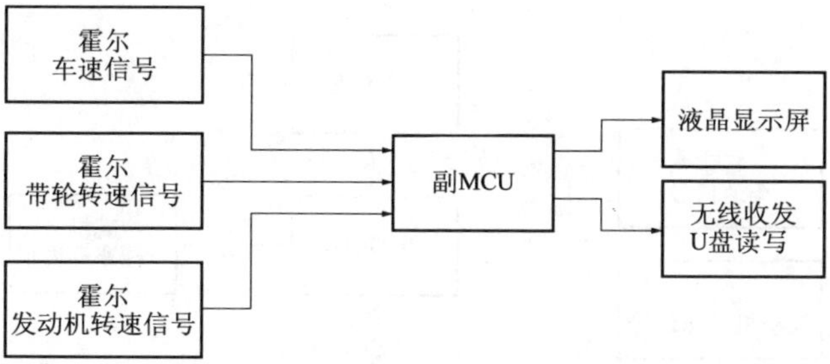


图 3-68　数据采集记录模块

3）后轮牙嵌式离合器控制模块：被用于控制牙嵌式离合器的闭合与断开。

4）闭气电机控制模块：被用于控制闭气电机的动作，进而控制闭气阀的开闭（见图 3－69）。

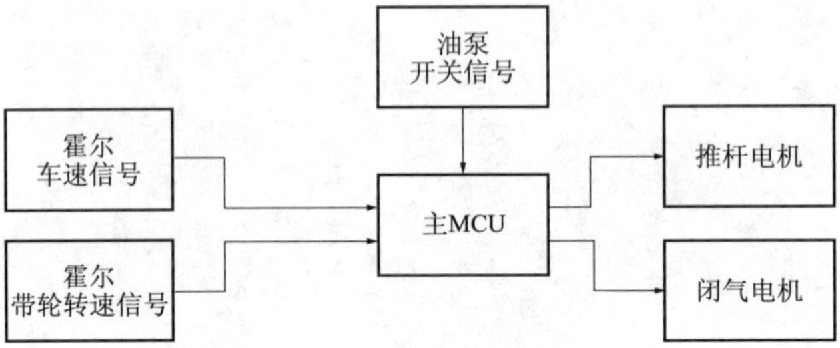


图 3－69　闭气电机控制模拟

5）电磁离合器控制模块：精确控制电磁离合器在车辆行驶时的扭矩变化（见图 3－70）。

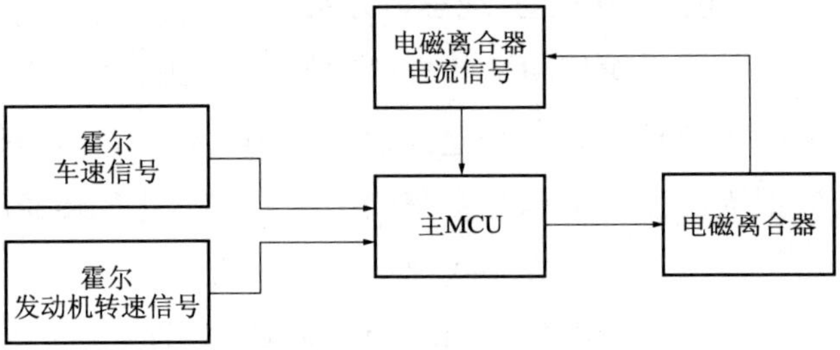


图 3－70　电磁离合器控制模拟

6）一键起动模块：代替车手进行车辆起动动作。

7）电子油门控制模块：根据工况，精确控制化油器供油量（见图 3－71）。

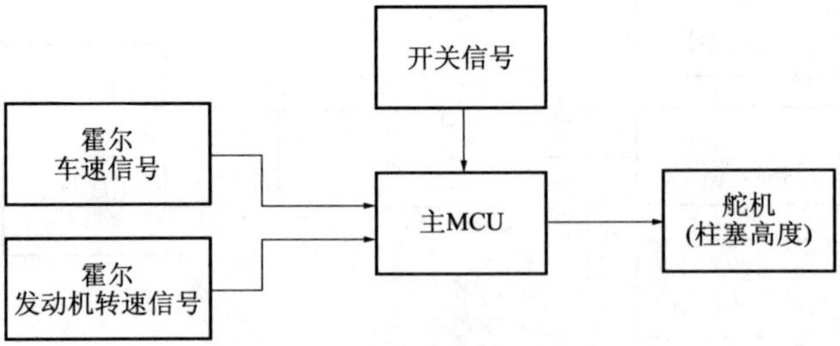


图 3－71　电子油门控制模拟

### 3.2.7.2 数显模块

（1）显示器件

数显模块集数据采集、处理和显示功能于一体，有使用数码管显示和使用液晶屏显示两种方案。数码管显示数据，具有体积小、易布置的特点。数码管所能够显示的数据一般比较单一。白天在户外由于其功率的限制，数字可视性比较差。若有背光效果的液晶屏，则可以在很大程度上弥补数码管的缺点（见图 3－72）。液晶屏具有多种尺寸形式，能够轻松实现多行显示和中文显示，在日光下仍能清晰地显示数据。液晶屏的使用要求也较高：

1）应严格地保证供电电压。供电电压过高，会导致液晶屏背光损坏；而过低则会造成对比度下降，影响视觉效果。必要时应给液晶屏独立的供电系统。

2）控制液晶屏显示，需要对液晶屏进行相应的编程操作，而且液晶屏所需 IO 口较多，不论是软件，还是硬件，都会占用单片机较多的资源。必要时可以为液晶屏配备独立的控制芯片。一般地，51 单片机（如 STC89C52 等）即可单独实现液晶屏控制功能。

3）液晶屏质量大，体积大，给布置造成一定的困难。液晶屏和单片机的连接过程中难免使用接插件，随车身振动时会造成屏幕乱码等问题。液晶屏的显示效果与视角关系密切，应注意安装角度。

显示器件一般都被放置在车手视野的前方，而传感器等则被布置得比较靠后。这会造成和显示器件有关的线束过长的问题。其主要的缺点是在信号传递的过程中会夹杂电磁干扰。建议此部分线束采用屏蔽线并进行相应的接地操作，以保证信号的质量。

图 3－72 数码管和液晶屏数显效果对比

图 3－73　传感器

（2）传感器的使用

节能车上使用霍尔开关作为数据采集的主要传感器（见图 3－73）。

霍尔开关主要依靠霍尔效应进行动作。霍尔开关前方的磁场达到一定强度的磁场时，其内部的霍尔元件会相应地改变电压，产生一个电压的跳变。建议的安装形式是：在车辆适当位置安置一块与车轮一同旋转的码盘，并等角度地布置强磁片，且其高度与霍尔安装高度一致。单位采样时间内，电压跳变数和码盘的转速呈线性关系。霍尔开关的定位夹紧必须可靠。其松动和振动会导致信号的丢失或电磁干扰的产生。霍尔开关与码盘的距离应在传感器的有效距离内，并且不与车上其他部件干涉。霍尔开关对磁场的检测具有极性，在制作码盘前应注意把可识别极性朝向传感器。

速度与里程信息都是通过单位时间内检测的磁片数计算得到的。码盘中的磁片数也需要通过计算确定，主要需考虑以下几个因素：传感器自身检测频率、数值更新频率，车辆正常行驶时磁片信号数范围，以及计算过程中数据长度限制。磁片数多，测量精度会提高，但可能造成数据溢出，影响计算结果；磁片数少，计算速率提升，但是会造成测量精度降低。

需要说明的是，由于车辆上信号经常需要在多处共用，因此在传感器信号输入给单片机之前应进行信号的修整，如使用非门等芯片使信号逻辑标准化。

（3）数据的计算

数据的计算需由单片机完成。一般液晶屏成品都已经在内部集成了显示驱动模块，接口都已经给出了定义，用户只需要配备相应的通信程序和电路即可。一般的单片机都具备定时器和计数器的功能。比较基础的显示屏应给出 3 类数据：速度（转速）数据、里程数据和时间数据。

对于速度数据，计算的一般思路是结合霍尔传感器，规定一个采样时间，得到该时间内的跳变数，通过换算得到速度信息。里程数据的采集原理也类似，利用跳变数和车辆行程的关系即可得到。如果希望较精确地获取速度信息，还需在显示前进行数据的统计处理等。时间数据相对比较独立，常见的手段是利用单片机的定时器计数器资源组合得到时间；但是这个方法有两个主要的弊端：一是在单片机资源有限时会影响其他功能；二是在实际使用时，由于算法运行时间具有一定波动，会造成计时的不准确，这是在静态测试中发现不了的。如果显示过程中需要一个比较精确的时间，则可以使用外部时钟芯片来解决这个问题。时钟芯片可以独立获取时间，通过与单片机进行通信的方式提供时间信息。

另外，需要注意的是，软件中设计的显示屏刷新（清屏）频率不应过大，否则会造成显示不清楚等问题，一般设为 5 ～ 6 s 即可满足要求。

#### 3.2.7.3 牙嵌式离合器的控制

牙嵌式离合器是用来在滑行时切断车轮与传动系统的连接及在加速时把车轮接入传动系统的部件。其采取的控制方式为开—闭式的控制，即执行动作只有两种，没有量化的区别。

从电控的角度来说，该控制模块的执行器为推杆电机，即一个直线电机。其动作只有匀速地伸出和缩回两种。推杆电机一旦确定，其伸出和缩回的速度就均确定下来，所能提供的拉力也恒定。

（1）离合器动作对控制的需求

在断开传动路线时，离合器的从动部分应迅速与主动部分断开，使车辆尽快进入滑行状态。在接合传动路线时，车辆本就具有一定的速度，即离合器从动部分具有一定的转速，主动部分随着发动机的加速及离心式离合器的结合，其转速从零开始迅速增加。牙嵌式离合器具有超越离合器的性质，只能进行单向的动力传递，因此在结合离合器时从动部分速度过快会造成“滑齿”，主动部分速度过快会造成“打齿”。滑齿过程中扭矩没有传递，一般只会产生一些噪声；而打齿危害很大，不但影响结合效果，严重时还会损坏离合器。因此，需要通过电控系统同时检测离合器主、从动部分的转速变化，力图使离合器在主、从动转速相同时进行接合动作。考虑到离合器从动部分具有一定的自由行程，控制系统本身由于计算等原因会有一定的延迟，需要控制系统提前执行电机的动作。

（2）执行器的选择

推杆电机具有几个基本的参数：电压、推力、动作速度和行程。电压和电子控制系统有关，常用的有 12V，24V 等数值。推杆电机的推力一般都比较大，可以满足离合器操作的需要。动作速度应根据具体离合器的设计形式选取。如果离合器的机械形式决定执行速度无须太大，选择 20 mm/s 速度的电机即可满足要求；若要求离合器有较大的执行速度，有时需要定制速度高达 40 mm/s 的电机。定制的结果是电机会损失一定的推力，但一般定制后的电机推力也能远远地超过动作要求。选取电机时其行程应根据离合器的行程带有一定余量。

调校、更改离合器的过程中，推杆电机的动作速度是一个关键的参数。电机动作速度的变化会造成以下两个主要控制量的变化：

一是电机提前动作的时间。如果推杆电机的执行速度变慢，则会直接造成接合离合器时，离合器从动部分预先补偿间隙的速度变慢。在这个时间段内，离合器主动部分转速迅速上升，有时会错过最佳接合时机。因此，在更换更慢的推杆电机后，应适当提前电机动作时间。

二是电机通电时间。电机的速度变慢，走过相同行程所花费的时间变长。一般地，电机的动作时间由通电时间直接控制。为了保证一定的机械行程，控制系统应针对不同速度的推杆电机速度，选择适当的通电时间。

（3）控制系统设计

控制系统主要由驱动器和控制器两部分组成。驱动器的主要功能是驱动推杆电机，使其动作；控制器的功用是确定动作时机，并在该时机指示电机进行精确的动作。

驱动器的核心是电机驱动芯片。合适容量的电机驱动芯片，可以耦合来自控制器的数字信号和施加到电机的更高电压，以及高电流的信号，实现电机的控制。除此以外，电路设计中还需加入防电压反馈设计，将数字部分和模拟部分隔离开来，防止电机产生的电压冲击损坏控制器。

控制器的核心是单片机。该单片机应至少能够同时测量两路速度信号（离合器主、从动部分），能将执行信号输出给驱动器并有一定的拓展能力。常见的单片机，如 8 位的 51 单片机，以及 16 位的飞思卡尔单片机，均可满足这样的要求（见图 3－74）。

图 3－74　基于 51 和飞思卡尔单片机的控制电路图

（4）控制策略对车手操作的要求

之前所述的所有控制策略的前提是：在离合器主、从动部分接合之前，从动部分（车轮）的转速比主动部分（带轮）的转速要高。主动部分的转速随着发动机转速的升高而逐渐趋近从动部分转速。真实的情况是，在车手操作的过程中，存在一种可能：车手起动发动机后，增大油门开度，离心式离合器结合，由于没有加载，牙嵌式离合器主动部分转速迅速达到发动机怠速所对应的带轮转速以上，但此时车轮对应的转速过低，牙嵌式离合器满足接合条件，直接接合造成打齿。这要求车手操作时注意最低接合车速不应过低，并且在发动机怠速改变后调整最低接合车速。

以车辆半径为 250 mm，带轮传动比为 7，离心式离合器接合转速（最低输出转速）为发动机怠速的 1.25 倍为例计算最低结合车速值。

根据汽车理论公式，车辆的行驶速度和发动机转速的关系为：

$$u_a = 0.377\frac{rn}{i_g i_0}$$

在此例中，$r = 0.25$ m，$i_g = 7$，$i_0 = 1$，发动机怠速为 $n_i$，最低输出转速 $n = 1.25n_i$，最低接合车速应由最低输出转速算得，可以计算得出表 3－2。

表 3-2　发动机怠速与最低接合车速的关系

| 发动机怠速 $n_i$/(r·min$^{-1}$) | 最低输出传速 $n$/(r·min$^{-1}$) | 最低接合车速 $v_0$/(km·h$^{-1}$) |
|---|---|---|
| 800 | 1.000 | 13.464，285，71 |
| 900 | 1.125 | 15.147，321，43 |
| 1 000 | 1.250 | 16.830，357，14 |
| 1 100 | 1.375 | 18.513，392，86 |
| 1 200 | 1.500 | 20.196，428，57 |
| 1 300 | 1.625 | 21.879，464，29 |
| 1 400 | 1.750 | 23.562，5 |

根据赛车实际情况计算出不同怠速下对应的最低接合车速，可指导车手在高于该车速的工况下进行接合牙嵌式离合器的操作，从而避免由操作造成的打齿现象。

### 3.2.7.4　闭气电机的控制

闭气电机被用于控制发动机进气管路上闭气阀的开闭，为一旋转式电机。其控制手法和牙嵌式离合器中的推杆电机类似，只有正转和反转两个方向。在车辆进入滑行阶段时，关闭发动机并封锁进气道，避免多余的燃油燃烧；车辆开始加速时，在牙嵌式离合器接合之前就应打开进气道，以便发动机加速。主要的控制参数有动作开始时间和动作持续时间。动作持续时间也应以电机的具体参数为准。

### 3.2.7.5　电磁离合器的控制

电磁离合器模块的作用是使电磁离合器在不同的工况下传递合适的转矩。电磁离合器的控制主要是依据离心式离合器的工作方式：根据发动机转速的不同改变离合器传递扭矩的大小，并根据车速的不同判断工况的变化，采取不同的控制方式。这部分的控制是量化的控制，对所控制的物理量的精度有一定的要求。控制思路如图 3-75 所示。

图 3-75　电磁离合器的控制思路

从根本上来说，电磁离合器控制系统的作用是在不同工况下准确调节通过电磁离合器的电流。电磁离合器具有电阻和电感的性质。其电流在不同的输入信号频率下会出现不同的响应。利用实验可以测得如图 3－76 所示的电磁离合器电流随输入方波频率和占空比变化的规律。输入信号频率过低，会影响电磁离合器的反应时间，可能会造成较严重的噪声，甚至离合器的间断性接合，影响扭矩传递效果，故应根据设计的需要，选择适当的输入信号频率区间，以保证电磁离合器电流的可控性。

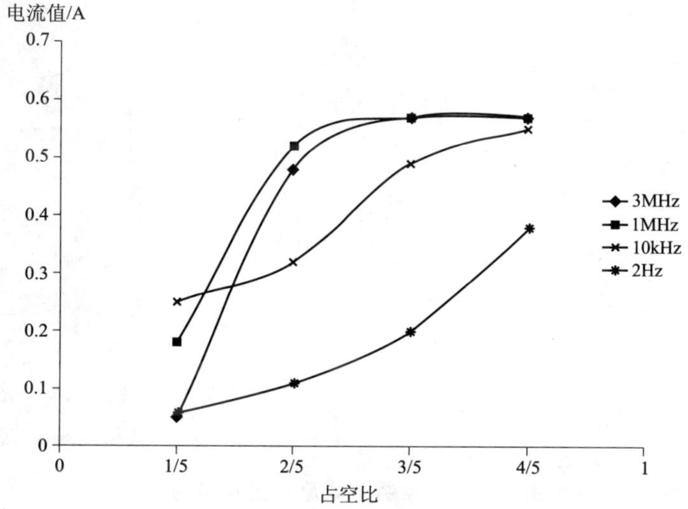


图 3－76　电磁离合器电流在不同频率下随信号占空比变化的规律

由于电磁离合器在使用过程中难免存在温升，工作环境温度变化又很大，其电气特性的波动会造成电流和转矩控制的不准确，因此应引入一个反馈机制，以检测目标电流和实际电流之间的差别。控制电路中，数字输入量所确定的是电磁离合器在当前工况下的目标电流值，实际电流值需要通过电流检测芯片来实时测量（见图 3－77）。

基于以上考虑，可以设计出集驱动和控制功能于一体的电路。在控制的过程中，可能会造成电流值的超调。超调幅度和调节速率应注意不要超过电磁离合器的电气及机械极限。设计电流调节电路的策略有很多种。在试验中最实用的还是数字量和电流呈近似线性变化的形式（见图 3－78）。

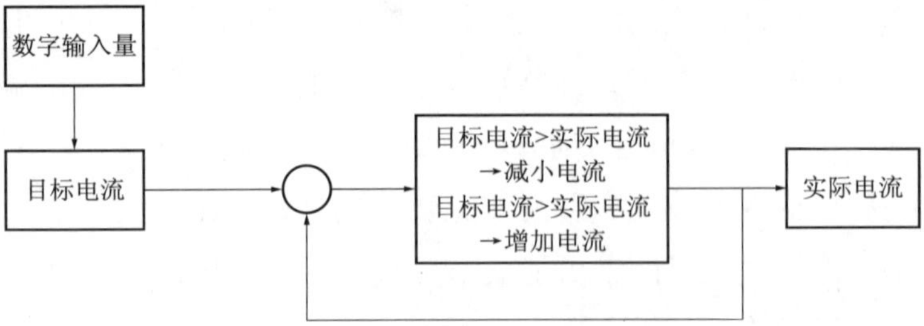


图 3－77　反馈调节控制思路

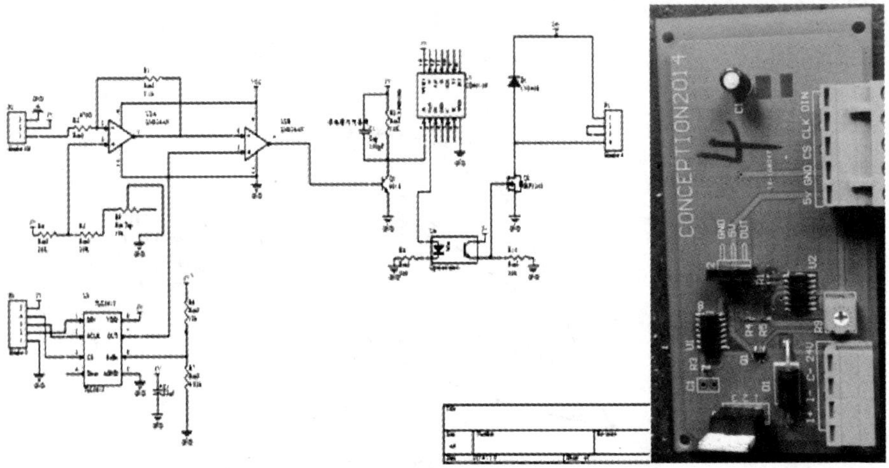


图 3－78　控制电流原理图及实物图

电路设计以后，应对控制电路的性能进行验证（见图 3－79）。

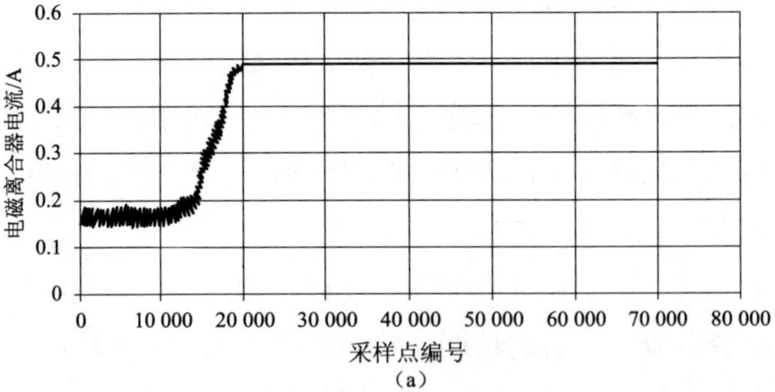


（a）

图 3－79　电磁离合器控制电路测试曲线

（a）电磁离合器斜坡响应

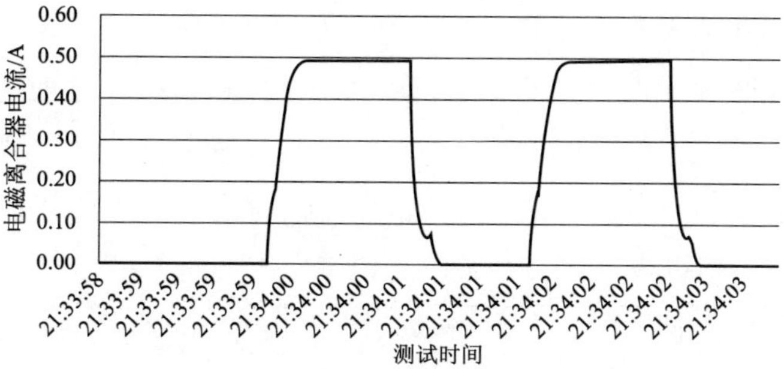


（b）

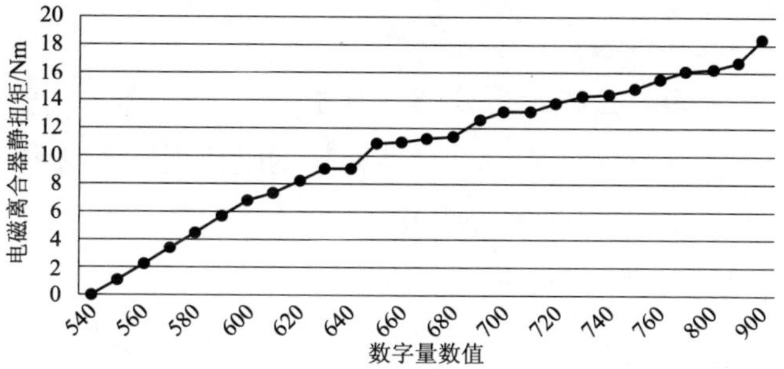


（c）

图 3－79　电磁离合器控制电路测试曲线（续）

（b）电磁离合器阶跃响应；（c）电磁离合器静扭矩随数字量变化

在保证电磁离合器模块本身的正常工作以后，还需经试验调试电流的控制策略。由于离心式离合器中摩擦力随正压力变化，而正压力随离心力，即发动机转速的二次方变化，因此根据实车试验能得到形如二次曲线的数字量—发动机转速变化曲线（见图 3－80）。

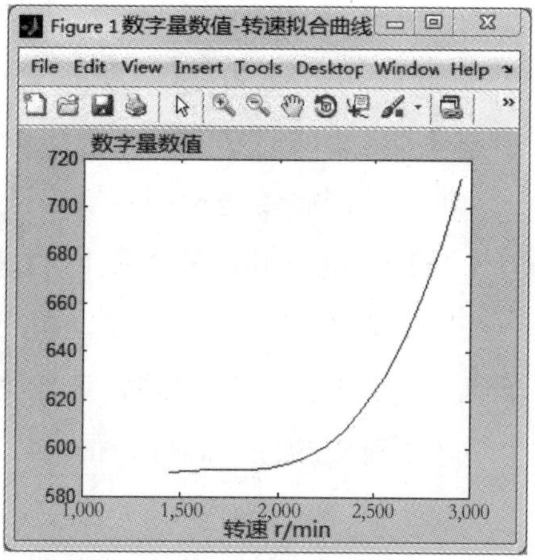


图 3－80　数字量数值随转速变化拟合曲线

在单片机中，可以根据实时测得的发动机转速确定数字控制量，进而精确控制电磁离合器转矩值。

#### 3.2.7.6　一键起动功能与电子油门的控制

在加速阶段，车手需进行起动发动机和控制油门两个动作。起动发动机时，车手获知发动机的成功起动的时刻和发动机实际已成功起动的时刻之间往往有一定的时间延迟。在发动机起动后对油门进行操作之前也有一定的时间延迟。这两类延迟的时间里，发动机一直以怠速方式运行，燃油消耗率较高。另外，在车手操作油门时，往往依靠自己的经验，没有比较理论的标准。这往往会使发动机以燃油经济性较差的状态完成加速，也不利于节油。因此，在平直路面直线加速阶段，我们可以采用电控的油门辅助车手进行油门的操作，以获得更低的油耗。

（1）一键起动

一键起动功能的核心思想是利用控制系统指令代替车手的操作。该功能需要在车手选择一键起动功能后，自动为起动电机通电；待系统判断发动机已经成功起动时，自动为起动电机断电。

一键起动模块必须保证以下几项功能：

1）能感知车手开起一键起动的信号，并自主地使起动电机工作。

2）能判断发动机是否已经成功起动，并在发动机成功起动后关闭起动电机。

3）该模块被加装在车上以后，在不起用时不应该影响原有的点火系统的工作。

在电路方面，可以利用继电器实现使起动电机供电或断电的功能，控制信号可由单片机配合继电器驱动芯片提供。

（2）电子油门功能。

电子油门主要是利用容量合适的航模舵机代替驾驶员进行油门的开闭（见图3－81）。电子油门的控制目的是在赛车加速时，使得发动机一直工作在经济性较好的状态下。评价发动机工作状态的参数主要是发动机转速。将每个车速下对应的发动机理想转速作为已知量，根据实验我们可以得到相应的每个转速下对应的柱塞高度，最终以油门开度作为电子油门控制目标。

对于赛车所使用的发动机，发动机内可燃混合气中的空气量是在车辆行驶之前预先调定的，改变可燃混合气浓度只能借助改变化油器柱塞高度的方式。想要精确控制化油器柱塞高度，就需要一个能产生精确位移的机构，比如航模舵机使柱塞做出精确的移动。在实验阶段，要配备与舵机精度相匹配的位移传感器，以监测、标定柱塞的高度。

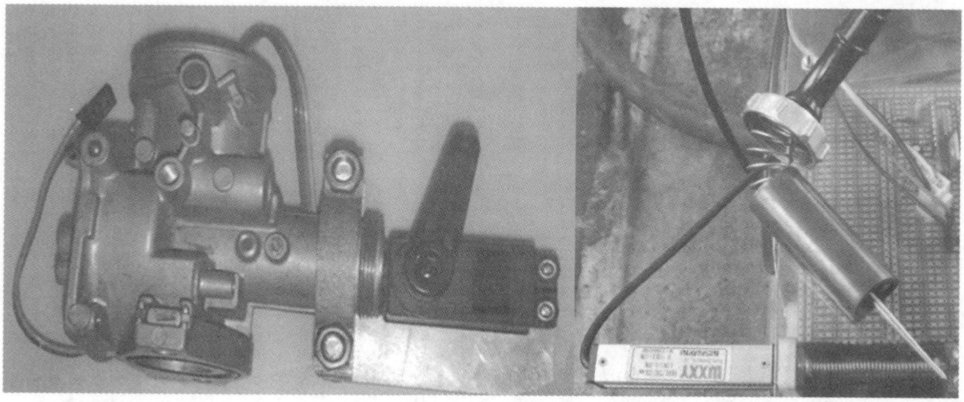

图 3－81　电子油门安装及标定

### 3. 2. 7. 7　数据采集记录模块

在赛车调试的过程中，总需要测量、记录和赛车有关的运动学参数，以供进一步优化赛车。数据采集记录模块就是以记录车辆数据为目的而开发的。该功能的实现可以按照两种思路进行。一种是使用车载无线模块将数据实时传入计算机，而另一种是利用U盘读写模块，把采集到的数据先存储到U盘中，再通过U盘导入计算机（见图 3－82）。从使用的角度，第一种方式显然实时性更好、更直观，但是实际使用时由于受现有成品无线模块有效范围的限制，该方式在实车测试时数据发送效果一般。从传输的角度，一般可以把数据采集系统分为串口通信方式传输和并口通信方式传输。并口通信需要占用单片机更多的 IO 口资源，但是其编程简单，传输速度更快；串口通信方式对系统 IO 资源占用较少，但是编程的难度相对较大。

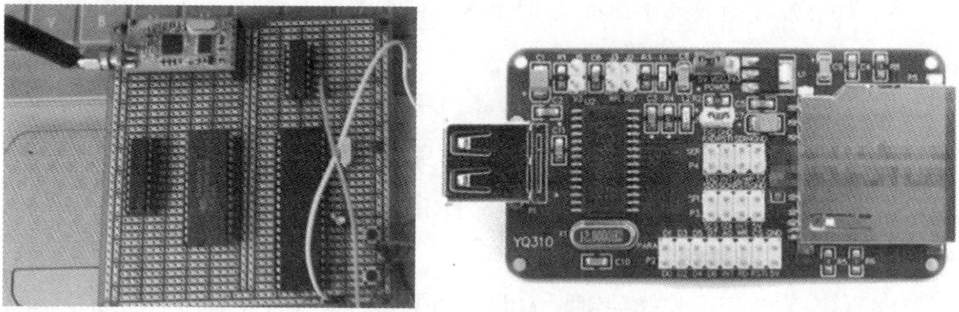


图 3－82　无线发射装置和 U 盘读写装置

## 3.3 车手感言

——2013—2014 赛季车手王立婷

赛车，是油耗与赛程的挑战，是速度与时间的挑战，是创新科技与传统技术的挑战。听听赛场上那竞技的发动机轰鸣的声音，看看弯道处那完美的转角弧线，这，是一段征程；这，是一种希望！创新思维的激情和技术控制的动感同在，而赛车手则能展现赛车的特异个性，发挥赛车的优越动能，激发赛车的最佳潜力，做到车与人的完美配合。

提到赛车手，大多数人首先想到赛场上英姿飒爽的身影，但光鲜背后付出的辛苦肯定鲜有人知。作为 2014 年第八届 Honda 节能竞技大赛的赛车手之一，我在此从以下 4 方面和大家分享我的车手经历与心得。

一、车手应该具备的素质

1）从赛车轻量化降低燃油消耗和车身制作的角度考虑，要求车手身高不超过 163 cm，体重不超过 50 kg。

2）驾驶赛车时车手处于躺位姿势，眼睛距离车壳预留的透视窗接近 1.4 m，要求车手视力 5. 0 以上，在比赛和练习过程中保证视野清晰，以确保驾驶的安全性。

3）赛车行驶中最高车速约为 45 m/s，对驾驶员直线行驶和转弯操控的反应灵活度也有一定的要求。

4）赛车的训练时间主要集中在夏季、秋季，车手要穿好车服，戴好头盔，同时受练习场地和天气的影响，对车手的身体考验颇多，所以车手的身体素质尤为重要，而且要富有挑战精神和良好的团队协作能力。

二、车手日常训练内容和驾驶技巧

1）影响节能车行驶的关键阻力即滚动阻力。由于行驶路面对运动轮胎的作用力，使轮胎相对于过轮心且垂直地面的中线产生不同的变形，产生阻碍车轮运动的阻力偶，导致车速降低，所以在驾驶练习时不仅要选择标准赛道，还要选择合适材料、结构和帘线的轮胎。我们的日常试车是在学校体育场的塑胶跑道上进行的，条件允许时还会去专业试车场的沥青跑道上做实验。

2）根据空气阻力公式 $F=\frac{C_D A u_a^2}{22.15}$，其中的风阻系数 $C_D$ 对 $F$ 有绝对性的影响。为减小节能车行驶时的迎风面积 $A$，车体组设计了最佳的车身造型，而车手则必须根据赛道的实际情况（直道与弯道，坡道与平道），在规定的时间内合理控制赛车的最低速度与最高速度，尽可能降低空气阻力。

3）为降低转向时车轮的滚动阻力，在行驶组优化了各因素的基础上，车手采用外—内—外的切线方式过弯，即由弯道外侧向 APEX 点切入，再沿着弯道外侧驶出。所谓 APEX 点是指过弯线路中最接近弯心的那点。“切弯”充分利用了赛道路面的宽度，增加了转弯半径，使可允许的过弯速度提高，也有利于出弯提升速度。我们不选择直接贴着弯道内侧行驶走最近的线路。其缺点在于过弯前后车辆速度会有较大变化，对于出弯提升速度不利，对于入弯时的速度要求也过高。理论上，在 APEX 点前应该是减速过程，在 APEX 点后则开始加速；但受赛道的不规则性影响和限制，只将该理论作为参考。过弯时速度的控制及 APEX 点的选择至关重要，需要车手反复练习，从实践中得出经验。

4）坡度阻力是影响油耗的另一个重要因素。车手通过上坡前的平直道路提升车速，使车辆轻松地滑行过坡顶；如果滑行未达坡顶，则可重新起动发动机，缓慢加油门，保持较小加速度的增速慢慢爬坡。尽量避免在上坡时加速，防止发动机负荷加大，降低工作效率。在通过坡顶后再继续增大油门，并及时关闭发动机以充分利用惯性滑行前进。

5）在掌握赛车的基本工作原理后，车手还需要练习的项目包括：熟练控制油门，感知车速与时间变化，适应不同的赛道与车窗视野，同时根据练习时记录的数据分析起动与关闭发动机的最佳时速，不断增加驾车技巧，降低燃油消耗。

三、与车手相关的赛车改进细节

1）为了更好地降低空气阻力，将赛车车身制作高度设计为 0. 6 m，较之前一款车辆降低了 0.05 m。车手需要前倾头部在倾斜角约 20° 的斜面上平躺进行驾驶操作。

2）赛车采用了独创的转向机构，以保证车手驾驶时肢体操作方便。车手通过左、右手在赛车纵向平面内分别转动两个手柄（手柄通过连杆与转向节相连），进而转动车轮，以控制赛车转向。左侧手柄上安装电路系统调控开关与显示器件，在不影响视野的情况下为车手提供各种信息，包括发动机转速、车速、里程和时间，同时手柄上还装配有对讲机开关，保证行车过程中能与队员进行沟通。将发动机点火开关和节气门调节手柄固装在右侧手柄，更符合右手操作习惯；同时，两侧都安装了制动机构，能够充分保证紧急制动的及时性。

3）为提高车手舒适性，在其颈部下面加垫轻薄靠枕，在接触胳膊的纵梁和脚踝部横梁处粘贴海绵垫块。不论是空间的改进，还是细节的改进，都体现了团队的细致与用心。

四、合格车手的成长历程

作为整个车队重要角色之一的赛车手，要熟练地掌握基本驾驶方法，在持续的总结中提高操作能力，在不断的尝试中打破惯性思维。一名合格的车手不仅要积极完成赛车训练计划，还要同步展开专业课程学习和工程技能等诸多方面的角逐。

在选择车手这个特殊职位，了解了这个光荣的身份后，深知自己担负的责任之重，不免感到压力，但经历后，即使让我重新选择，我依旧不会后悔。不是因为车手被众星捧月般地慰问，也不是因为车手那被人崇拜的光环闪耀，只是为整个团队贡献自己的力量，体验不一样的乐趣。

我们选择在暑假练车与赛前加练，分别先后练习实验车与新车。根据天气状况，每天分两个时间段，即早 6 ~ 8 点，下午 2 ~ 4 点。炎炎烈日的盛夏和天气微凉的初秋，只需一个电话，大家便聚集起来，有条不紊，合理分工。有人负责计时，有人负责记录数据，还有人负责安全保障。虽然会有练车的劳累和委屈，会有场地被限制的焦虑，有接近比赛时的紧张，也可能有无法归家的思念，但疲惫时的一瓶水，没吃早饭时的一杯热豆浆，甚至轻轻的一声问候和那全队人的梦想，都会是自己坚持下去的不竭动力。

辛苦三百六十载，远赴几千里之外。

首先召开车手大会。赛会解说员介绍赛事规则、注意事项和比赛程序。车手需集中精力记住每个关键的细节问题。赛前车手看路也是非常重要的一环，要在自己的线路图上做路书，在哪里左转，在哪里右转，哪里是上坡，哪里是下坡，以及赛场周边的计时标记点，都需要做非常精确的标记。熟悉路况对比赛成绩有很大影响。

随之是热身赛。对于赛道来说，初出茅庐的车手不仅是在试车，更要在短时间内掌握如何利用某段赛道的优势和如何通过连续的急弯，并在热身结束后及时与队员围绕赛道进行分析讨论，结合赛车，研究出最佳战略。

在正式比赛开始之前，赛车手要再次认真检查主要零部件的松紧、刹车系统、电池电量、胎压、数字显示器等，做到自我放心、舒缓压力而后上场。

正式比赛是每个真正懂车的车手的力量、速度和梦想。对车手来说，这份振奋人心不是单一的静态的油耗和速度能衡量的。赛场上我们会渴望胜利，但更多的是想挑战油耗，挑战赛车，挑战自己。虽然有时可能没取得出人意料的成绩，但经历过最珍贵。队员们付出一年的努力会被铭记，也被其他技术人员认可。

很感谢一路走来有这么多人的坚持和陪伴。那些努力后的进步和欢笑像是在放映机里一卡一卡的律动，记述细数着过往时光里发生在身边的故事。车队里有我们去实车拆装时的油渍，有相关知识培训时的讨论，有练车时的欢笑，有那真挚的友情和共同奋斗的时间剪影。我们充满对赛车的热情，充满追逐梦想的活力。传承车队精神，延续车队未来是我们永不会变的初衷。

# 第 4 章
# Chapter 4 大学生方程式汽车大赛指南

## 4.1 大学生方程式汽车大赛赛事一览

### 4.1.1 大学生方程式汽车大赛（FSAE）

Formula SAE（FSAE）由国际汽车工程师学会（SAE International）于1978年开办。其概念源于一家虚拟制作工厂，向所有大学生设计团队征集设计制造一辆小型的类似于标准方程式的赛车，要求赛车在加速、制动、操控性方面都有优异的表现并且足够稳定、耐久。

第一届比赛于1979年在美国休斯敦举行，比赛名为SAE迷你印地车赛（SAE Mini－Indy）。这也是唯一一次比赛以此命名。参赛的13支队伍中有11支完赛。当时的规则是制作一台5马力[①]的木制赛车，在整车设计方面将会限制很少，以为给车队最大的设计弹性和自我表达创意和想象力的空间。这一理念延续至今。

赛前车队通常用8～12个月的时间设计、建造、测试并准备赛车。在与来自世界各地的大学代表队的比较中，赛事给了车队证明和展示其创造力和工程技术能力的机会。为了达到比赛的目的,学生可以把自己假想为设计人员。某一制造公司聘请他们为其设计、制造并论证一辆被用来评估该公司某一量产项目的原型车。预期的销售市场是周末业余汽车比赛。因此，该车必须在加速、制动和操控性能方面表现出色。该车必须成本低廉，易于维修，可靠性好。此外，考虑到市场销售的因素，该车需美观、舒适，零部件也需要有通用性。制造企业计划每天生产4辆该型车，并要求原型车实际耗资应低于2.5万美元（该规则于2009年已经被取消）。设计小组受到的挑战是设计并组装一辆满足各种要求的车。各个设计环节将作为竞赛比较和评判的内容。

比赛规则非常开放，以鼓励学生的原创设计和各种形式的赛车的出现。

① 1马力=0.735 kW。

比赛的基本原则如下：开轮/开舱；使用排量不超过610 cc[①]的四冲程汽油机；安装内径 20 mm 的进气限流阀；轴距不小于 1 525 mm；轮辋不小于 8 in；必须能够制动全部 4 个车轮；悬架行程不小于 50. 8 mm（2 in）；大量的安全要求和结构强度要求。

比赛通过一系列静态和动态的项目评判汽车的优劣。这些项目包括技术检验、成本分析、市场陈述、工程设计、单项性能测试、耐久测试和燃油经济性，通过给这些项目打分评判汽车的性能。

30 多年来，FSAE 已发展成为每年由 15 个国家举办的 20 场赛事，并有数百支来自全球顶级高校的车队参与的青年工程师盛会（见图 4－1 ～图 4－3）。2014 年举办或即将举办 FSAE 比赛的国家有美国、加拿大、德国、英国、奥地利、意大利、西班牙、匈牙利、捷克共和国、巴西、澳大利亚、日本、印度、中国及泰国。

图 4－1　德国斯图加特大学电车

图 4－2　吉林大学吉速车队赛车

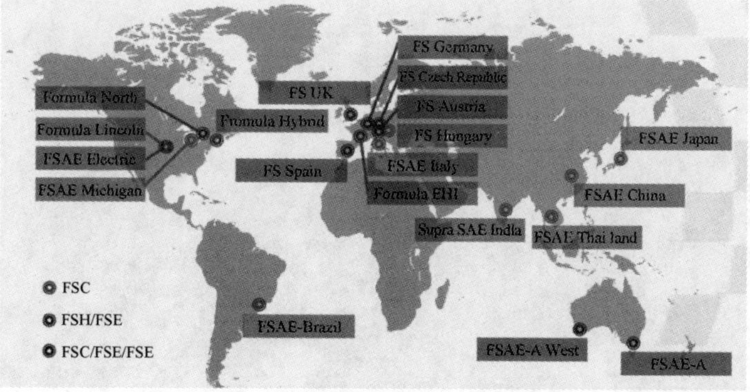


图 4－3　FSAE 全球赛事分布情况

① 1cc=1 mL。

### 4.1.2 中国大学生方程式汽车大赛

中国大学生方程式汽车大赛（FSC）是一项由高等院校汽车工程或汽车相关专业在校学生组队参加的汽车设计与制造比赛。各参赛车队按照赛事规则和赛车制造标准，在一年的时间内自行设计并制造出一辆在加速、制动、操控性等方面具有优异表现的小型单人座休闲赛车，能够成功完成全部或部分赛事环节的比赛。

2010 年第一届 FSC 由中国汽车工程学会、中国二十所大学的汽车院系、易车网联合发起举办（见图 4-4），共有来自包括吉林大学、清华大学、同济大学、北京理工大学等在内的共计 20 所高校参加。FSC 秉持“中国创造擎动未来”的远大理想，立足于中国汽车工程教育和汽车产业的现实基础，吸收借鉴其他国家 FSAE 赛事的成功经验，打造新型的培养中国未来汽车产业领导者和工程师的交流盛会，并成为与国际青年汽车工程师交流的平台。FSC 致力于为国内优秀汽车人才的培养和选拔搭建公共平台，通过全方位考核，提高学生们的设计、制造、成本控制、商业营销、沟通与协调 5 方面的综合能力，全面提升汽车专业学生的综合素质，为中国汽车产业的发展进行长期的人才积蓄，促进中国汽车工业从“制造大国”向“产业强国”的战略方向迈进。

图 4-4　2010 年首届 FSC 车队合影

中国自2010年引进FSAE赛事以来，国内高校车队发展迅猛。到2013年第四届中国大学生方程式汽车大赛（见图4－5），比赛已经扩展至超过60支车队的参赛规模，其中包括50支油车车队和10支电车车队。2014年第五届中国大学生方程式汽车大赛规模进一步扩大，也进一步趋于国际化，共有60支油车车队和20支电车车队参加，其中包括来自德国、英国、印度的境外车队4支。

图4－5　2013年第四届FSC车队合影

FSC是一项非营利的社会公益性事业，利在当代，功在未来。项目的运营和发展结合优秀高等院校资源、整车和零部件制造商资源，获得了政府部门和社会各界的大力支持以及品牌企业的资助。社会各界对项目投入的人力支持和资金赞助被全部用于赛事组织、赛事推广，以及为参赛学生设立赛事奖金。

### 4.1.3　吉林大学吉速车队

吉林大学吉速车队成立于2009年，是由吉林大学汽车工程学院面向中国大学生方程式汽车大赛而组建的学生科技创新团队。吉速车队在汽车工程学院和社会各界的帮助下开发了5代赛车，参加过全部5届中国大学生方程式汽车大赛。吉速车队坚持走技术创新路线，是国内技术较为领先的车队之一（见图 4－6 ~图 4－11）。

图 4－6　吉速车队队员 2013 赛季合影

图 4－7　吉速车队队徽

图 4－8　吉速车队 2010 赛季赛车 Gspeed2010

图 4－9　Gspeed2011

图 4－10　Gspeed2012

图 4－11　Gspeed2013

吉速车队聚集全校本科及研究生各阶段优秀人才，唯才是举，任人唯贤，根据队员特点合理分工，团结协作，不断提高执行力，旨在打造一个严谨、务实、高效的团队（见图 4－12）。

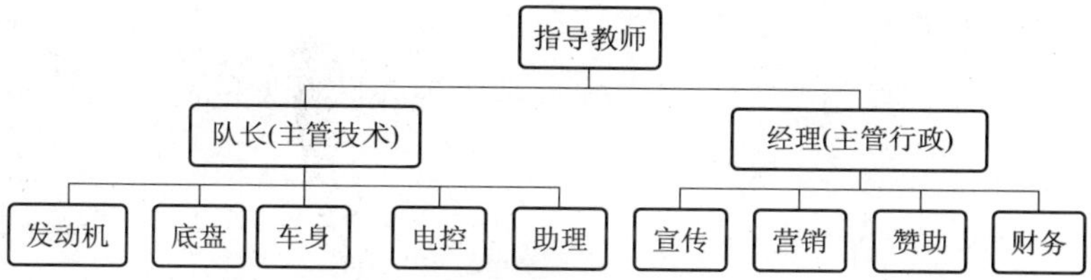


图 4－12　吉速车队结构框架

吉速车队经过 5 年的发展，在赛车设计制造以及调校过程中日趋成熟。吉速车队坚持技术创新的理念，通过自身不断努力，不断突破，已经熟练掌握主动式涡轮增压、干式油底壳、电控热管理、制动防抱死（ABS）等技术。同时，吉速车队注重理论与试验的结合，是国内第一个进行发动机台架试验、轮胎试验、阻尼试验、KC 试验、整车风洞试验、质心惯量测量试验的车队。通过试验数据，对设计进行指导、评估和改进。正因为如此，Gspeed 赛车的动力性、操纵稳定性逐年提升。其性能参数如表 4－1 所示。

表 4－1　Gspeed 赛车性能参数表

| 项目 | Gspeed2010 | Gspeed2011 | Gspeed2012 | Gspeed2013 |
|---|---|---|---|---|
| 最大功率 / kW | 33 | 63 | 65 | 70 |
| 最大转矩 / (N·m) | 50 | 65 | 70 | 75 |
| 0 ~ 100km/h 加速时间 / s | 5. 88 | 4. 32 | 3. 55 | 3. 25 |
| 最大侧向加速度 / g | 1. 1 | 1. 2 | 1. 5 | 1. 7 |
| 最大横摆角速度 / (°)·$s^{-1}$ | 58 | 63 | 65 | 68 |
| 麋鹿测试 / (km·$h^{-1}$) | — | 87 | 95 | 102 |
| 整备质量 / kg | 280 | 254 | 245 | 234 |
| 质心高度 / mm | 315 | 320 | 310 | 295 |
| 吨推力 / ( 马力·$t^{-1}$) | 170 | 340 | 360 | 410 |

吉林大学吉速车队于 2013 年 10 月参加了在湖北襄阳举行的第四届中国大学生方程式汽车大赛( FSC )。吉速车队在赛前积极备战,在比赛中出色发挥,最终取得直线加速第二名，赛车设计第三名，燃油经济性第四名，总成绩第六名的成绩。

与汽车的构造相类似，方程式赛车由发动机、底盘、车身、电气设备四大部分组成。下面就这几方面以吉林大学吉速车队开发的赛车为例，系统讲解大学生方程式赛车核心技术。

## 4.2 方程式赛车发动机

对于整辆赛车来说，发动机可谓赛车的心脏，对赛车的重要性可想而知。汽油发动机有 5 大系统，包括燃料供给系统、冷却系统、润滑系统、点火系统（柴油发动机没有点火系统）和起动系统。只有这些系统正常地、协调地工作，才能保证给赛车提供源源不断的强劲动力。

如果说大部分赛车的发动机是一位欧美暴力肌肉男的话，那么 FSAE 赛车的发动机则是一位中国武林高手。虽绝对力量不可相提并论，却身轻如燕，灵活迅猛，战斗力绝不逊色于他人！

### 4.2.1 发动机的选型

受制于一些条件，我们还不能自行设计制造一款完整的发动机。所以，挑选一款好的原型机是成功的前提条件。

是比赛，总会有一个规则。一切的行动都要在规则允许的范围内。在 FSAE 的擂台上，关于发动机有这么几条主要规定：发动机必须为四冲程活塞发动机，排量在 610 cc 以下，且所有进气气流必须经过同一个进气限流阀。限流阀截面必须为圆形。使用汽油燃料的（赛车限流器）直径不得大于 20. 0 mm，使用 E85 燃料的（赛车限流器）直径不得大于 19. 0 mm。

其中，进气限流阀这一项尤其值得一提。大家都知道，热机是通过燃烧做功把化学能转变为机械能的，而能做多少功，往往和吸进了多少空气是密切相关的。装在进气系统的限流阀（见图 4 – 13），就恰恰限制住了进气流量这个关键的因素。对于一个管道，管内的气流速度越快，效率越低。当气流速度接近 0. 5 马赫的时候，实际进气量就会达到“瓶颈”。在常温常压下，20 mm 管径的这个“瓶颈”数值，大约在 70 g/s 左右。也就是说，无论如何，

图 4－13 发动机进气限流阀

单位时间进气量也就是这些，进而限制了发动机的最大功率。所以，装上进气限制器的发动机，最大功率、最大扭矩及其对应的转速，都会出现不同程度的降低。此外，排量越大，缸数越多的发动机对进气流量的限制越敏感。这就好比一个肺活量很大的人和一个肺活量相对较小的人都只能通过一根相同的吸管喘气。肺活量大的人反而会受到更大的限制。以四缸 600 cc 自然吸气发动机为例，一般来说，最大功率和最大扭矩会下降到原始的 60% 左右（经过合理优化后有可能达到 70% ~ 80%），而最大功率点会掉到 10 000 rpm 以下，最大扭矩点掉到 8 000 rpm 以下。对于排量较小或气缸数较少的发动机，动力损失会稍小一些。

这几项规则对于发动机的选型做了极大的限制。在近几届 FSAE 的比赛中,主流武功流派总体上分为“少林派”和“武当派”。少林派采用四缸发动机，拥有更重的质量和更强的动力，牺牲一部分灵活性，换取大力量。武当派采用质量更轻、动力更小的单缸发动机，以灵巧制胜。从现今的比赛结果来看，两种流派平分秋色。选用哪派武功，还要结合自身的特长与优势来判断。

#### 4. 2. 1. 1　四缸发动机的选型

常用的四缸机有 4 款，被人们称为四大美人，分别是：本田 CBR600 系列和雅马哈 YZF－R6 系列、铃木 GSX－R600 系列、川崎 ZX－6R 系列。这四大美人从外表上看似乎来自于同一家门：①原机功率在 70 kW 以上（接近 1. 6 L 自然吸气的民用车发动机）；②扭矩多在 60 N · m 以上；③最高转速 15 000 rpm；④质量在 55 ~ 60 kg。虽然 4 台机器极为相似，但也有自己不同的性格。

本田 CBR600（RR，F4i，…）：该款发动机可以说是最常见的型号了（见图 4－14）。吉速车队就选用了这款发动机。从功率和扭矩的绝对数值来看，本田 CBR600 并无十分出彩的地方，是一台偏于温顺的机器；但是，它在中转速具备更好的充气效率。这就使得本田 CBR600 虽然无法具备高转速下出众的功率，但是却换来了中转速段较高的扭矩，更适合 FSAE 赛事注重加速能力的特点。这会使动力输出更连贯、更均衡、更持久，使传动系统越容易匹配。除去技术的因素不说，本田 CBR600 还有一个很大的优势，就是市场保有量大：机器较容易购买，配件较容易供应。

雅马哈 YZF－R6：这款略显野兽派机器在国外的比赛中也是很常见的（见图 4－15）。其最大的特点，无疑就是它的惊人的转速和功率。可以说它是一款具备很多方程式基因的产品。钛合金气门降低了气门运动的往复惯性力，有利于发动机的响应特性；但是，其中段扭矩略显不足。在国外很多增压车队的首选便是雅马哈 YZF－R6，因为得益于其较大的气门早开晚关角，增压后能够将中转速扭矩不足的缺点很好地扭转回来，同时还能达到更大的功率——当然了，其压缩比对增压也是个巨大的挑战。同时，和本田 CBR600 相反，其变速箱速比很稀疏——说实话，这两款发动机实在应该对调一下变速箱。绵密的变速箱难以发挥本田 CBR600 较宽阔的扭矩平台，而稀疏的变速箱又让中低转速扭矩吃紧的雅马哈 YZF－R6 力不从心。

图 4－14　本田 CBR600 发动机

图 4－15　雅马哈 YZF－R6

铃木 GSX－R600：它（见图 4－16）更像是雅马哈 YZF－R6 的变异型号，峰值扭矩相当高；但是很可惜，扭矩特性没有得到改善。所以，实际使用起来，野兽气息也更加强烈。值得一提的是它的双涡流燃烧室，设计得颇具特色。它对于该款发动机较大的峰值扭矩是功不可没的，经济性也很不错。齿轮比方面，它介于雅马哈 YZF－R6 和本田 CBR600 的风格之间，比较折中。

川崎 ZX－6R：这款发动机可是纯粹的大野兽了（见图 4－17）。接近 14 的压缩比，有较好的扭矩输出；动力输出也偏重于中转速。总体来看，还是比较理想的；但是，川崎 ZX－6R 各年车型的参数变化相当大：有时候排量是 599cc，有时候排量是 636cc；有时候压缩比接近 14，有时候压缩比刚过 12；有时候趋向于高转速，有时候趋向于大扭矩……也就是说，你一不小心就可能买到一台需要缩缸才能参加比赛的机器。这就显得太乌龙了。当然，川崎 ZX－6R 市场保有量实在太小，无论是国内，还是国外，买到的机会都挺小。所以，在赛场上难觅这款发动机的踪影。几款发动机的外特性曲线如图 4－18 所示。

图 4－16　铃木 GSX－R600

图 4－17　川崎 ZX－6R

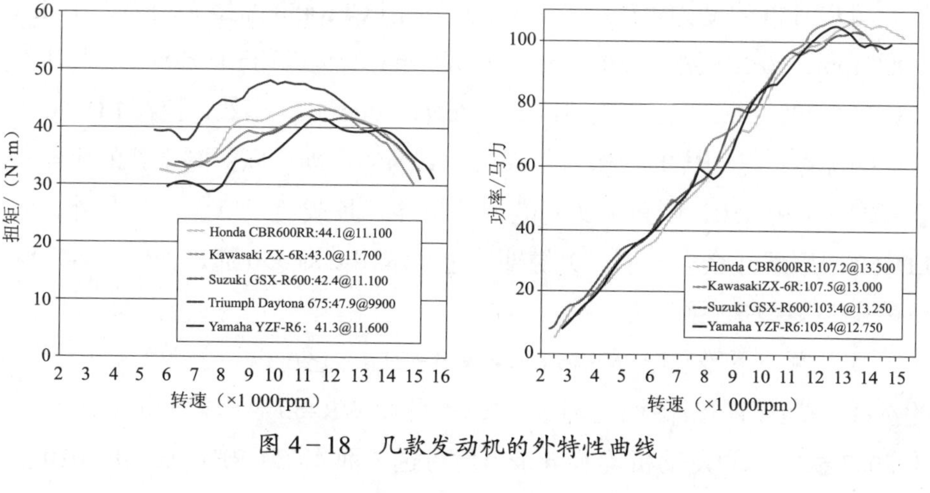


图 4－18　几款发动机的外特性曲线

#### 4.2.1.2 单缸发动机的选型

对于国内 FSAE 比赛，最常见的单缸机型无外乎两款：进口本田 CRF450（见图 4－19）和国产亚翔 LD450（见图 4－20）。当然，也不排除有一些资金充裕的车队会选择雅马哈 WR450。至于一些国产大排量 600 cc 单缸发动机，例如嘉陵 JH600，由于自身质量较四缸机无明显优势，功率却差了一截，所以在 FSAE 界很少有车队选用。

图 4－19　本田 CRF450

图 4－20　亚翔 LD450

本田 CRF450 和亚翔 LD450 极其相似。后者可以说是很大程度上借鉴了本田 CRF450 的设计，同为水冷单缸单顶置凸轮轴，449 cc 排量，缸径 × 行程均为 96mm × 62mm，配合 5 速序列式变速箱，重量都在 33 kg 左右，但是亚翔 LD450 的动力表现要略逊一筹。本田 CFR450 的最大功率为 41 kW@9 000 rpm，最大扭矩为 50. 7 Nm@6 500 rpm，而亚翔 LD450 的最大功率为 32kW@7 500 rpm，最大扭矩为 42. 5Nm@6 500 rpm。当然，亚翔 LD450 也有自己的优点：以同样的价格，若买亚翔 LD450，则可以买到全新的机器；而若买本田 CRF450，则只能买到老旧的机器，且成色难以保证。此外，亚翔 LD450 原厂配件众多，部分关键部件也和本田 CRF450 通用，便于各车队进行试验、改装和加强。

最后说一下雅马哈 WR450（见图 4－21）。它可以说是单缸机中最理想的选择。相比于上面两个孪生兄弟，雅马哈 WR450 具有两个明显的优势：① 2007 款以后的发动机均有电子喷射可选，而本田 CRF450 只在 2010 款以

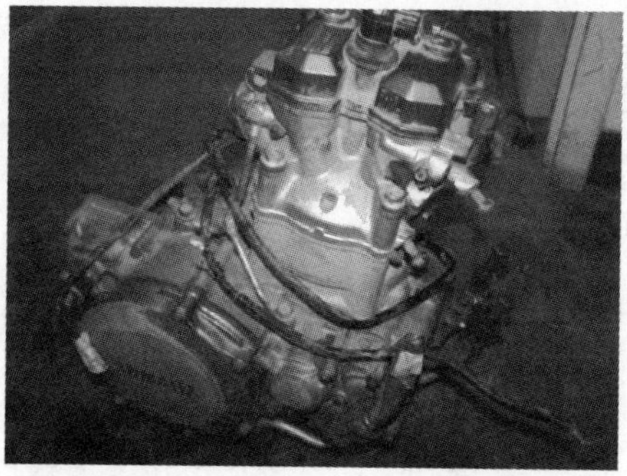

图 4-21　雅马哈 WR450

后的机型才提供电子喷射，亚翔 LD450 压根没有电子喷射的机型。至于为什么要使用电子喷射，主要是因为由于规则要求化油器必须装在限流阀之前，所以化油器的喉管会使限流阀处的进气压力降低，再加上通过限流阀的是汽油与空气的混合气，气化的汽油会占据一部分体积，使进气流量进一步减小，所以化油器机型改电喷是十分必要的。②雅马哈 WR450 具有原厂的干式油底壳。这是另外两款发动机所不具备的。干式油底壳的优势我们会在后文说明。

### 4.2.2　进气系统、排气系统

进气系统、排气系统被用来将气体导入、排出发动机机体。气可谓发动机力量之来源。只有具备了充足的气量，才能带来磅礴的动力。在进气系统方面，主要有自然吸气、机械增压和涡轮增压 3 种方式。这 3 种进气方式各有优劣。

通常来讲，自然吸气响应好，输出线性，高转速时充气效率高。涡轮增压中转速区域扭矩高，而且持续时间长，能形成“扭矩高原”；但是响应较差，进气流量逼近最大值时增压效果下降明显。机械增压能有效提高中低转速扭矩，响应快；但是消耗发动机功率，而且高转速区间功率损失严重。

以下两支车队均在各自领域有顶尖的造诣。

德国慕尼黑工业大学：

发动机：本田 CBR600RR。进气方式：自然吸气。限流后功率 66 kW@12 000 rpm，扭矩 60 Nm@8 500 rpm。

日本上智大学：

发动机：雅马哈 YZF6R。进气方式：机械增压。限流后功率 63 kW@9 000 rpm，扭矩 70 Nm@5 500 ～ 8 500 rpm。

对于 FSAE 赛车的发动机，排量较小，且 20 mm 进气限制较为严苛。从以上数据可以看出，自然吸气发动机凭借更高的转速在功率上领先，而机械增压发动机在扭矩上明显占优势。至于涡轮增压，它的效果可以说是两者的折中，既增大了中低转速区间的扭矩，也保证了高转速下的充气效率。

吉速车队采用的本田CBR600发动机可谓气量惊人，又加上一台日立HT07涡轮增压器（见图4-22），便使内力更为雄厚。发动机排出的废气推动涡轮机旋转，涡轮机又带动压气机将更多空气泵入发动机中，于是即便在20 mm限流阀的限制下，Gspeed2014款发动机依然可以做出最大功率70 kW@ 9 000 ~ 10 000 r/min，最大转矩75 Nm@5 000 ~ 8 500 r/min的漂亮数据，甚至超越了不带限流阀的原厂发动机在自然吸气状态下的表现。空气在经过压气机时因压气机叶片做功而受到了压缩，温度升高，一旦空气的温度升高，密度就会下降，相同体积的含氧量也会下降。这是我们不希望看到的局面。于是，我们需要一个中冷器让燥热的空气冷静下来。俗话说，气缸生来缸缸平等，谁都不想遭受不公平的待遇。所以，冷下来的气流还需要稳压箱平均分配给4个气缸。为了提高气流进入各气缸的均匀程度，Gspeed2014率先引入源于WRC赛车和勒芒原型车的双稳压箱（见图4-23）。在这之后，空气在进气歧管中与汽化的气油相遇，形成混合气，然后进入气缸，完成自己的使命。燃烧过后的废气将会经过4根近乎等长的排气歧管，在出口处汇成一股气流，推动涡轮机，最终被排入空气中。

图4-22　吉速车队采用的日立HT07涡轮增压器

图4-23　Gspeed2014采用的双稳压箱

### 4.2.3　冷却系统

在赛场上，保护好自身是相当关键的。一台再优秀的发动机如果不能工作至整个比赛结束，则也无法彰显自身的实力。这时，需要一套高效的冷却系统与润滑系统，以避免壮志未酬身先死这种悲剧的发生。

冷却系统负责给全力出击中的发动机降温。如果冷却系统出了问题，导致发动机过热，轻则发动机停车，重则整机报废！Gspeed2014 款发动机采用电子水泵替代原机自带的机械式水泵、节温器和小循环水路。通常情况下，电子水泵间歇工作，自动调整泵水量。当水温超过门限值时，电子水泵会控制水箱附近的散热风扇开启，强制散热。电子水泵不仅提高了流量，能满足涡轮增压发动机对散热的严格要求，而且不消耗发动机产生的功率，能使尽可能多的动力传向车轮，有益于发动机的动力性和经济性。

### 4.2.4 润滑系统

方程式赛车的发动机最高转速达 15 000 rpm，是一般汽车发动机的 3 倍。发动机工作时很多传动零部件是在很小的间隙下做高速相对运动的，如果不对这些表面进行润滑，它们之间将发生强烈的摩擦。金属表面之间的干摩擦不仅增加发动机的功率消耗，加速零件工作表面的磨损，还可能由于摩擦产生的热将零件工作表面烧损，致使发动机无法运转。一般汽车发动机用油底壳储存润滑油。

还记得刚在讲述雅马哈 WR450 发动机优势的时候提到的干式油底壳吗？这是 Gspeed2014 发动机的又一大亮点。干式油底壳通常被用于超级跑车和赛车当中。它不再通过一个很深的油底壳储存机油，而是通过一个独立的储油罐储存机油，并且需要一个大功率机油泵使机油在发动机与涡轮增压器中循环（涡轮增压器叶片轴承转速动辄达十几万转，也是需要良好润滑与冷却的）（见图 4－24）。我们自行将本田 CBR600 的湿式油底壳改造为干式油底壳（见图 4－25），从而带来了两大好处：

优异的润滑效果：大家知道，摩托车在过弯的时候需要一定的侧倾角，机油液面在惯性力与重力的联合作用下依然会与发动机保持齐平，不会产生润滑问题；而汽车在过弯时侧倾的角度较小，而且方向与摩托车相反，所以机油将会被压向弯道外侧，弯道内侧的机件将会润滑不良，产生例如拉瓦之类的严重磨损。但是干式油底壳就不会存在这个问题，又高又细的储油罐可以保证无论液面怎么晃动机油泵都有油可抽，从而保证了大侧向加速度工况下的润滑效果。

既然去掉了发动机底部那个高高的油底壳，发动机的安装位置自然可以往下降。这将极大地降低整车的重心位置，使赛车在经受连续的重心转移的过程中可以保持下盘的稳定，增强操控性。

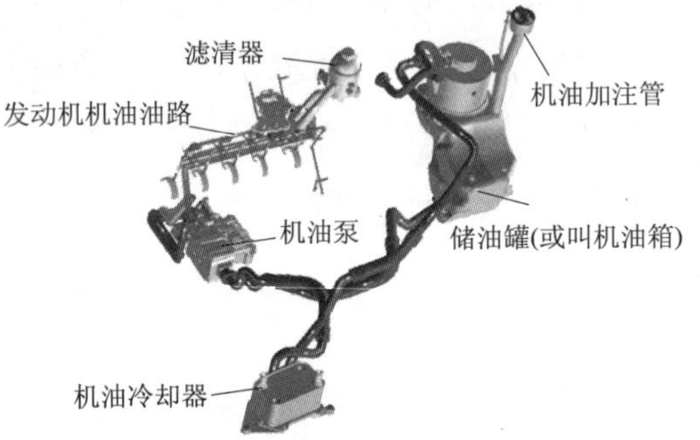


图 4－24　干式油底壳润滑系统

图 4－25　Gspeed2014 发动机的干式油底壳

### 4.2.5　发动机的大脑—— ECU

空凭蛮力却没有一颗聪颖的头脑是挤不进高手的行列的。ECU 作为一台发动机的大脑，可以说是至关重要的一环。ECU 会收集来自传感器的各种信号，并以此为依据调节发动机的喷油量、点火时间等重要参数，保证目标空燃比，实现功率的最大输出。在 FSAE 的比赛中，由于限流阀的存在，原厂发动机的 ECU 参数基本不能使用，所以需要各支车队自己进行台架试验，以标定发动机数据。

FSAE 历届比赛最出名的 ECU 要数 MoTec 家族了，动辄 5 位数的身价，外加一袭金衣附身。Fsaer 们都称之为“大金砖”。当然，它的功能也绝对对得起这个身价。Gspeed2014 款发动机选用的是 MoTec 家族里性价比最高的一款 ECU—— MoTec M84（见图 4－26）。增压控制、牵引力控制、起步控制、换挡断火、偏时点火、宽带氧传感等功能一应俱全，甚至还有氮气加速系统。对于现阶段的 FSAE 而言，MoTec M84 的功能已经绰绰有余。MoTec 家族中，还有更为神通广大的成员—— MoTec M800（见图 4－27）。在 MoTec M84 的基础上，MoTec M800 还支持例如爆震监控、数据遥测、油门线控、凸轮轴升程连续可变等一系列比较高端的功能。

图 4－26　MoTec M84 ECU

图 4－27　MoTec M800 ECU

最好的零件不一定能拼出最好的整体。只有达到了各部分的平衡与协调，才能攀上巅峰。不仅仅是发动机的零件要相互适应，发动机也要和整车相适应，整车还要和比赛相适应。如果车架和悬架不能消化发动机凶猛的动力，那么都不用对手出手，自己就先自我了断了。如果赛车整体过于残暴，对于 FSAE 如此迷你的赛道，车手将难以驾驭，柏油路也根本容不下这头猛兽，最终便避免不了刚一开赛就冲到草丛里啃一嘴泥的悲剧。总而言之，没有最好的，只有最合适的。

## 4.3　方程式赛车底盘

底盘是一辆赛车的“筋骨”。它负责如何让我们这辆赛车站起来，跑起来，快起来，稳起来，也可以说是赛车的核心总成。赛车的底盘包括悬架系统、转向系统、传动系统和制动系统。此外，还有非常重要的部件——轮胎。

### 4.3.1　轮胎

轮胎是一辆汽车唯一与路面接触的零件。赛车的机动性能全部需要通过轮胎将力传递到地面来实现，所以轮胎的好坏直接影响了车子的性能。看 F1

的车迷应该知道，在米其林离开 F1 之前的几年，拥有普利司通轮胎的赛车即便拥有再好的其余部件，也无法与米其林的车队相比。所以，FSAE 赛车轮胎的选择，是整个赛车最重要的部分。另外，几乎所有的赛车专业书籍中除了综述第一章，第二章基本都是从轮胎开始讲的。这充分体现了在这个项目中轮胎的重要作用。

一辆车如果是赛车，那么它必然应该使用赛车轮胎，因为赛车轮胎为赛车而设计，而民用轮胎为民用车设计。两者的差别是非常大的。

民用车的车胎讲究的是耐用性和可以全天候使用，不管是冬天，还是夏天，无论是刮风，还是下雨，都可以正常使用，而且寿命非常长，可达 30 000 km 或者更长；而赛车的轮胎，往往只能在特定的条件下使用。轮胎的温度对摩擦力影响非常大。下雨天有下雨天专用的轮胎；干地，有干地专用轮胎（图 4－28 所示为德国大陆 FSAE 赛车专用干胎）。这些轮胎的寿命一般只有几十公里①到几百公里。赛车轮胎的橡胶会在达到工作温度的时候变成半融化状态，摩擦系数可以达到 1. 5，在极限工况下甚至会达到 1. 8 ~ 1. 9，就像轮子上涂了胶水一样把车粘在地上，不容易出现打滑，刹车距离也比民用轮胎短非常多。由此才可以将赛车的性能发挥到极致。民用轮胎的摩擦系数通常都在 1. 0 以下。如果将民用轮胎装在赛车上使用，不仅重量非常重，而且极易出现打滑的现象，对赛车来说将是一种灾难。打个比方就是让刘翔穿着布鞋去参加比赛。对于转向来说，两者的区别也很大。民用车的侧向附着系数最大可以达到 0. 8 左右，而赛车的侧向附着系数是民用车的两倍，这会直接导致在过弯时极限速度的巨大差异。

当比赛中遇到下雨的天气时，车队会换上雨胎（图 4－29 所示为德国大陆 FSAE 赛车专用雨胎）。雨胎的质地非常软，可以在低温下仍然产生高摩擦力并且很好地排水，但是在干燥的路面上极易磨损，而且抓地力非常小。轮胎的更换在任何赛车中都是看点，FSAE 同样如此。所以，各车队不仅应该选择一套好的干胎，同样需要选择一套好的雨胎。在平时的测试中也应该多收集一些数据，以便比赛时发生天气突变的情况下仍然使赛车性能最

① 1公里=1 000米。

佳化。

图 4－28　德国大陆 FSAE 赛车专用干胎

图 4－29　德国大陆 FSAE 赛车专用雨胎

### 4.3.2　悬架

悬架是现代汽车上的重要总成之一。它把车架（或车身）与车轴（或车轮）弹性地连接起来。如果没有悬架系统的话，那么车是无法“站起来”的。其主要的任务是传递作用在车轮和车架（或车身）之间的一切力和力矩；缓和路面传给车架（或车身）的冲击载荷，衰减由此引起的承载系统的振动，保证汽车的行驶平顺性；保证车轮在路面不平和载荷变化时有理想的运动特性，保证汽车的操纵稳定性，使汽车获得高速行驶能力。

悬架系统设计是 FSAE 赛车总体设计的一个重要组成部分。悬架的性能决定了赛车的性能。悬架设计是一个复杂的过程，涉及的参数计算和考虑的因素比较多。悬架的设计主要包括悬架类型选型、悬架参数设计以及悬架结构设计。悬架几何和动力学设计是赛车设计的灵魂，直接决定一辆赛车操纵性能的好坏。

#### 4.3.2.1　悬架系统选型

悬架的分类方法有许多种：从结构上分，分成独立悬架和非独立悬架；从反应性能上分，分成被动、半主动和主动悬架；从减振材料上分，分成液力、空气和电磁悬架。独立悬架系统又可分为横臂式、纵臂式、多连杆式、烛式以及麦弗逊式悬架系统等。

根据比赛规则，赛车必须在前、后轮装配有可以自由工作的，并有减振器的悬架。悬架行程（车轮中心点垂直位移）不少于 50. 8 mm（2 in），并且悬架在坐有车手的情况下可以再分别抬起或压下 25. 4 mm（1 in）。轮距与整车重心必须联合起来，以提供充足的侧倾稳定性。

由于高速赛车对操纵稳定性要求较高，同时基于结构、成本费用、空间尺寸等的考虑，赛车一般都采用双横臂式独立悬架，比如 F1 赛车、F3 赛车、FSAE 赛车等。

双横臂式独立悬架的优点：车轮上下跳动时，可以通过合理选择空间导向杆系的铰接点的位置，控制臂的长度及其布置，使得悬架具有合适的运动特性，并且形成恰当的侧倾中心和纵倾中心，即可使轮距及车轮定位参数的变化量限定在允许范围内。其缺点：由于使用上、下控制臂结构，过于稳定的特性使车轮的响应速度较其他形式的悬架缓慢，上、下控制臂的结构也导致这种悬架的横向安装空间增大。

赛车上的双横臂悬架一般有以下 3 种设计方案：推杆不等长双横臂悬架、拉杆不等长双横臂悬架和无推拉杆不等长双横臂悬架。

（1）推杆不等长双横臂悬架（如图 4－30 和图 4－31 所示。）

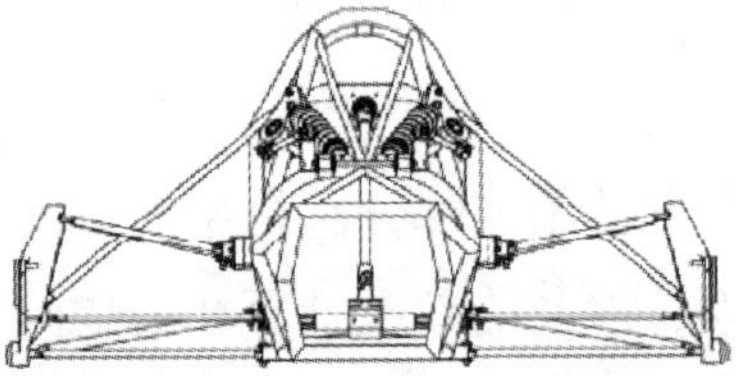

图 4－30　推杆不等长双横臂悬架

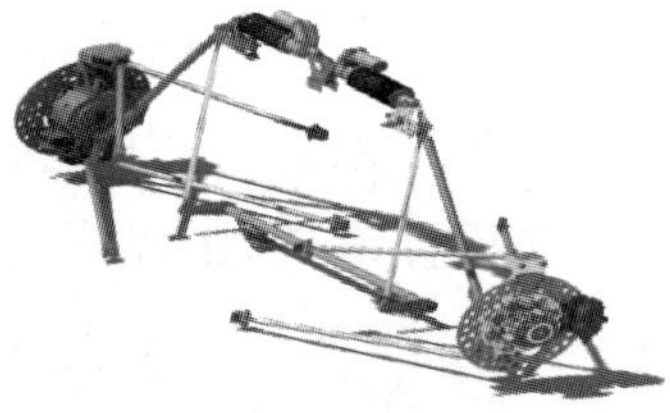

图 4－31　Gspeed2014 采用的推杆不等长双横臂悬架

优点：具有双横臂悬架的优点；推杆大部分时间承受轴向压力，对杆件形材料来说，一般抗压强度要大于抗拉强度，即使赛车长时间工作，悬架也不容易折断损坏；减振器外置有利于调节其阻尼。

缺点：推杆下端直接连接到下控制臂上，使得下控制臂承受较大弯矩；减振器和摇臂被布置于车架上部，整车的重心位置升高，不利于赛车的操纵稳定性；没有充分利用车架内的空间，不利于赛车车身的流线设计。

（2）拉杆不等长双横臂悬架（如图 4－32 和图 4－33 所示）。

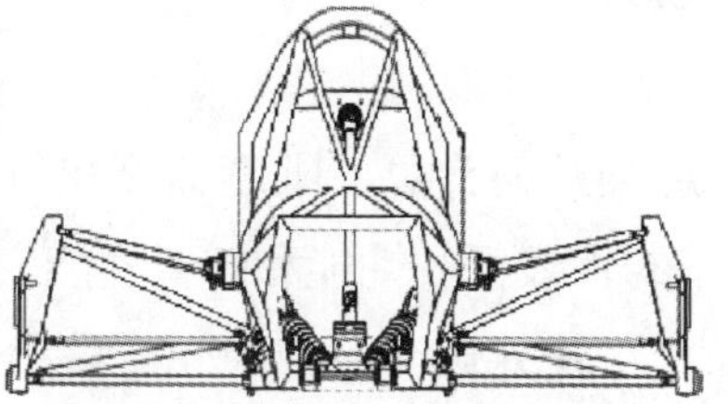

图 4－32　拉杆不等长双横臂悬架

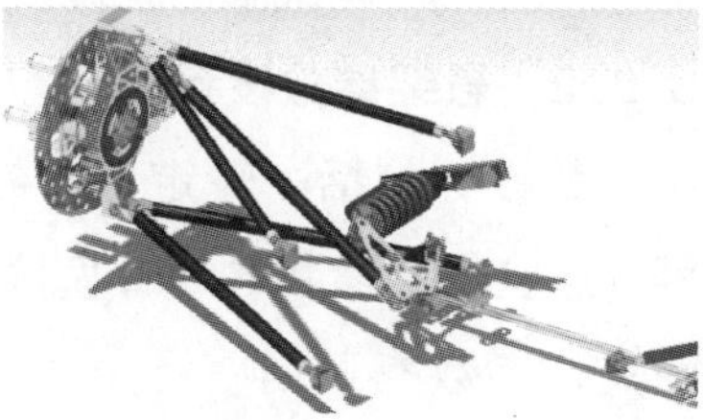

图 4－33　Gspeed2013 采用的拉杆不等长双横臂悬架

优点：具有双横臂悬架的优点；减振器和摇臂被布置于车架底部，整车的重心位置下降，有利于赛车的操纵稳定性；充分利用了车架内的空间，有利于车身的流线设计。

缺点：拉杆大部分时间承受轴向拉力，对杆件形材料来说，一般抗拉强度要小于抗压强度，如果材料选用不当的话，那么悬架在恶劣工作环境下，杆件容易被拉断；减振器内置不方便调节阻尼。

（3）无推拉杆不等长双横臂悬架（如图 4－34 所示）。

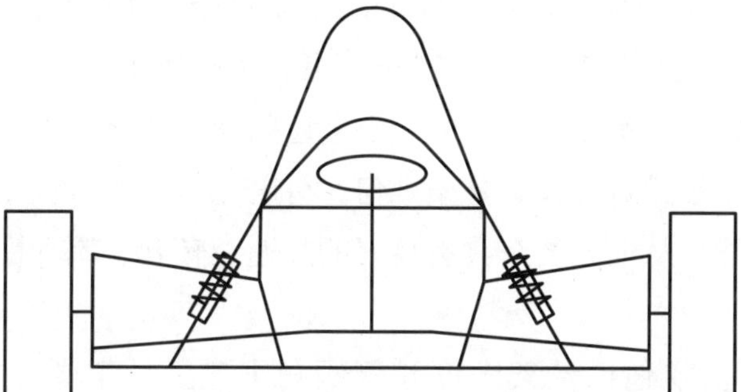

图 4－34　无推拉杆不等长双横臂悬架

优点：具有双横臂悬架的优点；减振器一端连接到车架上，另一端直接连接到下控制臂上，省去推拉杆和摇臂，大大减轻了悬架的质量；减振器外置有利于调节其阻尼。

缺点：减振器下端直接连接到下控制臂上，使得下控制臂承受较大弯矩；

悬架行程相对较短，不利于赛车操纵稳定性和行驶平顺性。

在选择悬架结构形式时，要综合考虑比赛规则对悬架设计的要求，以及悬架的制造、装配、调试难易程度及可靠性等因素。

#### 4.3.2.2 悬架参数设计

悬架参数设计包括车轮定位参数的选定、悬架几何计算、刚度计算和阻尼计算等。这些悬架参数的设计直接决定了赛车的直线行驶性能和转弯性能。

车轮定位参数指主销后倾角、主销内倾角、车轮外倾角和前束角，被用来保证车轮在底盘空间位置上的精确定位。它们的主要作用是保证车辆的直线行驶稳定性及转向轻便性，使前轮转向后车轮具有自动回正作用。同时，要求前束和外倾有合理的匹配关系，使车轮在直线或转向行驶时磨损最小。对于民用车，为了减小轮胎的偏磨损，前轮通常采用正外倾角配以正前束角；而对于 FSAE 赛车，为了提高赛车的极限性能，前轮往往采用负外倾角配以负前束角。

悬架几何一般包括悬架正视几何、悬架侧视几何和悬架空间几何。根据生活经验，汽车在加速时，人会随着车厢向后倾斜。此时后悬架会被压缩，前悬架被拉伸，后轮相对于车身上跳，前轮相对于车身下跳。当汽车转向时，人会随着车厢向弯道外侧倾斜。此时外侧悬架被压缩，内侧悬架被拉伸，外侧车轮上跳，内侧车轮下跳。当车轮上、下跳动的时候，车轮的定位参数、轮距和侧倾中心都会发生变化。如果这些参数变化过大，对赛车的性能则会产生影响。经过合理设计悬架几何，可以让这些参数变化得比较小，变化趋势比较合理，从而为赛车具有良好的加速、转向、制动性能提供可靠的保证。

刚度计算主要包括悬架刚度和侧倾角刚度。悬架刚度可以简单地用“软”“硬”来描述。通常来讲，悬架刚度越小，也可以称之为悬架越“软”，车轮受到路面冲击时车厢的位移越大，悬架缓冲路面冲击能力越强，乘坐舒适性越好，操纵稳定性越差；而悬架越“硬”，操纵稳定性越好，乘坐舒适性越差。对于一般的民用车，为了达到舒适性的目标，一般将悬架设计得比较“软”，而对于赛车来说，操纵稳定性更加重要，因此赛车的悬架一般都会比较“硬”。为了减小赛车在转向时的侧倾角度，增大其侧倾角刚度，通常会安装横向稳定杆。

悬架刚度体现了悬架缓和冲击的能力，而悬架的阻尼则被用来衰减悬架的振动。如果没有阻尼，则车身在受到路面冲击后会一直往返地振动下去；而阻尼越大，越能较快地衰减振动。悬架刚度决定悬架变形的幅度，而阻尼决定悬架变形的速度。因此，悬架的刚度和阻尼只有互相匹配才能充分发挥悬架的作用。

#### 4.3.2.3 悬架结构设计

悬架主要由上、下横臂，以及转向节、推杆（或拉杆）、摇臂减振器、前束杆、横向稳定杆等零部件组成。吉速车队 2014 赛季赛车 Gspeed2014 的悬架如图 4-35 所示。

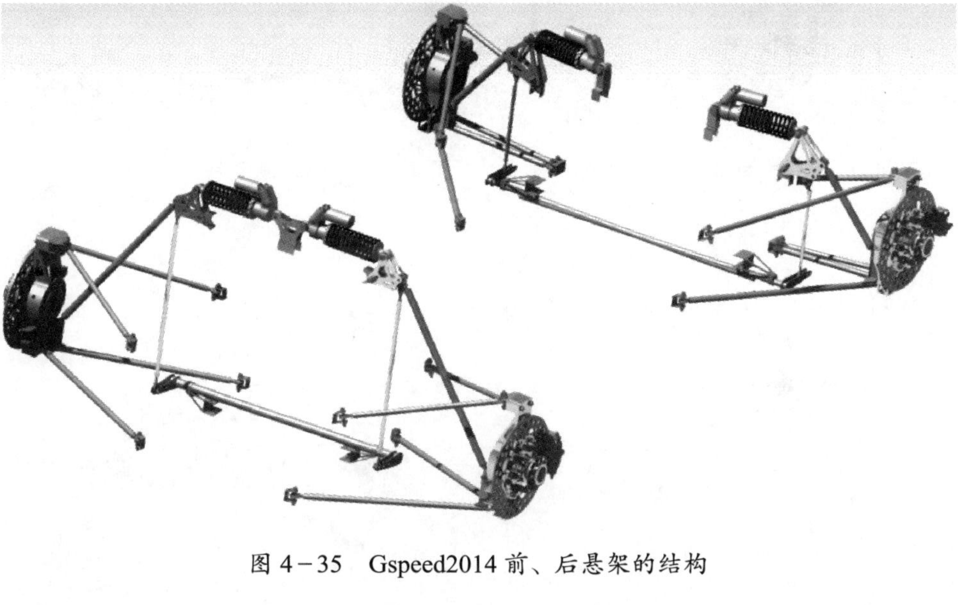

图 4-35 Gspeed2014 前、后悬架的结构

转向节（见图 4-36）在整个悬架系统中起着举足轻重的作用。它决定了主销后倾角、主销内倾角、车轮外倾角、前束角等重要的车轮定位参数。它与轮毂通过轴承连接，还连接着上、下横臂，以及转向横拉杆、制动卡钳和轮速传感器。图 4-36 中上端耳件与转向节之间有垫片。它的厚度可以调节，进而调节车轮外倾角。

上、下横臂连接着转向节和车架。推杆连接着下横臂和摇臂。摇臂的一个支点被固定在车架上，另外两个点连接着减振器和横向稳定杆（见图 4-37）。这样，来自地面的力依次经过车轮、转向节，上、下横臂及推杆（见图 4-38），以及摇臂和减振器（见图 4-39）传递到车架上，将车架抬起来。另一方面，当赛车在转向时，左、右车轮跳动方向相反。此时防倾杆将起作用，通过扭杆的扭转抑制车轮的跳动。

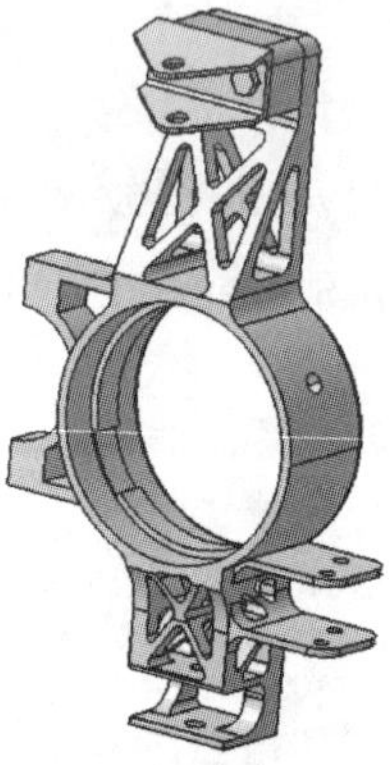

图 4-36　转向节

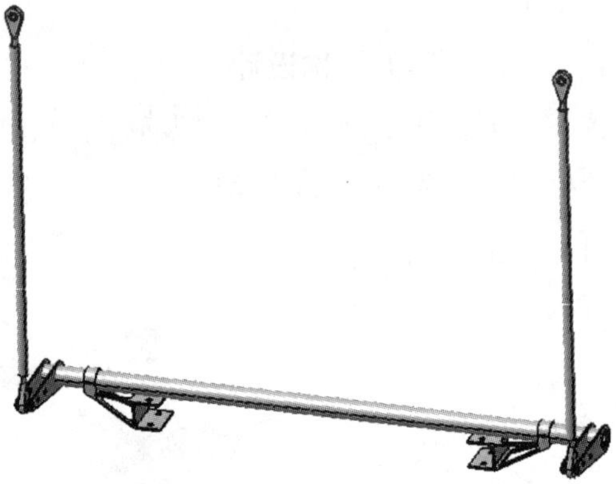

图 4-37　横向稳定杆

图 4-38　上、下横臂及推杆

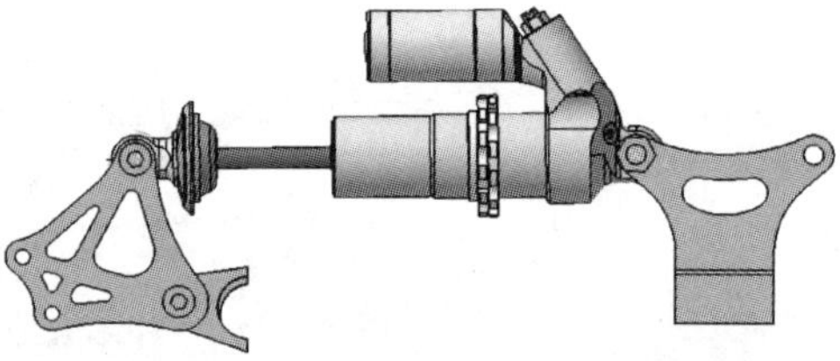

图 4-39　摇臂和减振器（无弹簧）

此外，在悬架零部件的结构设计中，要尽可能使其质量减小。这是因为悬架系统的质量属于非簧载质量，它的大小直接影响悬架的动态响应能力和整车的操控性。在转向节和摇臂的设计中，通过有限元分析和拓扑优化设计，可以将零部件上面受力较小的部分采用机械加工的方法去除掉，实现大量镂空结构，从而能够使其质量减小。在转向节的加工中，德国斯图加特车队采用了熔模铸造的生产工艺，将转向节设计为中空结构，内部有大量肋的结构，大大降低了转向节的质量。在杆件的加工中，越来越多的车队采用碳纤维杆代替钢杆，也能够使悬架系统的质量显著减小。

### 4.3.3 转向系统

转向系统也是赛车上一个非常重要的部分。赛车在弯道上的行驶速度是决定赛车选手能否取得好成绩的重要因素。转向系统需要保证赛车能够按照车手的意图顺利转弯且保证赛车的稳定性。Gspeed2013 的转向系统如图 4－40 所示。

转向系统主要由方向盘、快拆器、转向柱、万向节、齿轮齿条转向器、转向横拉杆等零件组成。

吉速车队自行设计制作了多功能方向盘（见图 4－41）。该款方向盘采用碳纤维材料制造，质量较轻，且内部集成了自行设计制作的仪表。该仪表可以显示发动机转速、挡位、车速、水温、油温等 32 个参数。方向盘上方两侧的按钮为仪表界面切换按钮，正上方为换挡提示灯，正下方为 ABS 和 TCS 挡位旋钮。此外，方向盘的背面还有两个换挡拨片，被用来升挡或降挡。

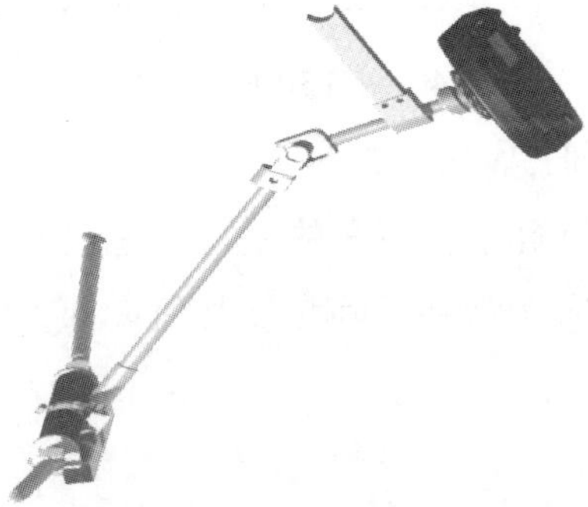

图 4－40　Gspeed2013 转向系统

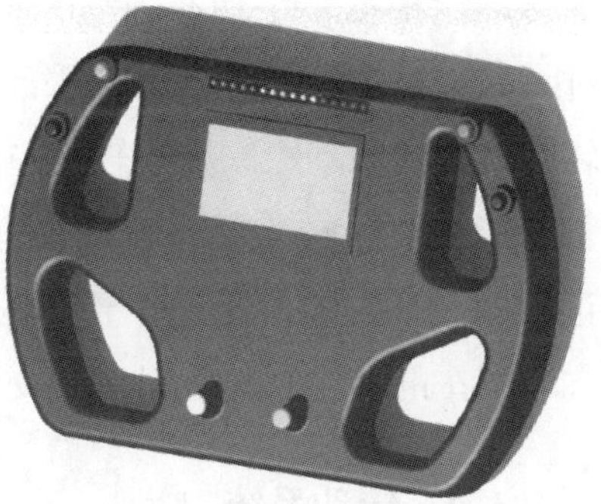

图 4－41　多功能方向盘

为了方便车手进出赛车驾驶舱，要求方向盘能够快速拆下来。为此，我们自行设计了快拆器。快拆器内部结构爆炸图如图 4－42 所示。

汽车上常用的转向器有循环球式、齿轮齿条式和蜗杆曲柄销式。由于齿轮齿条式转向器结构简单，质量轻，体积小，因此方程式赛车广泛使用齿轮齿条式转向器（见图 4－43）。为了保证齿轮、齿条有足够的强度和表面硬度，齿轮和齿条需要经过调质处理和齿面高频淬火。

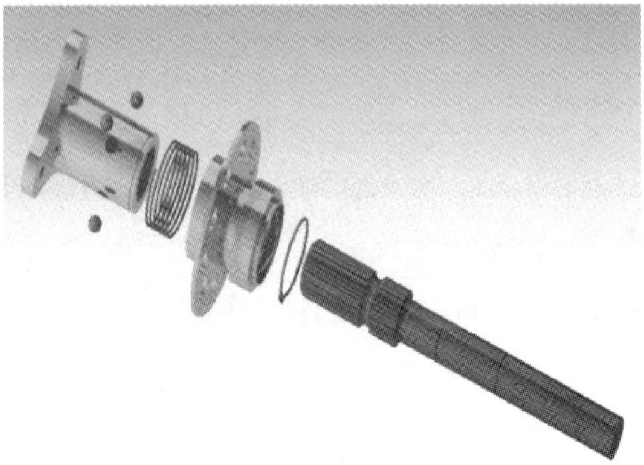

图 4－42　快拆器

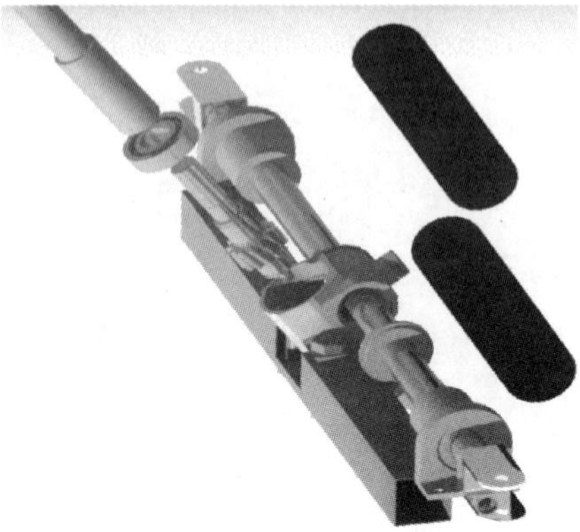

图 4－43　齿轮齿条转向器

通常，在进行转向系统零部件的设计之前，需要选择转向系统的相关参数，包括最小转弯半径、转向系统的传动比、转向梯形设计等。最小转弯半径根据赛道情况以及车手水平来确定。这样能使赛车在耐久赛中转弯车速更高。根据赛道的特点，FSAE 赛车的最小转弯半径基本在 4 ～ 4. 5 m。转向系统的传动比根据车手转方向盘的手力来确定。车手的手力既不宜过小，也不宜过大。根据实际经验，比较适合的手力大概在 140 ～ 150 N。由此可以计算出转向系统的传动比。赛车转向系统的传动比基本在 5 ～ 6。

考虑到赛道较为紧凑，且具有较多绕桩环节，赛车的平均车速较低。为保证转向灵活，响应迅速，赛车的转向梯形通常基于阿克曼几何设计，即在转向时赛车的 4 个车轮的轴线要交于一点。

### 4. 3. 4　传动系统

传动系统的功用是将发动机的动力稳定可靠地传递给车轮，将发动机与底盘连接起来，是赛车的“血液”。传动系统主要由离合器、变速器、万向传动装置、主减速器、差速器、半轴等组成。由于 FSAE 赛车发动机排量受到限制，故普遍采用摩托车发动机，所以离合器和变速器都被整合在发动机内部，结构紧凑，体积较小。

Gspeed 2014 赛车传动系统如图 4－44 所示。

图 4－44　Gspeed2014 赛车传动系统

对于乘用车来说，常见的布置形式主要有发动机前置前轮驱动、发动机前置后轮驱动、发动机后置后轮驱动、发动机中置后轮驱动、四轮驱动等。与 F1 赛车相似，FSAE 赛车普遍采用发动机中置后轮驱动的布置形式，这种布置形式有利于实现较为理想的前、后轴载荷分配。

汽车传动系统的传动形式主要有链条传动和轴传动两种形式。由于链条传动结构简单，质量轻，易于加工，且能够满足强度要求，因此 FSAE 赛车普遍采用链条传动形式。

差速器对于 FSAE 赛车是必不可少的。赛车在转向时，差速器可以保证内、外侧车轮转速不同，从而减少轮胎的磨损，使转向更加平稳顺畅。普通开放式差速器没有任何限滑锁止功能。当车辆左、右两侧车轮行驶在附着系数不同的路面时，一侧车轮会打滑，会使驱动力大大损失。FSAE 赛车要选用限滑差速器。常见的限滑差速器有摩擦片式限滑差速器和托森差速器。摩擦片式限滑差速器通过差速器壳与边齿轮之间的摩擦片的相互摩擦提供摩擦阻力矩，抑制车轮打滑。托森差速器通过双蜗轮、蜗杆结构的相互啮合互锁以及扭矩单向地从蜗轮传送到蜗杆齿轮的构造实现锁止功能。

传动系统的设计流程如图 4－45 所示。

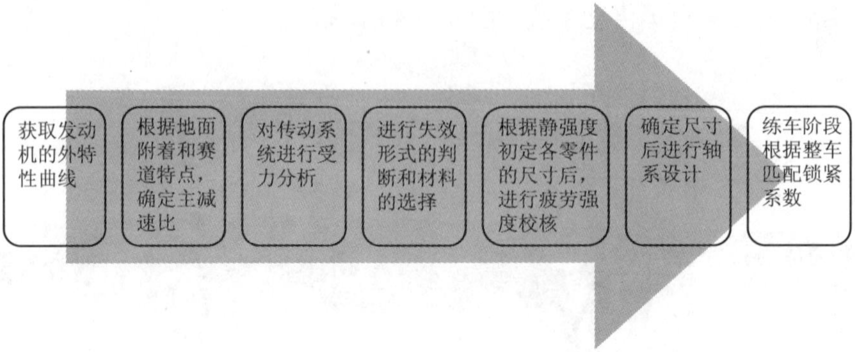


图 4－45　传动系统的设计流程

### 4.3.5　制动系统

制动系统的功用是实现赛车减速，甚至停车。赛车的制动系统是赛车极限性能与安全的重要保障。

FSAE 比赛要求赛车必须具备双回路制动系统，必须能够抱死 4 个车轮。

FSAE赛车的制动系统主要包括制动踏板( 见图4－46 )、主缸( 见图4－47 )、制动管路、卡钳（见图 4－48）、制动盘（见图 4－49）等零部件。Gspeed2013 赛车还装备了 ABS 制动防抱死系统。吉速车队是国内第一支为赛车装备 ABS 的车队。

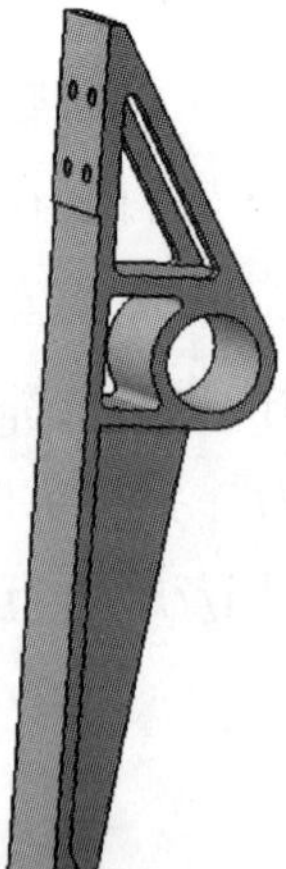

图 4－46　制动踏板

图 4－47　主缸

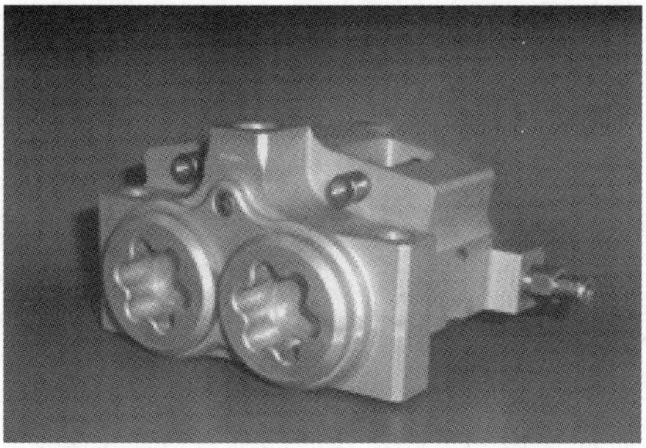

图 4-48　卡钳

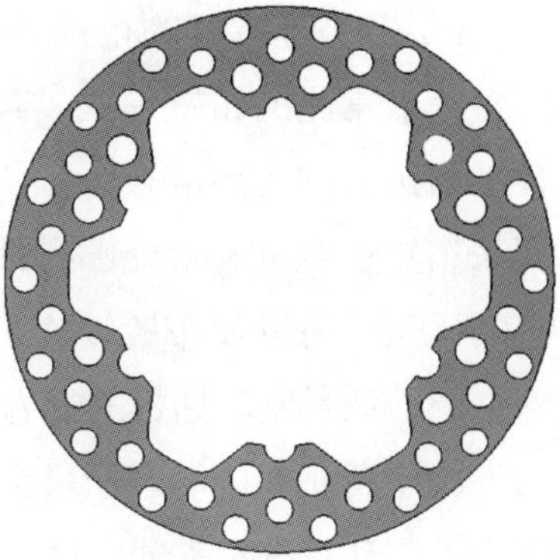

图 4-49　浮动式制动盘

汽车的制动器通常可以分为盘式制动器和鼓式制动器。由于盘式制动器结构简单，在输出相同制动力矩的情况下尺寸和质量均较小，且制动效能稳定性好，因此被广泛应用在 FSAE 赛车上。FSAE 赛车上的盘式制动器一般有定钳定盘式（见图 4-50）、浮钳定盘式和定钳浮盘式（见图 4-51）。定盘式制动器当由于加工装配误差导致制动盘平面稍稍不正的时候，会导致摩擦块的偏磨损，降低其使用寿命；由于浮动式制动盘在轮毂上有一定的浮动量，能够有效保证卡钳摩擦块磨损均匀，而且可以将连接制动盘和轮毂的螺栓变为铆钉，从而减轻质量，因此浮动式制动盘被广泛应用在 FSAE 赛车上。

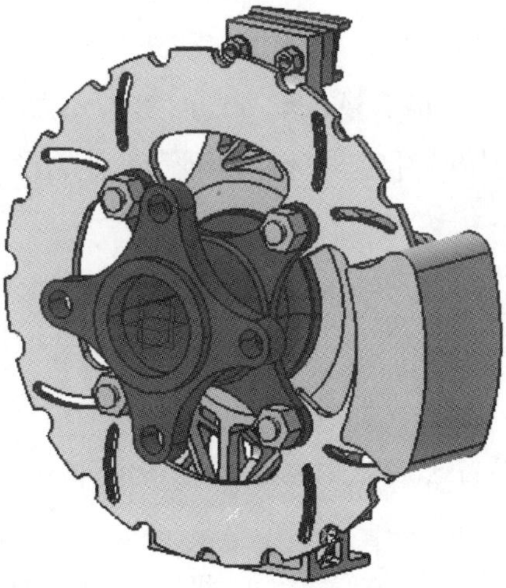

图 4-50　定钳定盘式制动器

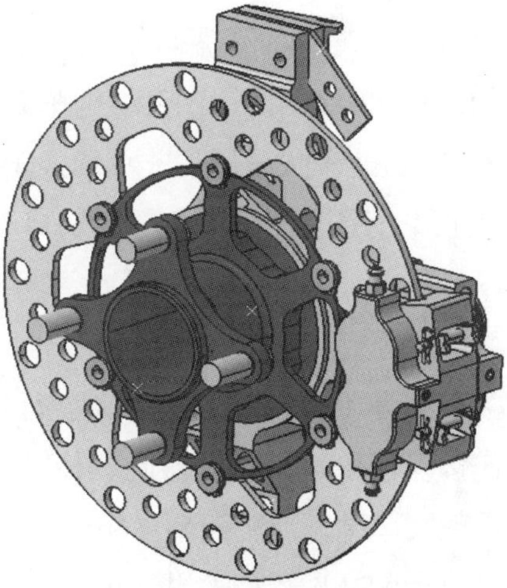

图 4-51　定钳浮盘式制动器

FSAE 赛车主缸的布置形式主要有主缸横置、主缸竖置和主缸下置。主缸横置为最常见的布置形式。其杠杆比大，结构简单，但是由于横置的主缸在赛车前进方向上距离较大，所占的空间较大，因此赛车前部必须有足够的空间来布置；主缸竖置能够在保证杠杆比基本不变的情况下大大减小赛车前部空间，这样可以使布置较为紧凑，减小车架的质量；主缸下置也可以节省前部空间，但是制动踏板的受力将会增大，制动踏板的质量也会变大。

由于赛车在制动时质量会向前轮转移，因此需要前轮的制动力大于后轮。在设计制动系统时需要合理选择主缸和卡钳的缸径，从而保证赛车在 1.4 g 的制动减速度下能够使 4 轮同时抱死。在实车测试中，前、后车轮的制动力可以通过平衡杆来调整，从而保证前轮比后轮提前抱死。

## 4.4 方程式赛车车身

乘用车按照车身受力情况可以分为非承载式车身和承载式车身两种。非承载式的汽车有刚性车架。车架被布置在车身的最底部。车身被安装在车架上，不承受底盘和发动机的载荷。对于民用车来说，非承载式车身最大的问题就是车身重量太大，因而随着汽车技术的发展，人们取消了非承载式结构中独立的刚性车架，而使整个车身成为一个单体结构，这就是承载式车身。对于 FSAE 赛车来说，使用钢管结构车架的车身为非承载式车身，而单体壳为承载式车身。吉速车队采用了非承载式车身，使用碳纤维车身包裹钢管车架的形式。本文主要介绍这种车身。

### 4.4.1 车架

车架是传统意义上汽车底盘行驶系统的组成部分之一，主要被用于承载并连接发动机、悬架、转向、传动系统等各总成。目前越来越多的乘用车使用承载式车身，与车架相互配合。

对于 FSAE 赛车来说，车架是赛车的骨架，连接着发动机、悬架、传动、转向系统和车身以及空气动力学套件。车架的焊接精度和扭转刚度直接决定悬架的焊接精度和整车的动态性能。

FSAE 赛车广泛使用的车架有管件结构车架和单体壳车身两种。管件结构车架基本使用钢管或铝管经焊接、铆接或高强度粘接加工而成（见图 4－52）。单体壳则是在高温下烘烤制成的碳纤维壳体，集车架和车身的功能于一体，也被称为整体式车身（见图 4－53）。

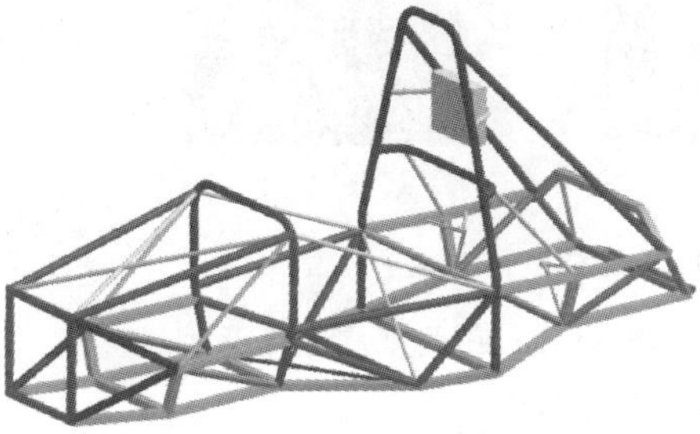

图 4－52　钢管结构车架

图 4－53　碳纤维单体壳车身

单体壳具有高强度、轻量化，易于车身造型的设计，安装一步到位，精度容易保证等优点，但是加工困难，造价昂贵，结构强度难控制。管件结构车架不利于空间布置和轻量化设计，也需要覆盖车身，但是其加工制造方便，成本低廉，强度较高，因此国内车队普遍使用空间管件结构车架。

出于安全的考虑，FSAE 比赛对赛车的车架管件的材料、规格和结构进行了严格的规定。此外，参赛的车队都需要提交车架的结构等同性报告，以保证车架的设计符合规则要求并且足够安全。

车架的设计主要遵守以下几个步骤：

1）根据赛车总布置要求确定外廓尺寸；

2）根据车架布置要求确定人机设计，保证车手能够安全舒适地驾驶；

3）根据悬架硬点、转向、制动、发动机悬置等要求确定车架结构，保证车架能与各总成准确地连接；

4）车架结构性分析、优化，保证车架的强度、刚度。

车架的加工过程主要包括管件切割、弯管、管端口处理、夹具制作、焊装、应力释放等步骤，如图 4－54 所示。

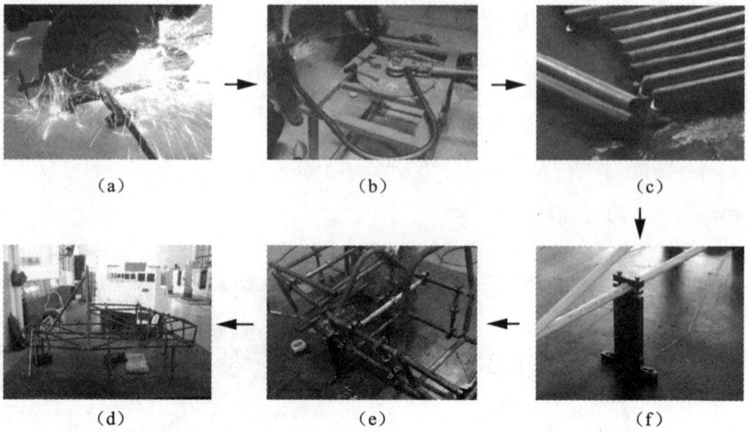


图 4－54　车架加工过程

（a）管伯切割；（b）弯管；（c）管端口处理；（d）完成（应力释放）；
（e）焊装；（f）基座 / 夹具制作

### 4.4.2　车身与空气动力学套件

对于非承载式车身，通常会使用碳纤维车身包裹钢管车架的形式。车身主要包括车身主体和两个侧箱。

为了增大赛车行驶时的下压力，通常为赛车安装空气动力学套件，主要包括前翼、尾翼和扩散器（见图 4－55）。气流在流经前翼、尾翼和扩散器时，会产生负升力，从而将赛车压向地面，增大轮胎载荷，提高附着力，改善过弯性能。速度越高，效果越明显。当高速过弯时能最大限度地发挥轮胎效能。下压力并非越大越好，在下压力增加的同时，阻力也在增加。在 F1 比赛中车队会根据不同赛道使用不同的空气动力学套件设置，以保证合适的下压力。

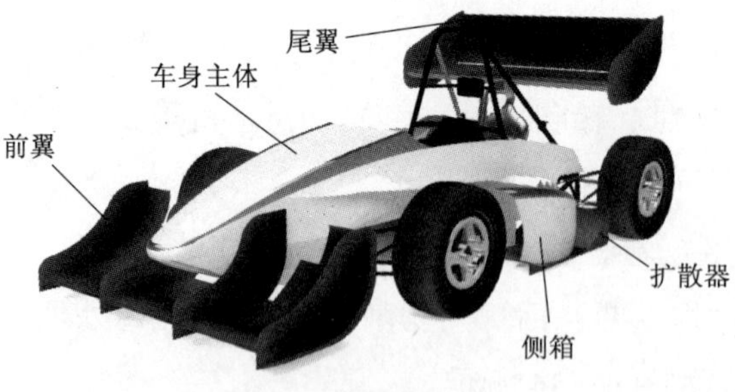


图 4－55　车身及空气动力学套件

在设计车身及空气动力学套件时需要通过计算流体动力学（CFD）软件进行赛车气动外形分析。CFD 是近代流体力学、数值数学和计算机科学结合的产物，是一门具有强大生命力的边缘科学。它以电子计算机为工具，应用各种离散化的数学方法，对流体力学的各类问题进行数值实验、计算机模拟和分析研究，以解决各种实际问题。

图 4－56 所示为 Gspeed2014 整车流场分析结果。

图 4－56　Gspeed2014 整车流场分析

吉速车队坚持使用全套空气动力学套件，同时还进行了国内首次 FSAE 赛车整车风洞试验，以验证空气动力学套件在比赛中发挥的重要作用（见图 4－57）。

图 4－57　Gspeed2013 进行整车风洞试验

## 4.5 方程式赛车电气系统

FSAE 赛车电气系统主要包括发动机电控系统、电控热管理系统和数字仪表系统。

（1）发动机电控系统

发动机电控系统主要以发动机转速和负荷作为反映发动机实际工况的基本信号，参照由试验得出的发动机各工况相对应的喷油量和喷油定时脉谱图确定基本的喷油量和喷油定时，然后根据各种因素（如水温、油温、大气压力等）对其进行各种补偿，从而得到最佳的喷油量和喷油正时或点火定时，然后通过 ECU 进行控制输出。此外，吉速车队还为赛车配备了牵引力控制系统（TCS）、起步控制系统（LC）和电控热管理系统。

轮胎在滑移率为 15% 左右时能够发挥它的最大附着力，因此当赛车在急加速时，一旦发生驱动轮打滑，牵引力控制系统就会依靠电子传感器检测到从动轮转速低于驱动轮转速，然后发出一个信号，调节点火时间，减小气门开度，减小油门，降挡或制动车轮，从而使车轮不再打滑。

赛车在进行直线加速项目比赛时，需要进行弹射起步。此时发动机的转速高达 8 000 rpm。若此时轮胎发生打滑，将会使动力产生极大的损失。此外，在低速时，TCS 计算的滑移率不准确。为了弥补 TCS 的这个缺陷，保证赛车在弹射起步时轮胎不打滑，充分发挥赛车的动力性，我们为赛车装配了起步控制系统（LC）。LC 在赛车起步时限制了发动机的转速，从而避免了轮胎打滑，减少了动力损失。

（2）电控热管理系统

吉速车队为赛车装备了电控热管理系统，以电子水泵取代了传统发动机的机械水泵、节温器和小循环水路。该系统以发动机水温为控制目标，随水温升高逐渐增大冷却系统循环流量，当水温达到门限值时即开启散热风扇。

此方式既满足了大功率增压发动机的散热需求，又减少了发动机的机械损失，有益于发动机的动力性和经济性。

（3）数字仪表系统

为了方便车手实时了解赛车的动态，通常会为赛车安装仪表（见图 4－58 和图 4－59）。吉速车队自行设计了赛车仪表。显示设备采用了半穿透半反射式点阵液晶屏。仪表通过 CAN 总线与发动机 ECU、传感器信号处理单元通信，可以显示挡位、发动机转速、车速、加速度、发动机水温等 39 个参数，并在发动机工作异常的条件下触发报警功能。显示信息可以定制，并且支持翻页功能，目前已添加圈速计时页面和发动机状态页面。同时，仪表带有换挡提示灯、外部按钮扩展接口和报警灯扩展接口，方便进行扩展。

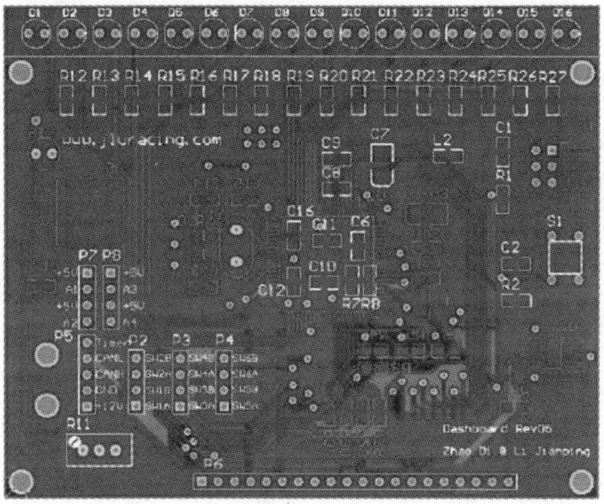


图 4－58　仪表 PCB 板

图 4－59　仪表实物图

吉速车队 Gspeed2014 赛车上安装有三轴加速度传感器、自行设计的胎温传感器、悬架拉杆应力传感器、悬架行程传感器、方向盘转角传感器和 GPS 接收机。这些传感器采集到的信号通过 CAN 总线传到数据采集器上（见图 4－60），我们可以通过这些信息了解赛车的加速、制动和过弯性能，以及悬架的压缩和回弹速度分布，从而

图 4－60　数据采集器实物图

更全面地了解赛车的运行情况，为赛车调校提供依据。

## 4.6 方程式赛车相关工作未来展望

FSAE比赛项目从纵向上涵盖了赛车设计、制造的各个环节，横向上覆盖了财务、工程设计、市场几个方面。通过参与FSAE赛车项目，工程类学生的专业知识和实践能力都得到了极大的提升。在赛车设计与制造过程中，从设计蓝图到赛车实体，都靠学生亲自完成。学生通过不断学习、尝试和改进，真正实现了从基础理论到动手实践的跨越，从而锻炼了学生解决实际工程问题的能力。这种项目式管理的教学方法培养了专业基础扎实且知识面广的复合型人才，符合汽车产业对人才的实际需求和企业的实际需求，因而FSAE赛车运动能够激发学校、学生，乃至企业的参与热情。

自2010年中国引进大学生方程式汽车大赛至今已有5个年头了。在这5年的发展中，中国高校车队的规模、技术水平、团队管理制度、车队宣传与推广方面都取得了一定的进步，但是与国外强队相比较还是有着巨大的差距。如单体壳技术，国内只有哈尔滨工业大学和上海交通大学两所高校的车队使用单体壳，而在国外单体壳技术已经非常成熟。因此，对于中国高校的车队来说，还有很大的进步空间，还有很长的路需要走。

对于每一位车队的队员，制造一辆优秀的赛车，需要什么？

需要热情、激情和感情。在校学生用一年的时间设计、制造、加工、装配、调试一辆赛车，如此大的工作量凭借学生的知识储备很难完成。但是为什么全世界上百所大学的学生都能够设计制造出他们自己的赛车呢？因为大家有热情，有激情，不怕困难，迎难而上。当你看着自己亲手打造出的赛车逐渐成型，你会逐渐喜欢上自己的赛车，对赛车有了感情，有了继续做下去的勇气和信心。

需要虚心、耐心和专心。不管自己的赛车跑得多么快，取得的成绩多么好，性能多么优秀，都要认识到总会有别的赛车更强、在某些方面做得更好，所以要虚心学习其他车队的设计。很多进入车队的同学进入车队后，发现自己每天所做的工作太无聊，和自己预想的不一样，于是就退出了车队。这样的人没有耐心，根本不适合做赛车。每个车队的队员都会负责赛车某一部分的设计或制造工作，不管你所负责的工作多么小，都要专心地完成，认真地对待。这是造一辆好车的根本。

需要有责任感，有团队合作的意识。赛车是由多个总成、上千个零部件组成的。如此庞大的工作量仅凭借几个人是无法完成的。全队队员必须团结一致，遇到问题一起解决。此外，各总成之间互相干涉的现象时有发生，因此也需要队员提前沟通好，尽量避免此类现象的发生。

对于每一位热爱赛车的同学，如果你有热情、有激情、有梦想，如果你有耐心、有恒心、有责任心，欢迎你加入 FSAE 的大家庭！

纳新时间：每年 12 月份。

纳新对象：全校在读本科生、研究生（不限专业）。

吉速车队官网：http://www.jluracing.com/

吉速车队微博：吉林大学易车吉速车队

吉速车队人人主页：吉林大学 FSAE——吉速车队

中国大学生方程式汽车大赛官网：http://www.formulastudent.com.cn/fsae

FSAE 中国联盟：http://cnfsae.com/

# 第 5 章

# Chapter 5 大学生智能车竞赛指南

## 5.1 大学生“飞思卡尔”杯智能汽车竞赛一览

### 5.1.1 大学生“飞思卡尔”杯智能汽车竞赛背景

全国大学生“飞思卡尔”杯智能汽车竞赛起源于韩国，是韩国汉阳大学汽车控制实验室在飞思卡尔半导体公司资助下举办的以 HCS12 单片机为核心的大学生课外科技竞赛。组委会提供一个标准的汽车模型、直流电机和可充电式电池。参赛队伍要制作一个能够自主识别路径的智能车，在专门设计的跑道上自动识别道路行驶，最快跑完全程而没有冲出跑道并且技术报告评分较高为获胜者。其设计内容涵盖了控制、模式识别、传感技术、汽车电子、电气、计算机、机械、能源等多个学科的知识，对学生的知识融合和实践动手能力的培养具有良好的推动作用。

### 5.1.2 大赛目的

为加强大学生实践、创新能力和团队精神的培养，促进高等教育教学改革，受教育部高等教育司委托，由教育部高等自动化专业教学指导分委员会（以下简称自动化分教指委）主办全国大学生智能汽车竞赛。该竞赛是以智能汽车为研究对象的创意性科技竞赛，是面向全国大学生的一种具有探索性工程实践活动，是教育部倡导的大学生科技竞赛之一。该竞赛以“立足培养，重在参与，鼓励探索，追求卓越”为指导思想，旨在促进高等学校素质教育，培养大学生的综合知识运用能力、基本工程实践能力和创新意识，激发大学生从事科学研究与探索的兴趣和潜能，倡导理论联系实际、求真务实的学风和团队协作的人文精神，为优秀人才的脱颖而出创造条件。

### 5.1.3 大赛机制

该竞赛由竞赛秘书处为各参赛队提供/购置规定范围内的标准硬、软件技术平台。竞赛过程包括理论设计、实际制作、整车调试、现场比赛等环节，要求学生组成团队，协同工作，初步体会一个工程性的研究开发项目从设计到实现的全过程。该竞赛融科学性、趣味性和观赏性为一体，是以迅猛发展、前景广阔的汽车电子为背景，涵盖自动控制、模式识别、传感技术、电子、电气、计算机、机械与汽车等多学科专业的创意性比赛。该竞赛规则透明，评价标准客观，坚持公开、公平、公正的原则，保证竞赛向健康、普及、持续的方向发展。该竞赛以飞思卡尔半导体公司为协办方，得到了教育部相关领导、飞思卡尔公司领导与各高校师生的高度评价，已发展成全国 30 个省市自治区近 300 所高校广泛参与的全国大学生智能汽车竞赛。2008 年起被教育部批准列入国家教学质量与教学改革工程资助项目中科技人文竞赛之一。

全国大学生智能汽车竞赛原则上由全国有自动化专业的高等学校（包括港、澳地区的高校）参赛。竞赛首先在各个分赛区进行报名、预赛。各分赛区的优胜队将参加全国总决赛。每届比赛根据参赛队伍和队员情况，分别设立电磁组、光电组、摄像头组、创意组等多个赛题组别。每所学校都可以根据竞赛规则选报不同组别的参赛队伍。全国大学生智能汽车竞赛组织运行模式贯彻“政府倡导，专家主办，学生主体，社会参与”的 16 字方针，充分调动各方面参与的积极性。全国大学生智能汽车竞赛目前已经成功举办了 10 届，一般在每年的 10 月份公布次年竞赛的题目和组织方式，并开始接受报名，次年的 3 月份进行相关技术培训，7 月份进行分赛区竞赛，8 月份进行全国总决赛。

### 5.1.4　比赛细则

为了比赛公平性，全国大学生“飞思卡尔”杯智能汽车竞赛参赛选手须使用竞赛秘书处统一指定并负责采购的竞赛车模（见图 5－1），采用飞思卡尔 16 位微控制器 MC9S12XS128 系列以及 MK60 系列等作为核心控制单元，自主构思控制方案及系统设计，包括传感器信号采集处理、控制算法及执行、动力电机驱动、转向舵机控制等，完成智能车工程制作及调试，于指定日期与地点参加各分赛区的场地比赛，在获得决赛资格后，参加全国决赛区的场地比赛。参赛队伍之名次（成绩）由赛车现场成功完成赛道比赛时间为主，技术方案及制作工程质量评分为辅来决定。竞赛秘书处制定如下比赛规则适用于各分赛区预赛以及最终决赛。在实际可操作性基础上力求公正与公平参与。秘书处将邀请独立公证人监督现场赛事及评判过程。

图 5－1　赛事提供车模之一

图 5－2　直立车模之一

目前，比赛组别从传感器上分，主要分为 3 个组别，即电磁组、光电组和摄像头组。顾名思义，相应的组别分别使用相应传感器进行道路识别，并分别比赛。车模主要分两种：一种是四轮车；另一种是两轮直立车（从第七届开始引入）（见图 5－2）。

### 5.1.5　比赛历届变化

为了避免克隆车，比赛规则每年都有些变化。这里选其中较大变化进行介绍。

（1）赛道类型的变化

比赛赛道，从第七届开始，从单黑线赛道（见图 5－3）变为双黑线赛道（见图 5－4）。

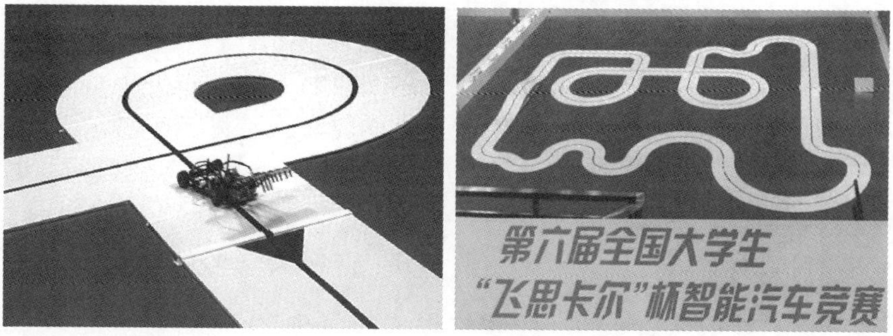


图 5-3　第六届及以前的单黑线赛道

图 5-4　第七届至今的双黑线赛道

（2）传感器的变化

比赛光电组使用的光电传感器（见图 5-5），从第七届开始，引入了线性 CCD 传感器（见图 5-6）。

图 5-5　第七届以前主流的激光传感器

图 5-6　线性 CCD 传感器

（3）比赛车模变化

如比赛细则中车模介绍所述，比赛从第七届引进直立两轮车模（见图 5-7）。这也是近几年来赛事较大变化之一。

图 5-7　直立车模的引入

### 5.1.6　吉林大学爱德智能车队（Idea smart car）

吉林大学爱德智能车队成立于 2003 年，是由吉林大学汽车工程学院面向全国大学生智能汽车竞赛而组建的智能车研究团队（见图 5-8）。在汽车学院的大力支持下，已顺利参加了全部 9 届全国大学生智能车竞赛，并取得了较为优异的成绩。

图 5-8　爱德车队部分队员合影

爱德车队欢迎全校有兴趣的本科阶段学生参与。选拔机制以面试为主，一般定在每年 9 月份。主要根据队员特点，合理分工，提高效率（见图 5-9）。

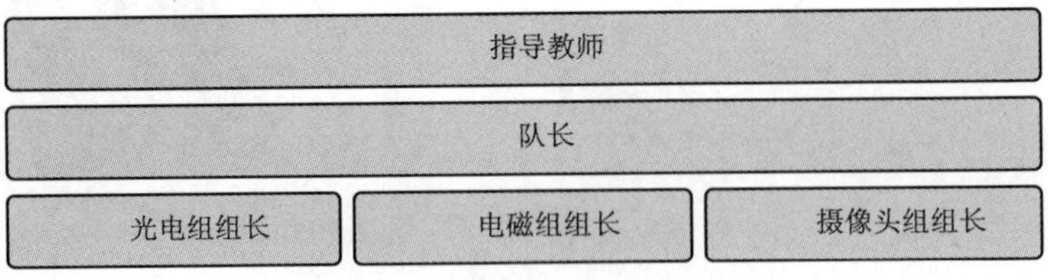


图 5-9　爱德车队结构框架

智能车的搭建主要分为电源稳压模块、单片机模块、电机驱动模块、传感器模块、人机交互及通信模块以及机械调节模块。下面按智能车的硬件搭建顺序系统讲解核心技术。

## 5.2 电源稳压模块

由于比赛统一提供了电池，所以并不能在电池的选型上提高自己的智能车性能，但对于智能车上多种不同供电要求的芯片、传感器等模块，将一块电池上的电压分成好几个电压。分别给各个模块供电的电源稳压模块成了一辆智能车不可或缺的一部分。比赛对于电源稳压模块的限制也很少。供电稳定性直接影响到智能车的性能，因此合理设计电源模块成为智能车搭建的前提条件。

### 5.2.1 电源稳压的电压分类

对于电源稳压芯片的选型，首先要了解电池的输入电压（7.2 ~ 8.8 V）和用电模块的额定电压。

用电模块主要分为：

5 V 用电模块：部分单片机、部分摄像头传感器、线性 CCD 模块、部分蓝牙模块、红外对管模块、光电编码器及大部分芯片。

3.3 V 用电模块：部分单片机、部分摄像头传感器、部分蓝牙模块、比较器芯片等。

6 V 用电模块：舵机等。

12 V 用电模块：部分摄像头传感器和电机驱动芯片（比赛规定不能升压驱动电机。这里仅是供电给电机驱动模块的芯片使用，并不会供给电机）。

### 5.2.2 电源稳压芯片的选型及电路设计

根据稳压要求，对于同一电压有不同的稳压芯片及电路方案可供选择。不同的稳压方案有不同的效果。电路设计不仅要考虑电压的稳定性，还要考虑电路布局的合理性，在满足各模块用电要求情况下尽量做到轻便，并与车模合理搭配。

（1）稳压 5 V 芯片的选型及电路设计

稳压 5 V 的芯片有很多种。5 V 电压电源是智能车上模块用电最多的一种电压。一般用其给单片机 XS128 系列供电，给普通芯片供电（如比较器芯片 LM358，AD8032；阻隔芯片 HC244；译码器芯片等），给液晶屏、数码管、指示灯、传感器线性 CCD、蓝牙模块、无线模块等供电。这里介绍一下最常用的两种 5 V 稳压芯片，分别是 LM2940（见图 5－10）和 TPS7350（见图 5－11）。

图 5－10　LM2940

图 5－11　TPS7350

LM2940：这款三管脚的稳压芯片电路简单（见图 5－12），仅需在电源输入端和输出端分别接适当的滤波电容即可实现电池电压到 5 V 电压的转换。输出电流为 1A，电压纹波较稳定，基本满足一般用电模块的要求。其封装形式见图 5－13。

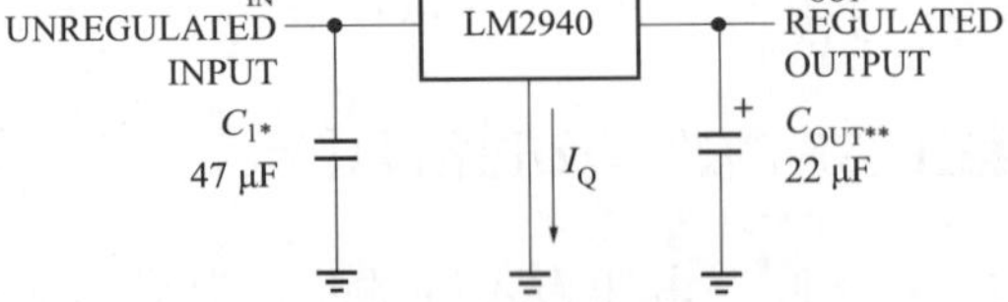


图 5－12　LM2940 的典型电路

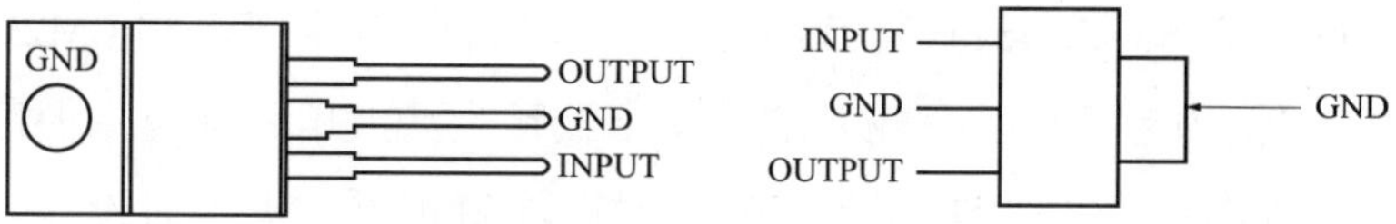


图 5-13　LM2940 的两种不同封装形式

TPS7350：这款芯片是一款微功耗、低压差线性电源芯片，具有完善的保护电路，包括过流、过压、电压反接保护。它具有 8 个引脚。其电路相对于 LM2940 较复杂（见图 5-14），但稳定电压波形较好，比较适合于给强调稳定性的单片机供电。

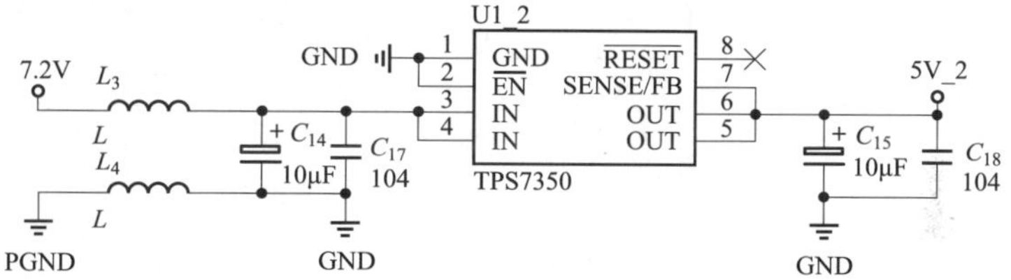


图 5-14　TPS7350 的典型电路

（2）稳压 3. 3 V 芯片的选型及电路设计

3. 3 V 的电压电源在智能车上一般被用于给 K60，KL26，KL46 等 32 位的芯片供电，被用于电压比较器芯片的输入比较端，也被用于部分 3. 3 V 供电的摄像头和蓝牙模块。

和 5 V 稳压芯片相近，3. 3 V 稳压芯片也主要有两种，分别是 LM1117-3.3（或 AMS1117-3. 3）（见图 5-15）和 TPS7333（见图 5-16）。

图 5-15　AMS1117-3. 3

图 5-16　TPS7333

LM1117－3. 3（AMS1117－3. 3）：这款芯片的电路连接和 LM2940 相似（图 5－17），使用起来只需在输入端和输出端接上滤波电容即可。但需要注意几点：①芯片封装不太一样，设计 PCB 时应注意根据数据手册设计。②一般输入电压为 5 V，对于智能车硬件设计，需先将电池电压稳定到 5 V 再输入芯片的输入引脚。③ LM1117－3. 3 芯片的引脚定义和 LM2940 芯片的并不一样。LM2940 芯片的输入端、地、输出端分别是 1，2，3 引脚；而 LM1117－3. 3 芯片的输入端、地、输出端分别是 3，1，2 引脚。

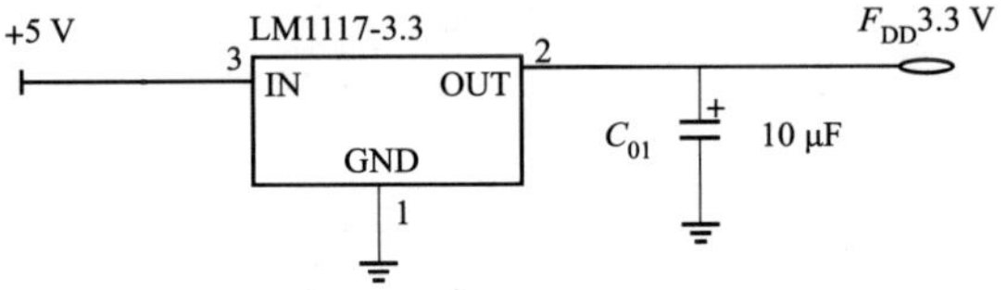


图 5－17　LM1117－3. 3 的典型电路

TPS7333：这款芯片也是一款微功耗、低压差线性电源芯片，具有完善的保护电路，包括过流、过压，电压反接保护。引脚也是 SOP8 封装。稳压效果与 LM1117－3. 3 芯片相近，均被用于给单片机的稳压供电，但 TPS7333 相对稳定。其典型电路如图 5－18 所示。

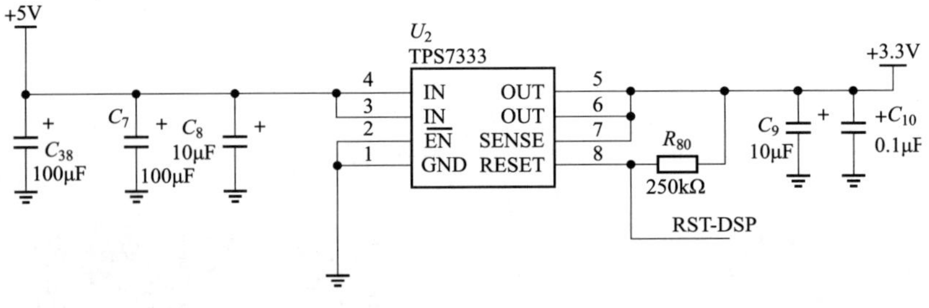


图 5－18　TPS7333 的典型电路

（3）稳压 6 V 芯片的选型及电路设计

6 V 电压电源一般被用于给舵机供电。一般舵机供电最高电压在 5. 5 V，但实验证明，6 V 供电能在保证不烧毁舵机的情况下提高舵机的响应性能。

由于一般没有直接稳出 6 V 电压的芯片，所以我们一般使用可调节电压的芯片并通过调节滑动变阻器调出 6 V 电压。通常使用 LM2941 芯片对 6 V

进行稳压。

LM2941：这款芯片的输出电压可以调节，调节范围为 5 ~ 20 V。如图 5－19 所示，可通过调节 $R1$，$R2$ 的电阻值调节输出电压。LM2941 的两种不同封装见图 5－20。

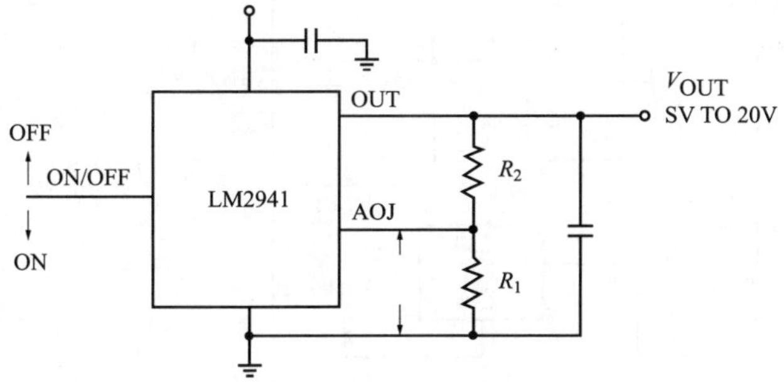


图 5－19　LM2941 的电路图方案

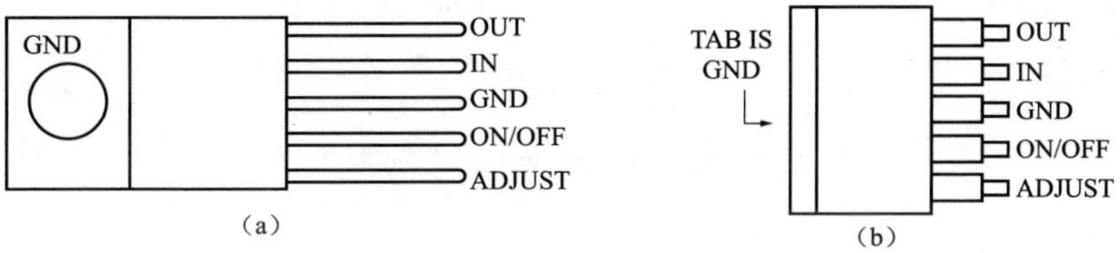


图 5－20　LM2941 的两种不同封装

（a）俯视图（1）；（a）俯视图（2）

（4）稳压 12 V 芯片的选型及电路设计

12 V 稳压电路一般用到的芯片有 LM2577 和 MC34063。这两种芯片基本上都能达到要求。其升压电路图分别见图 5－21 和图 5－22。

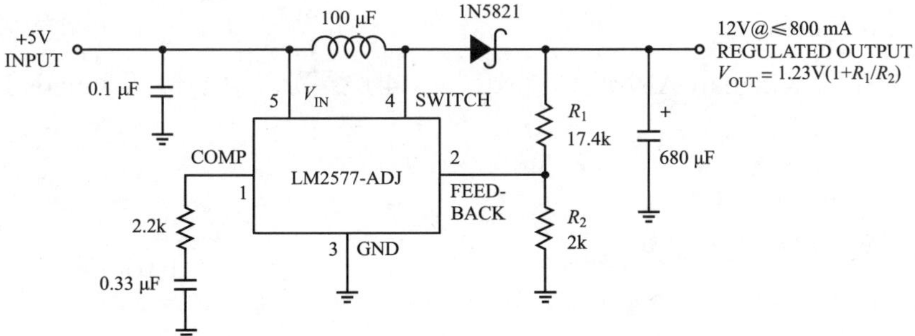


图 5－21　LM2577 的升压电路

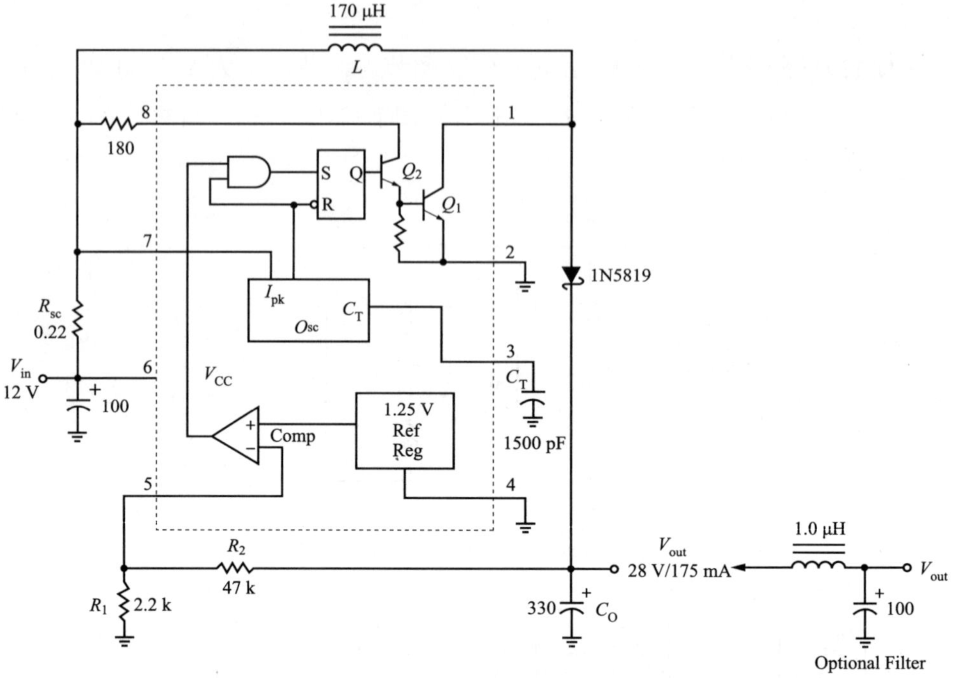


图 5－22　MC34063 的升压电路

## 5.3　单片机模块

现在比赛允许使用的单片机系列如下：

1）32 位 Kinetis（ARM@ Cortext™－M0+）系列，主要包括 Kinetis E，L，M，KEA 等系列。

2）32 位 Kinetis（ARM@ Cortext™－M4）系列，主要包括 Kinetis K，W 等系列。

3）32 位 ColdFire 系列。

4）32 位 MPC56xx 系列。

5）DSC 系列。

6）16 位微控制器。

7）8 位微控制器系列（出自飞思卡尔第十届比赛细则）。

需要说明的是，同一学校的同一赛题组的两支队伍不允许使用以上同一系列的单片机（防止克隆车）。

现在参赛队伍中使用比较多的单片机有 16 位系列的 XS128，32 位系列的 K60，以及 32 位的 KL26。XS128 被应用了很多届，资料多，加上多年的传承，新队员上手比较容易；而 K60 则以它的高性能吸引了大家的眼光，迅速成为这几届的摄像头主流单片机；至于 KL26（包括 ARM@ Cortex™ – M0+ 其他系列），由于同一学校的同一赛题组的两支队伍不允许使用以上同一系列的单片机，所以同为 32 位的 KL 系列成为很多学校第二支队伍的首选。这里主要介绍以上 3 款单片机。

### 5. 3. 1 MC9S12XS128 单片机性能分析

主流的单片机都具有普通的 I/O 口、PWM 口、AD 口等。这里主要讲讲它们的主要优势。XS128 单片机是这几年来一直被使用的单片机，所以资料特别多，也比较好上手。入门的话，建议先学这款单片机。

芯片使用飞思卡尔公司提供的 CodeWarrior 编译软件（可在官网上下载）编写程序。相对其他编译软件，飞思卡尔提供的编译软件（免费版）允许编入代码长度相对于其他软件更加宽松，最新的可达 64 K。

官方给的总线速度高达 40 MHz，一般可以超频到 64 M，也有超频到 80 M 的。至于 96 M 的，可能稳定性就会受影响了（超频越高，单片机运算速度越快，但稳定性越差，即程序更容易跑飞）。

128 KB 的程序 FLASH 和 8 KB 的 DATAFLASH 对程序的存储和数据储存也是足够的。当然，如果驱动摄像头传感器的话，采集会占用大量 CPU，处理频率会相应地降低，所以近几年来摄像头组也逐步改用其他单片机。32 位高内存的单片机的引入，更是加快了这一趋势。

至于其他功能，一般单片机都有，这里不多阐述。还有就是 CAN 总线功能，做智能车的话，一般用不到。

对于电磁组和光电组，这款被用于汽车电子的 XS128 高性能单片机绰绰有余，然而由于内存空间不足，不太适合数据量巨大的摄像头组。XS128 芯片如图 5－23 所示。S12XS 芯片引脚定义（112 引脚）如图 5－24 所示。

图 5－23　XS128 芯片

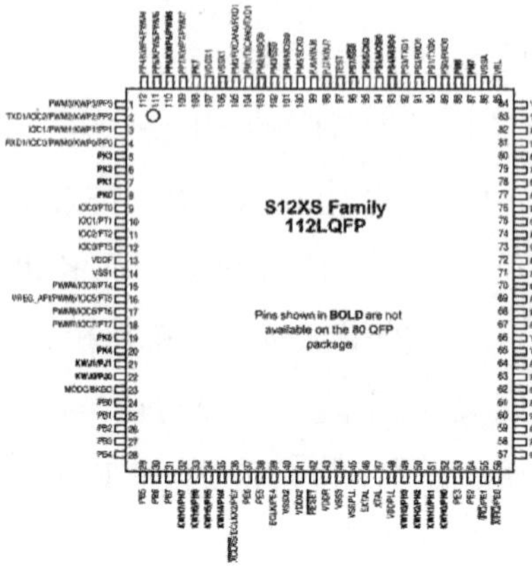


图 5－24　S12XS 芯片引脚定义（112 引脚）

### 5.3.2　MK60 单片机性能分析

如上所述，MK60 由于其高速性能，这几年来得到了很多学校的广泛使用。这里讲讲它与 XS128 的区别。

图 5－25　MK60 的一款芯片

MK60 是一款 32 位单片机，运算速度远远高于 XS128，采用 ARM 内核，属于 ARM@ Cortext™－M4 系列（见图 5－25）。也就是说，除了飞思卡尔公司提供的 CodeWarrior 编译软件可以对其进行编程以外，所有能对 ARM 内核编译的软件均可对 K60 进行编程。常用的 IAR，KEIL 等主流单片机编译软件均可。

需要提醒的是，由于 K60 内部寄存器较多，影响开发周期，所以飞思卡尔提供了相应的库，以减少对 K60 的开发周期。国内过去参加智能车或研究 K60 单片机的“大神”们也编写过相应的 K60 程序库，如“拉普兰德”的 K60 库，“野火”（现改名为“山外”）的 K60 库。有了相应的库，学习这款单片机就简单多了。

作为一款远远高于智能车比赛需求的高性能单片机，K60 具有 100M 以上的总线速度，超频可达 150 M，甚至达 180 M。加上 512 KB 的 FLASH 内存，可谓智能车比赛中的最高性能单片机。再加上 Kinetis 系列具有的存储器直接访问（DMA）功能，即可以在不占用单片机 CPU 的情况下直接访问给出地址的数据。也就是说，采集数据无须占用 CPU。这对需要完成采集大量信息的摄像头组特别有利，所以说 K60 非常适用于摄像头组。

### 5. 3. 3 MKL26 单片机性能分析

MKL26 同样是一款 Kinetis 系列的单片机，具有存储器直接访问（DMA）功能。虽然总线速度不如 K60，只有 48 M，但有了 DMA 功能采集摄像头信息，加上 32 位的高速运算能力，作为摄像头组的单片机也是完全足够的。

总起来说，电磁组和光电组使用任何一款单片机都是可以的，入门首选 XS128。摄像头组的话，最好使用 Kinetis 系列的单片机，带 DMA，可以节省大量 CPU。

## 5. 4 电机驱动模块

电机驱动电路主要是接收单片机输出的 PWM 信号，输出电压给电机，达到调节电机加速或减速，正转或反转的集成驱动模块。

驱动电路主要运用 H 桥驱动，原理很简单，主要是利用 4 个 MOS 管，通过控制对角的 MOS 开关控制正、反转，并通过开关打开与关闭的时间比（调节 PWM 的占空比）实现加速或减速。

驱动电路的搭建主要分两种，即使用 MOS 管和半桥驱动芯片搭建或者直接使用集成的驱动芯片。这两种方式各有好处。下面分别阐述其各自的优缺点。

### 5. 4. 1 MOS 管搭建驱动电路

利用 MOS 管搭建驱动电路可以自由组合。由于 MOS 管的耐压值较高，一般可到达 80 A 以上，非常适合驱动大功率的电机。由于一般 MOS 管的导通需要 10 V 以上的电压，而单片机的输出电压只有 5 V 或者 3. 3 V，故无法正常导通 MOS 管，需要利用板桥驱动芯片达到利用 5 V 电压控制 10 V 以上电压的效果，同时还需要将电池电压升压至 10 V 以上输入半桥驱动芯片。

常见的半桥驱动芯片有 IR2104，IR2103 等；MOS 管种类较多，分为 N 型和 P 型。N 型 MOS 管通电导通，不通电闭合；P 型恰恰相反，通电闭合，不通电导通，使用者可以根据自己需要搭建。另外，为了加大电机回路中电流的通过能力，可以选用两个 MOS 管并联。图 5－26 所示为一种 MOS 管驱动电路原理图。

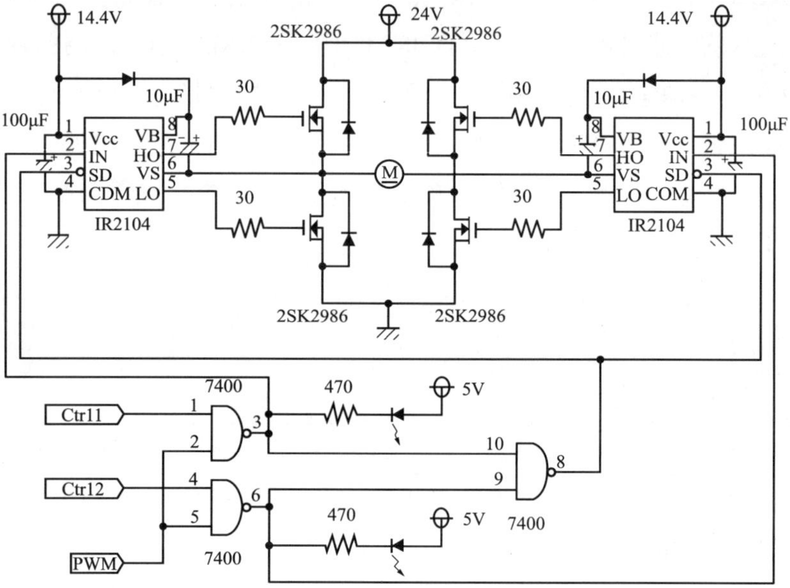


图 5－26　一种 MOS 管驱动电路原理图（取自日本机器人大赛报告）

## 5.4.2　集成的驱动芯片

相比 MOS 管搭建的驱动电路，集成的驱动芯片也使用了 MOS 管的原理，开关 MOS 管仅需要 5 V 电压，无须使用半桥驱动芯片，电路较为简单，但最大允许通过电流只有普通 MOS 管的一半左右，所以不适合驱动大功率的电机，如 540（B 型车模专用电机）。当然，如果使用多片芯片并联，以提高电流的最大值，也是可以驱动大电流的电机的。常见的集成驱动芯片有 BTS7960（其搭建的驱动电路如图 5－27 所示），BTN7971 等。

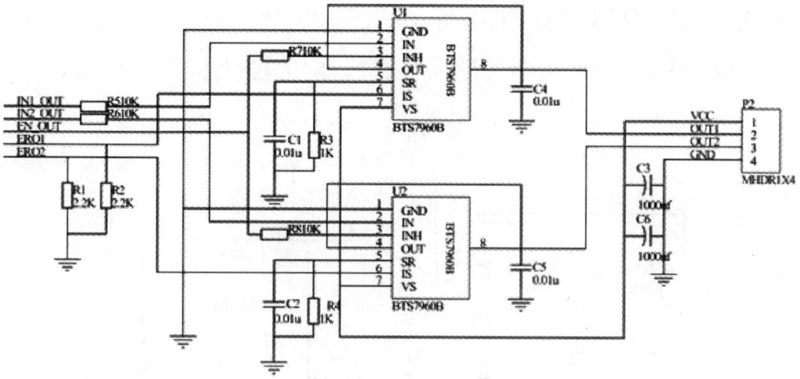


图 5-27　一种 BTS7960 芯片搭建的驱动电路

## 5.5　传感器模块

智能车上的传感器众多。这里主要讲解一下 3 组车模的主要传感器，及相关辅助传感器的一些应用。

### 5.5.1　电磁传感器

电磁传感器主要由多个电感和放大电路及整流滤波电路组成，通过检测铺设在道路上的漆包线（内通 100 mA 20kHz 的交流电），得到相应电感离中央漆包线的距离，从而控制智能车自动行驶。

电磁传感器通过采集道路的电磁信号，放大整流滤波后，输入单片机的 AD 转化口。单片机将电压模拟信号转化为数字信号，再通过比例换算得出现在电感距离中心的距离，结合多个电感的信息得知智能车现在所处的位置，从而控制智能车转向。

电磁传感器中电感为比赛组委会统一规定的，而放大电路和滤波电路可以由参赛者自行设计。其中，放大电路的设计空间最大。如何将几十毫伏的交流电压转换为相应的 2 ～ 3 V 直流电压成了设计的关键。

对于放大电路的放大芯片最好选择转换速度快、增益带宽较大的放大芯片。一般选用 LMV358，AD8032 等。图 5－28 所示为一种电感信号的放大电路。图 5－29 所示为一种电磁传感器在直立车模上的运用。

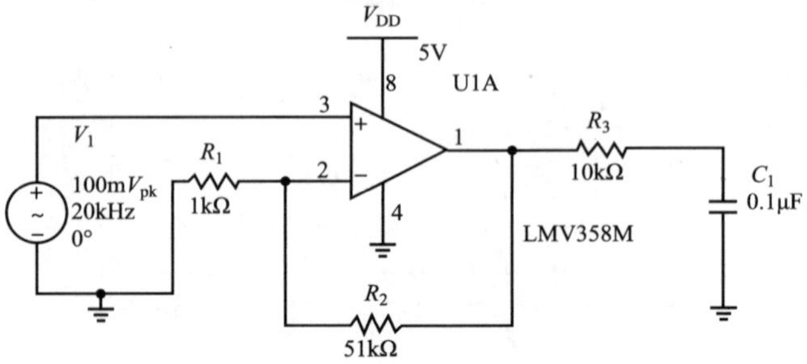


图 5－28　一种电感信号的放大电路

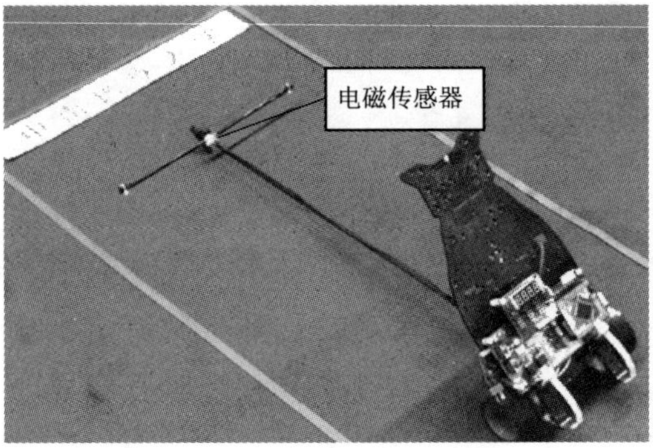


图 5－29　一种电磁传感器在直立车模上的运用

### 5.5.2　线性 CCD 传感器

线性 CCD 传感器是从第七届开始代替激光传感器而成为光电组别使用的传感器的。比赛规定了统一的光电传感器芯片线性 TSL1401CCD，参赛者可以通过编程改变 CCD 的曝光时间，以适应不同的光线强度环境，还可以通过改变不同广角的镜头改变 CCD 采集到的赛道宽度及最大宽度。不同广角对应不同的赛道参数。也就是说，广角被确定后，对应的参赛程序随之确定。如果更改一辆智能车的镜头，而不改变其程序，这辆智能车将无法发挥其最优性能，还很可能不能很好地识别道路。同理，传感器的俯角同样一一对应着不同的采集信息。更改俯角同样需要根据更改后采集到的赛道数据调整程序参数。

为了让传感器适应不同的光线强度，除了增大曝光时间以外（因为曝光时间过大会影响采集及处理程序），还可以通过对传感器信号输出进行放大，通过调节放大电路的电阻调节不同放大倍数，以适应不同的光线环境（见图 5－30）。

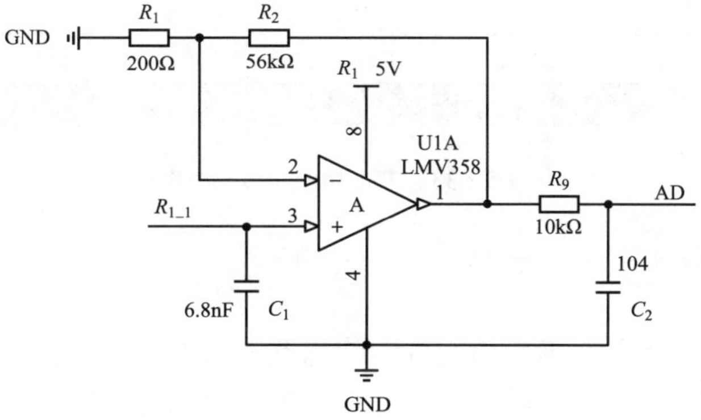


图 5－30　一种放大电路类型

线性 CCD 采集到的道路信息实际上是一行中对应位置的灰度值。CCD 将一行中信息灰度值分成 128 份，通过单片机 AD 采集，并放入一个 128 的数组中，通过对数组内信息的处理得到智能车偏离中心位置的距离，从而控制转向。

对于数组处理方式一般有软件二值化、硬件二值化等方式。处理方式可以通过蓝牙无线将数组数据发送至电脑，通过上位机或数学分析软件处理数据，并将优化后的处理算法移植到智能车单片机内。

图 5－31 所示为 TSL1401 插针式芯片。图 5－32 所示为 TSL1401 贴片式芯片。图 5－33 所示为 TSL1401 时序波形。

图 5－31　TSL1401 插针式芯片

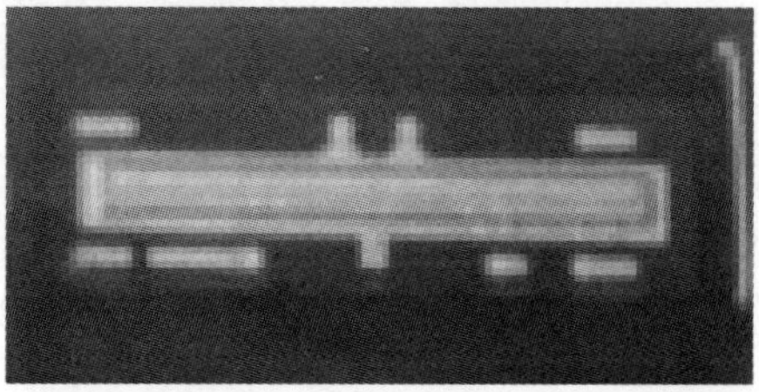

图 5－32　TSL1401 贴片式芯片

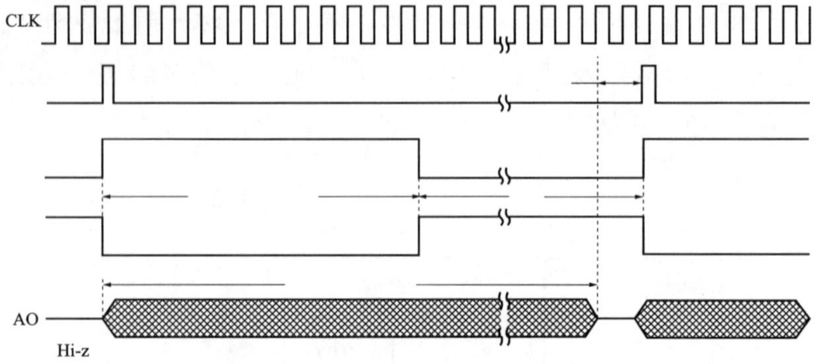

图 5－33　TSL1401 时序波形

### 5.5.3　摄像头传感器

摄像头传感器为摄像头组的导向传感器。由于官方组委会并未对摄像头传感器进行限制，所以摄像头组在摄像头传感器的选择、采集方式及信号处理方式等方面有许多不同的方案。

从摄像头的选型上看，有两种摄像头：一种是模拟摄像头；另一种是数字摄像头。其中，模拟摄像头主要通过一根数据线输出不同的电压。单片机通过采集这条数据线上的在不同行场中断过程中的电压变化得到图像信息。数字摄像头主要是通过 8 根数据线输出并口数据。单片机通过不同的行场中断过程中采集相应 8 个 I/O 口的电压得到相应的图像灰度值。

（1）模拟摄像头传感器

由于模拟摄像头只有电源线、地线和数据线 3 条线，所以需要对模拟摄像头的信号线进行视频信号分离，以得到场中断和行中断信号。一般使用 LM1881 芯片对模拟视频信号进行视频分离。其视频分离电路如图 5－34 所示。

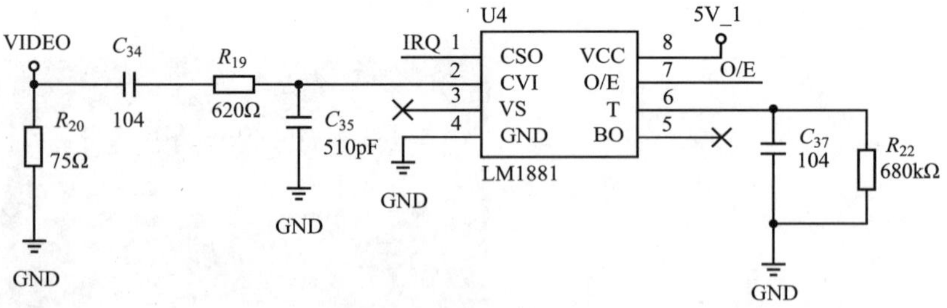

图 5－34　视频分离电路

对于模拟摄像头的数据采集，之前一般使用单片机的 AD 采集口，在行中断到来时对数据线进行连续采集，得到视频信号，但由于 AD 采集速度有限，只能采集一列中的 50 ~ 100 个点（一列有 320 个点或 640 个点）。

现在也有队伍使用上述方法，但现在使用的模拟摄像头主要使用硬件二值化，通过对摄像头信号进行硬件二值化，再通过单片机 I/O 口采集。由于单片机的 I/O 口采集速度远高于 AD 口，所以摄像头的采集精度相应地提高了很多。

图 5－35 所示为一种硬件二值化电路。图 5－36 所示为模拟视频信号波形及二值化后波形。

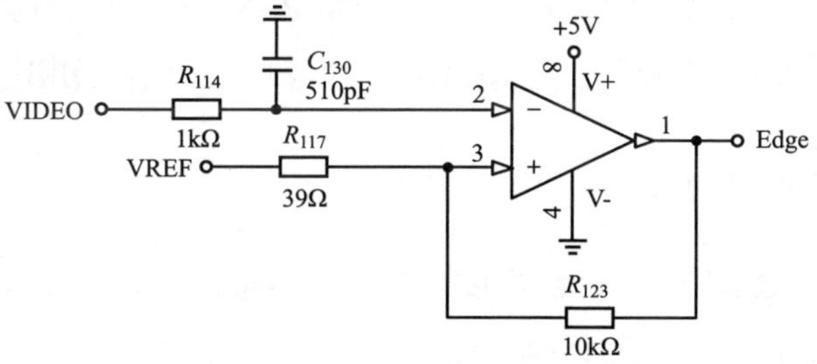


图 5－35　一种硬件二值化电路

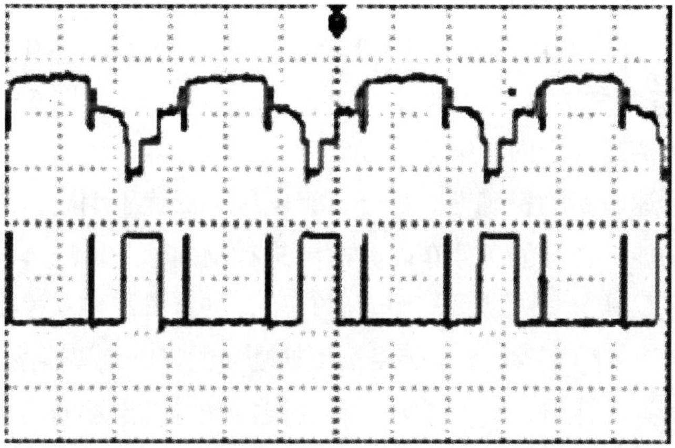

图 5－36　模拟视频信号波形及二值化后波形

（2）数字摄像头传感器

数字摄像头传感器相比于模拟摄像头，硬件上简单不少，只需将摄像头

图 5-37　数字摄像头模块

的并口数据直接传入单片机相应的 8 个并口即可实现图像采集。摄像头直接引出场中断和行中断，以及像素中断引脚。Kinetis 单片机可使用 DMA 模块对图像进行采集。

图 5-37 所示为数字摄像头模块。

如果对数字摄像头分辨率采集，单片机的存储空间可能不够大，所以使用数字摄像头时，常常使用分频电路对像素中断 PCK 信号进行分频，以达到采集列数按分频倍数降低的效果。分频电路可参考电工学相关知识。

### 5.5.4　其他传感器

除了以上所述的 3 组智能车主要导向的传感器外，一辆智能车还需要许多其他传感器进行辅助道路识别。

（1）红外对管传感器及光电编码器

红外对管传感器有两种。一种是对射式（见图 5-38），可以配合编码盘（见图 5-39），作为测速装置，但由于编码盘和红外对管裸露在外边，容易受其他光照影响，导致测速不准确，故常常用光电编码器（见图 5-40）来代替。光电编码器其实是属于内置编码盘和红外对管传感器，由于对外封闭，所以大大提高了测速测距的精确性。另外，光电编码器优于编码盘的原因还有其测正、反转功能。在智能车停车时，需要进行反向输入电压，而如果不能检测出车模正在反转，将无法使车模及时停下，甚至可能使车模反向行驶，导致车模跑出赛道（图 5-41 所示为带测反转功能的光电编码器波形）。

被用于测速测距时，将红外对管传感器或光电编码器的信号线接入单片机的脉冲计数器引脚，以实现计数通过编程转换为转速和距离。

第二种红外对管传感器是反射式红外对管（见图 5-42），主要被用来检测靠近物体或者区分黑白路面、检测起跑线。

值得提醒的是，第十届规则已经更改了起跑线类型，改为灯塔发车和停车，所以检测起跑线的传感器可能要被相应地改为红外接收头传感器（见图 5－43）或其他感光接收传感器。

图 5－38　对射式红外对管（需结合二值化电路使用）

图 5－39　编码盘

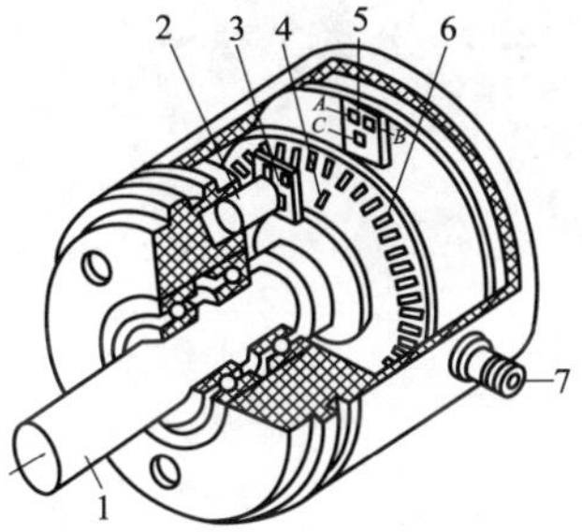


图 5－40　光电编码器

1—输入轴；2，3—光电发射；4—码盘口（一圈一个）；5—光电检测器件；6—码盘口（一圈个数为编码器线数）；7—输出线

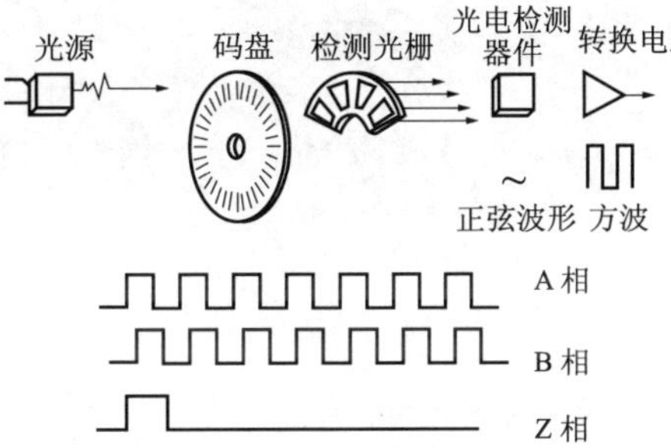


图 5－41　带测反转功能的光电编码器波形

图 5－42　反射式红外对管

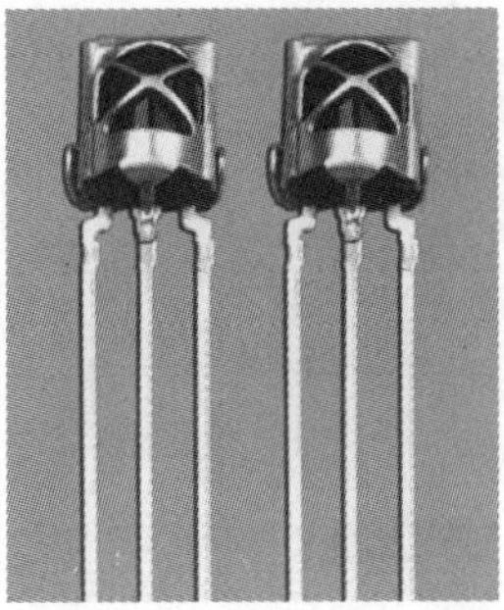

图 5－43　红外接收头

（2）超声波传感器

由于第九届引进了障碍物，智能车，特别是对于电磁组，需要对障碍物进行识别并回避，所以需要用到超声波传感器对障碍物进行识别（图 5－44 所示为超声波模块）。

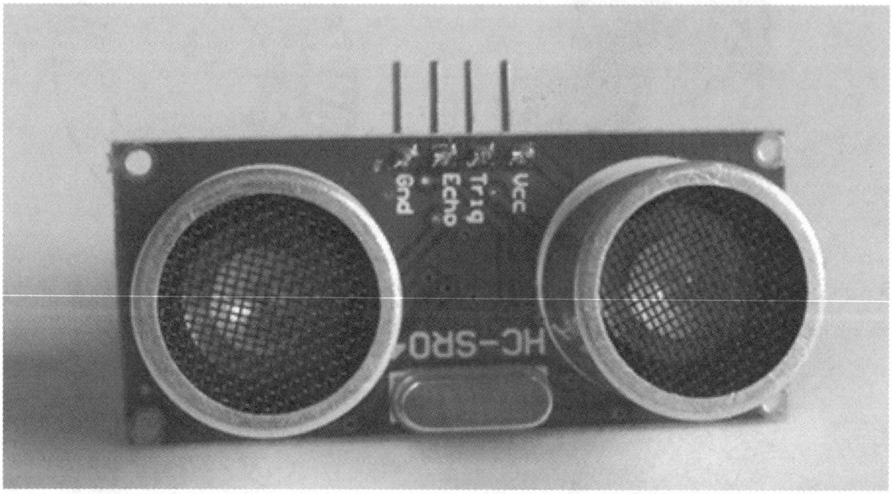


图 5－44　超声波模块

（3）陀螺仪传感器及加速度传感器

对于直立车模，智能车除了要保证沿赛道行驶以外还要保证直立，即保证双轮平衡。所以，需要使用陀螺仪传感器模块（见图 5－45）和加速度传感器模块（见图 5－46）检测车模姿态，并控制车模直立。

图 5－45　陀螺仪传感器模块

图 5－46　加速度传感器模块

## 5.6 人机交互模块

为了方便智能车的调试，往往需要车模能够实时将相关参数显示出来，所以一般会在车模上安装液晶屏（见图5－47和图5－48）、数码管等将相关数据通过单片机反馈出来。又由于智能车相关参数众多，所以经常需要加装按键、开关等装置控制单片机对数码管或液晶屏进行翻页、换行等。

图5－47　12864液晶屏

图5－48　OLED液晶屏

除了液晶屏实时显示发车前的各个参数外，调试车模时，还需要实时监控智能车在行驶过程中的参数变化。这就需要通过蓝牙模块（见图5－49）实时向电脑发送相关参数的数据，并通过处理分析得到相应的控制参数（见图5－50）。

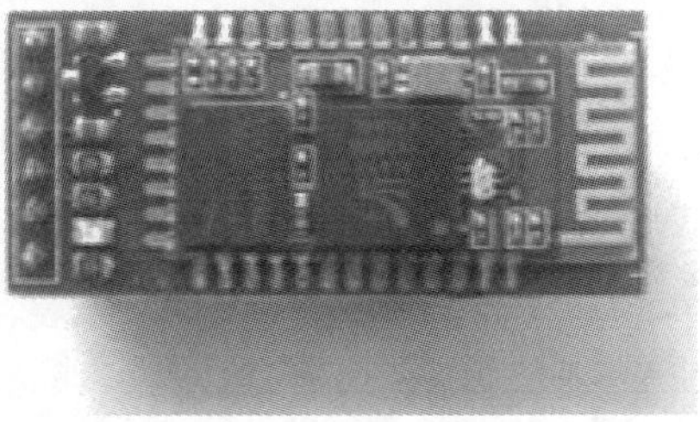

图5－49　蓝牙模块

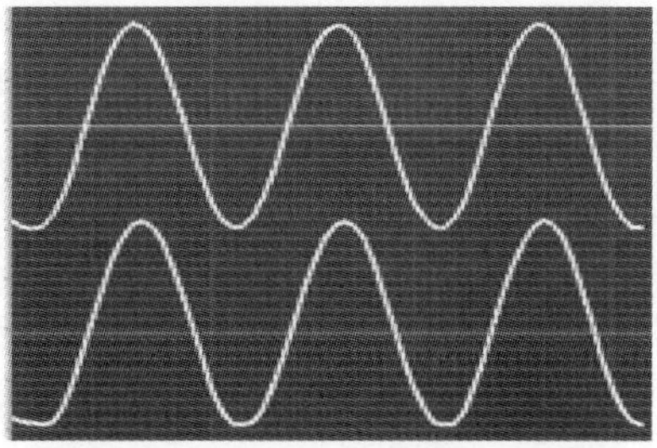

图5－50　电脑接收相关参数

## 5.7 智能车相关工作未来展望

智能车比赛从头到尾都是围绕着一辆小小的车模设计电路，编写程序，调试算法，然而这辆小小的车模当中涵盖了现在机电一体化趋势中的方方面面。作为一名工程类学生，嵌入式的开发能力对以后的学习发展是不可多得的一项技能。

从爱德车队成立至今已有 10 个年头。这些年来，我们得过许多荣誉，也受过许多挫折，但无论成败，车队带给我们的实践能力和学习能力对我们都是终身受益的。

对于新同学，我们想说的是，也许你是怀揣着一颗制造设计汽车的梦想来到大学，却发现自己的能力如此渺小而无法施展自己的计划；也许你也曾经梦想过制作遥控智能机器人等好玩的装置，却因为不知从何入手，找不到同伴一起交流，也找不到相关设备与场所而放弃。

这些都无所谓。只要你有一颗学习新事物的好奇心和坚持不懈的意志，我们为你提供场所，为你提供志同道合的伙伴学习交流，为你提供相应的学习方向，并指导你掌握相关技能，让你在大学里能真正做出一辆自己能够控制、能够熟练掌握、能够实际应用的智能车。

只要你热爱智能车，有责任，有毅力，那就加入我们吧！

# 第6章

# Chapter 6 PACE中心学生俱乐部指南

## 6.1 PACE 教育推进伙伴计划

### 6.1.1 国际 PACE 组织

PACE 全称为“Partners for the Advancement of Collaborative Engineering Education”，被译为“教育推进伙伴计划”，于 1999 年由美国通用汽车公司（GM）联合欧特克（Autodesk）、惠普（HP）、西门子（SIEMENS）、甲骨文（ORACLE）等世界知名企业共同出资设立。

其宗旨是为世界知名高校，特别是在汽车工程教学与科研领域对人才培养做出突出贡献的学校提供计算机辅助设计（CAD）、计算机辅助制造（CAM）和计算机辅助工程（CAE）等产品和服务，包括网络工作站和软件及培训，以推进全球计算机协同技术的人才培养。

此计划通过先进的培养模式，帮助全球重点院校的师生更好地了解全球协作的需求，让学生走出实验室和课本，接触真实的产品生产，提升专业技能和协同创新能力，推进下一代全球汽车行业领军人物的培养。目前在全球范围内共有来自 11 个国家 57 所知名高校加入 PACE。图 6-1 所示为国际 PACE 标志。

图 6-1 国际 PACE 标志

### 6.1.2 PACE 中国

目前中国地区共有 5 所高校加入 PACE。随着中国地区高校 PACE 的逐渐壮大，第一届 PACE 中国区高校大会于 2014 年在上海顺利召开。首届中国区年会中，通用公司代表、泛亚代表，以及各高校师生代表出席了会议，就进一步加强中国区 PACE 高校之间的合作和交流，提升中国区 PACE 整体实力，提出了多项议案，并初步达成共识，为中国区 PACE 高校更深入地了解企业并与企业更好地开展合作打下了基础。

通用中国区人力资源总监提出，PACE 能够给同学们提供一个提前了解企业的平台，能够提高同学们的专业能力和交流能力，为毕业后参加工作做好准备，而企业也会给 PACE 同学提供暑假实习等锻炼机会。随着 PACE 中国区的不断发展，校间合作、校企联系、人才联合培养进程也将会不断开启新的篇章（见图 6-2）。

（a）　　　　（b）

图 6-2　中国区 PACE 合影

## 6.2　吉林大学 PACE 中心及其学生俱乐部

吉林大学于 2008 年加入 PACE。时任吉林省副省长的竺延风、吉林大学校长周其凤、教育部科研中心有关领导及通用汽车中国公司、泛亚汽车公司、西门子公司上海研发中心、惠普公司、欧特克公司等企业代表出席了揭牌仪式并为中心揭牌（见图 6-3）。

吉林大学作为我国北方第一所加入 PACE 计划的大学，除获赠了超过 300 套计算机辅助设计和制造软件及计算机辅助分析软件外，还获赠 14 套工作站等硬件设备，总价值 2.5 亿美元。吉林大学 PACE 中心将以汽车、机械、交通、材料和电子工程相关学院为主体，充分利用高校和企业的各自优势，创建一个一流、开放、国际化的教育和科学平台，对未来工程师培养和大学长远发展具有积极的推动意义。

图 6－3　吉林大学 PACE 中心揭牌仪式

吉林大学 PACE 学生俱乐部是隶属于吉林大学 PACE 中心的学生组织。从 2008 年成立至今，吉林大学 PACE 学生俱乐部积极参与通用汽车组织的各类全球合作项目，如未来可持续交通设计方案（SUT）、个人便携式交通工具项目（PAMD）以及共享型可重构车辆系统（RSMS）等，同时还先后启动了未来客车、太阳能车等由学生自主进行的项目。另一方面，吉林大学 PACE 学生俱乐部还积极与国内其他 PACE 高校成员合作，参与由通用举办的创新合作全球挑战赛（CIC）并取得不凡成绩。与此同时，借助自身硬件资源优势，为历届汽车造型方向的同学们参加国内国际设计比赛提供便利。在 PACE 中心实验室诞生了许多优秀的设计作品。

在建设俱乐部自身团队的同时，我们也一直致力于为学院内其他学生的创新项目提供技术支持与设备支持，如 FSAE 方程式赛车、肯赛节能车队等。PACE 中心为汽车学科的大学生培养提供了良好的软件学习平台。通过 PACE 学生俱乐部的学习与培训，众多优秀大学生掌握了国际汽车工程领域的主流开发工具，并将其实际应用于课程学习和学术创新活动中。PACE 学生俱乐部现已成为吉林大学汽车学科大学生科技创新的重要基地。

图 6-4　2012 年上海 PACE 年会合影

## 6.3　吉林大学 PACE 学生俱乐部创新实践项目

为帮助同学们拓展国际视野，培养创新素养，提高实践能力，PACE 学生俱乐部每年组织会员参与各类别创新实践项目，包括国际合作项目、国内高校合作项目以及校企合作项目，并于 2010 年独立组建吉林大学太阳能车队。PACE 各类项目发展延续至今，项目成果质量、合作伙伴广度、项目管理能力均取得了一定成果，并在持续发展提高。

### 6.3.1　国际合作项目

PACE 全球项目的宗旨是，为解决未来交通问题，探索设计未来交通工具。

#### 6.3.1.1 便携式交通工具 PAMD

（1）项目背景

PAMD 项目的背景设立在 2030 年。PACE 全球中心设想到 2030 年，城市人口将超过全球 80 亿人口的 60%。这将给城市污染、能源安全、交通安全等领域造成巨大的压力，同时这也将挑战现已难以满足日益增长的交通需求的交通工具和公共基础设施。未来对于大多数人来说，小巧、便捷的交通工具将成为他们日常在城市中的代步工具的首选。可推测，在未来便携式交通工具会有很大发展。

（2）项目目标

针对未来城市交通，以解决人们短途出行问题为目标，设计一种带有一定储物功能的便携式代步工具，及其相关商业策划和生产计划。图 6－5 所示为 PAMD 功能展示图。

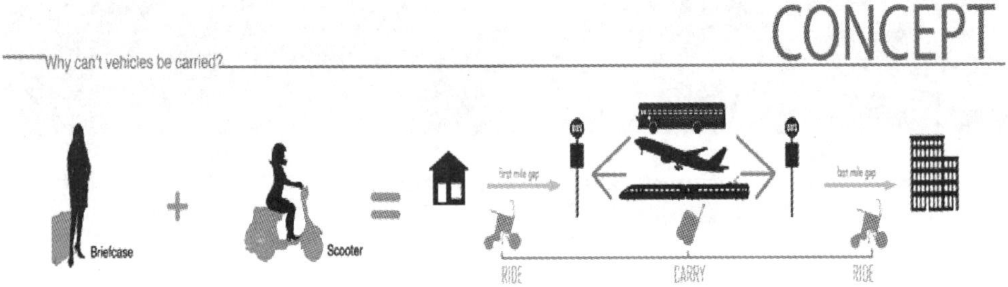


图 6－5　PAMD 功能展示图

（3）合作情况

PAMD 项目为期两年，共有 30 所全球汽车院校合作参与。所有院校，根据地理位置和研究重点，被划分为 7 个小组（见图 6－6），且每组都含有造型设计、工程分析和生产制造 3 类院校。项目进行到最后，每个小组都完成自己的 PAMD 实车，并参与年会考核。

吉林大学 PAMD 团队参与了 PAMD－TEAM2 小组。组内其他成员包括巴西圣保罗大学（组长）、美国艺术中心学院、美国新墨西哥州立大学、德国 HS RheinMain，以及墨西哥国立理工大学。吉林大学 PAMD 团队主要负责工程分析工作。图 6－7 所示为 PAMD TEAM2 合作学校校徽。

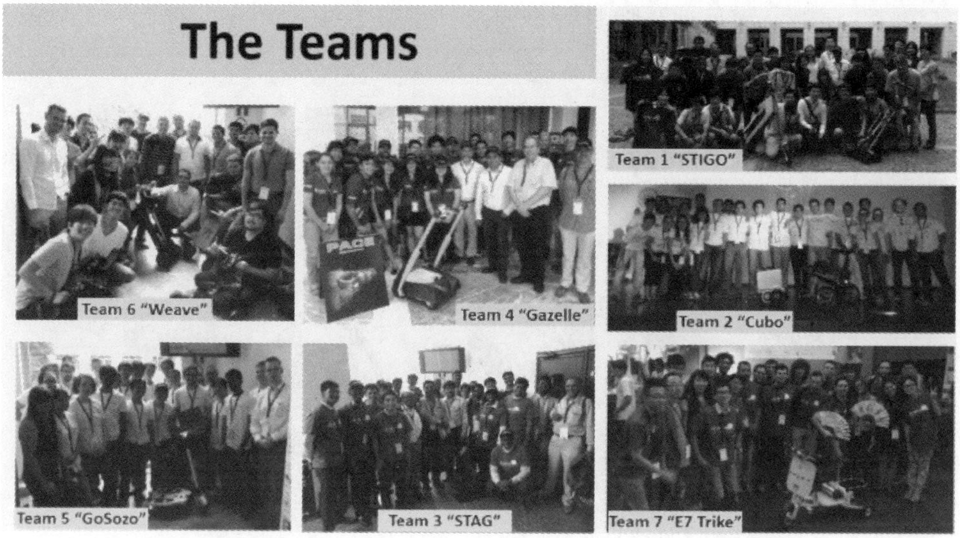


图 6－6　PAMD 团队的 7 个项目组

图 6－7　PAMD－TEAM2 合作学校校徽

（4）项目进展

PAMD 项目分为市场调查、造型设计、结构设计、工程分析、实车制造、商业推广和生产制造分析等几个部分。

1）市场调查。

TEAM2 团队以巴西圣保罗作为目标城市，从类似产品、目标人群、消费倾向、相关法规等方面进行了市场调查，并根据市场调查结果（见图 6－8），确定了设计目标：外形尺寸在 30 cm × 60 cm × 150 cm 以内，最高时速为 20 km/h，有头灯、尾灯，满足地铁随身行李要求，续航 2. 5 ~ 9 km，有 2 ~ 3 个轮，可拖动。

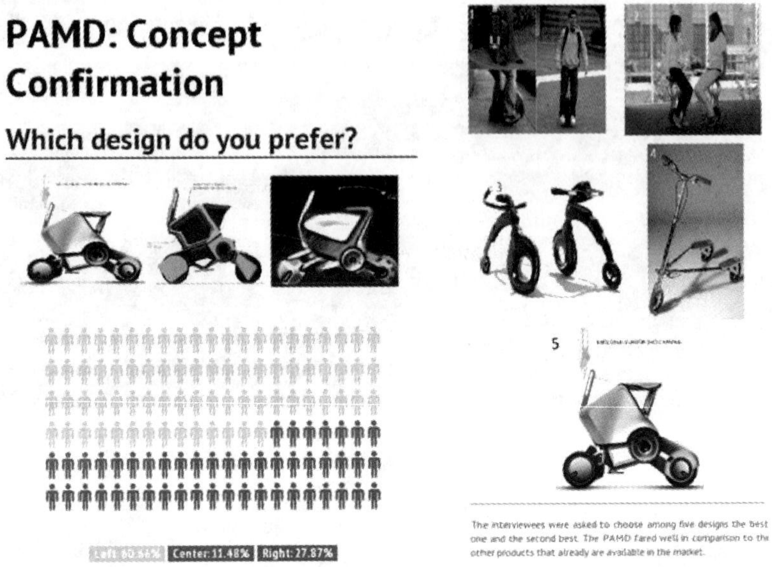


图 6-8　PAMD 市场调查结果展示

2）造型设计。

根据设计目标，TEAM2 团队提出几种造型方案，并最终选定 CUBO 方案（见图 6-9），制造 1∶1 模型。

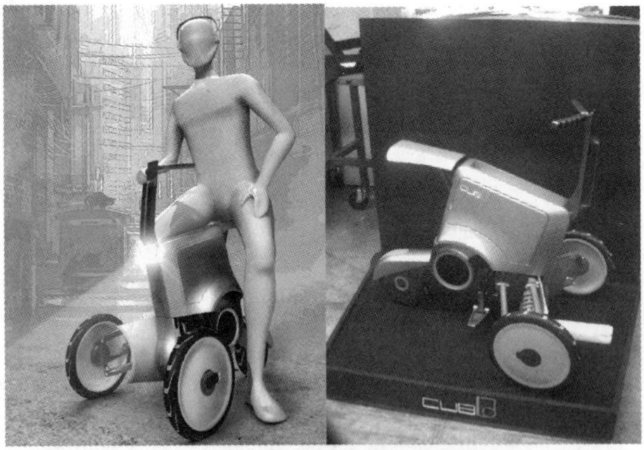

图 6-9　CUBO 造型方案及实车模型

3）结构设计。

为保证小的外形尺寸，便于折叠或展开，以及大的储物空间，CUBO 的结构设计比较复杂，经过若干方案的否定，最终确定了较优方案（见图 6－10）。

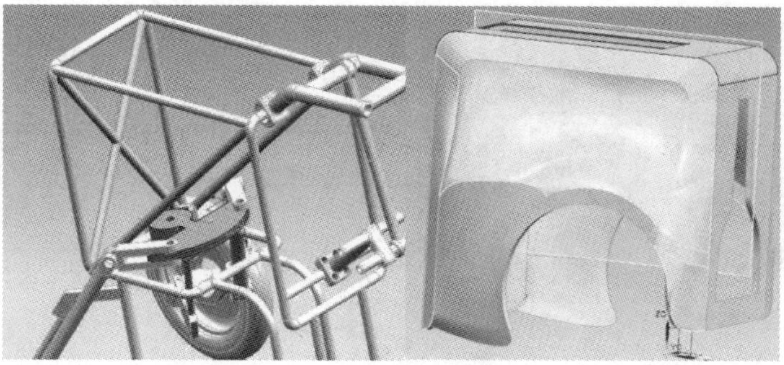

（a）

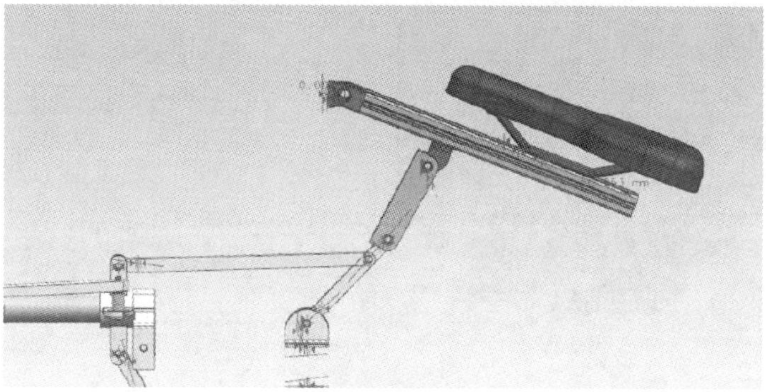

（b）

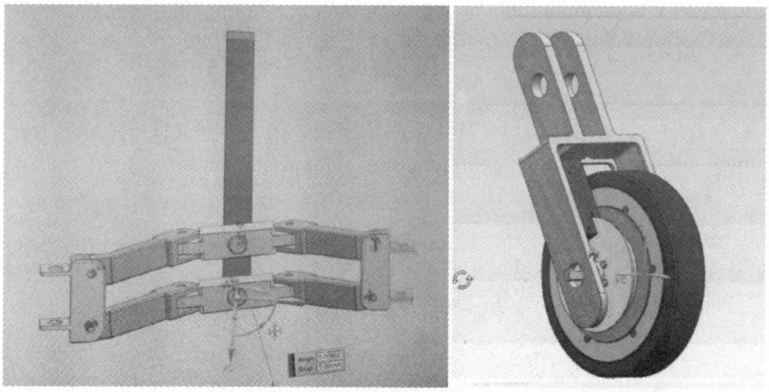

（c）

图 6－10　CUBO 重要结构设计

（a）车架、车壳；（b）车座；（c）转向机构、后轮

4）工程分析。

第一，CUBO 静态分析。CUBO 静态分析主要体现在机构强度分析。图 6－11 所示为 CUBO 轮胎分析结果。

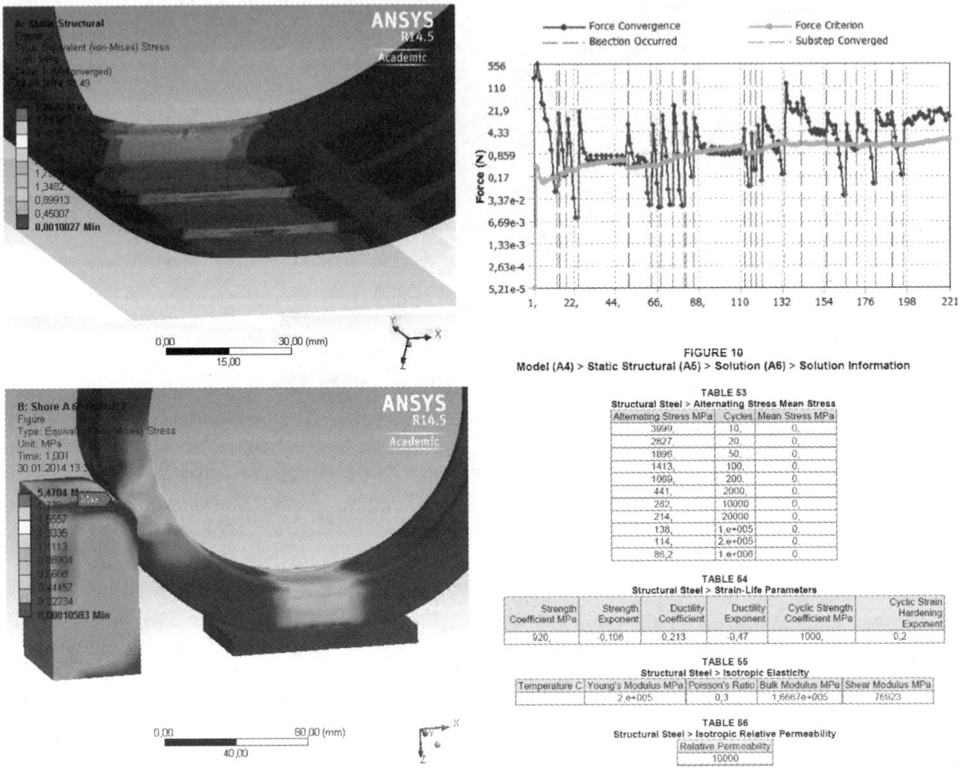


TABLE 53
Structural Steel > Alternating Stress Mean Stress

| Alternating Stress MPa | Cycles | Mean Stress MPa |
|---|---|---|
| 3999, | 10, | 0, |
| 2827, | 20, | 0, |
| 1896, | 50, | 0, |
| 1413, | 100, | 0, |
| 1069, | 200, | 0, |
| 441, | 2000, | 0, |
| 262, | 10000 | 0, |
| 214, | 20000 | 0, |
| 138, | 1,e+005 | 0, |
| 114, | 2,e+005 | 0, |
| 86,2 | 1,e+006 | 0, |

TABLE 54
Structural Steel > Strain-Life Parameters

| Strength Coefficient MPa | Strength Exponent | Ductility Coefficient | Ductility Exponent | Cyclic Strength Coefficient MPa | Cyclic Strain Hardening Exponent |
|---|---|---|---|---|---|
| 920, | -0,106 | 0,213 | -0,47 | 1000, | 0,2 |

TABLE 55
Structural Steel > Isotropic Elasticity

| Temperature C | Young's Modulus MPa | Poisson's Ratio | Bulk Modulus MPa | Shear Modulus MPa |
|---|---|---|---|---|
| | 2,e+005 | 0,3 | 1,6667e+005 | 76923 |

TABLE 56
Structural Steel > Isotropic Relative Permeability

| Relative Permeability |
|---|
| 10000 |

图 6－11　CUBO 轮胎分析结果

第二，CUBO 动态分析。CUBO 动态分析贯穿 CUBO 结构改进的整个过程，包括以下几个主题：

· 悬架稳定性

· 加速、制动、转弯工况的载荷变化

· 转向系统

· 扭矩、功率处理和电机选择

· 通过障碍路的性能

图 6－12 所示为 CUBO 部分动态分析结果。

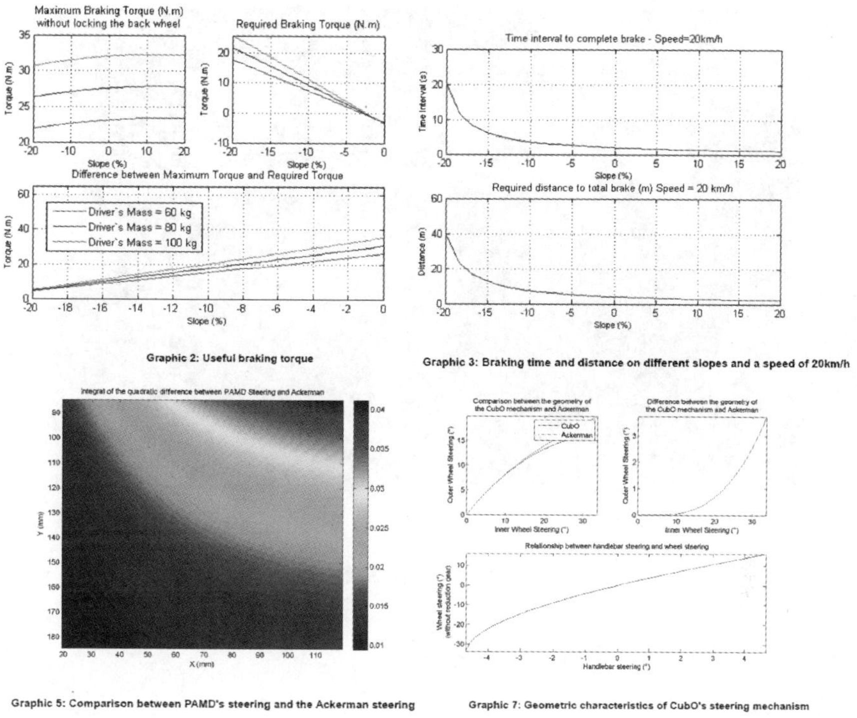


图 6－12　CUBO 部分动态分析结果

5）实车制造。

CUBO 实车制造在德国进行（见图 6－13）。

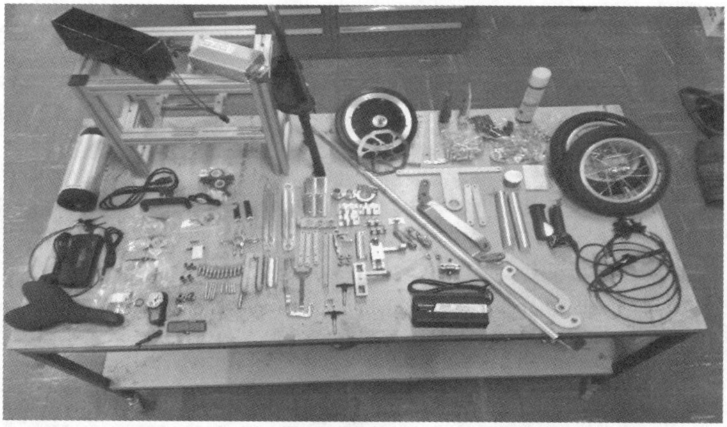

（a）

图 6－13　CUBO 实车装配前后

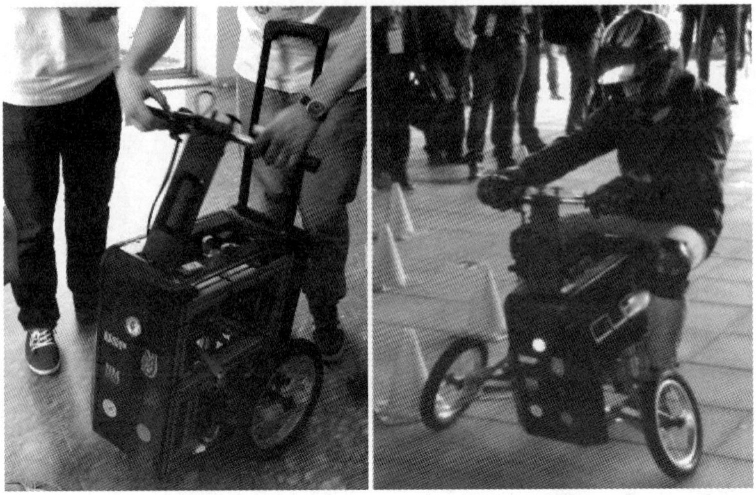

（b）　　　　　　　　（c）

图 6－13　CUBO 实车装配前后（续）

6）商业推广和生产制造分析。

第一，CUBO 的商业计划。

替代产品分析（Substitute analysis）：

从预期消费者的角度，将 CUBO 与圣保罗市场上已有的产品进行对比、评价（见图 6－14）。

| NAME OF THE PRODUCT | AVERAGE PRICE | TYPE | PREVALENCE IN CULTURE | ABILITY TO ADDRESS MAIN TRANSPORTATION ISSUES | EASE OF OPERATION |
|---|---|---|---|---|---|
| Used Car | $4000 / 285% | Independent | 100 | Safety - 75<br>Mobility - 75 (restricted by bad traffic conditions)<br>Utility - 100 | 100 |
| Used Scooter | $1500 /125% | Independent | 80 | Safety - 50<br>Mobility - 75 (restricted by bad traffic conditions)<br>Utility - 75 | 75 |
| Segway | $8000 / 667% | Dependent | 20 | Safety - 75 (only allowed on the sidewalks)<br>Mobility - 50 (short range and cannot be used with other types of transport)<br>Utility - 25 (limited storage compartment) | 50 |
| Taxi | $14,530 Annually / 1,210% | Independent | 100 | Safety - 75<br>Mobility - 75 (restricted by bad traffic conditions)<br>Utility - 75 (restricted by service range/city limit) | 100 |
| Bicycle | $ 1,000 / 83% | Independent /Dependent | 70 | Safety - 25 (lack of dedicated cycling infrastructure)<br>Mobility - 75 (cannot be used on sidewalks)<br>Utility - 25 (limited storage compartment) | 75 |
| Bicycle Rental | $ 1,200 Annually / 100% | Independent /Dependent | 40 | Safety - 25 (lack of dedicated cycling infrastructure)<br>Mobility - 75 (cannot be used on sidewalks)<br>Utility - 25 (limited storage compartment) | 25 |
| Electrical Bicycle | $ 1,100 / 91.6% | Independent | 55 | Safety - 25 (lack of dedicated cycling infrastructure)<br>Mobility - 75 (cannot be used on sidewalks)<br>Utility - 25 (limited storage compartment) | 75 |
| Public Transport | $ 600 (Bus) - $ 1,200 (Bus + Subway) / 50% to 100% | Independent /Dependent | 100 | Safety - 100<br>Mobility - 75 (restricted by bad traffic conditions)<br>Utility - 75 | 100 |

图 6－14　CUBO 与替代产品的对比分析

图 6－14 中的表格体现 CUBO 与替代产品的对比分析结果。其中，深灰色部分表示 CUBO 优于替代产品，而浅灰色部分则表示劣于替代产品。

商业模型（The business model）：

结合圣保罗消费市场和 CUBO 产品特点，提出两种商业模型："购买式"和"租赁式"。在综合分析两类模型的优、缺点后，得出结论。将两者结合进行，采用"混合式"，可实现利益最大化。

基本财务分析（Basic financial analysis）：

这个课题的目的是确定 CUBO 商业模型的潜在"瓶颈"，及其最佳发展模式所需的人力资源。通过确定商业模型的基本成本和收入来源，除能够更准确地估计单个产品的成本外，还能进一步确定未来产业升级和扩建所需的资金（见图 6－15）。

**Sales Revenue**

| | |
|---|---|
| Units Sold | 6,000 |
| Units Rented | 9,000 |
| Sales Revenue per unit | $1,200 |
| Rent Revenue per unit | $800 |
| **Total Revenue** | **$12,960,000** |
| Profit Margin | 0.1 |
| Total Sales Profit | $272,650 |

**Advertising Revenue**

| | |
|---|---|
| Number of Ads Posted | 5,400 |
| Average Advertising Revenue | $400.00 |
| Average Advertising Cost | $100.00 |
| Total Advertising Revenue | $1,620,000 |

**Total Revenue**

| | |
|---|---|
| Profit Before Tax | $1,892,650.00 |
| Corporate Tax | 0.25 |
| Total Estimated Profit After Tax | $622,688 |

FIGURE 2: TOTAL REVENUE WITH TAX BY SOURCE

**Major Expenses**

| | |
|---|---|
| Cost Per Unit (Components + Raw Materials) | $500.00 |
| Total Number of Units Produced | 15,000 |
| **Total Production Cost (Annual)** | **$7,500,000** |
| Average Cost Per Square Foot of Industrial Space (Mo) | $8 |
| Size of the Facility (sq meters) | 35000 |
| **Total Facility Cost (Annual)** | **$3,360,000.00** |
| **Utility Cost (Annual)** | **$250,000** |
| Sum of Expenses | $11,110,000 |
| Other Expenses | $400,000 |
| **Total Annual Wage Expense** | **$1,177,350** |

**Employees**

| | |
|---|---|
| Total Employees | 93 |
| Number of Basic Personnel | 50 |
| Number of Engineering Personnel | 15 |
| Number of Management Personnel | 10 |
| Number of Sales Personnel | 18 |
| Total Basic Wage Expense | $450,000 |
| Total Engineering Wage Expense | $216,000 |
| Total Management Wage Expense | $240,000 |
| Total Sales Wage Expense | $193,134 |
| **Total Annual Wage Expense** | **$1,099,134** |

图 6－15　CUBO 基本财务分析

太阳能充电站（Solar powered charging station）：

结合 CUBO"混合式"商业模式中的租借要求，设计针对 CUBO 的太阳能充电租借站。根据对圣保罗的气候和政策环境的调查，得出基本设计模型，并针对租赁管理办法，进行细化。图 6－16 所示为太阳能充电站构架。

第二，CUBO 生产制造分析。

CUBO 生产制造分析（见图 6－17）的目标是，针对 CUBO 的量产，设计一个包括办公、装配空间、原材料储存空间、包装空间和成品仓储空间的新工厂。其他相关的工厂设计包括设备、工具、工作台等的数量和种类，而工序安排、维修程序、质量检验程序等也需要考虑。

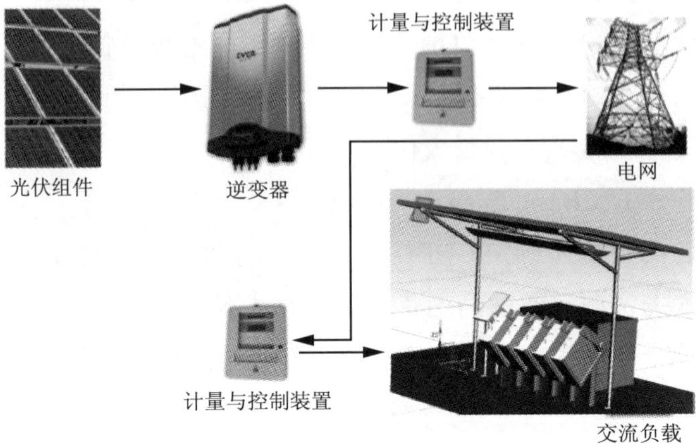


图 6－16　太阳能充电站构架

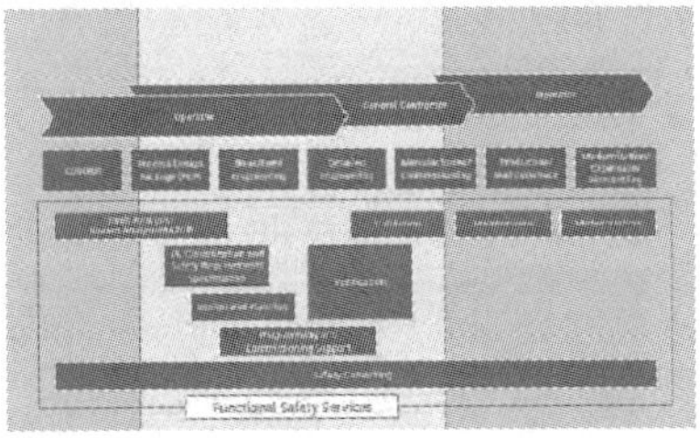

西门子公司的安全生产功能性服务

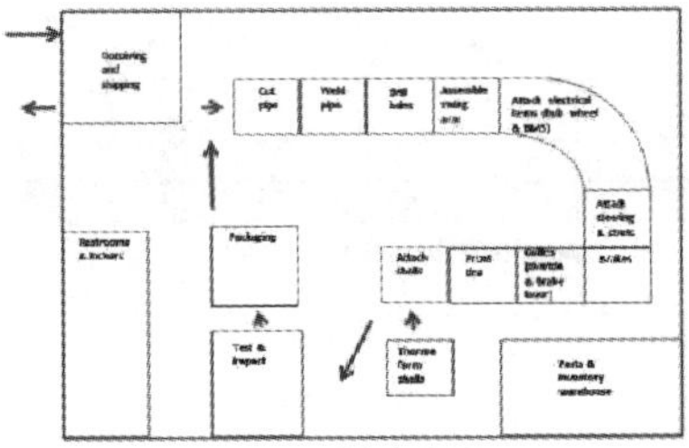

工厂基本布局

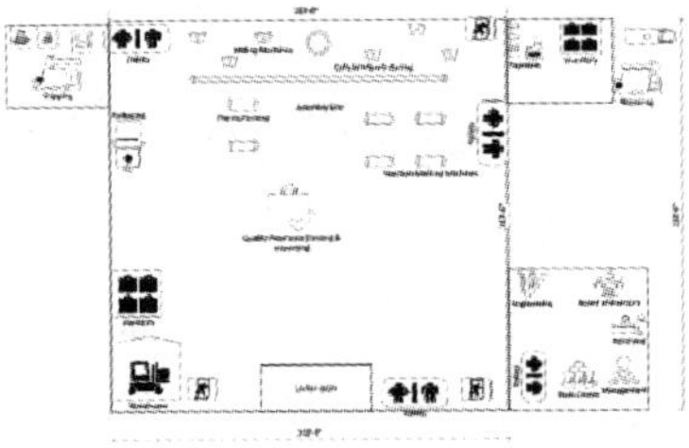

优选的工厂布局2

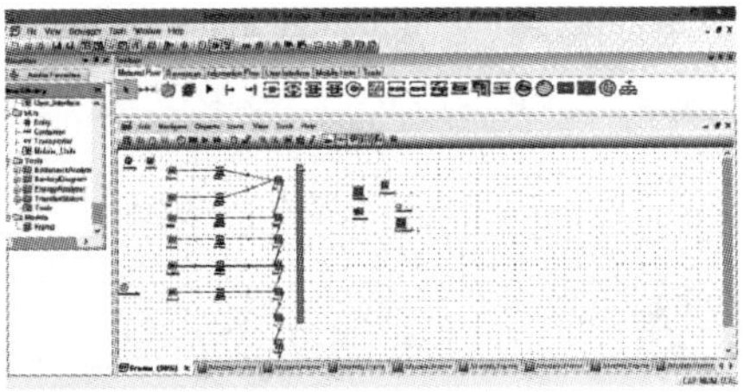

TECNOMATIC数字化制造专区设计软件

图 6－17　CUBO 生产制造分析

7）年会考核与路试比赛。

PAMD 项目作为 GM 全球合作项目，共参与两次年会，即 2013 年洛杉矶年会与 2014 年都灵年会，并取得市场调查一等奖，设计一等奖，工程分析二等奖，生产分析二等奖的好成绩（见图 6－18 ～图 6－20）。

图 6－18　PAMD 项目年会获奖

图 6－19　2013 年洛杉矶年会 PAMD－TEAM2 项目组合影

图 6－20　2014 都灵年会 PAMD 路试竞赛

#### 6.3.1.2 城市可持续交通 SUT

（1）SUT 项目背景

下一代可持续型城市交通工具解决方案［Next Generation of Sustainable Urban Transport（SUT）Solutions］项目是由全球 PACE 专家讨论小组委员会于 2010 年年会上讨论确定的。

项目设想到 2030 年，全球城市地区将拥有世界 80 亿人口中的 60%，而且将在污染、拥挤、能源安全、交通安全、公共设施等方面面临巨大的压力。尽管汽车工业在努力满足对运输和基本服务的日益增长的需求，但面对这些压力仍有必要重新审视城市环境的交通需要。因此，2010—2011 年度 PACE 全球项目名为“Sustainable Urban Transportation”（SUT），即城市可持续交通。每个小组都必须选择一个单一的城市地区，以了解人口的增长对交通运输的需要。每组都将基于他们对社会 / 经济 / 便利的交通问题的了解程度，提出解决方案。这个团队不应该拘泥于先前的汽车，而是开发一个全新的 SUT 概念，包括市场评估、车辆产品方案、工程分析、制造评估模型、功能性设计和最终 SUT 产品。

（2）SUT 项目预览

1）为某个特定城市地区设计可持续城市交通（SUT）解决方案。

2）参与全球团队建设活动以促进国际合作。

3）研究区域需求和交通运输需求。

4）设计和工程部门一起参与头脑风暴并提出方案。

5）从多个 SUT 概念的建议中选出方案。

6）根据 PACE 全球中心提供的车辆技术规范（VTS）为选定的概念设计机械、电气及控制部件。

7）定义环境或基础设施，以支持所选的个人城市交通解决方案。

（3）SUT 项目要求

1）具备全封闭乘客舱，并可搭载两名乘客和轻型货物的车辆（例如：2 个公文包，4 个购物袋）。

2）以无车轮为最低限制，车辆停止时必须保持直立。

3）动力系统是可持续的，在指定的市区里，40 km 行驶里程范围不用加油。

4）整合驾驶需求：可手动和自动两种驾驶方式；提供购买者网络工作的设备，如GPS、车对车通信、距离感应等。

5）其价格应以目标城市中产收入家庭或个人负担得起为最低限度。

（4）SUT项目合作

在此次项目中，吉林大学与巴西圣保罗大学、韩国成均馆大学以及国内的同济大学分到一组。我校主要负责车身造型、车身结构设计及分析、空气动力学分析等这些内容。项目内的老师及学生每两周参加一次由美国PACE办公室发起的网络电话会议，通报各自的进展并及时提出问题。项目完成后，PACE办公室组织评估工作。

（5）吉林大学SUT团队完成工作展示

2010/2011年，经过目标城市和市场人群的调研，以及人机工程学和空气动力学分析，从初期多个造型方案中最终确定了“鱼形”设计（见图6－21）。车身造型的灵感取自鱼的形状，整体造型贴近流线型，小巧轻盈，加上轴距可变，适合在城市中行驶和停放。

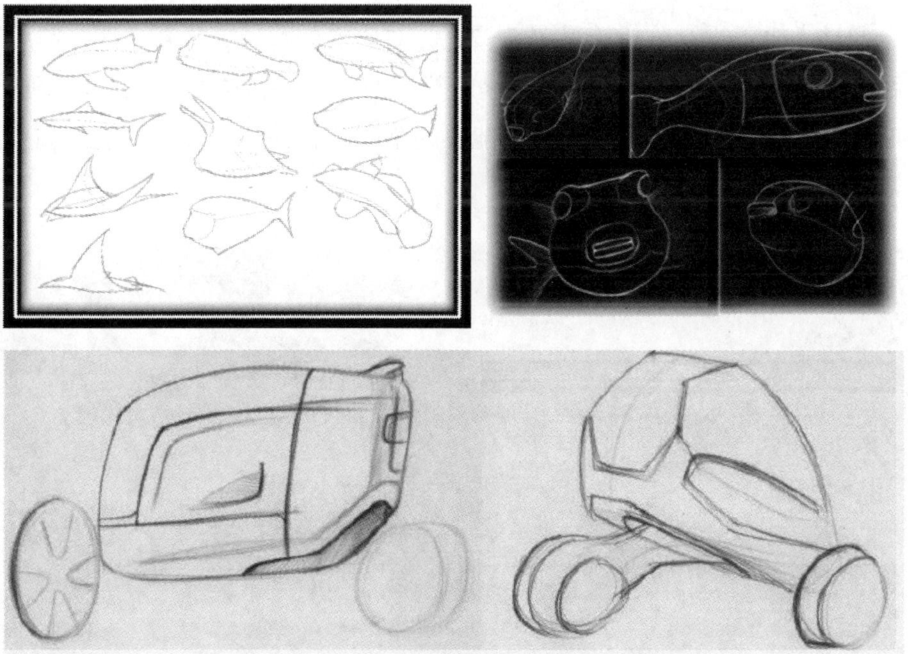

图6－21　SUT鱼形造型设计

2011/2012 年，在保持上一年的基本造型风格基础上，对方案的造型方案进行优化，使其更加合理化，也更符合实际使用的要求（见图 6－22）。

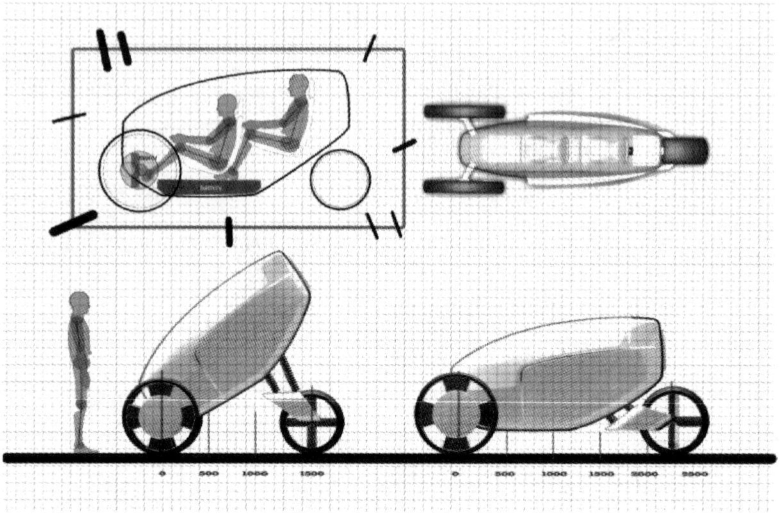

图 6－22　SUT 设计效果图

通过人机工程学分析（见图 6－23），对座椅的尺寸、靠背角度、前后座椅距离进行了调整，大大增加了乘坐的舒适性。在正确的座椅规格的基础上，对座椅进行了重新设计，在满足功能性的基础上，为座椅加入了前沿和新潮的造型元素。

图 6－23　SUT 项目的人机工程学分析

根据座椅尺寸的改变及乘员乘坐空间和视野的要求，车身也进行了一些改变，包括总体尺寸的变化、前挡风玻璃位置的角度、车身侧面的弧度等，并按照可变悬架的功能要求，对车身做了进一步调整。

由于座椅的尺寸、布置和车身尺寸的变化，所以原有的开门方法和上下车方式变得不再可用。因此，根据相关的变化，对开门和上下车方式进行了重新讨论和设计。这也是 SUT 改型的难点。经过长时间的反复尝试，最终确定了现在的方案（见图 6－24）。

在完成了对车身的功能性优化之后，对车灯等附属件进行了设计，包括符合车身整体造型风格的前灯和后灯。

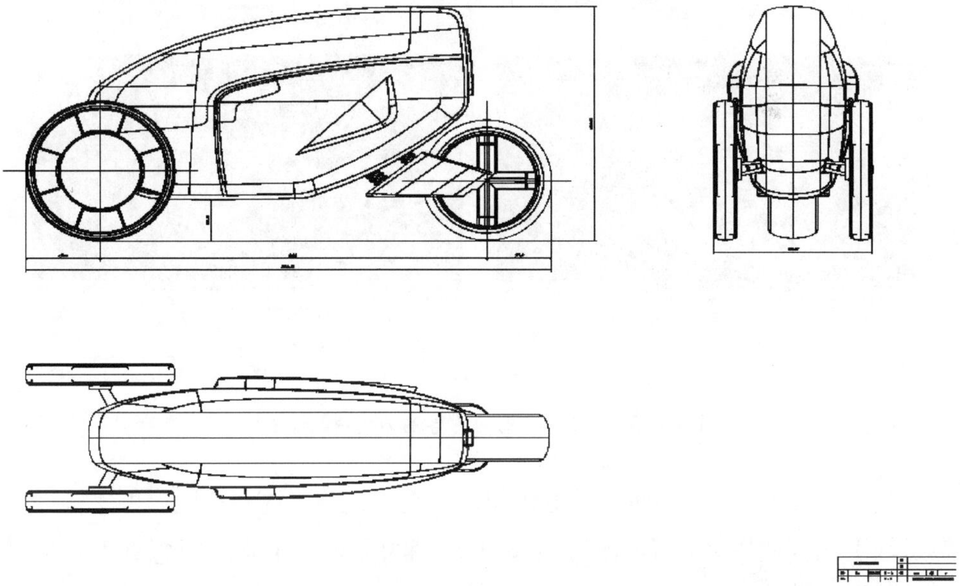

图 6－24　SUT 车身设计的 CAD 图

确定了 SUT 的总体尺寸后，我们对车身进行了空气动力学分析，并进行了车身自由模态分析，进一步优化了车身设计（见图 6－25）。

### 6.3.1.3　共享型可重构车辆系统 RSMS

（1）RSMS 项目背景

RSMS 项目的背景是 2030 年，PACE 全球中心设想到 2030 年城市人口将超过全球 80 亿人口的 60%。这将给城市污染、能源安全、交通安全等领域造成巨大的压力，同时这也将挑战已经难以满足日益增长的交通需求和提供基本服务的公共基础设施建设。未来城市的交通密集度将导致传统汽车和私人车辆所有率的迅速下降。伴随着人口激增、全球变暖、自然资源枯竭，城市、交通和汽车行业正在寻求新的交通系统，以解决这一全球性挑战。

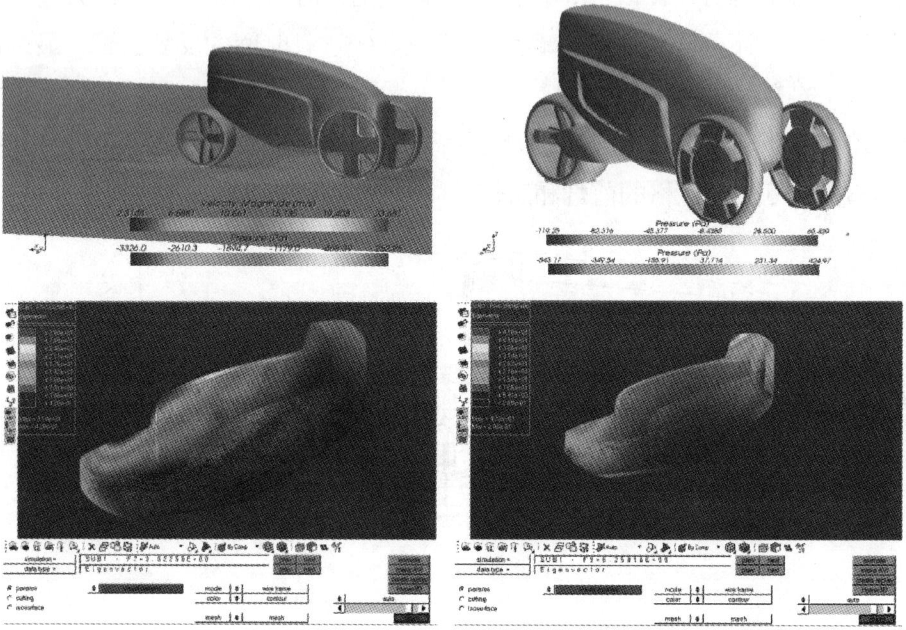


图 6-25　SUT 空气动力学分析和模态分析

PACE 全球中心设想通过可重构和共享的方式解决这一难题。可重构的设想是基于车辆使用者在不同情况下对于车辆的需求也不同。要想真正减少汽车保有率，就必须提高车辆的普遍适应性，而共享的提出则是基于 PACE 全球中心对于未来社会形态的设想。随着个人信用体系的完善和移动设备的技术发展，未来社会车辆共享将会成为一种可能。总而言之，为解决日益紧张的能源需求和不断增长的汽车保有量所带来的全球性问题，可以通过车辆功能组件模块化生产的方式，以整车解构和部件重组的形式，满足人们不同境况下对车辆的需求，以实现一车多用的设想。

（2）RSMS 项目概述

RSMS 项目的主要思想是设计出一个由不同功能部件和模块组成的系统

（见图 6－26）。该系统可被组装成一系列的结构，以满足不同的出行需求。设计的模块要能被高效地、快速地安装，以满足不同消费者要求的特定出行任务。为满足不同消费者的不同出行需求，我们应该设计一台像乐高积木一样可重构的交通工具，而不是为客户提供一大批功能不同但不可变的载客 / 载货载具。

图 6－26　模块化车辆系统的可能形态

（3）市场调研

我们的目标是设计出能被快速简单地组合的模块，以满足特定的载人交通工具（1 ～ 5 人）和载货交通工具。为了能更高效地服务于城市交通，我们需要掌握人们在每天或每周里的出行需求。例如：在早、晚通勤时间出现的可预测的由单个或一组人组成的人流、轻型货物在一日中的送递模式，以及不确定的多名乘员结伴出差或吃午餐的出行等。图 6－27 所示是基于韩国首尔的市场调研结果。

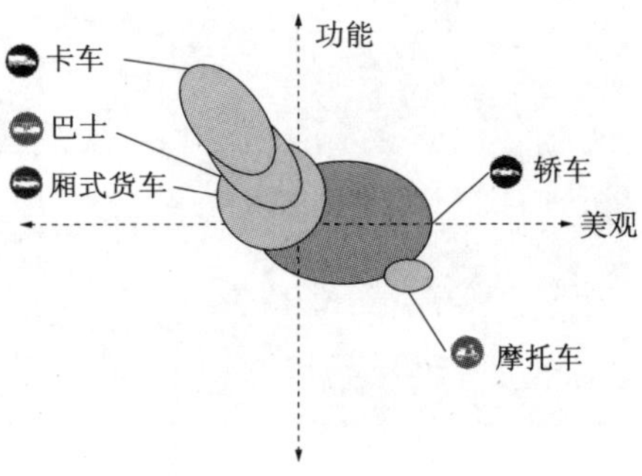


图 6－27　基于韩国首尔的市场调研结果

（4）概念设计

基于不同的需求，我们试想可将未来交通工具分为功能区和动力区。动力区为单人驾驶式两轮车辆系统。单人驾驶式可以满足绝大多数车辆使用者独立出行的需求，而两轮的选取则是基于尽可能利用垂直空间而节省水平空间，通过使车辆纵向长度最大程度减少来适应未来城市的拥挤程度。动力区的动力则选用更清洁、稳定的电力。电力的来源选用插电式。动力区除需要考虑通过 ECU 控制蓄电池和轮毂电机协同工作，还需要考虑由于只有两个车轮所带来的平衡问题。因此，我们借鉴平衡车的经验，通过内置的陀螺仪判断车身所处状态，经 ECU 计算出适当的指令后，驱动电机可达到平衡的效果。

对于不同的需求通过功能区来实现。基于前期的市场调研，功能区应基本满足除驾驶者以外的 1 ~ 4 人的载人需求。此外，还应满足 1 人或 2 人的简单移动办公需求。载货的需求应满足较大的封闭式或半封闭式储物空间。

（5）合作院校

本次与吉林大学合作 RSMS 项目的高校共有 5 所，分别是韩国弘益大学、美国西北大学、美国塔斯基吉大学、加拿大英属哥伦比亚大学和墨西哥国立理工大学（见图 6-28）。

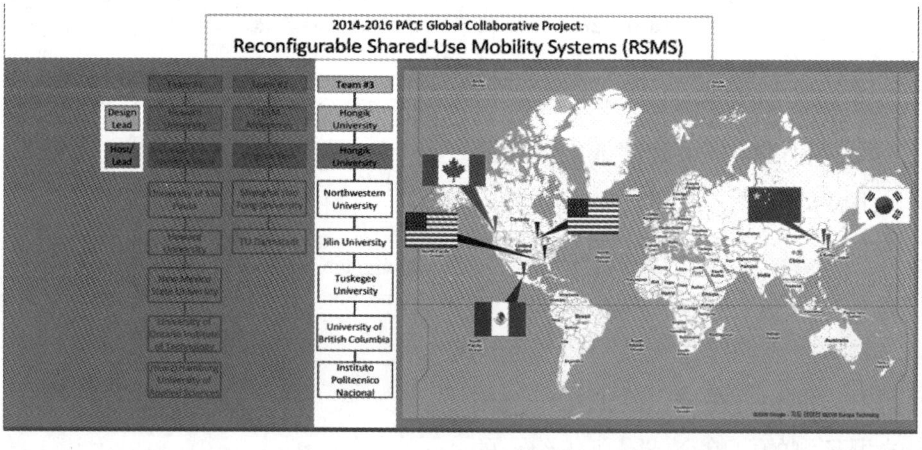


图 6-28　合作院校分布

（6）项目规划

项目的统筹规划由韩国弘益大学制定。经过几次的网络会议，制订出了此次 RSMS 项目 2014—2015 年的进程计划（见图 6－29）。吉林大学 RSMS 项目于 2014—2015 年度第一学期立项，目前正处于第一阶段（Phase 1）。

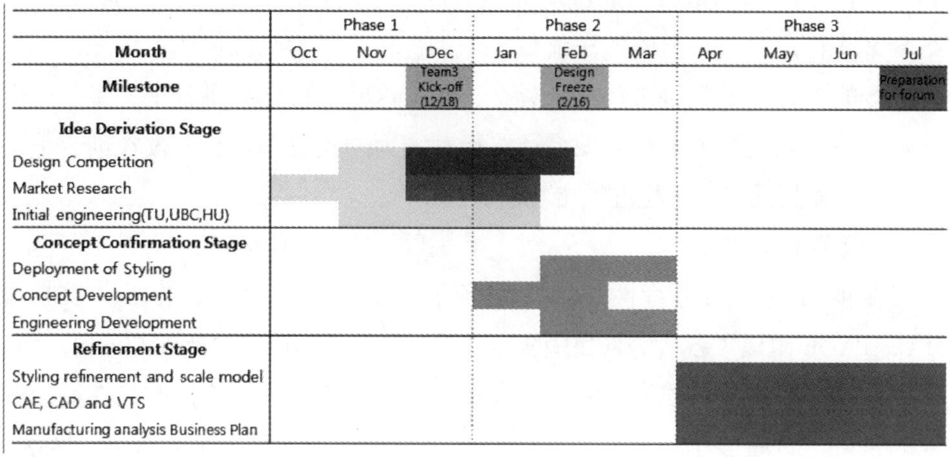


图 6－29　项目规划

### 6.3.2　国内高校合作项目

吉林大学 PACE 的国内高校合作项目是依托于 PACE 合作创新挑战大赛（CIC）展开的。CIC 是面向 PACE 高校的，以新创意和技术应用为重点的竞赛。

PACE 合作创新挑战大赛（CIC）的主要目标是：

1）展示在 PACE 机构发起的创新性项目。

2）增强技术应用与工业设计间的联系。

3）提供可用的机会，增强各 PACE 机构的参与度。

4）长足发展 PACE 软件与硬件工具的使用。

#### 6.3.2.1　农村车项目（Rural Car）

（1）项目背景

农村车项目是由同济大学 PACE 中心（以下简称 TJU－PACE）和吉林大学 PACE 中心（以下简称 JLU－PACE）于 2013 年 5 月发起的合作项目，并且该项目将参与全球 PACE 的 CIC 竞赛单元。

农村车项目的最初设想是由同济大学 PACE 中心提出的。项目的可行性论证是 TJU－PACE 和 JLU－PACE 共同合作完成的。主要目的是解决城市道路负荷过重，城乡道路运营能力大大过剩，以及这两者之间的协调问题；致力于设计一种目标受众是经常往返于城乡之间的人群，并满足他们日常生活和工作需要的运输工具。通过对大量有关道路运营能力的统计数据的分析，结合某些特定的城乡道路的车流量等一手资料，再对已经投放市场和将要投放市场的类似产品数量进行统计分析，并将这些分析结果进行全方位的综合分析，最后确定致力于改善城乡道路运营能力的农村车项目不仅在理论上是可行的，而且具有一定程度的市场前瞻性。

（2）项目启动

在项目前期的可行性研究等准备工作基本结束之后，TJU－PACE 和 JLU－PACE 组建了各自的项目团队，并重新定义了项目需要达到的项目目标。同时，为了节约开发成本，缩短研发周期，项目团队决定将该产品在通用五菱的基础上进行改型设计。项目团队制订了农村车项目的项目进度计划表，如图 6－30 所示。

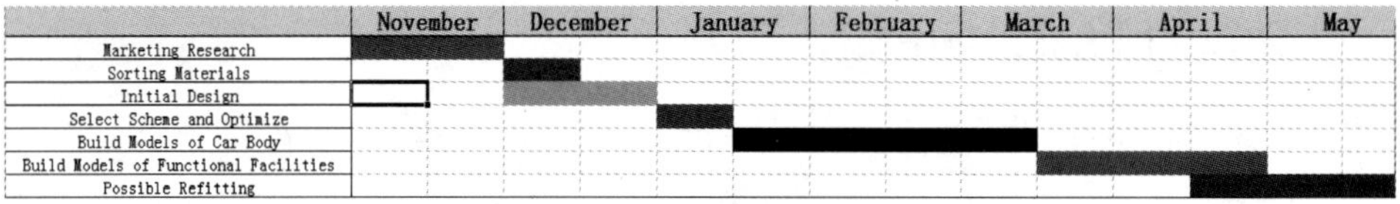


图 6－30　项目进度计划

1）市场调研。

按照项目进度计划表的安排和项目启动需要进行的工作（市场调研、对标分析和综合结果分析等），项目团队需要进行的第一项工作是市场调研，旨在进一步细分市场，确定项目产品被受众，同时预测项目产品被投入市场之后的市场占有率。

第一，设计调研问卷。

首先，结合项目可行性研究的部分结果，并查阅相关资料，进行调查问卷的初步设计。其次，对问卷的问题设置进行价值分析、逻辑分析、收益分析、平衡性分析等工作，对调查问卷做进一步完善。再次，项目团队采取实地走访调研和通过互联网发放问卷两种方式进行数据的收集。

通过一段时间的不懈努力，项目团队共收集将近 300 份调查问卷。经过一定规则的筛选，尽量排除虚构数据（同一个 IP 禁止填写两份调查问卷，排除与目标受众群体严重不相符的调查数据等）存在的可能性。最后，项目团队获得 217 份有效数据。

第二，分析调研结果。

由于项目团队由 TJU－PACE 和 JLU－PACE 共同构成，而两所大学分属于中国的南、北方，并且可以在一定程度上代表南、北方的不同特色，因此，对于调查问卷所获得的数据进行分析的最简单有效的方法就是根据受访者的生活所在地与中国南、北方的所属关系进行划分。同时根据调查问卷设置的问题之间的逻辑关系，对所获得的数据分别进行简单的表层分析和深层次的数据挖掘。

下面将以问题“您认为车辆应该设置多少个座位合适?”为例对调查数据进行简单的表层分析。

针对这个问题，项目团队获得的调研数据如图 6－31 所示。

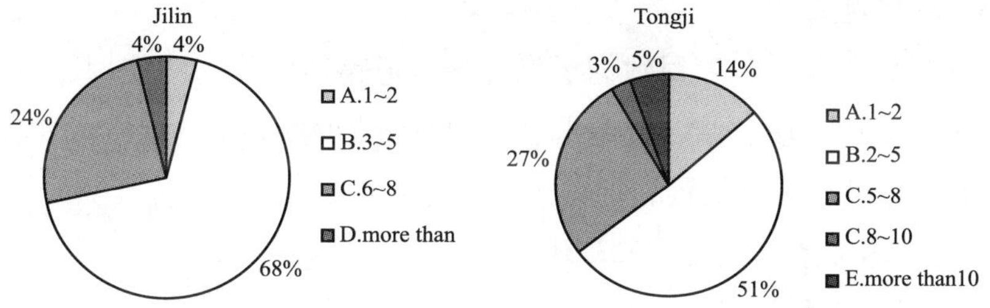


图 6－31　调研数据统计

通过调查问卷所获得的数据不难发现，南、北方在这个问题上并没有表现出地域差异。大多数人倾向于选择 3 ～ 5 人的座椅数量。结合中国城镇人口的分布规律可知，城镇人口的住户每户人数基本为 4 人。选择 3 ～ 5 人的座位数量不仅能够满足载人的需要，而且能够在载人运输能力过剩的时候提供一部分的载货能力。因此，对于产品设计的指导意义在于不仅座位数量最好控制在 3 ～ 5 人，而且载人运输的能力和载货运输的能力能够在一定程度上相互转化。

正如上文的示例，项目团队对调研获得的数据进行分析和挖掘，获得对产品设计，甚至是生产销售等具有一定指导意义的一手资料。因此，项目团队也在之前项目定义的基础上进行了补充和完善。将在项目定义中阐述具体的结果。

2）对标分析。

进行对标分析的主要目的在于确定目标车型和竞争车型，初步确定车身开发任务，明确性能指标、目标成本、验证方法等。同时，结合问卷调查的结果（城镇居民最常使用的车辆为面包车和小轿车），以产品销量为主要衡量指标，项目团队以 2013 款的五菱荣光和奇瑞 QQ 作为主要的竞争车型进行对标分析。

项目团队进行的对标分析主要由决定销量的性能特点和获得该性能特点的车辆结构两部分组成。分析可知，这两款车型销量领先的主要原因在于燃油消耗量较低，价格低（车身配置少，乘员舒适性差），并且具有一定年限的使用寿命。因此，在保留并加强优点，减小并去除缺点的原则下对项目进行更明确的定义，同时对产品设计起到一定的指导作用。

（3）项目定义

前文提到，农村车项目致力于增加城乡道路运输能力的使用，同时改善城镇居民的出行环境。结合问卷调查和对标分析的结果，对农村车项目所需要设计的产品进行更为细致的定义。具体的定义如下：

1）能在城乡道路上使用的车辆。

2）兼具载人和载货的功能。

3）载人和载货功能能够在一定程度上相互转化。

4）性价比较高。

5）燃油消耗率较低。

6）尽量使用标准化的零部件，以降低成本。

7）尽量采用较轻的车身。

8）动力性能中等水平即可。

9）增设除载人和载货外的其他实用功能。

产品在结构设计方面与市场中存在的通用五菱等系列车辆并无太多差别。主要的创新点和竞争优势在于载人和载货空间能够在一定程度上相互转化，同时由于其他附加的实用功能的设计，能够在一定程度上提高乘员的舒适性，满足乘员的使用要求。

（4）产品设计

根据项目定义的结论，对农村车项目进一步的工作安排在项目进度计划表中进行细化，并结合之前所进行的项目工作（项目启动和项目定义）所占用的项目周期，对项目进度计划表的时间节点进行细微的调整，同时将项目的工作进行分解，细化项目的里程碑事件。在农村车项目产品设计阶段的项目进度计划表如图 6－32 所示。

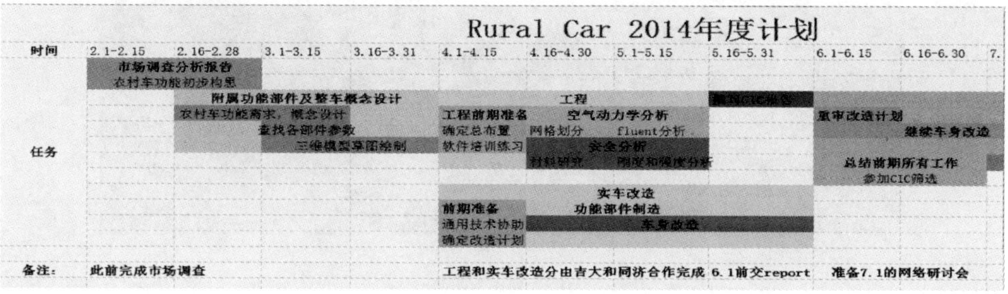


图 6－32　Rural Car 年度计划

由于农村车项目是对已有车型进行改型设计的项目，车辆的底盘和传动系统将使用与通用五菱 2013 款同系列的机构。因此，项目产品设计的主要对象是车身的设计，采用的是由内向外的设计方法。

1）结构设计。

根据项目定义和新增加的附加功能，车身的造型设计如图 6－33 所示。

图 6－33　Rural Car 的车身结构

在车身造型设计的过程中，主要目的在于实现附加功能（见图 6－34）和载人与载货功能在一定程度上的相互转化，同时还要在长度、宽度和高度方向适应已经选定的底盘和传动系统。

图 6－34　Rural Car 附加功能示意图

2）仿真校核。

在虚拟仿真阶段，项目团队进行了人机工程学分析（包括舒适性分析、视野校核、手伸及界面校核等）、空气动力学分析、结构受力和模态分析和动力学分析。分析的结果显示，除了空气动力特性不够理想之外，其他性能都处于较为理想的状态，同时由于项目产品在使用时的行驶车速不高，空气动力特性表现得并不明显。因此，农村车项目的最终产品设计的结果和项目预期的符合度很好。

以舒适度为例进行说明：

图 6－35 所示是对 95 百分位的人体模型进行驾驶姿势舒适性分析的数据结果。图示数字越小表示舒适等级越高。图 6－35 中显示驾驶员各个关键点处的舒适度数值基本处于 3 以下，即舒适状态。因此，该项目产品的驾驶室布置满足在一定时间内不使驾驶员疲劳驾驶的要求。

（5）项目成果

农村车项目的成果主要可以分为 3 个部分，分别是农村车项目产品、项目团队成员的成长，以及 PACE 中心的技术积淀。

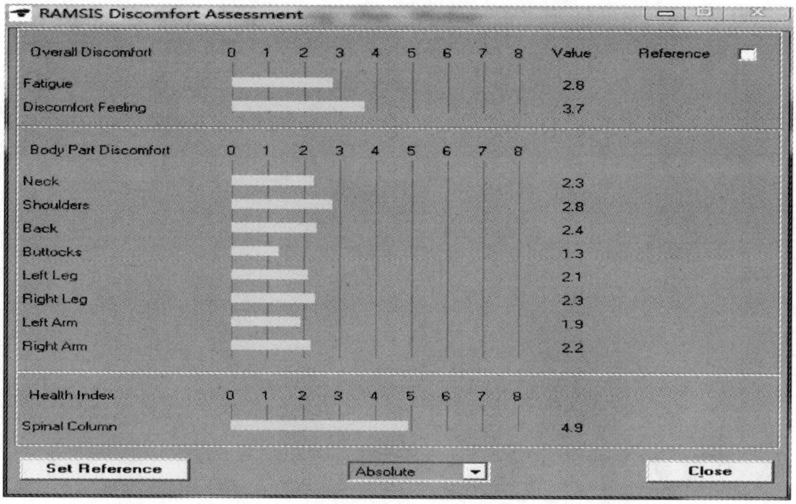


图 6－35　95 百分位人体模型驾驶姿势舒适度分析

1）项目产品。

农村车项目基于自身的项目目标，设计出了一款适用于城镇居民行驶在城乡道路之间的车辆，较好地符合了目标受众的需求，并增加相应的附加功能，以便该车型能够更好地符合城镇居民的使用要求。

此外，农村车项目在全球 27 支参与 CIC 竞赛单元的合作项目中脱颖而出，获得全球第三的成绩。

2）团队成长。

农村车项目采用较为科学的研发方法和管理方法，致力于形成符合大学生创新项目的研发流程和管理体系，并在农村车项目组中试运行情况良好；与此同时，项目组成员不仅在与汽车车身设计和总布置有关的技术领域得到锻炼，还在项目管理和研发流程的设计方面得到提高。

3）技术积淀。

农村车项目组根据自身的项目需要，进行了一些之前 JLU－PACE 较少用到或没有用到过的技术分析方法。这些技术分析方法将作为 JLU－PACE 的技术积累沉淀下来，以便之后的 JLU－PACER 查阅；同时，农村车项目组形成的管理方法和研发流程也将作为 JLU－PACE 的隐性知识沉淀下来，以便参考。

### 6.3.2.2 智能车项目（Smart Car）

（1）Smart Car 项目背景和设计目标

根据市场调查，越来越多的女性获得了驾驶执照，并具备购车动机和购车能力；但目前汽车市场中的绝大部分汽车都是以男性为目标群体，操作方便性和造型设计等方面均不适合女性消费群体。根据以上调查结果，拟设计一款可满足女性汽车消费群体需求的车。

进一步的目标设定：针对女性驾驶员普遍存在的驾驶技术较低的问题，设计一款能四轮转向的汽车，以帮助女性驾驶员解决狭窄空间内停车、转向的问题；同时，配合四轮转向系统，结合女性驾驶员的操作习惯和审美标准，设计一款人机交互界面。

（2）Smart Car 总体结构设计

Smart Car 采用分散式的四轮驱动系统：

1）装备 4 个 0. 8 kW 的轮边电机，电机与车轮相结合，直接驱动车轮。

2）车上装载 9 节 12 V 的铅蓄电池组（4 个为一组，串联成 48 V，给轮毂电机供电；另 12 V 单独作为一组，给转向舵机供电），负责为电机及其控制器提供额定电压为 48 V 的电源。

3）行驶过程中的车辆转向依旧是通过转向横拉杆实现机械转向，只有在确定车辆停稳才可以切换到由转向舵机实现的特殊功能模式。

整车布置简图如图 6－36 所示。

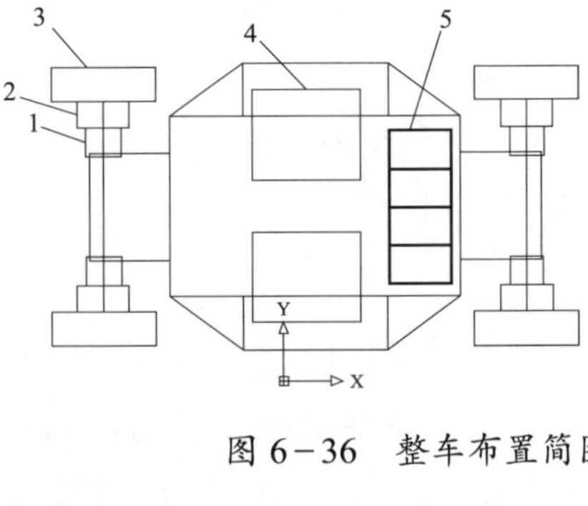


| 序号 | 名称 |
|---|---|
| 1 | 电动机 |
| 2 | 轮边减速箱 |
| 3 | 车轮 |
| 4 | 座椅 |
| 5 | 电池 |

图 6－36　整车布置简图

（3）特殊功能的结构设计

为了达到女性用户操作简单的要求，设计一款能够实现四轮转向的底盘。

这个四轮转向系统能满足：用户车轮旋转 90° 时实现侧向行驶，旋转特定角度时实现原地转向的特殊功能，从而使操作难度大大降低。

1）车轮旋转 90° ，侧向行驶。

图 6－37 所示是一个靠边停车后起动的画面。从中可以看出车是走了一个复杂的“之”字形路线，给女性用户增添了困难。如果车轮能够直接转向达到 90° 的话，仅需侧向移动，即可方便停车。

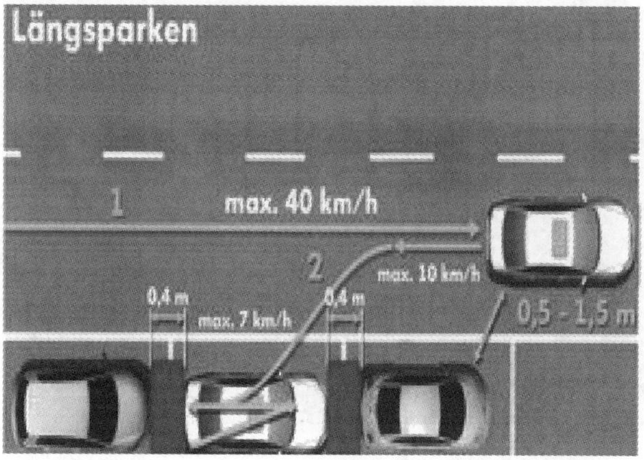


图 6－37　传统侧方位停车起动行走路线

2）旋转特定角度，原地转向。

传统车受转向系统限制（见图 6－38），狭小空间内转向需要复杂操作，给驾驶感不强的女性驾驶者带来了极大的困扰。若可实现四轮转向，就可实现零转弯半径转向，大幅降低操作的复杂性（见图 6－39）。

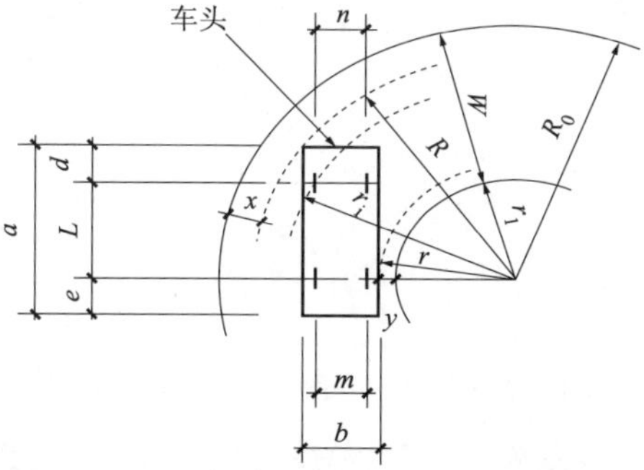


图 6－38　传统转向系统转弯半径

图 6－39　四轮转向汽车

为了实现以上所阐述的两大功能（原地转向和侧向行驶），我们对汽车做出了巨大的改动，在转向部分体现得最为明显（见图 6-40）。

在转向部分，我们在原来的基础上每个车轮添加了一个转向舵机，因而 Smart Car 有两个转向模式：

第一，正常转向。

方向盘—拉杆—转向节臂—轮胎（锁住转向电机—转向节—轮胎）。

第二，特殊转向

转向电机—转向节—轮胎（锁住方向盘—拉杆—转向节臂—轮胎）。

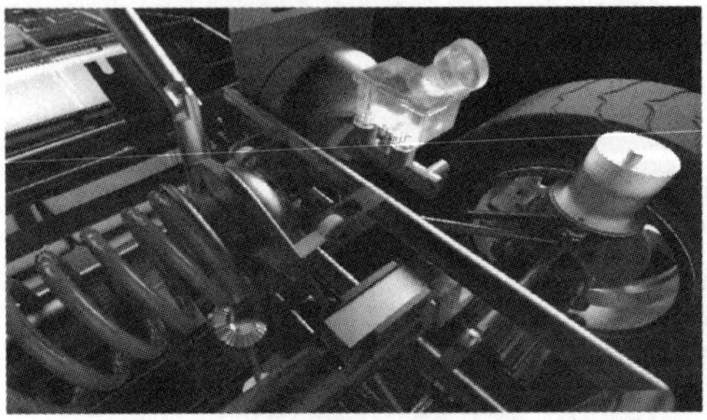

图 6-40　Smart Car 轮边设计

（4）UI 设计

为辅助四轮转向功能，满足女性消费者需求，结合当今热门技术，设计 Smart Car 特有的用户操作界面：

1）智能车载系统，设计更适合女性使用需求和操作习惯的用户操作界面。

2）抬头平视显示器，通过把导航的信息投影到前挡风玻璃上，减少视线离开路面的频率，降低行驶危险性。

### 6.3.3　校企合作项目

#### 6.3.3.1　车联网项目

（1）公园业务车车联网系统简介

随着移动互联的发展，越来越多的终端平台开始被智能化；同时，伴随着云计算技术和物联网技术（IOT）的进一步发展，车辆无疑会成为下一个被智能化的移动终端。

目前，局域的车联网应用已经很成熟，例如国外众多的物流卡车车联网系统。在卡车领域，车联网系统的投入成本比重正逐步增加。对于国内的产业背景，像公园、小区、大学城这样的局域环境对业务车的车联网产品也有很大的需求。

在这样的产业背景下，PACE 着手研发了一套针对公园的业务车车联网系统。

公园业务车车联网系统通过整合目前成熟的 GPRS 技术和 LBS（Local Based Service）服务，以 Android 作为平台进行开发，大致的技术框架如图 6－41 所示。

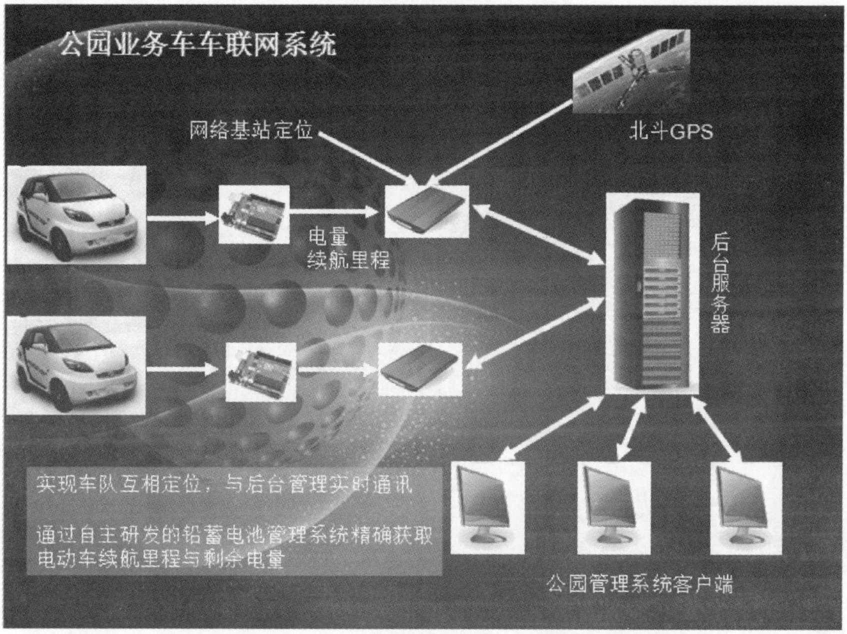


图 6－41　公园业务车车联网系统技术框架

（2）针对铅酸蓄电池的专用 BMS 电池管理系统

针对目前公园内使用的铅酸蓄电池，我们研发了专用的 BMS 电池管理系统。这个 BMS 模块可以将电动车辆的电池电量、续航里程等信息通过蓝牙发送给 Android 平台，从而让电池以及整车的信息都能整合进这套系统，实现 V2V（Vehicle to Vehicle）的目标。

BMS 系统目前使用 Arduino 得到了初步的实现。

Arduino 作为一款非常流行的开源硬件已经得到越来越广泛的使用。越来越多的极客和创客使用 Arduino 做出了许多令人惊叹的应用。

（3）Android 终端 APP 开发流程

针对电动车上使用的 7in① Android 平板，我们开发了相应的 APP。下面对这个 Android APP 的开发流程进行简单的介绍。

工业产品的开发一般采用 V 字形开发流程，但是在 APP 开发过程中，V 字形开发流程存在后期测试代价太大的问题。因此，我们采用了极限开发的概念，进行迭代开发。Android 的开发使用 Android ADT 进行（见图 6－42）。

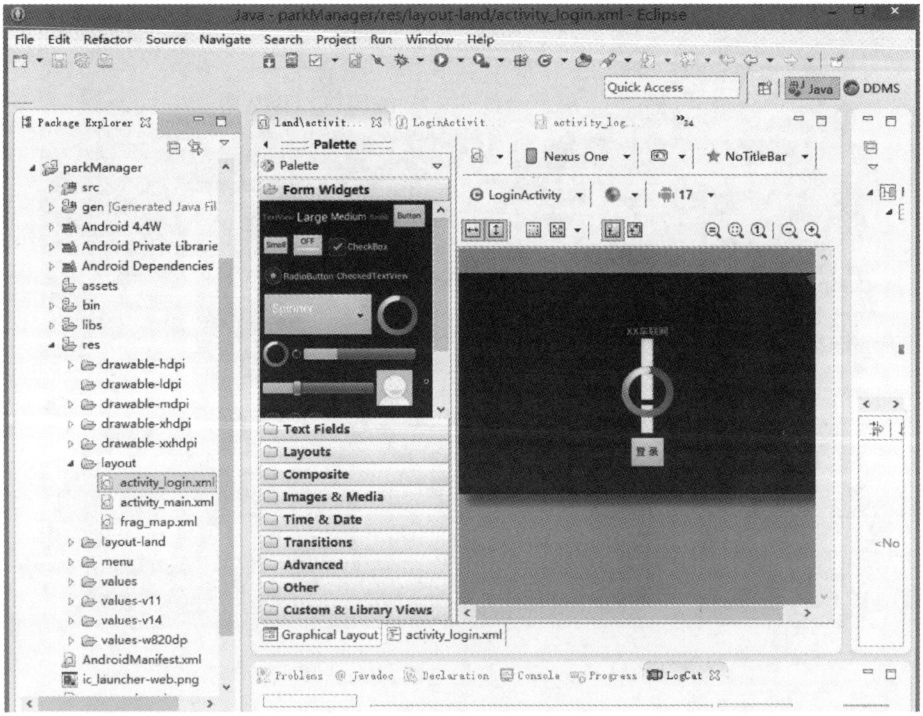


图 6－42　车联网终端 Android 开发

1）APP 功能。

应用的核心模块包括：定位与地图功能、其他车辆的信息显示，以及汽

① 1in=2.54cm。

车实时信息的获取。

2）APP 设计。

图 6－43 中显示的车辆为自身的位置，其他车辆也会以同样的形式出现在地图上。点击汽车图标将会显示相应的电量和续航里程。

点击上方 VEHICLE 按钮，将会显示本车的详细信息。

图 6－43　车联网终端 APP 设计

在图 6－44 中，左侧为续航里程，而右侧为电量的百分比。

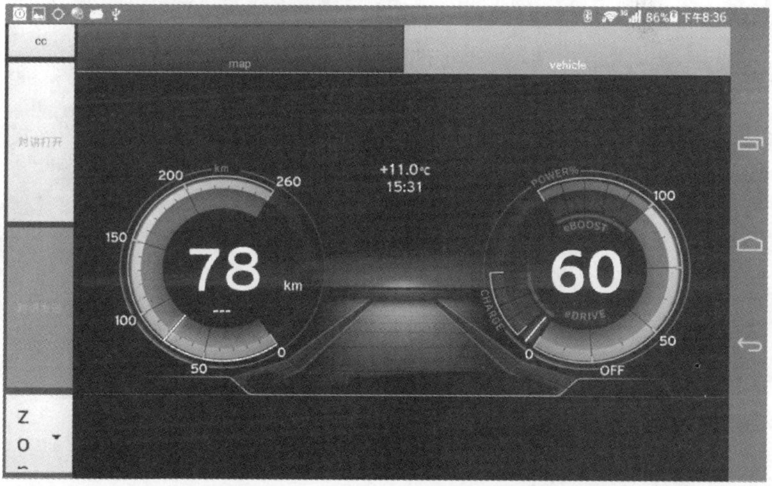


图 6－44　车辆信息显示窗口

（4）云计算平台与全生命周期服务平台搭建

后台服务系统具有两个功能：Android APP 的后台信息交互平台和电脑终端的服务提供平台。

服务器上的功能应用了全生命周期的概念，能将所有与后台的信息交互记录进行存储,并能进行相应的深入数据挖掘。这会产生相当大量的改进信息，无论是对于车联网客户，还是对车辆的使用者。

后台使用 J2EE 技术进行搭建。J2EE 是目前较为成熟的企业级应用平台。很多大型电商和计算平台都使用 J2EE 来实现服务。

云端服务器采用 MySQL 数据库服务器和 Tomcat 服务器。MySQL 是目前非常流行并且免费的一款数据库服务器。Tomcat 同样也是一个开源的 http 服务器。

整个平台目前被搭建在阿里云上。图 6－45 所示是阿里云上搭建完成的服务器界面。

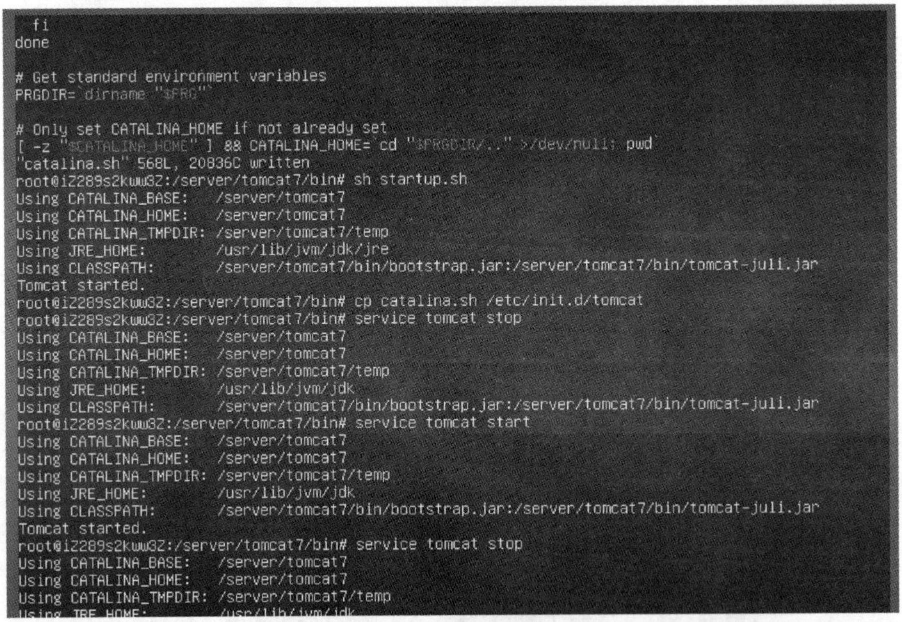


图 6－45　阿里云上搭建完成的服务器界面

图 6－46 所示为电脑端登录界面。

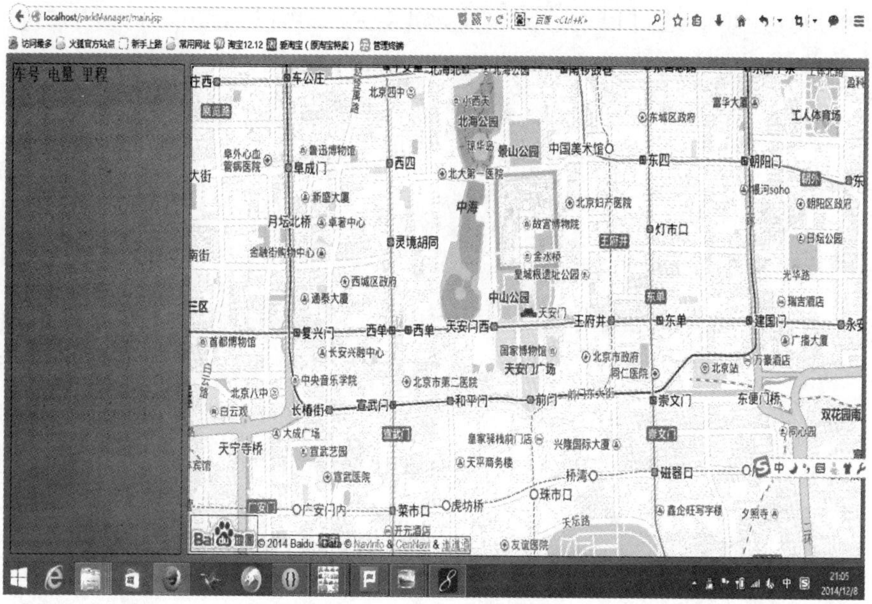


图 6－46　电脑端登录界面

在浏览器中将会显示所有的车辆和他们的续航里程和电量。这将大大方便车队管理者的工作。

### 6.3.3.2　机器人项目

PACE 机器人项目成立于 2014 年 10 月，是吉林大学 PACE 中心新成立的创新项目。该项目旨在针对生产生活需求，自主研发以投产为目标，以功能为导向的低成本机器人。项目组成员期望可以紧跟世界机器人前沿科技，掌握机器人开发制造的技术，力图在世界机器人技术浪潮中把握先机。

（1）全地形勘探车

1）项目概况。

为迎合现代矿质勘探行业对勘探手段高效率、多元化的需求，机器人项目组现致力于研发全地形勘探车。计划将该全地形勘探机器人用于采矿、地质勘探等行业。

2）预期目标。

全地形勘探机器人的基本功能：

- GPS 定位。通过 GPS 定位，随时接收全地形勘探车的位置。

• 自动避障。通过自动避障，全地形勘探车可以自动绕开无法越过的障碍物。

• 遥控。通过电脑软件可以控制全地形勘探车的运动。

• 实时摄像传输。全地形勘探车自带摄像头，并利用 WiFi 将摄像头拍摄的视频信号实时传输给电脑；同时，如果 WiFi 信号中断，全地形勘探车可以将视频信号暂存至 TF 卡中。

• 全地形越障。全地形勘探车具有在各种复杂地形上自由行走的能力。复杂地形包括低矮的地形、高大的台阶，以及弧形地形、草地地形、山地地形等。

• 承重。全地形勘探车具有 75 kg 的承重能力，可以搭载一个人或勘探设备。

3）技术要点。

• Arduino 单片机：

拟使用 Arduino 单片机作为全地形车的主控单片机。Arduino 是一款便捷灵活、方便上手的开源电子原型平台。Arduino 能通过各种各样的传感器感知环境，通过控制灯光、电动机和其他的装置来反馈、影响环境。板子上的微控制器可以通过 Arduino 的编程语言编写程序，编译成二进制文件，收录进微控制器。

• 超声波传感器：

为了让全地形车拥有避障功能，需要安装超声波传感器。这其中的避障原理同蝙蝠相似，都是通过发出一定频率的超声波，而当遇到障碍物时超声波被反射回来。通过接收该反射波，再根据发射和接收的时间差获得障碍物位置信号，进而确定障碍物位置。图 6－47 所示为超声波模块。

• L298N 电机驱动模块：

选用 L298N 电机驱动模块（见图 6－48）对电机进行控制。这种驱动模块可实现电机的正反转和调速，并具有良好的起动性能。

• 摄像模块：

摄像头选用 100 万像素 CMOS 传感器，拍摄出来的视频可以达到 720 p（1280 × 720）的分辨率。在摄像模块中还将有一个 WiFi 模块，被用于将图像数据实时传输给控制端。摄像模块中可插入 TF 卡，它被用来暂存视频数据。

图 6－47　超声波模块

图 6－48　L298N 电机驱动模块

（2）廉价服务机器人项目。

机器人项目组计划在全地形车项目完成后研发廉价智能服务机器人项目。届时将根据服务场所的不同而为机器人设计各种不同的功能，例如被用于酒店宾馆的迎宾机器人、被用于高速路口的安检机器人等。图 6－49 所示为安检机器人构想。

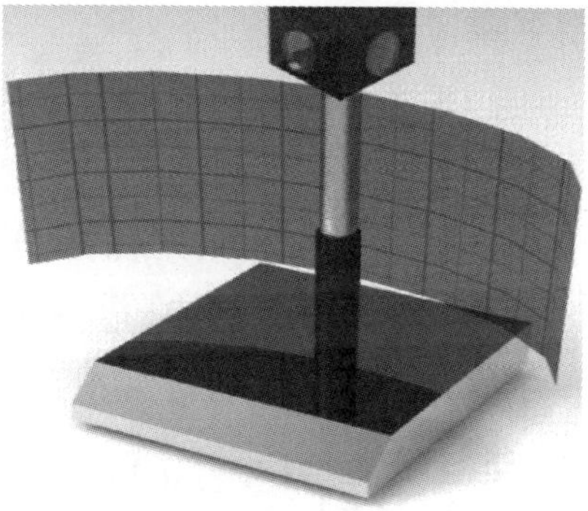

图 6－49　安检机器人构想

## 6.4　吉林大学太阳能车队

### 6.4.1　世界太阳能车挑战赛

世界太阳能车挑战赛于 1987 年在澳大利亚创立，每两年举办一次。比赛路线从澳大利亚的北部城市达尔文市出发，穿越澳洲大陆，到达南部城市阿德莱德市，全程 3 000 km。世界太阳能车挑战赛要求参赛者在给定的参数范围内设计并制造太阳能电动汽车，并依据比赛规则驾驶太阳能电动车穿越澳洲大陆。

赛前车队通常用 20 ~ 24 个月的时间进行参赛车的设计、制造、测试等工作，并且在规定时间内完成注册报名和技术文件提交。由参赛团队根据比赛规则自行设计、制造、测试赛车和参赛。在此过程中加强了学生理论联系实际的能力，锻炼了学生的动手能力，并且能够使学生更好地把设计与制造联系起来。赛事给了车队证明和展示其创造力和工程技术能力的机会。通过比赛的方式，也促进了各个车队技术的进步与改善，推动了科学技术的进一步发展。

与此同时，比赛规则也比较开放，能够让各个车队相对更加自由地设计赛车，产生更多的原创设计，使学生的思维更加发散。比赛规则简述如下：长度不超过 4 500 mm，宽度不超过 1 800 mm，高度不超过 2 200 mm；在太阳能电动汽车发生碰撞或翻车的情况下，必须有尽量合理可行的相应结构以保护乘客。

应采取相应措施，确保车辆在碰撞时，车身构架、组件或配件不会侵犯驾驶员的空间；当驾驶员带上头盔，系上安全带，坐在正常的驾驶位置上时，在前方必须有清晰的视野。对于挑战类别和巡游类别的太阳能电车，在距离驾驶员的眼睛 4 m 的地方，驾驶员必须能够从向前的任意角度看到在视平线以下 0. 4 m 与视平线以上 0. 7 m 范围内的每一点；太阳能电池板的面积不超过 6 $m^2$；锂电池质量不超过 20 kg；密封要求；人机工程学要求等。

图 6－50 和图 6－51 所示为参赛的太阳能赛车。

图 6－50　日本东海大学太阳能赛车

图 6－51　美国密歇根大学太阳能赛车

澳大利亚太阳能车挑战赛分为 3 个组别，分别为 CHALLGER，

CRUISER 和 ADVENTURE，分为实用型与挑战型。其中，实用型太阳能车最少乘坐两个人，比赛成绩需要加权实用性成绩与外部用电情况，而挑战型太阳能车在不允许使用外部能源的情况下，按照到达目的地的时间评估成绩。

### 6.4.2 吉林大学太阳能车队

吉林大学太阳能车队（SEVT）成立于 2010 年，是吉林大学 PACE 学生俱乐部重要的学生创新项目之一。车队旨在通过队员们亲自动手参与整车的设计、检验、校核、组装、调试等工作，培养学生的团队协作能力、奉献精神、实践能力等，使之成为我国未来汽车工业的领军人物。图 6－52 所示为吉林大学太阳能车效果图。图 6－53 所示为吉林大学太阳能车队徽标。

图 6－52　吉林大学太阳能车效果图

图 6－53　吉林大学太阳能车队徽标

吉林大学太阳能车队凝聚吉林大学各个学院的本科生、研究生和博士生各个阶段的优秀人才。在指导老师以及团队的努力下，本团队有顶尖的技术储备，高效的团队合作，丰富的实验设备，并且一直以技术、管理两个方面共同发展为宗旨，打造出了一只拥有一套科学的团队管理体系以及顶尖技术的高效团队。

目前吉林大学太阳能车队由车身组、底盘组、动力组和总体组 4 个大组组成。其具体结构如图 6－54 所示。

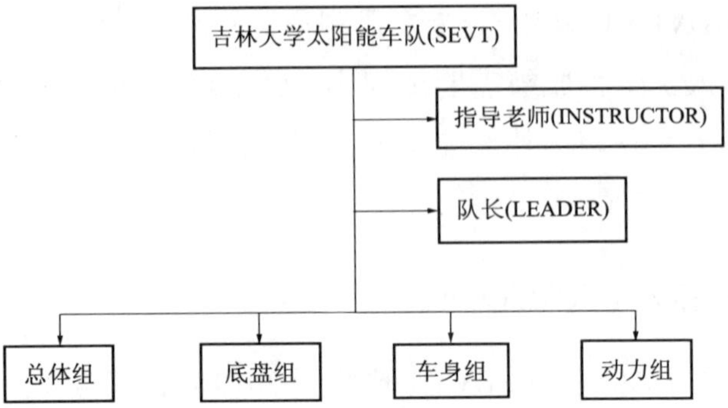


图 6－54　太阳能车队结构框架

太阳能车队经过 5 年的发展，团队在设计、制造、调校的过程中逐渐成熟，目前已经大体完成整车的加工制造，成熟地掌握了太阳能充、放电控制技术（MPPT），以及驱动电机控制技术、轮胎试验和电池试验技术。整车性能参数见表 6－1。

表 6－1　太阳能车整车参数

| | | | |
|---|---|---|---|
| 整车尺寸 /mm | 长：4 076 | 宽：1 600 | 高：1 206 |
| | 轴距：1 840 | 轮距：1 370 | |
| 整车质量 /kg | 322 | | |
| 车架刚度 /[ Nm·(°)$^{-1}$] | 23 000 | | |
| 动力参数 | 电池板面积：6 m$^3$ | 电机额定功率：3.5 kW | 电机峰值功率：5 kW |
| | 最高时速：60 km/h | 电池容量：40 AH | 电池板功率：900 W |
| 前轮定位参数 /(°) | 主销后倾角：3 | 主销内倾角：10.7 | 车轮外侧面角：0.17 |
| | 前轮前束角：0.17 | | |
| 转向参数 | 转向半径：4 m | 最大转向角：24° | |

### 6.4.3　太阳能赛车介绍

#### 6.4.3.1　驱动电机

新能源汽车竞赛中，动力系统设计必定是重中之重，而驱动电机相关设计则是其中的关键环节。下面对该环节流程做概略性描述。首先，在电机的选用上，优先比较几种不同类型电机的性能差异，并根据设计的额定电压

（72 V）和额定功率（1. 1 kW），寻找合适的电机供应商，最终确定几款电机。然后，确定能实现控制策略和驾驶员意图的专用电机控制芯片（dsPIC30F6010 系列）。最后，考虑到太阳能车运行过程中的诸多偶然因素的影响，参考一些优秀论文，为电机设计基于 MCU 的保护电路。

（1）电机类型

有刷直流串励电机：优点是起动转矩大，过载能力强；缺点是需要换碳刷，高速有环火，不适宜高速运行，效率低，体积大，防护能力差，能量回馈差，主要被用在电动三轮车上。

有刷永磁直流电机：优点是比有刷直流串励电机效率高，能量回馈好，起动转矩和过载能力一般；缺点是需要换碳刷，高速有环火，不适宜高速运行，效率适中，体积大，防护能力差，主要被用在电动三轮车上。

交流电机：优点是结构简单，电机本身可靠性高；缺点是起动转矩小，起动电流大，电机要靠增大起动电流来产生大转矩，但因电池特性所限，电池难以提供大的电流，影响了电机转矩的提升。这种电机效率低，控制复杂，能量回馈性能差。

永磁同步电机：优点是具有较高的效率，能量回馈好；缺点是低速时转矩无法提升，有失步问题，应用很少。

无刷直流电机：优点是：①电机外特性好，非常符合电动车辆的负载特性，尤其是电机具有可贵的低速大转矩特性，能够提供大的起动转矩，满足车辆的加速要求。②速度范围宽。电机可以在低、中、高速度范围内运行，而有刷电机由于受机械换向的影响，电机只能在中、低速下运行。③电机效率高，尤其是在轻载车况下，电机仍能保持较高的效率。这对珍贵的电池能量是很重要的。④过载能力强。这种电机比 Y 系列电动机可提高过载能力 2 倍以上，满足车辆的突起堵转需要。⑤再生制动效果好，因电机转子具有很高的永久磁场，在汽车下坡或制动时电机可完全进入发电机状态，给电池充电，同时起到电制动作用，减轻机械刹车负担。⑥电机体积小，重量轻，比功率大，可有效地减轻重量，节省空间。⑦电机无机械换向器，采用全封闭式结构，防止尘土进入电机内部，可靠性高。⑧电机控制系统比异步电机简单，但缺点是电机本身比交流电机复杂，控制器比有刷直流电机复杂。

以电子换向器取代了机械换向器，所以无刷直流电机既具有直流电机良好的调速性能等特点，又具有交流电机结构简单、相同的工况下体积小、重量轻、高效节能、控制特性好、可靠性高、寿命长、噪声低、无换向火花、运行可靠和易于维护等优点。

（2）控制芯片

DsPIC30F 系列 DSC 是美国微芯公司于 2004 年最新正式推出的。微芯公司称其为数字信号控制器（DSC），因为它实质上是一个集成了单片机的控制功能和 DSP 的快速计算功能的芯片。

DsPIC30F 系列 DSC 除了提供足够的性能外，其价格也是一大优势。图 6－55 给出了微芯公司的单片机和 DsPIC30F 的性能与价格对比。从图 6－55 中可以看出，DsPIC30F 的性价比很高。

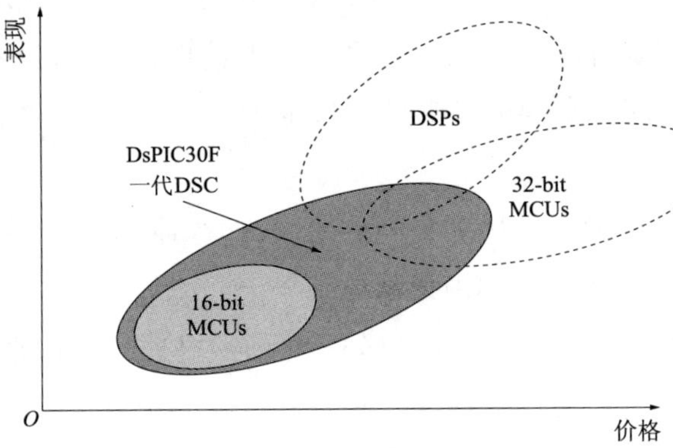


图 6－55　微芯公司的单片机和 DsPIC30F 的性能与价格对比

（3）电机的保护

电动机保护的主要故障是断相、过载以及接地。

1）断相。

在电动机烧坏的各类原因中，比较多的是断相事故。电动机主回路熔断器一相熔断、接触器主触点接触不良或者电源线断线等情况，都会造成电动机的断相运行。通过对电动机在电源一相断开时的电动机特性进行对称分量法分析可知，在断相状态下起动电动机时，由于无起动转矩，所以呈现堵转状态，而这时流过的电流为三相健全时堵转电流的 1. 73/2 倍；在运转中断相时，线电流约为三相健全时的 1.73 倍。因此，在断相状态时，无论是堵转状态，还是运行状态，都有过热、烧毁的危险。为了节省成本，减少 MCU 的计算量，同时考虑到 MCU 进行 A/D 转换的误差等因素，可采用以下判据对电动机断相故障进行判断，即断相故障所在相电流 $<0.3I_e$。其余两相电流 $>1.1I_e$。当保护器检测到电动机断相时，延时 3 s 后切除主回路，断开保护器。如果故障在 3 s 内恢复，则恢复正常状态，继续运行。

2）过载。

电动机的发热是由于电动机内部能量的损耗导致的，能量损耗可分为机械损耗、铁损耗和铜损耗。其中前两者基本上与负载的大小无关，而铜损耗则和负载电流的平方成正比。电动机的定子电流是空载电流与负载电流折算值的向量和。所以，负载重时负载电流大，定子电流必然也大；随着定子电流的增大，绕组的发热也就越严重。当定子电流增大到一定程度时，绕组绝缘会因过热而损坏，使电动机烧坏。因此，对所有的电动机都应实行过载保护。目前的电动机保护器的设计方案都是采用检测定子电流的方法来实现的。首先建立电动机的发热曲线，然后根据一定的数学模型通过定子电流模拟发热曲线。由于数学模型很复杂，要求微处理器有很快的运行速度，并且具有强大的数字处理能力；同时，由于电动机类型较多，运行状态复杂，即使最完善的算法也不能很好地反映电动机的发热过程，因此，为了降低成本，保护器不采用这些热模型及复杂计算，而是向用户提供热过载反时限特性（见表 6-2）。

**表 6-2　过载保护反时限特性**

| 倍数 | *t* / s | | | |
|---|---|---|---|---|
| | *K*=0 | *K*=1 | *K*=2 | *K*=3 |
| 1.1 | 6 | 60 | 180 | 600 |
| 1.2 | 6 | 50 | 150 | 450 |
| 1.3 | 6 | 35 | 100 | 300 |
| 1.5 | 6 | 10 | 30 | 90 |
| 2.0 | 6 | 6 | 15 | 45 |

续表

| 倍数 | t / s | | | |
|---|---|---|---|---|
| | K=0 | K=1 | K=2 | K=3 |
| 3. 0 | 6 | 3 | 7 | 20 |
| 4. 0 | 6 | 2 | 4 | 10 |
| ≥5. 0 | 1 | 1 | 1 | 1 |

3）接地。

与一般短路故障相比，接地故障具有更大的危险和复杂性，因为这类故障可能引发火灾并对人身构成触电威胁。保护器处理接地故障的主要任务就是检测到电动机的剩余电流。主要实现方式有两种：一种是通过零序电流互感器采集；另一种是对电动机的三相电流进行采集，单片机对其进行计算，通过矢量和求得剩余电流。后一种方案对检测电路以及单片机有更高的要求，并且误差较大，不符合本保护器低成本的设计要求。因此，保护器采用零序互感器检测剩余电流，可较为准确地发现该类故障，并做出相应反应。

针对以上设计原则 SEVT 太阳能电动车配备的发动机为全顺电机 13in 2 kW 省电增强型。直接把轮胎安装在电机的轮边，电机整体就是一个直接使用的轮毂。车身的支架支撑在电机的轴上。电机自带刹（碟刹）车装置。该电机具有体积小、重量轻、电磁转矩脉动小、结构简单、工作可靠、调速性能好、免维护等优点。本款发动机参数如表 6－3 所示。

**表 6–3　发动机参数**

| | | | |
|---|---|---|---|
| 质量 | 15 kg | 功率 | 2 kW |
| 规格 | 13 in | 车速 | 60 ~ 65 km/h |
| 额定电压 | 72 V | 价格 | 1 500 元 / 台 |

（4）控制系统

高速无刷直流电机的数字控制方式是以微处理器为核心，由微处理器实现换相及转速控制的解决方案。微处理器可以采用 PC，PIC 单片机或 DSP。

数字伺服系统的优点是：①可以通过增加数字信息的位长，达到要求的控制精度。②对逻辑电平以下的漂移、噪声不予响应，零点定位精度可以充分得到保证，容易与计算机进行数据交换。

（5）外围电路

PWM 控制技术在逆变电路中的应用最为广泛，对逆变电路的影响也最为深刻。现在大量应用的逆变电路中，绝大部分是 PWM 型逆变电路。系统控制电路由控制核心 PICl6F72 单片机、逻辑保护门 74HC04，74HC08，74HC27 和+5V 电源电路构成。附加电路包括电源滤波电路、位置传感器信号采集电路、电池电压检测电路、微控制器时钟振荡电路和上电复位电路构成。

通过采样电池的端电压，并对信号进行简单滤波后输入单片机的 A 口 RAl 引脚，用软件进行比对。当小于某个设定值时，立即采取措施，关闭电源，从而实现对电池电压的检测及对蓄电池的必要保护。

主控芯片使用 PIC 系列单片机。它具有精简指令集技术、哈佛总线结构、两级流水线指令结构、单字节指令，功耗低，驱动能力强的优点，并具有功能部件特性、微控制器特性等。

（6）蓄电池与充电器

SEVT 太阳能电动车使用一组超威硅胶电池 72V20AH（6－DZM－20）。单只超威 6－DZM－20 电池，将 6 只单体进行串联，得到 2 组，再将这两组并联。充电器使用金钻智能脉冲式电动车充电器（72V 20A）充电，充电时分两组，用两个充电器充电。

蓄电池数据如下：

| | | | |
|---|---|---|---|
| 标称电压 | 12 V | 尺寸（高） | 170 mm |
| 额定容量 | 20 AH | 总高 | 172 mm |
| 尺寸（长） | 181 mm | 参考质量 | 7. 2 kg |
| 尺寸（宽） | 77 mm | 数量 | 2 组（12 单只） |

充电器数据如下：

| | | |
|---|---|---|
| 额定输入电压 | AC90－240V AC 50Hz | 仅用于 72V 17 ~ 24AH 铅酸 |
| 额定输入功率 | 80 ~ 100 W | 蓄电池 |

| | | |
|---|---|---|
| 额定直流输出电压 | 84 ~ 86 V | 红灯亮——正在充电 |
| 额定直流输出电流 | 2. 5 A | 绿灯亮——充电完成 |

### 6. 4. 3. 2 底盘

（1）转向

SEVT 的转向系设计，以保证赛车具有较高的机动性，具有迅速并且稳定转弯的能力，提高传动效率，降低车手体力消耗，减少空间占用和自重为设计目标。为保证转向灵活，减少车手体力消耗，赛车在转向系统中采用了万向传动装置（转向万向节和转向传动轴）。转向梯形基于阿克曼几何设计。另外，赛车转向系统的传动比大小经过试验进行过多次调试，大小适中，既保证了转向轻便，又使得转向阻力不至于过大。为保证转向盘的高度和稳定性，车队成员在转向轴上自行设计并安装了一个固定支架，在保证赛车性能的前提下，最大可能地节约了成本。

赛车的转向器（见图 6－56 和图 6－57）为齿轮齿条式，具有结构简单、紧凑、质量轻、刚性大、转向灵敏、制造容易、成本低、正逆效率都比较高等优点；齿轮齿条为斜齿硬齿面设计，有足够的强度和表面硬度。通过合理地确定转向轮的定位参数并正确选择转向器的形式，赛车才会具有良好的自动回正能力。方向盘为自行设计制作的，轻巧且坚固。

图 6－56　转向器 CAD 图

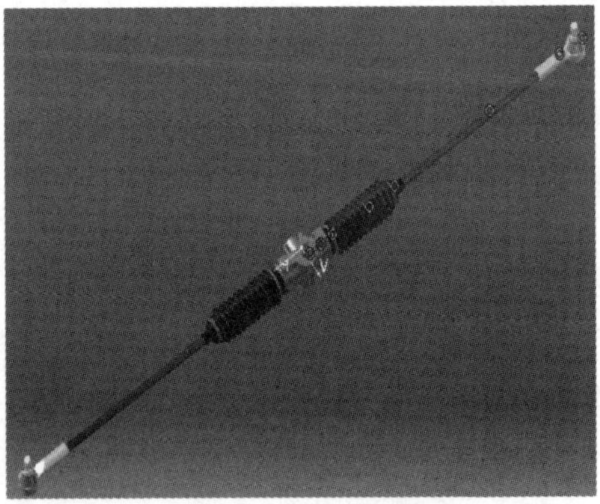

图 6－57　转向器总成

（2）制动

根据太阳能电动车制动系统的要求，考虑到浮钳盘式制动器结构简单、零件少、易于维修的特点，所以本车后轮制动采用浮钳盘式制动器。采用浮钳盘式制动，不但可以改善车的制动性能，而且有助于在循迹制动时发挥后轮的附着能力。此套系统的液压控制单元，参考车速的估算，采用了“最大轮速法”和“斜率法”相结合的方法，并通过后期的路面试验对控制算法中的部分参数进行标定。制动踏板采用铝合金加工而成，杠杆比较大，后车轮抱死所需的踏板力大大减小。经过有限元分析进行减重设计，使其在满足强度和刚度的前提下缩减质量与体积。踏板杠杆比随行程有所增大，便于车手控制制动力的大小，减小车手的体能消耗。

根据比赛规则，太阳能车必须有两套独立的制动系统，并且必须保证在任意系统出故障的情况下，另一系统可以保证制动。所以，对于两个前轮采用手刹的方式，在车手的身体右侧设计一个手刹，通过线控对前轮进行制动；对于后轮的轮毂电机采用脚踏板设计，通过踏板油刹实现制动。

（3）悬架

悬架是汽车的车架（或承载式车身）与车桥（或车轮）之间的一切传力连接装置的总称。其作用是传递作用在车轮和车架之间的力和力扭，缓冲由不平路面传给车架或车身的冲击力，并减少由此引起的震动，以保证汽车能平顺地行驶。太阳能车队选用不等长双横臂独立悬架，通过软件仿真测试满足性能要求（见图 6－58 和图 6－59）。

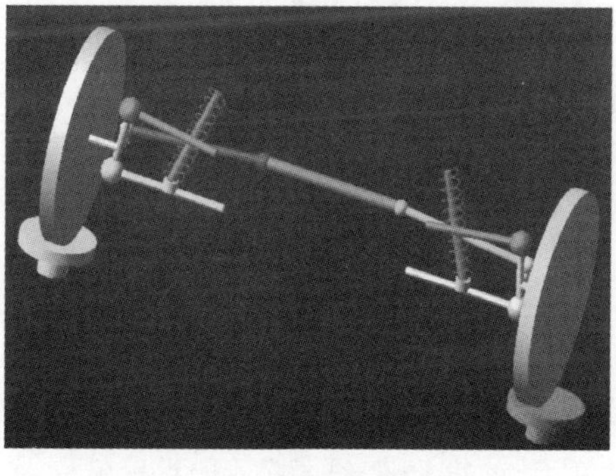

图 6－58　悬架仿真分析

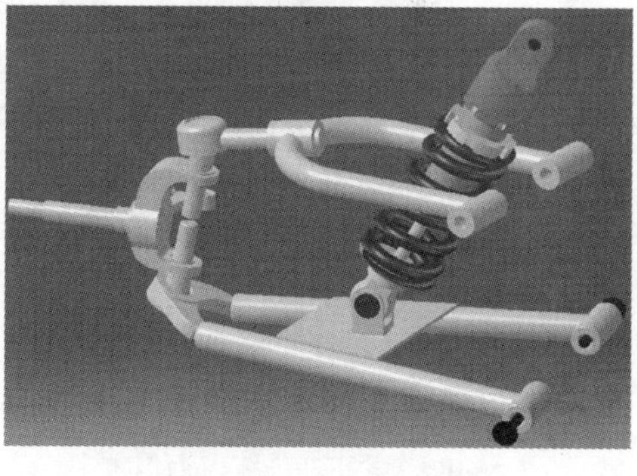

图 6－59　悬架 CAD 的装配

### 6.4.3.3　车架及车身

（1）车架

车架是传统意义上汽车底盘行驶系统的组成部分之一，主要被用于承载、连接发动机、悬架、转向、传动系统等各总成。目前越来越多的乘用车使用承载式车身，与车架相互配合。

对于太阳能赛车来说，车架是赛车的骨架。其主要功能之一是支撑太阳能电池板，同时也是保护驾驶员安全的重要结构。其刚度、强度均需要满足一定要求。

太阳能赛车车架的设计流程主要是利用 CATIA 软件，根据人机工程学原理，采用男性 50 百分位的人体尺寸、人体各部位最佳形态数据以及车内方向盘的位置进行主体桁架设计；以太阳能电池板的尺寸为依托，进行车架外部结构的设计。然后利用 Hyperworks 软件对整体车架进行刚度分析，对整体车架与每一根车架管件进行校核，针对校核结果对车身结构提出反要求。

太阳能赛车的车身以太阳能电池板及侧面车身包覆车架的形式构成。车架采用碳纤维管、钢管、铝管等多种材料连接而成（见图 6－60）。上部分车架作为一个整体结构与底盘框架相连，中间采用橡胶等弹性元件衬垫，以达到缓冲吸震的作用。

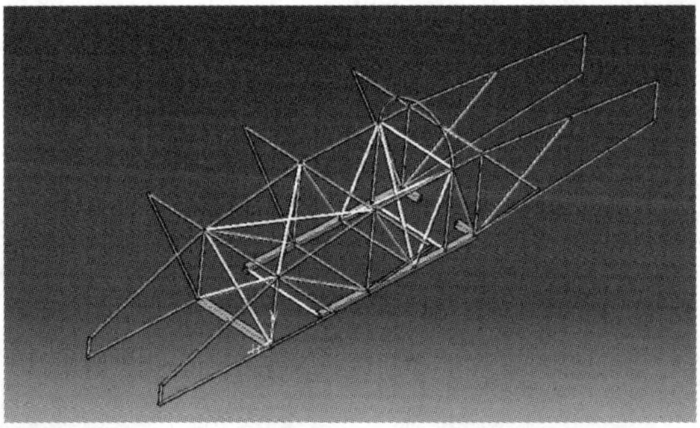

图 6－60　车架结构

第一代太阳能赛车的车架由各种管结构元件连接而成。这种车架结构简单，成本低，易于制造。中间驾驶员部位采用密集桁架结构，既保证车架整体结构的强度与刚度，又能在很大程度上保证驾驶员的安全。车架上根据不同部位的承受载荷与承载功能的不同采用不同规格的管件。但是这种框架结构也有很大的缺点，例如使整车质量大大增加，焊装的精度低，焊点处的强度下降，容易断裂等。大多数的赛车都会采用新的合成材料，以减轻整车的重量。其中，碳纤维的应用尤为广泛。其刚度是钢的两倍，但重量只有钢的1/3。在第二代太阳能赛车上将全面采用碳纤维单体壳结构，更加优化整车性能。

（2）车身

车身指的是车辆上被用来载人装货的部分，也指车辆整体。有的车辆的车身既是驾驶员的工作场所，又是容纳乘客和货物的场所。车身造型结构是车辆的形体语言。其设计好坏将直接影响到车辆性能的好坏。

图 6－61　太阳能电池板

太阳能赛车的车身较简单，因为大面积的太阳能电池板（见图 6－61）完全覆盖车身上表面，所以代替了车身的作用。

第一代太阳能赛车的太阳能电池板采用的是整体拼接式，即将多个小块的薄片拼接成一大块太阳能电池板，连同其内部接线组合成一个整体（如图 6－62 所示），然后将这些整体电池板固定到车架上。这种方式使太阳能电池板与动力系统的连接变得十分容易，但是也大大影响了车身的造型，限制了车身的总体设计。下一代太阳能赛车将会采用直接将太阳能电池薄片贴覆到车身上的形式，配合碳纤维单体壳结构车身，将会使太阳能赛车的造型以及整车性能有大幅度的提升。

图 6－62　第一代太阳能赛车造型渲染图

太阳能赛车的侧围及地板采用金属板、毛毡蒙皮与塑料板相结合的形式，共同完成整体车身造型。在车身侧围设置一些通风孔等结构，保证驾驶室内的空气流动。在车身内部加装一些隔热材料，防止太阳能电池板产生的热量过多地传导到驾驶室，尽量为驾驶员提供舒适的驾驶环境。

### 6.4.4 未来发展与展望

吉林大学太阳能车队自2010年成立至今，第一代太阳能车已经初步成型。SEVT车队容括了车辆工程、车身工程、通信工程、材料成型、机械工程等各个专业的优秀学生。2015年队员人数超过往届，更有不断壮大趋势。团队计划在第一代太阳能车的技术基础上打造全新的第二代太阳能赛车，并作为团队参加2017年澳大利亚太阳能汽车挑战赛的比赛用车。

现在，这一目标离我们已不再遥远，面临的挑战十分严峻。我们计划采用的技术，目前在国内尚未成熟，但在国外已经有许多车队全面掌握了整个设计流程与制造技术。我们要做的就是通过各种渠道，学习掌握我们未成熟的技术与知识，寻找机会进行实践，为最终的目标打下坚实的基础，努力将吉林大学太阳能车队打造成一支引领国内太阳能赛车潮流、在国际上具有重要地位及知名度的优秀团队！

## 6.5 PACE 造型设计团队

### 6.5.1 汽车造型概念简介

汽车造型也叫车身造型，是指汽车的外饰、内饰、灰区所传达出的直观视觉信息。汽车造型专业旨在培养具有先进的汽车造型设计理念，兼备造型艺术和车身工艺基础的汽车造型设计师、汽车造型项目管理者、汽车品牌的策划者和领军人物，涵盖了汽车造型美学规律研究、汽车造型设计与评价方法、汽车内外饰与色彩设计、人机工程学、气动外形优化设计、汽车热环境等多个领域。

图 6－63 所示为 PACE 造型组成员 2015CDN 参赛作品——观致。

图 6－63　PACE 造型组成员 2015CDN 参赛作品——观致

### 6.5.2　汽车造型设计技能要求

（1）二维造型设计（2D－design）

二维造型设计主要包含内外饰草图、效果图，以及指导模型工作的视图。在传统的二维造型设计中还包括胶带图的贴制。草图（Sketch）及效果图（Rendering）或者模型视图通常由设计者在纸面上通过绘图工具或者运用二维绘图软件在计算机中绘制而成。

（2）三维造型设计

三维造型设计（3D styling）主要包括外饰、内饰的造型实物模型设计及数字模型设计（见图 6－64 ~图 6－66）。

图 6－64　实物模型——油泥模型制作

图 6－65　数字模型——运用三维建模软件进行构建和设计的虚拟模型

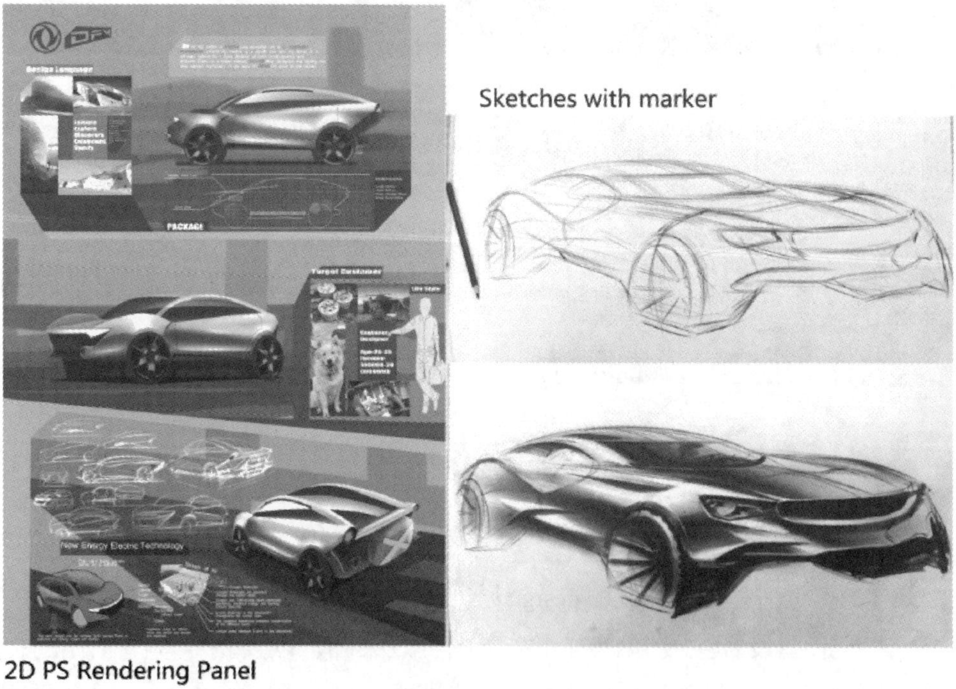


图 6－66　左图为东风梦想车设计大赛 50 强入围作品

### 6.5.3　吉林大学 PACE 学生俱乐部造型组设计的比赛作品

（1）Trumpchi－former（见图 6－67）

设计主题：广汽传祺在《变形金刚 4》电影中首次亮相。下一部《变形金刚》电影中，传祺车以全新的面貌再度出镜，并成为男主角的座驾和亲密伙伴。这位伙伴具备足够炫酷、光彩照人的特质，同时又能在危机中帮助男主角应对自如。

图 6－67　Trumpchi－former

（2）Volvo 2030 大型挖掘机（见图 6－68）

设计主题：面向 2030 年的概念机械，设计语言源于斯堪的纳维亚风格。通过对材料特性的探索，及对特征的精心设计，使其体现了沃尔沃在安全性、质量和环保方面的核心价值。其开放的操作环境、内饰与外饰的设计浑然一体，先进的智能操作界面使效率最大化。机上操作和遥控操作两种工作模式，体现了建筑工地以安全为重的特点。

图 6-68 Volvo 2030 大型挖掘机

（3）大众赛车（见图 6-69）

设计主题：为大众汽车在长春到上海的赛程进行设计。设计要求汽车拥有较高离地间隙，以避免强日光造成的低水平“湍流热”；配有两个座位，以及主动式气动布局；还要拥有令人惊艳的造型——一种介于汽车和低空飞行的飞机之间的感觉。

（4）吉利西游记（见图 6-70）

设计主题：西游记的故事已经不仅仅是中国的经典传统小说，也引起了许多西方国家的关注与反响。唐僧师徒跨越黑山恶水终成正果。请领会这个故事的真正含义，设计一款能代表吉利未来设计方向的汽车。动力形式以及车型并无限制。

VOLKSWAGEN Racing
Design Target: The racing car is designed for the race from Changchun to Shanghai in 2050. Two famous Auto City in China . Since it is a longway high speed racing . It is a great challege for both the designers and the drivers .The racing car is capable to allow two drivers to drive in turns . When one person is behind the wheel , another driver can take a rest . Due to the high-tech that applied in the racing car , we can do long term high speed racing in a more comfortable way .
VW 赛车
Volkswagen

图 6-69　大众赛车

图 6-70　吉利西游记

## 6.6　PACE 软件培训

为了保证吉林大学 PACE 学生俱乐部各类项目的有效进行，提高会员的创新设计、工程分析能力，以及为参加校内其他创新活动的同学提供软件资源和学习机会，PACE 学生俱乐部的章程已明确要求每年的负责人必须组织各类软件培训和创新讲座，并安排相关人员对培训进行成果检查和后续技术指导。

（1）接受培训的对象

各个项目组的技术成员和每年度招纳的新会员是我们培训的主体对象。通过海报张贴、微信推送和交流群等平台进行培训信息发布，无条件、积极欢迎任何一位对培训内容感兴趣的同学参加。

（2）培训内容

针对参加培训成员的年级和知识储备的不同，俱乐部将培训细化为入门培训、进阶培训和兴趣培训（见图 6-71）。

入门培训：对于未接触过 PACE 各软件的会员进行的基础培训，旨在让培训参加人员快速入门。对于学校培养计划里要求的 AutoCAD 和 Catia 两款软件中不在课程教授范围内，但在实际工作中会被应用的模块进行讲解，例如 Catia 创成式曲面设计和人机工程学分析，并针对没有相关基础的人员进行更基础的入门级补充培训。

图 6－71　PACE 软件培训现场

进阶培训：对于接受过入门培训且对相关软件有浓厚兴趣的成员，根据项目的需要，展开更深入的培训，让成员更好地利用软件进行创新活动，如空气动力学分析软件 STAR－CCM+，有限元软件 Hypermesh 等。

兴趣培训：对于未纳入入门培训和进阶培训计划的，部分人员感兴趣的软件，组织兴趣培训，旨在加强会内沟通，提高会员综合素质，如专业非线性视频编辑软件 EDIUS，图像处理软件 Photoshop 等。

（3）相关的讲座

软件培训之余，PACE 学生俱乐部还会邀请科研经历丰富的教师或学生开展各类讲座，旨在培养大家的创新意识，提高对未来科技走向的把握。马芳武教授的题为“技术创新与未来交通之构想”的讲座，以其独特的视角，为同学们剖析了中国汽车行业现状，展现了未来交通的种种可能（见图 6－72）。

图 6－72　“技术创新与未来交通之构想”讲座

对于同学们切实关心的本科生创新活动，我们邀请到了有众多科研经历和科技发明的孙博华师兄，主讲如何提高大学生创新能力。他仅以一个学长姿态，与同学们进行了深入的交流和互动，热心地解答同学们的疑惑，也引导着在场同学的思维向更广阔的天地拓展（见图 6－73）。

为帮助同学们把握工程软件发展的最新动态，更宏观、更系统地学习软件，吉林大学 PACE 学生俱乐部还邀请 PACE 合作软件公司，讲解常用软件的最新技术，发放新版软件最新教程，并召开研讨会（见图 6－74）。

图 6－73 “提高大学生创新能力”讲座

图 6－74 Altari HyperWorks 研讨会

## 6.7 PACE 学生俱乐部管理体系

吉林大学 PACE 中心自 2008 年正式成立以来，一直致力于为吉大学子提供良好的成才教育服务。在这个宗旨的引导下，更是在学院领导的支持以及全体成员的共同努力下，吉林大学 PACE 学生俱乐部正朝着更大、更强的目标发展。为维持俱乐部的稳健运转，吉林大学 PACE 学生俱乐部实行一套理论上可行的管理体系，包括对项目负责人进行项目管理培训、绩效考核等工作在内的管理制度。

下文将从管理体系概述、绩效考核制度和评奖评优制度 3 个角度介绍吉林大学 PACE 学生俱乐部的管理体系。

### 6.7.1 管理体系概述

吉林大学 PACE 学生俱乐部隶属于吉林大学 PACE 中心，由 PACE 中心主任及学生理事会直接管理。学生理事会由会长、副会长、项目组负责人、秘书部部长、培训部部长、宣传部部长、外联部部长、财务部部长及实验室负责人组成。各部门相互监督，相互促进，共同推进俱乐部的发展。PACE 学生俱乐部的组织结构如图 6－75 所示。

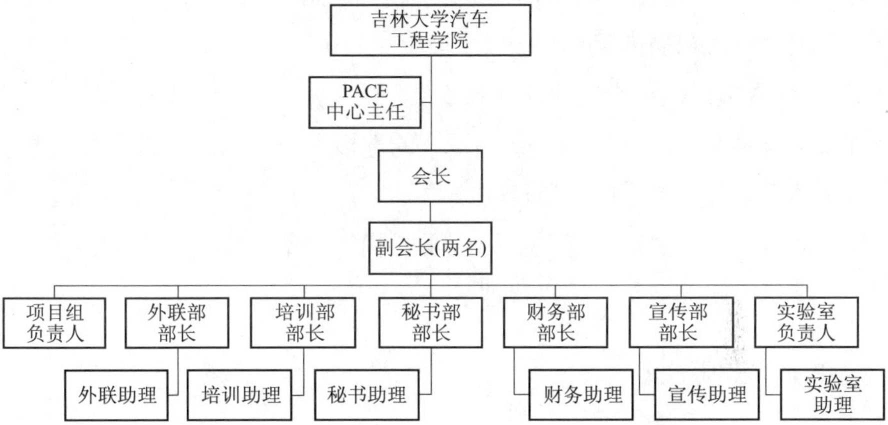


图 6－75　PACE 学生俱乐部组织结构

### 6.7.2　绩效考核制度

PACE 学生俱乐部执行的绩效考核制度在时间上分为两个阶段，分别是 PACE 学生俱乐部的会员进入各个项目组成为 PACE 学生俱乐部成员之前的绩效考核,以及在此之后的绩效考核。从成员构成的角度又可以划分为两个部分，即针对 PACE 学生俱乐部会员的绩效考核制度和针对 PACE 学生俱乐部各个项目负责人的绩效考核。

### 6.7.3　评奖评优制度

评奖评优制度也分为两部分，分别针对 PACE 学生俱乐部优秀学生和 PACE 学生俱乐部优秀项目组负责人。

（1）优秀学生的评优制度

为了进一步营造良好的科学研究和学习创新的氛围，提高 PACE 成员的积极性，增强成员之间良性竞争的意识，吉林大学 PACE 学生俱乐部将在每学年结束之际，评选出 PACE 学生俱乐部优秀学生，以肯定并奖励他们在这学年的付出和贡献。

PACE 学生俱乐部的优秀学生推荐方案基于以下 3 个部分：

1）本学年中持续进行的绩效考核成绩。

2）项目负责人对组内成员本学年的综合表现进行评分。

3）项目组成员组内互评。

（2）优秀项目组负责人的评优制度

PACE 学生俱乐部优秀项目组负责人的选拔主要根据以下 3 个方面进行：

1）项目本年度的进度和质量完成情况。

2）其他项目组负责人基于项目管理水平的评价。

3）项目组内部成员对项目管理水平的评价。

### 6.7.4　奖励方式

PACE 学生俱乐部获得优秀学生和优秀项目组负责人的成员将获得如图 6-76 所示的荣誉证书。这不仅代表着对该成员这一学年对 PACE 学生俱乐部做出的贡献的肯定。这份证书所有者的相关信息将被抄送到上汽通用股份有限公司，同时获得在上汽通用实习和录用时的优先权。

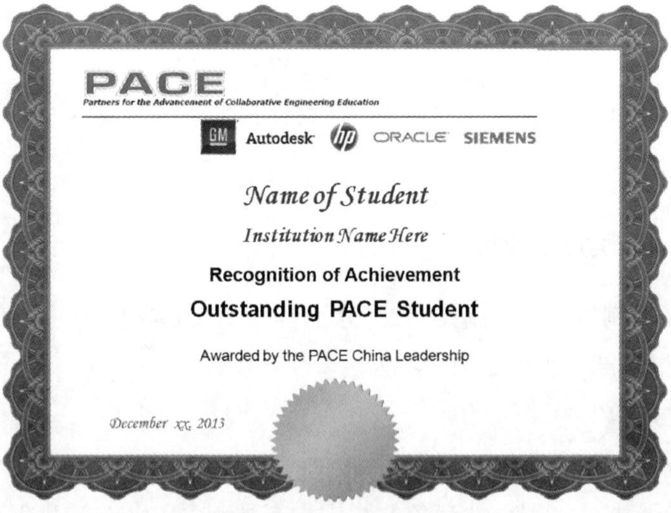


图 6-76　通用 PACE 优秀学生证书

与此同时，在获得优秀学生和优秀项目组负责人的成员中优中选优。最优秀的成员将直接获得去上汽通用或通用中国总部实习的机会。

此外，为提高项目组负责人的项目管理能力，吉林大学 PACE 学生俱乐部会举行专家讲座和小型培训；为向 PACE 学生俱乐部会员普及管理知识，会定期进行与管理基本常识有关的知识竞赛和素质拓展等工作。PACE 学生俱乐部完善的管理体系的主要目标在于实现 PACE 学生俱乐部和会员的双赢，让会员能够得到全方位的锻炼，让 PACE 学生俱乐部能够稳定持久地运转。

## 6.8 PACE 成员感言

- 杨智越—— 2013 年吉林大学 PACE 学生俱乐部总负责人

从大二进入 PACE 伊始，我的成长经历大多与 PACE 相关。3 年的时间，从最初对汽车一无所知，到了解相关知识，到后来的经历概念车开发流程，都是 PACE 带给我的。PACE 给我最宝贵的是宽广的国际视野与优秀的团队意识。这两点在工作中也为我带来诸多裨益。加入 PACE，是我在大学中做过的最棒的事。我相信，这对于任何一个 PACER 都是一样的。遥愿 PACE 一切都好！

- 傅磊—— PACE Rural Vehicle 项目和 Smart Car 项目参与者

我加入 PACE 已经一年了，作为 PACE 大家庭的一名成员，为能够加入 PACE 而备感荣幸。加入 PACE 的这一段时间里，在学长和学姐的带领下我学到了很多。我曾加入农用车项目组（Rural Vehicle），又在该项目结束后，继续参与 Smart Car 项目。加入项目组可能会占用一些课余时间，但我相信这是值得的。付出得越多，收获得也就越多。大学不能像高中一样只学习，学会团队合作和与人交流是十分重要的。在 PACE，我能够有机会和一群志同道合的人一起欢笑，一起忙碌，为了一个共同的目标去努力。在我看来，这是一件很幸福的事情。在这里我能够贡献我的想法，听取他人的建议，交到知心的朋友，留下珍贵的回忆。希望大家加入 PACE，在里面找到自己的兴趣点。

- 于川洋—— PACE 新成员，参与机器人项目

PACE 机器人项目是这个学期新成立的项目。我幸运地成了这个项目的第

一届成员。在项目组的这几个月里，PACE 给我印象最深的两个词是创新与合作。

由于 PACE 的项目都是创新性的项目，是用已知的技术探索未知的技术，进而用技术探索未知的功能，因此创新意识尤为重要。这几个月里，我参加了数次的项目讨论会，感觉每次讨论会都是一次头脑风暴。对于一个项目，我们首先要想出多种方案，然后再想每种方案的可行性。这样，每次讨论会都会提出很多之前闻所未闻的新点子。这让我知道了要创新必须得多想并且敢想。在创新的过程中不怕错，关键是错了之后要知道为什么错。

在 PACE 的这几个月也让我体会到了合作的重要性。一个人的创新意识再强，他的思维也免不了有一定的局限性。如果许多人一起想，思维的局限性就会大大降低。在项目组中，我们每个人都有自己负责的模块，但我们要经常讨论，每个人都要把自己对自己模块的想法跟大家说，然后大家提出异议，帮助改进。这就是我们项目组的合作。有时整个 PACE 的所有项目也要开讨论会，互相交流看法。这就是整个 PACE 的合作。只有合作好，我们才能少走弯路，才能更好地完成项目。

在 PACE 今后的日子里，我将保持着我对项目的热爱，努力培养自己的创新意识，跟 PACE 其他成员多多交流合作。也希望 PACE 以后能越走越好！

# 第7章

# Chapter 7 大学生创新创业训练计划项目指南

通过实施国家级大学生创新创业训练计划，促进高等学校转变教育思想观念，改革人才培养模式，强化创新创业能力训练，增强高校学生的创新能力和在创新基础上的创业能力，培养适应创新型国家建设需要的高水平创新人才。

## 7.1 大学生创新创业训练项目综述

### 7.1.1 起源

根据《教育部、财政部关于“十二五”期间实施“高等学校本科教学质量与教学改革工程”的意见》（教高〔2011〕6号）和《教育部关于批准实施“十二五”期间“高等学校本科教学质量与教学改革工程”2012年建设项目的通知》（教高函〔2012〕2号），教育部决定在“十二五”期间实施国家级大学生创新创业训练计划。

### 7.1.2 计划内容

国家级大学生创新创业训练计划内容包括创新训练项目、创业训练项目和创业实践项目3类。

创新训练项目是本科生个人或团队，在导师指导下，自主完成创新性研究项目设计、研究条件准备和项目实施、研究报告撰写、成果（学术）交流等工作。

创业训练项目是本科生团队，在导师指导下，团队中每个学生在项目实施过程中都扮演一个或多个具体的角色，通过编制商业计划书，开展可行性研究，模拟企业运行，参加企业实践，撰写创业报告等开展工作。

创业实践项目是学生团队，在学校导师和企业导师共同指导下，采用前期创新训练项目（或创新性实验）的成果，提出一项具有市场前景的创新性产品或者服务，以此为基础开展创业实践活动。

### 7.1.3 参与高校与经费支持

国家级大学生创新创业训练计划面向中央部委所属高校和地方所属高校。

中央部委所属高校直接参加，而地方所属高校则由地方教育行政部门推荐参加。国家级大学生创新创业训练计划由中央财政、地方财政共同支持，参与高校按照不低于 1 : 1 的比例，自筹经费配套。中央部委所属高校参与国家级大学生创新创业训练计划，由中央财政按照平均一个项目 1 万元的资助数额，予以经费支持。地方所属高校参加国家级大学生创新创业训练计划，由地方财政参照中央财政经费支持标准予以支持。各高校可根据申报项目的具体情况适当增减单个项目资助经费。对中央部委所属高校创业实践项目，每个项目经费不少于 10 万元。其中，中央财政经费应资助 5 万元左右。

中央部委所属高校分为 A，B，C 3 组。2012 年，中央财政经费支持 A 组高校各 200 项，B 组高校各 150 项，C 组高校各 70 项。为保持学生项目的连续性，各高校可以将 2012 年的部分项目名额用于支持各校 2011 年已经立项的学生项目。2013 年及以后各年的实际项目数额，将根据上一年的年度评价决定。鼓励各参与高校利用自主科研经费或其他自筹经费增加立项项目。

### 7.1.4 计划组织实施

中央部委所属高校直接向我部提交工作方案，非教育部直属的中央部委所属高校同时报送其所属部委教育司（局）。地方教育行政部门将推荐的地方所属高校的工作方案汇总后，一并提交给我部。我部组织专家论证，通过论证后即可实施。

各高校制定本校大学生创新创业训练计划学生项目的管理办法，规范项目申请、项目实施、项目变更、项目结题等事项的管理，建立质量监控机制，对项目申报、实施过程中弄虚作假，工作无明显进展的学生要及时终止其项目运行。

各高校在公平、公开、公正的原则下，自行组织学生项目评审，报我部备案并对外公布。项目结束后，由学校组织项目验收工作，并将验收结果报我部。验收结果中，必需材料为各项目的总结报告，补充材料为论文、设计、专利以及相关支撑材料。我部将在指定网站公布项目的总结报告。

国家级大学生创新创业训练计划项目面向本科生申报，原则上要求项目负责人在毕业前完成项目。创业实践项目负责人毕业后可根据情况更换负责人，或是在能继续履行项目负责人职责的情况下，以大学生自主创业者的身份继续担任项目负责人。创业实践项目结束时，要按照有关法律法规和政策妥善处理各项事务。

各高校根据本校实际情况，适当安排创新训练项目和创业训练项目的比例，并逐步覆盖本校的各个学科门类。A 组和 B 组高校，要设立一定数量的创业实践项目。

中央财政支持国家级大学生创新创业训练计划的资金，按照财政部、教育部《“十二五”期间“高等学校本科教学质量和教学改革工程”专项资金管理办法》(另行制定)进行管理。各高校参照制定相应的专项资金管理办法，负责创新创业训练计划项目经费使用的管理工作。项目经费由承担项目的学生使用，教师不得使用学生项目经费。学校不得截留和挪用，不得提取管理费。

教育部对各高校实施国家级大学生创新创业训练计划进行整体评价。每年组织一次分组评价，根据评价结果，适度增减下一年度的项目数。

### 7.1.5 教育部有关要求

1）高度重视大学生创新创业训练计划对推动人才培养模式改革的重要意义。参与高校要成立由主管教学的校领导牵头负责，由教务、科研、设备、财务、产业、学工、团委等职能部门参与的校级组织协调机构，制定切实可行的管理办法和配套政策，将大学生创新创业训练计划的日常管理工作纳入本科生教学管理体系。

2）大学生创新创业训练计划要进入人才培养方案和教学计划。参与计划的高校教学管理部门要从课程建设、学生选课、考试、成果认定、学分认定、灵活学籍管理等方面给予政策支持。要把创新创业训练项目作为选修课程开设，同时要组织建设与创新训练有关的创新思维与创新方法等选修课程，以及与创业训练有关的项目管理、企业管理、风险投资等选修课程。

3）要重视大学生创新创业训练计划导师队伍建设。对参与大学生创新创业训练计划的学生实行导师制。参与计划的高校要制定相关的激励措施，鼓励校内教师担任大学生创新创业训练计划的导师，积极聘请企业导师指导学生的创业训练和实践。

4）重视大学生创新创业训练计划实施的条件建设。参与计划高校的示范性实验教学中心、各类开放实验室和各级重点实验室要向参与项目的学生免费提供实验场地和实验仪器设备。参与计划高校的大学科技园要积极承担大学生创新创业训练任务，为参与计划的学生提供技术、场地、政策、管理等支持和创业孵化服务。

5）参与计划的高校要营造创新创业文化氛围；搭建项目学生交流平台，定期开展交流活动；鼓励表现优秀的学生，支持项目学生参加校内外学术会议，为学生创新创业提供交流经验、展示成果、共享资源的机会。学校还要定期组织项目指导教师之间的交流。

6）参与计划的学生，如发现本校实施该计划时有违反教育部要求的情况，可以向教育部投诉。投诉的问题要确切，并且署真实姓名。我部将在调查核实之后予以处理。投诉邮箱见相关通知。

## 7.2　大学生创新创业训练计划项目学生工作指南

### 7.2.1　创新训练项目学生工作指南

1）通过创新训练项目，大学本科生在读期间可获得科学研究、发明创造、工程实训、社会实践的训练机会，达到“转变学习方式，增强实践能力，发挥个性潜质”的训练目的。

2）大学生创新训练计划的实施原则是：兴趣驱动，自主实践，重在过程。

兴趣驱动——参加项目的学生需对科学研究或创造发明有浓厚兴趣，发挥主动学习、主动探索、主动实践的积极性，在自身兴趣的驱动和导师的有力指导下完成创新训练项目。

自主实践——参加项目的学生需自主设计方案，自主开展研究，自主管理项目。

重在过程——参加项目的学生需注重项目的实施过程，着重强调学生在项目实施过程中在创新思维、创新实践、创新方法等方面的收获。

3）创新训练项目以本科生为主体，旨在探索并实施以问题和课题为核心的研究性教学模式改革。

4）参加创新训练的学生应充分发挥自身的主动性、积极性和创造性，培养创新思维和创新意识，逐渐掌握发现、思考、解决问题的方法，提高创新实践能力。

5）创新训练项目面向本科生个人或创新团队。学生可根据自己感兴趣的研究主题和内容，由个人或创新团队向相关导师提出申请。项目获批后，学生需在导师的指导下，自主进行研究性学习，自主进行实验方案设计，自主进行设备材料购置，自主进行实验数据处理，自主进行研究结果分析，自主进行研究报告撰写等工作。

6）以本科生创新团队参加创新训练项目时，团队成员数量一般不多于 5 人。鼓励不同专业、不同年级、不同背景的本科生组成创新团队。创新团队需确定 1 名项目负责人，并明确每名成员在项目中的具体分工。

7）创新训练项目选题范围要适当，要求研究内容新颖，研究目标明确，具有创新性和探索性。学生需对研究方案及技术路线进行可行性分析，并在实施过程中适时进行调整、优化和改进。

8）参加创新训练项目的学生需处理好学习基础知识和技能与创新实验和创造发明的关系，需注重知识学习、能力培养和创新训练三者的密切结合，避免把创新训练变成“工匠式”或“纯经验式”的“小发明、小创造、小调查”。

9）通过创新训练项目的实施，学生应了解并掌握科研的基础知识、创新方法、技术手段等，增强观察、收集、分析、解读数据的能力，增强文献检索、阅读、表达和写作能力。

10）通过创新训练项目的实施，学生应重点训练问题确认与解决能力，批判性思维和有效表达的能力，其中包括：确认并分析所要研究的问题，构建、验证并修改研究假设，分析其他解决问题的方法，选择、设计并完善研究方案，有效控制项目研究进程，拓展解决方案的应用范围。学生应注重培养训练系统性与综合性思维、抽象性与形象性思维、批判性思维、创造性思维、正向与反向性思维、演绎与归纳性思维、收敛与发散性思维等能力。

11）通过创新训练项目的实施，学生应注重个体与团队工作能力的有效提升，明确创新团体中个人角色的定位，组织协调在共同研究目标下的分工、协作与配合的关系，并在团队内部懂得相互理解和尊重。

12）通过创新训练项目的实施，学生应注重沟通交流能力的培养，尤其是培养跨专业交流沟通能力，训练口头交流、书面交流、电子和多媒体交流的能力，强化学生的表达和理解能力。

13）通过创新训练项目的实施，学生需培养项目管理能力，其中包括：项目流程管理、资金管理和控制等，合理规划并使用项目经费，遵守国家和学校的财务管理制度。

14）通过创新训练项目的实施，学生需注重锻炼科学态度和承受能力，具备努力克服困难，积极承担责任的态度，具备评估方案和决策能力，具备处理风险与不确定性的能力，具备心理承受力和抗压力，具有首创精神。

15）通过创新训练项目的实施，学生需注重自主学习和自我发展，培养自我认识能力、确认学习需求能力、时间管理和资源管理能力、未来职业规划能力等，熟悉相关学科领域学术发展和变革进展情况。

16）参加创新训练项目的学生，在立题、开题、检查、考核、结题、延期等过程环节应遵守相关管理规程。管理规程的内容包括《大学生创新训练项目申请书》《大学生创新训练项目合同书》《大学生创新训练项目中期检查书》《大学生创新训练项目结题报告书》《大学生创新训练项目延期结题申请书》等。

### 7.2.2 创业训练项目学生工作指南

1）通过创业训练项目，大学本科生在读期间可掌握创业的基础知识和基本理论，熟悉创业的基本流程和基本方法，了解创业的法律法规和相关政策，达到“激发创业意识，增强社会责任，提高创业能力”的训练目的。

2）大学生创业训练计划项目的实施原则是：兴趣驱动，自主实践，重在过程。

兴趣驱动——参加项目的学生需对与创业训练有关的项目管理、企业管理、风险投资有浓厚兴趣，对大学生创新创业有强烈的欲望，在自身兴趣的驱动下完成创业训练项目。

自主实践——参加项目的学生需自主进行项目研究，自主管理项目进度，自主进行创业训练。

重在过程——参加项目的学生需注重项目的实施过程，着重强调学生在项目实施过程中理解并掌握创业基础和理论、创业流程和方法、创业法规和政策，培养创业精神，提高创业能力。

3）创业训练项目面向全体本科生，原则上要求项目负责人在毕业前完成。

4）参加创业训练的学生应正确理解创业与国家经济社会发展的关系，正确理解创业与职业生涯发展的关系。在创业训练项目实施过程中，应勤于创新，善于发现，勇于实践。

5）创业训练团队充分发挥自身的主动性、积极性和创造性，激发创业意识，提高社会责任感、创新精神和创业能力，促进创业就业水平提升和全面素质发展。

6）创业训练项目面向本科生团队。学生团队可根据所从事的创新训练项目进行拓展和延伸，也可在所学专业基础上进行技术研发，或对学校某些技术项目进行市场调研和开发，由创新团队向相关导师提出申请。项目获批后，团队学生需在导师的指导下，自主进行创业训练，完成编制商业计划书，开展可行性研究，模拟企业运行等工作。

7）创业训练团队成员数量一般为 5 人左右。鼓励不同专业、不同年级、不同背景的学生组成创业训练团队。创业训练团队应确定 1 名项目负责人。创业训练团队视其规模的发展情况，可以有计划地吸纳不同层次、不同背景的学生参加创业训练项目，但需明确每名成员在项目中的具体分工。

8）创业训练项目选题范围要适当，目标内容要清晰明确，技术或商业模式要有所创新，保证团队每一位成员均能从中获得不同方面的创业训练。

9）参加创业训练项目的学生在不影响本专业学习的前提下，充分规划和管理项目的执行时间，需注重理论学习、能力培养和创业训练三者的密切结合，避免把创业训练项目变成“摆地摊”“小批发”或“倒买倒卖”式的纯粹以营利为唯一目的的商业活动。

10）参加创业训练项目的学生应通过创业实训课程的学习，全面模拟真实企业的创业运营管理过程，在虚拟商业社会中完成企业从注册、创建、运营、管理等所有决策，提升综合素质，增强就业与创业能力。

11）通过创业训练项目的实施，学生应重点训练创业所必需的领导力，全球化的眼光，敏锐的市场意识，务实踏实的作风，锲而不舍的精神，组织运作能力和为人处事的技巧，以及商业谈判技巧、市场评估与预测、启动资金募集方式等，了解金融、财务、人事、市场、法规等方面的基本知识。

12）通过创业训练项目的实施，学生应注重个体与团队工作能力的有效提升，明确创业团体中个人角色的定位，组织协调在共同创业目标下的分工、协作与配合的关系，并在团队内部懂得相互理解和尊重。

13）通过创新训练项目的实施，学生应注重自主、自信、勤奋、坚毅、果敢、诚信等品格与创业精神的培养和锻炼，了解未来创业者与领导者的成就动机，掌握科技开发及市场开拓的方法和手段，提高分析问题与解决问题的能力。

14）通过创业训练项目的实施，学生需注重锻炼务实作风和承受能力，具备努力克服困难和积极承担责任的态度，具备市场预测和决策的能力，具备处理风险与不确定性的能力，具备心理承受力和抗压力。

15）参加创业训练项目的学生，在立题、开题、检查、考核、结题、延期等过程环节应遵守相关管理规程。管理规程的内容可包括《大学生创业训练项目申请书》《大学生创业训练项目合同书》《大学生创业训练项目中期检查书》《大学生创业训练项目结题报告书》《大学生创业训练项目延期结题申请书》等。

### 7.2.3 创业实践项目学生工作指南

1）通过创业实践项目，大学本科生在读期间可就一项具有市场前景的创新性产品或者服务进行创业实践，真实创办企业并实现有效运行。

2）大学生创业实践计划项目的实施原则是：兴趣驱动，自主实践，重在过程。

兴趣驱动——参加项目的学生需对项目管理、企业管理、风险投资有浓厚兴趣，对大学生创办企业有强烈的欲望，在自身兴趣的驱动下完成创业实践项目。

自主实践——参加项目的学生需自主寻求并把握机会，自主整合并利用资源，自主决策，自主创办企业，自主组建团队，自主管理企业。

重在过程——参加项目的学生需注重项目的实施过程，着重强调学生在项目实施过程中真实体会创业从注册到创建、融资、运营、风险、管理等所有过程，掌握创业理论、创业方法、创业法规等。

3）创业实践项目面向全体本科生。项目负责人毕业后可根据情况更换，或是在能继续履行项目负责人职责的情况下（例如项目负责人继续攻读本校研究生），以大学生自主创业者的身份继续担任项目负责人。

4）参加创业实践的学生应正确理解创业与国家经济社会发展的关系，正确理解创业与职业生涯发展的关系。在创业实践项目实施过程中，勤于创新，善于发现，勇于实践。

5）创业实践团队充分发挥自身的主动性、积极性和创造性，激发创业意识，提高社会责任感、创新精神和创业能力，促进创业就业水平提升和全面素质发展。

6）创业实践项目面向本科生团队。学生团队既可采用所从事的创新训练项目的成果，也可利用所学专业的技术研发成果，或采用学校某些具有市场前景的创新性产品或服务，但要由创新团队向相关导师提出申请。

7）项目获批后，团队学生需在导师的指导下，实践真实企业的创业运营管理过程，在社会、学校的大学科技园或类似的创业机构中完成注册、创建、运营、管理等，自主进行创业实践，完成创业过程分析、创业机会与商业模式分析、创业计划撰写，创业团队组建、创业融资、创业企业管理、创业企业成长等任务，学习与创业相关的金融、财务、人事、市场、法规等方面的知识和实际运用。

8）创业实践团队成员数量不限。鼓励不同专业、不同年级、不同背景的学生组成创业实践团队。创新实践团队应确定 1 名项目负责人。创业实践团队视其规模的发展情况，可以有计划地吸纳不同层次、不同背景的学生参加创业实践项目，但需明确每名成员在项目中的具体分工。

9）创业实践项目立项要适当，目标内容要清晰明确，技术或商业模式要有所创新。团队中每一位成员均能在其中充当重要角色并发挥作用。

10）参加创业实践项目的学生在不影响本专业学习的前提下，充分规划和管理项目的执行时间。确因创业需要而与学业时间冲突时，学生可申请办理休学手续，以全力投入创业实践中。

11）不鼓励“摆地摊”“小批发”或“倒买倒卖”式的纯粹以营利为唯一目的、在技术或商业模式上没有任何创新的创业实践项目。

12）通过创业实践项目的实施，学生应初步具备创业所必需的领导力，全球化的眼光，敏锐的市场意识，务实踏实的作风，锲而不舍的精神，组织运作能力和为人处事的技巧，以及商业谈判技巧、市场评估与预测、启动资金募集方式等。

13）通过创业实践项目的实施，学生应注重个体与团队工作能力的有效提升，明确创业团体中个人角色的定位，组织协调在共同创业目标下的分工、协作与配合的关系，并在团队内部懂得相互理解和尊重。

14）通过创新实践项目的实施，学生应注重自主、自信、勤奋、坚毅、果敢、诚信等品格与创业精神的培养和锻炼，掌握科技开发及市场开拓的方法和手段，提高分析问题与解决问题的能力。

15）通过创业实践项目的实施，学生需注重锻炼务实作风和承受能力，具备努力克服困难和积极承担责任的态度，具备市场预测和决策的能力，具备处理风险与不确定性的能力，具备心理承受力和抗压力。

16）参加创业实践项目的学生，在立题、开题、检查、考核、结题、延期等过程环节应遵守相关管理规程。管理规程的内容可包括《大学生创业实践项目申请书》《大学生创业实践项目合同书》《大学生创业实践项目中期检查书》《大学生创业实践项目结题报告书》《大学生创业实践项目延期结题申请书》等。

## 7.3 大学生创新创业训练计划项目教师工作指南

### 7.3.1 创新训练项目教师工作指南

1）大学生创新训练项目由本科生个人或创新团队，在导师的指导下进行自主选题，自主学习，自主实践，自主研究。强调以“研究过程”为主，强化创新实践能力和个性潜质培养。创新训练项目的实施主体是本科生。教师起指导和辅助作用，在创新训练项目中为学生提供必要的指导、引导和帮助。

2）每个项目至少需配备一名相关学科的指导教师。指导教师应具有研究经历和研究能力。指导教师主要负责项目的指导、监督和管理，指导学生进行研究性学习。明确研究选题和研究内容，确立研究重点和分析方法，设计实验方案和技术路线，安全进行实验操作，有效分析处理数据，撰写研究总结报告等。

3）指导教师在所研究领域有创新性的研究成果，学术造诣高；应有相对稳定、独立的研究方向，并有一定的项目来源。

4）指导教师应具有较强的工作责任心，认真负责的工作态度，教风严谨，为人师表，对学生要求严格，始终坚持把对学生创新能力的培养放在第一位，保证投入足够的精力指导学生完成创新训练项目。

5）指导教师应注重培养学生严谨的科学态度、求实的科学精神和务实的科学作风。

6）指导教师要为学生创造宽松的学术环境，充分调动学生的主动性、积极性和创造性，启发学生的创新思维和创新意识，有效掌握思考、解决问题的方法。

7）指导教师应注重培养学生的综合能力，尤其是发现、分析和解决问题能力，独立思考和学习能力，获取知识和运用知识能力，信息加工和聚焦思维能力，动手实践和科学研究能力。

8）指导教师应根据学生的个性特点，引导学生学习与项目相关的基础理论，指导学生制订周密细致的研究计划，帮助学生做好具体的研究工作。指导教师应根据每个学生的具体情况，循序渐进地安排学生的学习和工作，使学生在创新训练项目的实践中，根据项目的进度安排，在项目的不同阶段均能实现与之相应的能力培养和创新训练，全面系统地提高学生的创新能力。

9）指导教师应注重培养学生的独立人格和团队合作精神，善于发现具有创新潜质的优秀学生，从日常的项目指导中发掘学生的个性特长，从而进行有针对性的个性培养。

10）指导教师应关心爱护学生，引导学生转变被动接受知识的学习方式，培养学生批判性思维意识，帮助学生克服心理压抑和自卑，让学生充分感觉到“心理安全”和“学术自由”。助燃学生的创新欲望，提升认知水平，增强参与意识，指导学生顺利完成项目的研究内容。

11）在选题阶段，指导教师能够结合学生的兴趣，指导学生选择具有重要理论和应用价值，或富有创新性和市场前景的题目。指导教师应对学生提出的选题进行审查和指导，也可与学生共同拟定研究课题和研究内容，或提出适合本科生进行研究的课题供学生选择。选题范围可包括：结合学校有关重大研究项目或与行业结合紧密的项目，开放实验室或创新教育基地中的综合性、设计性、创新性实验项目，学生自主设计和开发的相关项目，从课程学习和学科竞赛中引申出的研究项目，社会科学研究课题，其他研究价值较高项目，或具有挑战性的实践项目。

12）在申报阶段，指导教师应指导学生规范地填写申报表格，帮助制订实施计划，编制经费预算。

13）项目批准立项后，由项目负责人和指导教师一起提交《大学生创新训练项目承诺书》（范本参见第五章“附录”），保证在项目实施过程中，实施项目的学生和指导教师各司其职，履行承诺，保证学生和指导教师一道按计划完成项目规定的各项内容。

14）在实施阶段，指导教师应指导学生按批准的经费编制项目执行计划书，并根据学生特点制订分工计划，及时掌握学生的项目进展情况，帮助学生解决项目执行中所遇到的各种难题，重视对学生独立工作能力、分析和解决问题能力、创新能力的培养。

15）项目执行过程中，指导老师应定期与学生进行交流和研讨，定期审阅《大学生创新训练项目研究过程记录册》（范本参见第五章“附录”）。

16）指导教师负责监管学生合理使用项目经费。项目经费主要被用于与项目有关的资料费、调研费、实验耗材等必要开支，由承担项目的学生负责使用，指导教师负责审核。指导教师不得以任何方式挪用学生的项目经费。

17）发生项目负责人变更、研究内容有重大调整、申请延期、终止项目运行等情形时，须经指导教师同意。

18）在中期考核时，指导教师负责指导并督促项目负责人按时提交中期进度报告，帮助学生总结经验，修正错误，为下一步工作提出建设性意见。

19）在结题阶段，指导教师应指导学生总结、整理并撰写项目结题报告书，对《大学生创新训练项目研究过程记录册》及相关材料进行检查，对该项目的实施情况写出评语，并给出具体的意见或建议。

20）在项目评价时，指导教师应注重过程性评价和诊断性评价相结合，避免总结性和水平性评价。具体评价内容包括：科学态度、精神与作风，创新心理素质、创新思维、创新意识和创新实践的能力提升，综合研究能力和创新能力，处理基础知识学习、基本技能训练、创新实践和创造发明之间关系的有效程度，独立人格与团队合作精神。

21）在项目验收时，指导教师应协助学生认真准备答辩材料，指导学生答辩时做到重点突出，针对性强，内容连贯，条理清楚，逻辑性强。

22）指导教师应鼓励并指导学生作为第1作者发表学术论文或申请专利，鼓励学生参加高水平的科技竞赛。

23）指导教师应定期总结指导工作的特色、方法和成效，形成好的经验和做法，便于进行推广和交流。

### 7.3.2　创业训练项目教师工作指南

1）大学生创业训练项目由本科生创业训练团队，在导师的指导下进行自主选题、自主学习、自主实践。强调以“创业训练”为主，强化就业与创业能力的培养。创业训练项目的实施主体是本科生，教师起指导和辅助作用，在创业训练项目中为学生提供必要的指导、引导和帮助。

2）每个项目至少需配备2名指导教师。其中，1名为具有科技开发实力、创业教育经历或创业实践阅历的校内导师，另1名为具有创业实战经历的企业指导教师。

3）指导教师主要负责项目的指导、监督、管理等工作。指导教师应指导学生选修创业课程，传授创业知识，培训创业能力，教会学生像企业家一样去思考问题，培养学生具备未来创业者的素质，具有战略眼光，以及良好的沟通协调能力、营销能力和决策能力，并具备较好的情商。

4）校内指导教师在相关专业技术领域应具有相对稳定、独立的研究方向，拥有科技开发创新成果，并有结合企业需求的项目来源。

5）指导教师应具有较强的工作责任心，认真负责的工作态度，教风严谨，为人师表，对学生要求严格，保证投入足够的精力指导学生完成创业训练项目。

6）指导教师应注重培养学生的创业技能与开拓精神，以应对全球化和知识经济时代的挑战，引导学生转变就业观念，将创业作为未来职业的一种选择。

7）指导教师要注重培养学生作为未来创业者与领导者的成就动机、开拓精神、分析问题与解决问题的能力。

8）指导教师应帮助学生分析创业训练项目的难度，把握所选项目在学生能力和风险范围之内可控。

9）指导教师需对学生创业训练项目所需的基本理论和方法、创业训练计划方案以及创业成功的原则和技巧进行指导，保证学生能够结合严密而精心设计的商业模拟管理模型和企业决策博弈理论，全面模拟真实企业的创业运营管理过程，使学生在虚拟商业社会中完成企业从注册到创建、运营、管理等所有决策的训练过程。

10）指导教师应注重指导学生了解创业团队的内涵和重要性，把握高效团队的基本要素，帮助创业训练团队建立基本的组织架构，善于发现创业潜质优秀的学生，从日常的项目指导中挖掘学生的创业特长，从而进行有针对性的个性培养。

11）指导教师应关心爱护学生，引导学生主动识别并把握创业机会，培养学生作为未来创业者的决断能力、识人用人能力、积极应变能力、敢于创新能力、社会交往能力，指导学生全面了解创业计划、创业管理、企业申办、创业融资、创业风险等过程要素。

12）指导教师应指导学生合理规划、管理项目的执行时间，合理制订项目经费的使用计划，确保项目经费预算和开支与项目进度和进程相匹配。

13）在选题阶段，指导教师能够结合创业训练团队把握的创业机会，结合团队的实际情况，指导学生选择具有一定技术含量，具有一定商业价值，具有一定市场前景的题目。指导教师应对学生提出的项目进行审查和指导，也可与学生共同拟定创业训练项目，或结合自己的科技开发项目和企业合作课题提出适合本科生进行创业训练的项目供学生选择。

14）在申报阶段，指导教师应指导学生规范地填写申报表格，帮助制订实施计划，编制经费预算。

15）项目批准立项后，由项目负责人和指导教师一起提交《大学生创业训练项目承诺书》（范本参见第五章“附录”），保证在项目实施过程中，实施项目的学生和指导教师各司其职，履行承诺，保证学生和指导教师一道按计划完成项目规定的各项内容。

16）在实施阶段，指导教师应指导学生按批准的经费编制项目执行计划书，并根据学生特点制订分工计划，及时掌握学生的项目进展情况，帮助学生解决项目执行中所遇到的各种难题。

17）项目执行过程中，指导老师应定期与学生进行交流和研讨，定期审阅《大学生创业训练项目过程记录册》（范本参见第五章“附录”）。

18）指导教师负责监管学生合理使用项目经费。项目经费主要被用于与项目有关的资料费、调研费、耗材等必要开支，由承担项目的学生负责使用，指导教师负责审核。指导教师不得以任何方式挪用学生的项目经费。

19）发生项目负责人变更，成员调整，研究内容有重大调整，申请延期，终止项目运行等情形时，须经指导教师同意。

20）在中期考核时，指导教师负责指导并督促项目负责人按时提交中期进度报告，帮助学生总结经验，为下一步工作提出建设性意见。

21）在结题阶段，指导教师应指导学生总结、整理并撰写项目结题报告书，对《大学生创业训练项目过程记录册》及相关材料进行检查，对该项目的实施情况写出评语，并给出具体的意见或建议。

22）在项目评价时，指导教师应注重过程评价与诊断评价相结合。具体评价内容包括：工作态度，自主、自信、勤奋、坚毅、果敢、诚信等品格与开拓精神的评价，学术训练和知识准备评价，在混乱无序、变化和不确定的环境中寻求与把握机会的能力，整合与利用资源能力，沟通协调能力，营销能力，决策能力，创造性地解决问题能力，创造价值的能力，创业心理素质，独立人格与团队合作精神。

23）在项目验收时，指导教师应协助学生认真准备答辩材料，指导学生答辩时做到重点突出，针对性强，内容连贯，条理清楚，逻辑性强。

24）指导教师应鼓励并指导学生参加各种创业经验交流、创业类竞赛或模拟创业沙盘学习和对抗竞赛活动，挖掘并推荐优秀的创业项目进驻学校的创业中心、大学科技园或类似的创业机构，为参与创业训练项目的学生提供技术、场地、政策、管理等支持和创业孵化服务。

25）指导教师应定期总结指导工作的特色、方法和成效，形成好的经验和做法，便于进行推广和交流。

### 7.3.3 创业实践项目教师工作指南

1）大学生创业实践项目由本科生创业实践团队，在导师的指导下进行自主立项，真实创办企业的实践过程，强化就业与创业能力的培养。创业实践项目的实施主体是本科生。教师在创业实践项目中为学生提供必要的指导、引导和帮助。

2）每个项目至少需配备 2 名指导教师。其中，1 名为具有科技开发实力、创业教育经历或创业实践阅历的校内导师，另 1 名为具有创业实战经历的企业指导教师。

3）指导教师主要负责项目的指导、监督和管理等工作。指导教师应指导学生选修创业课程，引导学生像企业家一样去思考问题，培养学生具备创业者的素质，具有战略眼光，以及良好的沟通协调能力、营销能力和决策能力，并具备较好的情商。

4）校内指导教师在相关专业技术领域应具有相对稳定、独立的研究方向，拥有科技开发创新成果，并有结合企业需求的项目来源，同时懂得创业的基本概念、基本原理、基本方法和相关理论，涉及创业者、创业团队、创业机会、创业资源、创业计划、政策法规、新企业开办与管理，以及社会创业的理论和方法。

5）指导教师应具有较强的工作责任心，认真负责的工作态度，保证投入足够的精力指导学生完成创业实践项目，能够帮助学生分析创业实践项目的难度，把握所选项目在学生能力和风险范围之内可控。

6）指导教师应注重培养学生的创业技能与开拓精神，以应对全球化和知识经济时代的挑战，引导学生转变就业观念，将创业作为未来职业的一种选择。

7）指导教师需对学生创业实践项目所需的基本理论和方法、创业实践计划方案以及创业成功的原则和技巧进行指导，保证学生严密而精心设计商业管理模型和企业决策博弈理论，有效实践真实企业的创业运营管理过程。

8）指导教师应注重指导学生了解创业团队的内涵和重要性，把握高效团队的基本要素，帮助创业实践团队建立基本的组织架构。

9）指导教师应关心爱护学生，培养学生作为创业者的决断能力、识人用人能力、积极应变能力、敢于创新能力、社会交往能力，指导学生全面了解创业计划、创业管理、企业申办、创业融资、创业风险等过程要素。

10）指导教师应帮助学生分析并规划项目的执行时间，合理制订经费使用计划，帮助学生进行资金风险分析，指导学生建立企业投融资渠道。

11）在选题阶段，指导教师应结合团队的实际情况，指导学生选择具有一定技术含量，具有一定商业价值，具有一定市场前景的题目。指导教师应对学生提出的项目进行审查和指导，也可与学生共同拟定创业实践项目，或结合自己的科技开发项目和企业合作课题提出适合本科生进行创业实践的项目供学生选择。

12）在申报阶段，指导教师应指导学生规范地填写申报表格，帮助制订实施计划，编制经费预算。

13）项目批准立项后，由项目负责人和指导教师一起提交《大学生创业实践项目承诺书》（范本参见第五章“附录”），保证在项目实施过程中，实施项目的学生和指导教师各司其职，履行承诺，保证学生按计划完成项目规定的各项内容。

14）在实施阶段，指导教师应及时掌握学生的项目进展情况，帮助学生解决项目执行中所遇到的各种难题。

15）项目执行过程中，指导老师应定期与学生进行交流和研讨，定期审阅《大学生创业实践项目过程记录册》（范本参见第五章“附录”）。

16）指导教师负责监管学生合理使用项目经费。项目经费主要被用于学生真实创业所需的各项支出，由承担项目的学生负责使用，指导教师负责审核。

指导教师不得以任何方式挪用学生的项目经费。

17）发生项目负责人变更，成员调整，研究内容有重大调整，申请延期，终止项目运行等情形时，须经指导教师同意。

18）在中期考核时，指导教师负责指导并督促项目负责人按时提交中期进度报告，帮助学生总结经验，为下一步工作提出建设性意见。

19）在结题阶段，指导教师应指导学生总结、整理和撰写项目结题报告书，对《大学生创业实践项目过程记录册》及相关材料进行检查，对该项目的实施情况写出评语，并给出具体的意见或建议。

20）在项目评价时，指导教师应注重过程评价与诊断评价相结合。具体评价内容包括：学生了解和掌握创业基础知识、方法与手段的程度，创业精神，创业领导能力，创业知识储备，创业品质，创业环境掌控力，整合与利用资源能力，沟通协调能力，营销能力，决策能力，创造性地解决问题的能力，创造价值的能力，创业心理素质，独立人格与团队合作精神等。

21）在项目验收时，指导教师应协助学生认真准备答辩材料，指导学生答辩时做到重点突出，针对性强，内容连贯，条理清楚，逻辑性强。

22）指导教师应鼓励并指导学生参加各种创业经验交流、创业类竞赛等活动。

23）指导教师应定期总结指导工作的特色、方法和成效，形成好的经验和做法，便于进行推广和交流。

## 7.4 大学生创新创业训练计划项目申报开展流程

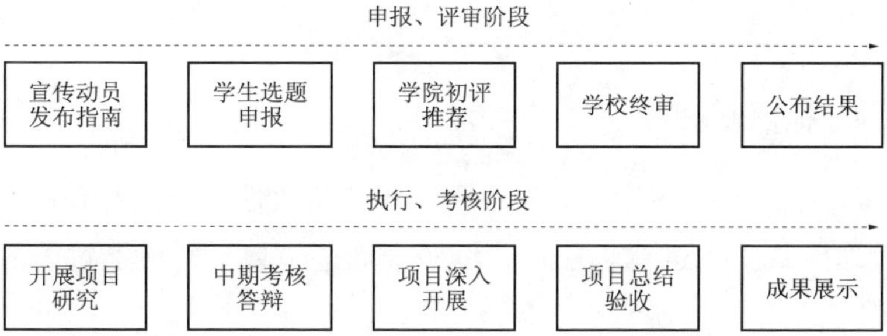

### 7.4.1 立项原则

1）大学生创新创业训练计划采取国家、学校、学院 3 级立项，分级管理的办法。同一项目以最高级别立项为准。

2）每年春季学期启动项目申报工作，由学院组织专家评审。

3）国家级、校级项目需学校专家组对项目进行复评。复评结果经学校审核通过并公示，由学校发文。

### 7.4.2 项目运行

1）项目立项后，须与学校签订项目管理合同书，并严格按照合同规定内容执行。不签订合同者视为放弃。

2）项目运行时间为 1 ～ 3 年，原则上要求在项目负责人毕业前完成。

3）每年组织开展 2 次阶段性检查。

4）项目实施动态管理。

5）项目负责人原则上不允许更换（创业实践项目除外），确需更改的应提交项目变更申请表（大创网站下载）。

6）对未能通过中期检查或工作无明显进展的项目，学校将中止其运行。

### 7.4.3 项目验收

1）项目验收由学校统一组织。

2）验收成绩优秀比例不超过结题项目数量的 30%。未通过验收的项目成绩为失败或不合格。失败项目成绩按不合格处理。

3）未达到验收标准，研究期限未达 3 年的项目须继续完善，延期验收。

4）创业实践项目结束时，须按照有关法律法规和政策妥善处理各项事务。

### 7.4.4 报销要求

1）每年组织两次报销，分别在上半年（阶段性检查及结题后）和下半年（阶段性检查后）进行。检查或结题未通过（包括暂缓通过）的项目不允许报销。

2）根据项目研究进度报销相应额度（如完成50%只能报经费的50%，标准由学院把握）。未结题项目报销累计额度不超过80%。结题项目可以报销经费余额。

3）经费必须实报实销，不得用发票套取经费。对报销后的项目，如果发现项目弄虚作假或没有开展实质性工作，学校将严肃处理并追回相关经费。错过本次报销时间的，本学期不再报销。

4）项目经费额度与报销通知请随时关注教务处主页通知。

内容来源 & 参考文献

1）http：//gongkai. jlu. edu. cn/?mod=info&act=view&id=404。

2）中国石油大学　大学生创新创业训练计划网 http：//itp. upc. edu. cn/。

## 7.5　优秀项目实例

吉林大学自2007年开展大学生创新创业训练计划项目以来，参与本科生广泛，学生跨学院学科交叉合作现象普遍，培养学生自主创新能力的同时，本科生参与科研项目，参与课外创新活动，也获得了丰硕的论文和专利成果。

为避免重复研究，并供后续同学借鉴参考，现将自2007年以来已经获批的车辆工程专业相关大学生创新创业训练计划项目汇总如附录四所示。列举其中两项较为优秀的项目实例如下：

### 项目一　“FSAE赛车发动机进、排气系统设计与分析”项目申报书

1　项目概况

1.1　项目背景和研究目的

**1.1.1　项目背景**

本项目最初来源于汽车工程学院组织参加的中国大学生方程式大赛。此项赛事是由中国汽车工程学会发起，旨在培养本科生的设计能力、制造能力、

成本控制能力和团队沟通协作能力。第一届中国大学生方程式大赛于 2010 年在上海国际赛车场举办，现已成功举办 3 届。图 1、图 2 以及图 3 分别为吉林大学 2010 年、2011 年和 2012 年研发的赛车。其中，车队于 2012 年获得赛车设计第一名，并在 2011 年夺得了总成绩第六名的好成绩。

图 1　吉林大学 2010 年赛车

图 2　吉林大学 2011 年赛车

图 3　吉林大学 2012 年赛车

通过对动态比赛的分析以及和其他车队的交流探讨，我们分析总结了赛车存在的问题。我们发现，发动机进、排气部分的设计还有提升的空间。优秀的进、排气系统设计可以提高发动机的充气效率，提升发动机的动力性、经济性，从而直接有效地提升赛车的性能。尤其是我们使用了涡轮增压系统，因而对整套进、排气系统的设计和改装提出了更高的要求。深入地研究进、排气系统的设计方法是非常有必要的。

### 1.1.2 研究目的

FSAE 赛车设计要求在节气门与发动机之间安装一个最小截面的直径为 20 mm 的限流阀。这项规则限制了原厂发动机的功率输出。原厂 Honda CBR600 型号发动机为自然吸气式，在加装限流器后最大功率降低到原机的 60% 以下。为了使发动机在加装限流器的前提下仍能为赛车提供良好的动力输出，吉速车队对其进行了加装涡轮增压器的改装工作。所以，为了让发动机的“呼吸”更加顺畅，释放更强的动力，我们必须将整套进、排气系统针对涡轮增压系统的特点来加以重新设计和改造，以适应改装后发动机对进、排气系统的要求。其中，稳压箱、排气歧管的设计、CFD 分析以及加工都是本项目的重点研究方向。

## 1.2 国内外研究现状分析与评价、研究意义

### 1.2.1 研究现状

传统的进、排气道的设计流程是采用经验设计加上在稳流试验台上反复试验，并进行多次修正的方法。在设计过程中还需要通过多次整机性能试验来验证与选择设计方案。这样的传统方法不仅存在一定的盲目性与局限性，而且设计开发周期长，耗费大，也较难得到理想的方案。

近年来随着计算机技术的发展，计算流体动力学分析技术得到了迅猛的发展，并且被广泛地应用到了内燃机开发设计领域。在进、排气系统的设计中，CFD 分析已经成了不可或缺的一种技术手段。在查阅了大量文献资料后，我们发现国内外针对进、排气系统设计的研究多是利用 CFD 分析评价某一种进气歧管或排气歧管的流场特性，而且基本是针对柴油机与自然吸气汽油机的。关于涡轮增压发动机以及 FSAE 赛车发动机的进、排气系统的研究还不太成熟，可查的资料也十分有限，并且几乎没有针对 FSAE 赛车稳压箱的研究资料。由于中国大学生方程式大赛在国内开办的时间只有 3 年，可以说在国内针对 FSAE 赛车进、排气系统的研究还处于空白阶段。

### 1.2.2 研究意义

对于 FSAE 赛车来说，一款工作顺畅，动力输出优异的发动机对提高赛车性能，提升车手信心，取得优异成绩，具有至关重要的意义。进、排气系统的设计直接关系到发动机的性能。优秀的进气系统可以降低进气阻力，达

到更高的充气效率，从而提高发动机的进气量，可以提高发动机的动力性；设计良好的排气系统可以降低排气阻力，降低排气背压，从而提高换气效率，优化发动机的燃烧状况。对于一款涡轮增压发动机来说，排气系统的设计还直接关系到涡轮增压器的工作效率，从而影响发动机的经济性与动力性。本项目对于进、排气系统的研究及获得的相关数据不仅可以填补吉林大学FSAE车队相关领域的空白，还对国内同类型的研究及实验具有一定的参考价值。研究意义主要体现在以下几方面：

（1）以FSAE赛车发动机为研究平台，探索出一套科学、完整的进、排气系统设计方法。我们希望通过CFD分析对进、排气系统设计进行仿真分析，然后通过台架试验验证CFD分析的结果，从而评价CFD分析能否真实、有效地指导进、排气系统的设计。

（2）目前，环保型的小排量涡轮增压发动机是这个时代的潮流。FSAE赛车上针对小排量涡轮增压车型优化设计的进、排气系统以及进、排气系统的设计方法与思路也可以推广到民用车领域，对提高系统响应速度、控制精度及工作稳定程度有着重要意义。

## 2 项目研究内容（项目主要研究内容，拟解决的关键问题、重点和难点）

### 2.1 项目主要研究内容

本项目的主要研究内容是为FSAE赛车发动机设计一套进、排气系统。进气系统需要进行优化设计的主要部件包括进气限制器、进气稳压箱与进气歧管。排气系统的主要设计部件为排气歧管。我们的设计思路是将进、排气系统设计流程分为3个阶段：

（1）进、排气系统物理模型的三维建模。

（2）进、排气系统部件的CFD仿真分析。

（3）设计方案的发动机台架试验验证。

#### 2.1.1 进排气系统三维建模

通过查阅大量资料，确定进、排气系统物理模型的设计方案。利用Catia软件建立进、排气系统的三维模型，为CFD分析建立基础。在设计过程中需要同时考虑到整车的装配，确定进、排气系统的布置装配形式。

### 2.1.2 进、排气系统的 CFD 分析

运用 Fluent 这款 CFD 分析软件对进、排气系统各部分进行仿真，从而分析限流器、稳压箱、排气歧管的流场特性。

受 FSAE 比赛规则限制，需在节气门之后加直径为 20 mm 的进气限制（图 4）。以喷管模型为例，运用 Gambit 画出网格，运用 Fluent 进行流场分析。限流器的设计目标为在单位时间内达到尽可能大的空气流量。通过对数据分析对比，获得较高的空气流量数值，尽量减小限流器给动力性带来的负面影响是主要研究内容之一。

同时进气稳压腔容积对发动机性能和排放影响显著（图 5）。稳压箱的设计目标为使各缸的进气流量尽可能均匀。在一定范围内，增加进气稳压腔容积可以增大发动机的扭矩。分析确定合适的稳压箱也是项目的主要研究内容之一。

排气歧管（图 6）的设计目标是尽可能降低排气阻力。各缸排气流量尽可能均匀，最大限度地降低排气背压。因此，排气歧管的长度、形状都是我们需要通过仿真来设计优化的。

图 4　进气限制器

图 5　进气稳压箱

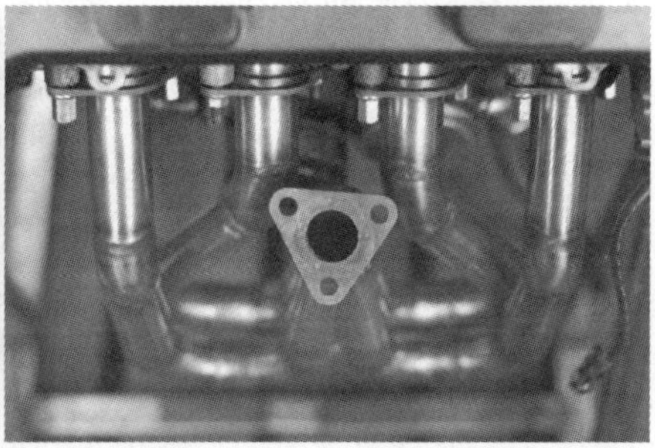

图 6　排气歧管

### 2.1.3 根据实际试验获得的试验数据进行优化设计

吉林大学吉速车队已经拥有了先进的 MoTeC M84 ECU，以及博世热膜式空气流量计，通过发动机台架试验，从 ECU 中读取数据，对其分析，研究进、排气系统对发动机充气效率、动力输出特性，以及涡轮增压器工作效率的影响，并与模拟数据对比，做出优化方案。

## 2.2 拟解决的关键问题、重点和难点

### 2.2.1 拟解决的关键问题——基于涡轮增压系统的进、排气仿真

增压进气发动机的进气系统是一个复杂的非稳态的流体动态过程。流体的状态参数和流速不仅是位移的函数，而且是时间的函数，牵扯到流体力学、空气动力学及热力学方面的知识，目前无法精确计算，因此需要运用仿真研究。同时，对于实际的排气歧管，特别是结构复杂的排气歧管，其内部气体是三维非定常流动。其流场如何变化，速度、压力及温度如何分布鲜有研究，需要我们在实践过程中学习，通过仿真获得数据。

### 2.2.2 项目重点——进、排气歧管及稳压箱的设计

在此比赛规则中的动力限制里，主要是通过限流器对发动机进气流量进行限制。为了提高限流以后发动机的充气效率，提高赛车的动力性，全球各个高校车队均对限流以后如何提高发动机的充气效率这个课题进行了深入研究。同时，规则规定必须将限流器安装在增压器之前。这大大限制了涡轮增压的作用，所以对限流器的设计是进气系统设计的重点之一。进气稳压腔容积对发动机性能和排放影响显著。在一定范围内，增加进气稳压腔容积可以增大发动机的扭矩，但同时也增加了发动机的循环变动率，并且在增压发动机中，稳压箱起到了均衡各缸进气量的作用，所以通过分析选择合适的体积是项目的重点。为了不使各缸排气相互干扰，以及不出现排气倒流现象，并尽可能地利用惯性排气，应使排气歧管的内表面光滑，降低排气阻力，而且各缸歧管应相互独立。鉴于此，需要实验仿真分析，以确定最佳长度。

### 2.2.3 项目难点—— CFD 软件实验分析方法

计算流体动力学（Computational Fluid Dynamics，CFD）是通过计算机数值计算和图像显示，对包含有流体流动和热传导等相关物理现象的系统所做的分析。其基本思想可归结为：把原来在时间域及空间域上连续的物理量的场，如速度场和压力场，用一系列有限个离散点上的变量值的集合来代替，通过一定的原则和方式建立起关于这些离散点上场变量之间关系的代数方程组，然后求解代数方程组获得场变量的近似值。在实际的操作过程中，需要建立控制方程，确立初始条件及边界条件，划分计算网格，生成计算节点，建立离散方程，确定离散初始条件和边界条件，给定求解控制参数，求解离

散方程。结果收敛则显示并输出计算结果。这需要扎实的数学基础和理论学习（见图 7 ~图 9）。

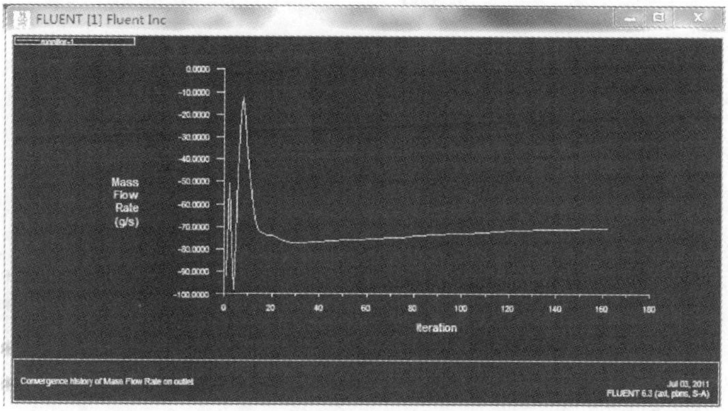


图 7　fluent 软件出口流量分析图

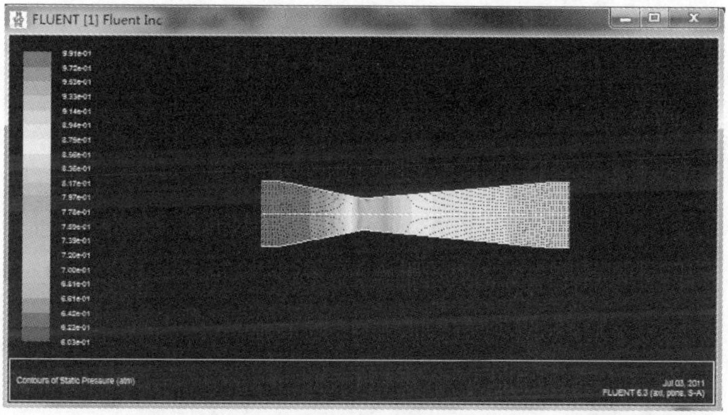


图 8　限流器压强云图

| Mass Flow Rate | (g/s) |
|---:|---:|
| inlet | 70.6788 |
| outlet | -70.666745 |
| Net | 0.012055039 |

图 9　进出口流量

3　项目特色及创新点

在国内 FSAE 领域中，除吉林大学外，无其他大学采用涡轮增压强制进气，又因为比赛规则限制，需加直径为 20 mm 进气限制，故在小排量增压发动机的进、排气系统的分析领域仍存在空白，同时对复杂结构的排气系统、进气稳压箱的设计都无参照，因此 FSAE 小排量增压发动机进、排气系统设计具有以下几个特色和创新点：

（1）将 CFD 分析和台架试验结合起来，从理论研究和发动机试验来全面、真实地评价进、排气系统的设计。

（2）国内针对涡轮增压发动机的进、排气系统设计的研究还较少。我们在研究过程中将根据涡轮增压系统的特性匹配设计进、排气系统。

4　申请理由（①团队条件——自身 / 团队具备的知识、素质、能力、特长、兴趣；②前期准备基础等）

4.1　团队条件

（略）

4.2　前期准备基础

（1）本项目所需要的试验测试发动机已具备——我们拥有 2008 款 CBR600 发动机，以及盖瑞特赞助的涡轮。

（2）本项目所需的 MoTeC M84 ECU 已经具备——我们拥有功能强大的 ECU，以获取试验数据，并且已经完全掌握 MoTeC 的使用方法，可以在最短时间内进入到系统的设置与实验中来。图 10 为 MoTeC M84 ECU。

图 10　MoTeC M84 ECU

（3）本项目所需的分析软件学习以及开始——基于 fluent 软件的 CFD 分析需要大量的学习，组内成员已认真学习了相关软件以及分析方法。

5　项目实施方案（研究思路和方法，实施计划、技术路线、人员分工等）

5.1　研究思路和方法

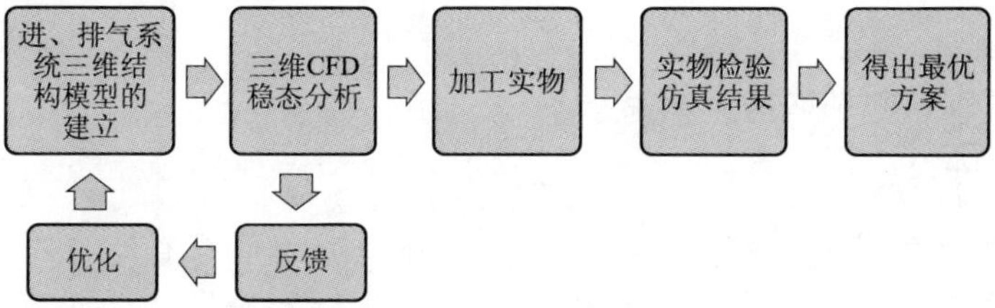


5.2　实施计划和技术路线

**5.2.1　选型确定进、排气方案，设计实验三维样本模型**

（1）根据国外实例及讨论，确定限流器、稳压箱及排气歧管实体形状。

（2）利用 Dassault 公司的 CAE 软件 Catia 进行三维实体建模，并进行初步分析，选择加工材料。

**5.2.2　仿真分析实体模型并进行反馈优化**

（1）用 Gemebit 生成网格。

（2）将网格导入 FLUENT 软件。

（3）建立方程确定边界条件输出结果。

（4）基于分析数据优化样本模型。

**5.2.3　实物检验仿真结果**

（1）加工制作进、排气系统及发动机组装。

（2）台架试验，利用 M84 获取空气流量。

5.3　人员分工

| | |
|---|---|
| （略） | 主要负责进、排气系统的设计以及团队协调工作等 |
| （略） | 主要负责进、排气系统的 CFD 分析及数据处理 |
| （略） | 发动机台架试验的操作及数据整理 |
| （略） | 作图加工以及对实验数据的记录 |
| （略） | 发动机装配以及台架的搭建 |

6　项目进度安排（文献查阅、社会调查、方案设计、开题报告、实验研究、数据处理与分析、研制开发、填写结题表、撰写论文和研究报告、结题答辩和成果推广等时间安排）

2013/05/01—2012/05/31 初步准备阶段

• 查阅发动机排气系统设计的相关资料以及相关软件的学习，进行创新方案的制定，改进内容的理论研究

• 听取指导教师的意见和建议

• 撰写开题报告

2013/06/01—2012/07/31 进气歧管、稳压箱、排气歧管的设计

• 运用 Catia 软件建立进气歧管、稳压箱、排气歧管的设计

2013/08/01—2012/08/20 对进、排气系统仿真优化

• 在三维模型的基础上画出网格，进行 CFD 分析

• 对仿真数据分析得到相关结论

• 根据仿真结果对初步设计优化

• 出图

2013/08/21—2013/12/01 进、排气系统的加工

• 选择加工工厂，送往加工

• 排气歧管的焊接

• 进、排气系统装配

2013/12/01—2013/03/05 发动机塔架试验

• 实验室审批

• 台架系统的搭建

• 通过 MoTeC M84 获得试验数据并进行对比

2013/03/05—2013/05/01 总结阶段

• 总结项目成果，答辩结题，申请专利，发表论文

7　项目研究所需资源（实验室、仪器设备、实验材料、资料等）

• 机械加工厂

• 发动机台架试验所需实验室及设备

• 加工过程中所需要的铝料、不锈钢

• 实验过程中所需秒表、米尺、塑料桩桶、灭火器等工具

• 研究过程中所需的文献资料

现有资源：

7.1　加工地点

进、排气系统搭建所需的加工场所。我校内燃机研究所、辊锻实验室、切削实验室，拥有车床、铣床、刨床以及数控机床、压力机、加工中心，可对需要零件进行各种精度加工。指导老师也可提供加工地点的信息。

7.2　装配地点

硬件系统装配、调试场所。已经向吉林大学内燃机实验室申请到东门实验室，可以在该实验室安装、调试硬件系统。

7.3　台架试验设施

学校拥有国内高校条件最好的发动机实验室之一。具有24个发动机整机试验台架，10个附件实验室，可以供试验平台。

7.4　工具

扳手、套筒、螺丝刀等基本工具。这些工具去年已基本备齐。某些特殊工具需要添置。

7.5　其他资源

实验室有汽车电控、汽车理论、电工电子、计算机语言等方面的图书十余本；学校图书馆有大量机械设计、工程图学、Catia、CAD教程等相关资料可以借阅。另外，利用图书馆网络数据库，可以查到汽车牵引力控制系统等方面的学术论文，为研究提供了丰富的理论参考。

## 项目二“具有车辆运动模拟功能的ESP硬件在环小型化试验装置”项目成果及结题报告

一、主要研究成果汇总表

| 序号 | 成果名称 | 成果形式 | 作者 | 出版社、发表刊物或采用单位 | 时间（刊期） |
|---|---|---|---|---|---|
| 1 | Car Blind Area Alarm System Based on AT89S52 MCU | A |  | Trans Tech Publications, Switzerland | Vols. 490–491 (2014) pp 1073–1077 |
| 2 | Simplified Dynamics Modeling of Seat-Passenger in Vehicle Frontal Crash | A |  |  | 2014–3–25 |

续表

| 序号 | 成果名称 | 成果形式 | 作者 | 出版社、发表刊物或采用单位 | 时间（刊期） |
| --- | --- | --- | --- | --- | --- |
| 3 | 关于ESP硬件在环小型化实验装置的研究 | A | | | 2014－4－1 |
| 4 | ESP硬件在环小型化试验装置硬件部分的研究报告 | B | | | 2013－10－1 |
| 5 | ESP硬件在环小型化试验装置软件的研究报告 | B | | | 2013－11－5 |
| 6 | ESP硬件在环小型化试验装置连接调试部分的研究报告 | B | | | 2014－3－28 |
| 7 | ESP硬件在环小型化试验装置实物 | C | | | 2013－9－25 |
| 8 | ESP硬件在环小型化试验装置CarSim/Simulink联合仿真模型 | C | | | 2013－8－1 |
| 9 | 汽车集成式电子液压制动系统 | D | | ZL 2013 2 0387592.8 | 2013－7－1 |
| 10 | 一种翻盖式太阳能跟踪移动电源 | D | | ZL 2013 2 0369445.8 | 2013－6－26 |
| 11 | 具有车辆运动模拟功能的ESP硬件在环试验台 | D | | 201310358740.8 | 2013－8－16 |

二、项目结题报告

项目成果简介（3 000字以内，包括项目实验成果、创新性、应用情况、项目学术交流情况等）：

成果简介

**调研报告**

（1）硬件部分研究报告

研究对象：

具有车辆运动模拟功能的ESP硬件在环小型化试验装置硬件部分。

研究内容：

硬件组成、硬件运动和模拟功能及硬件可靠性。

研究结论：

ESP硬件在环小型化试验装置硬件部分具备正确的设计原理及合理的设计结构。在测试过程中的机械运动具备较高的可靠性和稳定性。

小组成功地搭建起ESP硬件在环小型化试验装置硬件部分。在结构上具备创新点，改变之前一些装置旋转框架的单轴支撑的方式为两轴支撑，提高了结构的稳定性和可靠性。此外，通过理论计算和实际检验，确定了电机选型标准。所以，此研究在机械结构设计、驱动元件选择上为ESP硬件在环小型化装置提供了参考依据。

（2）软件

研究对象：

具有车辆运动模拟功能的ESP硬件在环小型化试验装置软件部分。

研究内容：

主要包括学习并掌握CarSim软件及Simulink软件的基本使用方法，以及CarSim软件与Simulink的联合仿真。

研究成果：

完成了Simulink模块的搭建并在CarSim软件的联合下实现了模拟仿真，为进一步实现具有车辆运动模拟功能的ESP硬件在环小型化试验装置软、硬件部分的连接奠定了基础。

（3）调试连接

研究对象：

具有车辆运动模拟功能的ESP硬件在环小型化试验装置硬件部分与软件部分的连接。

研究内容：

硬件部分与软件连接的情况。

研究结论：

实验台硬件部分与软件部分能够实现正常连接，调试正常，可以实现初步的ESP硬件在环仿真。

## 实物

图 1　ESP 硬件在环小型化试验装置

图 2　ESP 硬件在环试验

## 论文

### （1）Car Blind Area Alarm System Based on AT89S52 MCU

*Applied Mechanics and Materials Vols. 490-491 (2014) pp 1073-1077*
*© (2014) Trans Tech Publications, Switzerland*
*doi:10.4028/www.scientific.net/AMM.490-491.1073*

**Car Blind Area Alarm System Based on AT89S52 MCU**

Zhuoyang Lv[1, a], Bingqian Sun[2, b]

[1] College of Automotive Engineering, Jilin University, Changchun 130022, China

[2] College of Mechanical Science and Engineering, Jilin University, Changchun 130022, China

[a]lvzhuoyang@hotmail.com, [b]630577144@qq.com

**Keywords:** Car Blind Area; Alarm System; Ultrasonic Sensor; Infrared Sensor; Safety

**Abstract.** The main purpose of this study was to investigate and understand how to reduce negative effects of car blind area and find a method to ensure the safety of vehicle. We designed a system to implement these functions. The system is based on AT89S52 MCU, and it uses the infrared sensors, ultrasonic sensors, buzzer, and LED lamp to implement the detection of object and pedestrian in the driver's blind area in time, and dispose the detected information by AT89S52 MCU. The ultrasonic sensor can detect objects and people at a certain range, and the infrared sensors can detect people or other animals under the car or behind the car. When danger may happens, the buzzer alarms and LED lights to remind the driver to take relevant measures. Experiments showed that the system can perform well to show whether there is people or objects in blind areas. It improves the safety of driving and ensures the safety of drivers and pedestrians. The system belongs to the technology of active safety and it provides many advantages, including flexibility, extensibility, implementation simplicity, and cost savings.

**Introduction**

Obstructions of vehicles include the pre and post obstruction, bottom obstruction, external rearview mirror obstruction, vehicle column obstruction and so on. Many traffic accidents are caused by obstructions of vehicles. Pre and post obstruction are easy to cause rear-end accidents. Bottom obstruction has much hidden danger for that there may be tragedy if children or animals play under the vehicle without attention [1]. At parking or before starting, A-pillar obstruction [2] is the largest. The faster the speed is, the smaller the A-pillar obstruction will be. When vehicle is driven fast, A-pillar obstruction is negligible. When large Angle is needed to bend to the lateral, B column has the barrier on the line of sight, which could lead to the situation where the vehicle may impact the one driving normally on the right side. The dark membrane can cause visual blind area. Especially when a man is driving at night, the dark membrane on the glass affects the clarity on either side of the driver's vision [3]. Car blind areas are shown in Fig. 1.

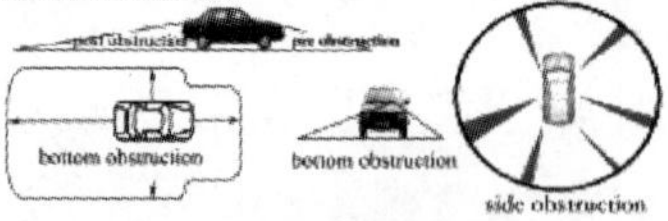


**Fig. 1. Car Blind Areas**

In order to reduce security risks caused by obstructions of vehicles, this work focuses on a vehicle obstruction warning system based on AT89S52, which implements the detection of object and pedestrian in the driver's blind area in time, and disposes the detected information by AT89S52 microcomputer. The ultrasonic sensor can detect objects and people at a certain range, and the infrared sensors can detect people or other animals under the car or behind the car. When danger may

## （2）Simplified Dynamics Modeling of Seat-Passenger in Vehicle Frontal Crash

### Simplified Dynamics Modeling of Seat-Passenger in Vehicle Frontal Crash

Yaoyuan Wang[1,a], Zhuoyang Lyu[2,b] and Liangliang Wang[1,c] ,Zhenhua Yan[1,d,*]

[1]College of Mechanical Science and Engineering, Jilin University, Changchun 130025, China

[2]College of Automotive Engineering, Jilin University, Changchun 130025, China

[a]wangyy1411@163.com, [b]zhuoyanglyu@163.com, [c]wangll41101321@gmail.com, [d]Yanzhenhua@jlu.edu.cn,

**Keywords**: seat; coupled; dynamics; vehicle frontal crash; Madymo.

**Abstract.** To quickly predict the performance of the seat in frontal crash during the initial stage of the seat development, in this paper a simplified coupled dynamic model of seat-passenger interaction is established according to the dynamics analysis method of Lagrange, and the fourth order Runge-Kutta method is used to resolve differential equation. Moreover, the simulation of Madymo testifies the simplified coupled dynamic model of seat-passenger interaction in frontal crash. Therefore, this model will be effective and feasible in predicting the performance of the seat in frontal crash during the initial stage of the seat development, for example, the performance of anti-submarining protection.

**Introduction**

Since vehicle seats are critically important components for security protection, the performance of the vehicle seats should meet the national standards [1-3], like strength test regulations for vehicle frontal crash, rear crash and fixed-point strength test regulations for safety belt. To develop a new vehicle seat, all of the accurate three-dimensional data of seat need to be obtained according to certain seat and the specific structure of the new car. Furthermore, the dynamic performance of the seat could be predicted by simulation of car crash with FEM or the method of Multi-body System Dynamics based on the three-dimensional data of seat. According to the simulated results, the seat structure will be optimized and again simulated. But there exist the following problems: long design cycle, large amount of repetition work, high cost. Auto companies always focus on shortening the development cycle of seat, which will reduce delays in getting products to market. To improve the precision of the prediction of the simulation of car crash with FEM or the multi-rigid-body dynamics model and shorten the design period, a feasible method should be explored to predict the performance of the seat without the three-dimensional data of seat. In this paper, we establish a simplified coupled dynamic model of seat-passenger interaction for predicting the performance of the seat during the initial stage of the seat development, for example, the prediction for the performance of anti-submarining protection.

Dynamics modeling of seat-passenger interaction has become a hot topic recently in academia. In vehicle passive safety research, computer model of human body is usually used to replace dummy used in crash test, which proved to be economical and effective [4], especially in the initial stage of the seat development [5]. In this respect, researchers generally use the multi-rigid-body model to analyze the seat-passenger interaction. By simplifying the human body as a multi-rigid-body system and establishing the environment around the passenger, we can study the kinematics response and the damage of the passenger, which will give us instructions for optimizing the design of the seat [6-8]

## 专利

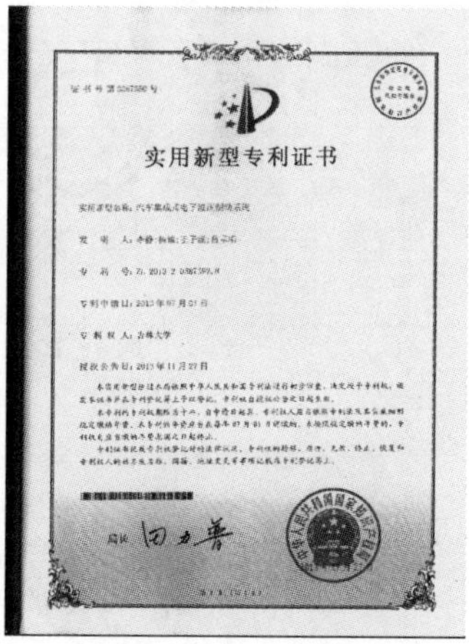
实用新型专利证书

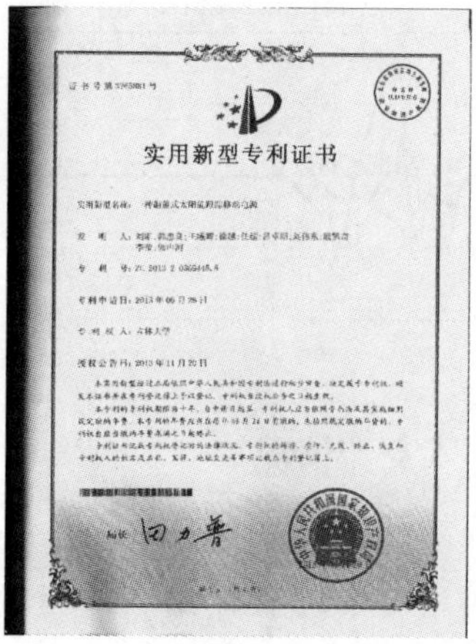
实用新型专利证书

具有车辆运动模拟功能的ESP硬件在环试验台　一种翻盖式太阳能跟踪移动电源

**创新性**

将ESP车辆运动模拟试验台用小型化装置实现；

能够完成具有集成式传感器的ESP控制器的硬件在环测试，完善国内现有的ESP硬件在环试验台。

**应用情况**

利用dSPACE进行调试连接，可以让试验台转动，并调试到使其能够按照既定的方式转动，以及传感器能够采集返回信号，进行初步的硬件在环仿真的程度（实际经过纵向和侧向加速度传感器采集回的信号与目标信号吻合较好）。

选择合适频率、延时进行正弦延时工况仿真分析。仿真效果如下图所示。由下图可知，在ESC控制下，实际横摆角速度接近目标横摆角速度，且有效地实现了质心侧偏角控制，进而完成了ESC控制策略的评价。

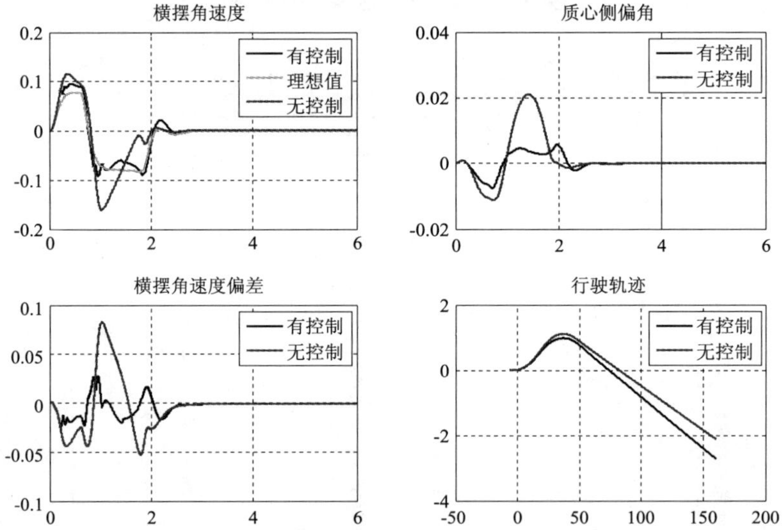


**项目学术交流情况**

（1）搜集资料，与指导老师、师兄讨论设计方案，确定研究方向。

（2）对试验台的整体结构进行设计，绘制草图，将各阶段的成果不时地向指导老师和课题组汇报交流。老师和师兄从专业的角度多次提出建议。

（3）遵循一切从实际出发的原则，到吉林大学汽车系 TCS 课题组进行实地考察交流。参观了其现有的 ESP 硬件在环仿真设备，并与师兄和老师讨论了方案如何改进。

（4）与指导老师，以及工程图学研究室、实习工厂等多方的老师进行交流，与一线加工工人师傅交流加工工艺与制造方法，得到了很多意见与建议，开始加工制造。

（5）试验台制作初步完成，试运行成功后，邀请多位师兄、一线师傅等一起讨论，初步确定改进细节。

（6）论文在“2013 年机电一体化系统与控制工程学术会议”上发表。

# 第8章

# Chapter 8 “挑战杯”全国大学生课外学术科技作品竞赛指南

## 8.1“挑战杯”起源与发展

“挑战杯”全国大学生课外学术科技作品竞赛（以下简称“‘挑战杯’竞赛”）是由共青团中央、中国科协、教育部、全国学联和地方省级政府共同主办，国内著名大学承办，新闻媒体联合发起的一项具有导向性、示范性和群众性的全国竞赛活动。“挑战杯”系列竞赛被誉为中国大学生科技创新创业的“奥林匹克”盛会，既是目前国内大学生最为关注的、最热门的全国性竞赛，也是全国最具代表性、权威性、示范性、导向性的大学生竞赛。

自1989年首届竞赛举办以来，“挑战杯”竞赛始终坚持“崇尚科学，追求真知，勤奋学习，锐意创新，迎接挑战”的宗旨，在促进青年创新人才成长，深化高校素质教育，推动经济社会发展等方面发挥了积极作用，在广大高校乃至社会上产生了广泛而良好的影响，被誉为当代大学生科技创新的“奥林匹克”盛会。

### 8.1.1 意义

（1）吸引广大高校学生共同参与的科技盛会

从最初的19所高校发起，发展到1 000多所高校参与，从300多人的小擂台发展到200多万名大学生的竞技场，“挑战杯”竞赛在广大青年学生中的影响力和号召力显著增强。

促进优秀青年人才脱颖而出的创新摇篮。竞赛获奖者中已经产生了两位长江学者，6位国家重点实验室负责人，20多位教授和博士生导师，70%的学生获奖后继续攻读更高层次的学历，近30%的学生出国深造。他们中的代表人物有第二届“挑战杯”竞赛获奖者、国家科技进步一等奖获得者、中国十大杰出青年、北京中星微电子有限公司董事长邓中翰，第五届“挑战杯”竞赛获奖者、“中国杰出青年科技创新奖”获得者、安徽中科大讯飞信息科技有限公司总裁刘庆峰，第八届和第九届“挑战杯”竞赛获奖者、“中国青年五四奖章”标兵、南京航空航天大学2007级博士研究生胡铃心等。

（2）引导高校学生推动现代化建设的重要渠道

成果展示、技术转让、科技创业，让“挑战杯”竞赛从象牙塔走向社会，推动了高校科技成果向现实生产力的转化，为经济社会发展做出了积极贡献。

深化高校素质教育的实践课堂。“挑战杯”已经形成了国家、省、高校3级赛制。广大高校以“挑战杯”竞赛为龙头，不断丰富活动内容，拓展工作载体，把创新教育纳入教育规划，使“挑战杯”竞赛成为大学生参与科技创新活动的重要平台。

（3）展示全体中华学子创新风采的亮丽舞台

香港、澳门、台湾众多高校积极参与竞赛，派出代表团参加观摩和展示。竞赛成为中华青年学子展示创新风采的舞台，增进彼此了解，加深相互感情的重要途径。

### 8.1.2 类型

（1）大学生创业计划竞赛简介

大学生创业计划竞赛起源于美国，又称商业计划竞赛，是风靡全球高校的重要赛事。它借用风险投资的运作模式，要求参赛者组成优势互补的竞赛小组，提出一项具有市场前景的技术、产品或者服务，并围绕这一技术、产品或服务，以获得风险投资为目的，完成一份完整、具体、深入的创业计划。

“挑战杯”大学生创业计划竞赛采取学校、省（自治区、直辖市）和全国3级赛制，分预赛、复赛、决赛3个赛段进行。大力实施“科教兴国”战略，努力培养广大青年的创新、创业意识，造就一代符合未来挑战要求的高素质人才，已经成为实现中华民族伟大复兴的时代要求。作为学生科技活动的新载体，创业计划竞赛在培养复合型、创新型人才，促进高校产学研结合，推动国内风险投资体系建立方面发挥出越来越积极的作用。

（2）课外学术科技作品竞赛简介

参加“挑战杯”大学生课外学术科技作品竞赛的作品一般分为3大类：自然科学类学术论文、社会科学类社会调查报告和学术论文、科技发明制作。

凡在举办竞赛终审决赛的当年7月1日前正式注册的全日制非成人教育的各类高等院校的在校中国籍本专科生和硕士研究生、博士研究生（均不含在职研究生）都可申报参赛。每个学校选送参加竞赛的作品总数不得超过6件（每人只限报一件作品）。作品中研究生的作品不得超过3件。其中，博士研究生作品不得超过1件。各类作品先经过省级选拔或发起院校直接报送至组委会，再由全国评审委员会对其进行预审，并最终评选出80%左右的参赛作品进入终审。终审的结果是，参赛的3类作品各有特等奖、一等奖、二等奖和三等奖，且分别约占该类作品总数的3%，8%，24%和65%。

全民挑战杯：与社会媒体紧密合作，打造综合电视、广播、报纸、周刊、网络、微博等载体的立体传媒平台，挖掘“挑战杯”内涵，推广“挑战杯”文化，以新锐的创意触动公众心灵，以广泛的传播扩大赛事影响，以社会的美誉彰显青年责任，让“挑战杯”走出校园，走向社会，成为全民关注、全民参与的国家盛事。

全球挑战杯：向全世界的青年大学生发出邀请，吸引来自全球各地的著名高校参加竞赛，举办国际大学生创业夏令营、创业大讲堂等活动，让中国成为全球创业青年的向往之地，让“挑战杯”引领世界的目光。

全体验挑战杯：推动大学校区、城市社区、创业园区的3区联动，调动各类社会资源，为参赛选手提供包括意识培育、技能训练、项目咨询、苗圃孵化、投资融资等在内的全体验式赛事服务，让“挑战杯”参赛经历成为青年学子的真实创业体验。

绿色挑战杯：秉持节约办赛的原则，在赛事组织的全过程倡导环保、低碳、生态的“绿色”理念，通过节能减排、低碳交通、省电节水、循环利用、低耗高效等方式，贯彻落实科学发展观，将创业与绿色完美结合，让大学生成为“绿色”生活方式和发展模式的倡导者与践行者。

实战挑战杯：坚持实战导向，通过调整赛制（首次将作品分为已创业与未创业两类），完善规则（对已创业作品给予加分），以及多元评审（提高来自企业界、投资界的评委比例）等方式，推动“挑战杯”由学术导向型向实战导向型转变，并通过专属的优惠政策，扶持优秀创业项目与团队落地运营。

可持续挑战杯：总结“挑战杯”办赛经验，规范“挑战杯”工作体系，努力形成竞赛网络（永久官网）、园区基地（创业园区）、风投基金（专属投资基金）等长效机制，实现“挑战杯”的可持续发展，让“挑战杯”真正成为推动创业教育、支持创业实践的“加速器”。

## 8.2 获奖项目案例

项目名称：重型车智能可调后防护装置

项目宣传海报：

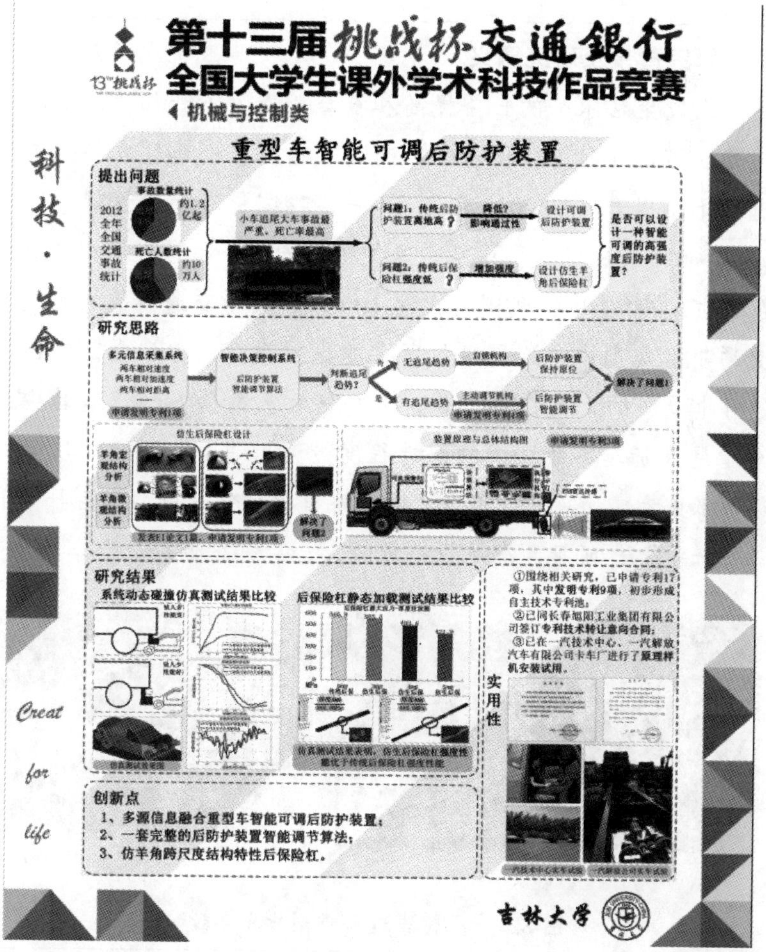

**项目获奖情况：**

该项目参加第十三届“挑战杯”全国大学生课外学术科技作品竞赛获得优胜杯奖，名列第四。

项目申报书（摘录）

**一、研究背景及研究意义**

随着人民生活水平的日益提高和社会节奏的不断加快，我国汽车产销量持续激增。同时，伴随着公路交通运输行业的迅猛发展，重型车保有量也在不断提升。仅2013年1—4月，我国货车产销量就已达到将近100万辆。但汽车在给人们生活带来便捷的同时，也带来了交通事故的灾难。在过去的10年中，我国有大约100万人因为交通事故失去生命。在众多交通事故类型中，追尾事故所占的比重最高，占到全部交通事故的40%，由此造成的人员伤亡更是占到总伤亡人数的60%。这其中，尤以小轿车追尾大货车事故造成的恶性程度最为严重。如图8.1所示，重型车后梁下部中空，如果发生追尾，后方轿车极易钻入重型车后悬下部（驾驶室被“铲平”），而且两车质量差异较大，后方车辆往往会车毁人亡。

（a）　　　　　　　　　　（b）

图8.1　小轿车追尾重型货车事故

除了肇事者主观因素外，重型车与小轿车的几何外形尺寸与结构形式的差异也是造成此类事故严重化的关键因素。因此，降低重型车后部护栏的离地间隙，调节追尾事故时后方车辆撞击的位置，能够有效降低碰撞损伤。中国汽车技术研究中心对货车后下部防护装置离地高度对装置刚度的影响进行了测试。结果显示，装置离地高度小于450 mm时，刚度最佳；当装置离地高度大于550 mm时，防护效能将急剧下降。另外，后防护装置作为重型车尾部位置最低的部件，如果离地高度过低又将影响车辆的通过性能。为了保证通过性，现有的重型货车后下部护栏往往离地间隙较大。清华大学调查统计显示，现阶段货车后下面护挡离地间隙大于550 mm的居多。

因此，关于重型车后防护装置对车辆安全性与通过性影响的协同优化问题引起了我们项目团队的关注。我们期望设计一套重型车智能可调后防护装置，可根据车辆不同的状态需求，智能调节后防护装置的位置，对安全性与通过性进行协同优化。

重型车智能可调后防护装置可通过多源传感信息对后车进行目标辨识和追尾趋势预测，在紧急情况下快速调整后防护装置位置，在保证车辆防护性能的同时，最大限度地提高重型车辆的通过性。

**二、研究现状**

目前，关于重型车后防护装置对车辆安全性与通过性的影响研究已越来越引起人们的重视。世界各主要汽车生产厂商和科研机构都对此展开了广泛的研究。

现阶段，重型车辆上安装的后防护装置基本都是与后车架刚性连接。国内外的相关研究主要集中于后防护装置性能的改进，或从机械设计的角度研究车辆后防护装置与后方车辆的碰撞问题，力图将碰撞伤害减到最小。通过科技查新，我们综合分析了国内外相关文献，对于智能可调的重型车后防护装置还鲜有报道。

综上，我们在充分调研分析的基础上，提出开展重型车智能可调后防护装置研究。拟通过多源传感信息融合进行后方车辆追尾趋势辨识，并设计主动齿轮齿条后保险杠调节结构，可根据车辆安全性和通过性综合分析，自动调节后保险杠位置，在提高对后车被动安全防护的同时，有效提高本车的通过性。同时，本作品还将采用仿生技术，在对具有典型碰撞吸能防护特性的生物模本——羊角进行宏观、微观结构力学特性分析的基础上，设计一套仿羊角跨尺度结构特性的后保险杠，有效降低碰撞后的最大应力，提高碰撞事故中后方车辆的被动安全性能。

**三、系统基本原理与总体结构**

本项目设计的重型车智能可调后防护装置原理与结构如图 8. 2 所示。车载控制器模块可实时接收本车行驶状态信息（油门开度、方向盘转角、车速、轮速、横摆角速度等）和车辆尾部电子自旋共振谱（Electron Spin-Resonance Spectroscopy，ESR）雷达信息，对相关信息进行数据处理，采用 BP 神经网络和混合高斯模型对后方车辆进行追尾趋势判断和辨识；当车辆处于安全行驶状态时，应用仿生学原理设计的仿羊角后保险杠处于离地间隙较大位置，保证重型车的通过性；当判断出后方小车有追尾趋势时，安装在车尾部的警示灯将闪烁预警，同时，智能计算后保险杠最佳离地高度，最终，通过控制器控制电机带动齿轮齿条传动机构实现后防护装置的自动调节，最大限度地提高车辆的安全性能。

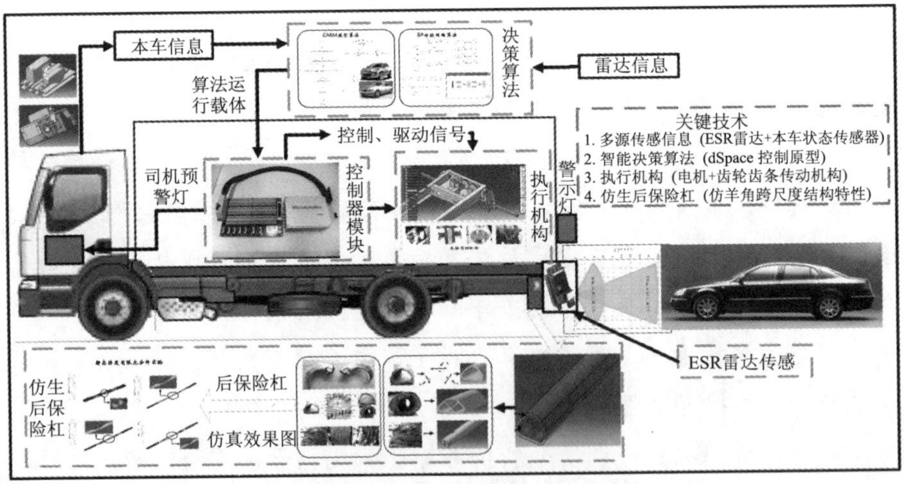


图 8. 2　重型车智能可调后防护装置原理与结构

根据以上基本原理，系统结构可分为以下4个主要部分：

（1）多源信息传感模块：包括本车状态传感器和ESR雷达。

（2）车载控制器模块：为方便系统开发和调试，本作品采用dSPACE系统进行控制原型开发。它可以与MATLAB程序进行无缝链接。项目团队在MATLAB环境下建立了BP神经网络和GMM决策算法。

（3）后防护装置主动调节模块：包括电机和齿轮齿条传动机构。

（4）仿生后保险杠模块：主要是仿羊角跨尺度结构特性的后保险杠。

**四、关键技术**

重型车智能可调后防护装置的关键技术如下：

（1）基于多源信息融合的后车追尾预警与决策算法

由于本作品需要根据对后车追尾可能性的判断调整后保险杠的位置，因而如何准确有效地采集本车状态信息和后方车辆运动信息，并据此建立追尾判断、预警与后保险杠主动调节控制策略是本项目要解决的第一个关键问题。本项目采用ESR雷达进行后方车辆运动监测，自主设计电子油门、转向器转角传感器等对本车状态进行监测，采用神经网络算法和混合高斯模型等进行智能决策算法设计。

（2）后保险杠主动调节执行机构设计与控制

执行机构负责根据决策信息迅速调整后保险杠位置，同时，不能影响后保险杠在碰撞发生时有效发挥吸能作用。因此，需要解决系统传动机构的结构与参数设计、传动精度的保证以及动力与运动的协调输出控制等问题。这也是本项目要解决的关键技术之一。本项目自主设计了一套齿轮齿条式传动机构，可保证追尾事故发生前保险杠能够克服机构的转动惯量和负载转矩，快速及时地调整至设定位置。

（3）基于仿生技术的高吸能特性后保险杠研究

保险杠在碰撞发生时吸收冲击能量，对后车施加有效的被动安全防护。即便对普通车辆而言，提高保险杠的吸能特性也具有很高的价值。本项目拟综合采用宏观（多尺度力学优化）和微观（电镜试验）分析方法，通过对羊角结构与力学特性的仿生分析，优化设计仿羊角跨尺度结构特性后保险杠部件，力图在不增加机构重量的前提下，有效提高保险杠韧性与吸能能力。这是本项目的另一项关键技术。

**五、创新点**

1）自主开发了一套基于多源信息融合的重型车智能可调后防护装置，设计了一套主动齿轮齿条式后保险杠调节机构，在保证后保险杠左、右两端协调升降的同时，还可实现自锁、防护和联调等功能。

2）提出了一套完整的后防护装置智能调节算法，利用雷达和自主设计的本车状态信息传感装置采集的多源信息设计基于仿生神经网络的后车追尾趋势判断算法，采用带有K均值聚类算法的GMM模型进行后方车辆辨识，在此基础上，综合分析车辆安全性和通过性，建立后防护装置自动调节控制策略。

3）在对具有典型碰撞吸能防护特性的生物模本——羊角——进行宏观、微观结构力学特性分析的基础上，创新性地设计了一套仿羊角跨尺度结构特性的后保险杠，可有效降低碰撞后的最大应力，提高碰撞事故中后方车辆的被动安全性能。

**六、主要技术指标**

系统中距离最大检测距离为50 m，精确度为 ±0. 25 m，相对速度范围为 −100 ~ 25 m/s,精确度为 ±0. 12 m/s；长距离最大检测距离为100 m，精确度为 ±0. 5 m；相对速度范围为 −100 ~ 25 m/s,精确度为 ±0. 12 m/s；后方车辆追尾趋势正确识别率大于80%；电机最小静力矩大于15 Nm；碰撞后后车减速度峰值小于50 g；碰撞后轿车最大钻入量小于400 mm，SUV最大钻入量小于600 mm。

**七、防护装置测试试验**

（一）系统静态加载仿真测试分析

根据GB 11567. 2—2001标准的相关规定，首先对本作品设计的重型车智能可调后防护装置进行静态加载仿真测试。应用Hypermesh 10. 0软件与Nastran 2007软件对仿生后保险杠进行有限元分析，设置约束后在后保险杠3个部位各施加25 kN的力，仿真结果如图8. 3与表8. 1所示。

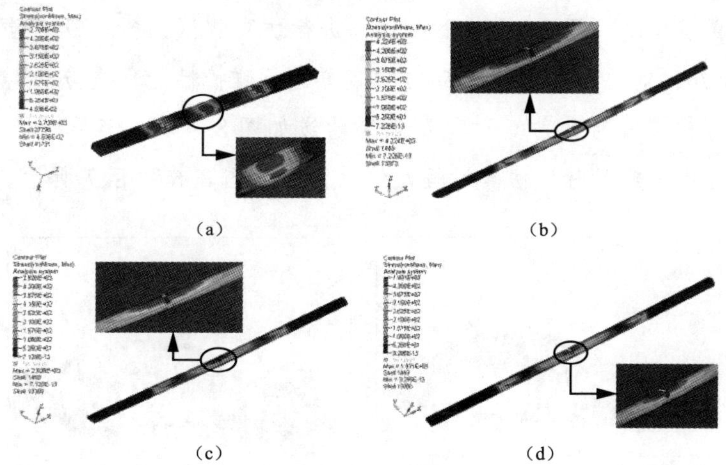

图 8.3　静力学加载仿真测试结果

（a）传统保险杠；（b）3 mm 厚仿生后保险杠；

（c）4 mm 厚仿生后保险杠；（d）5 mm 厚仿生后保险杠

**表 8.1　有限元仿真结果**

| 项目 | 厚度 /mm | 最大应力 /MPa |
| --- | --- | --- |
| 传统后保险杠 | 4 | 566.8 |
| 仿生后保险杠 | 3 | 555.3 |
| | 4 | 493.6 |
| | 5 | 421.9 |

由仿真结果可见，传统后保险杠的局部最大应力较大，达到 566.8 MPa，而采用仿生结构设计的后保险杠可以有效降低最大应力。在同样厚度条件下，最大应力可以降低 13% 左右。这样，在追尾碰撞事故中，本作品设计的仿生后保险杠可以更加有效地保护小车乘客，提高系统被动安全性能。

（二）系统碰撞仿真测试分析

为验证系统实际碰撞性能，建立小轿车与重型车后防护装置的追尾碰撞仿真模型，利用 LS－DYNA 软件进行仿真测试分析。设定碰撞速度为 50 km/h，对轿车与重型车后防护装置进行碰撞性能仿真分析。当采用原车后防护装置时，仿真过程及结果曲线如图 8.4 和 8.5 所示；采用智能可调后防护装置时，仿真过程及结果曲线如图 8.6 和 8.7 所示。

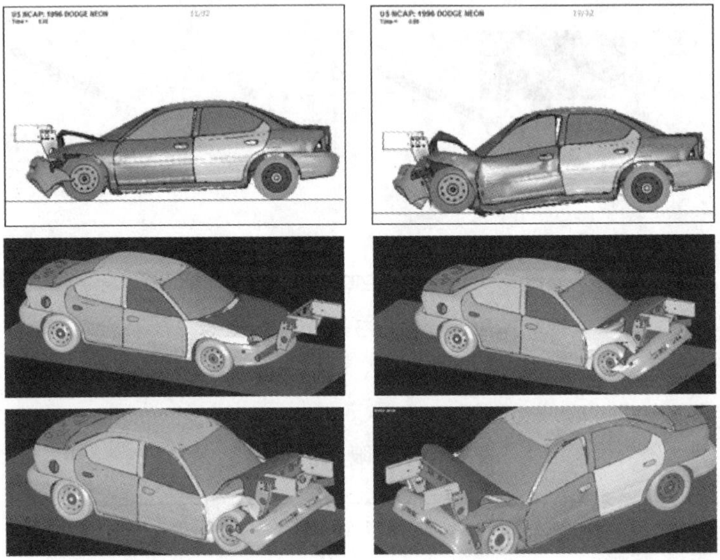


图 8.4　轿车与重型车原车后防护装置追尾碰撞仿真过程

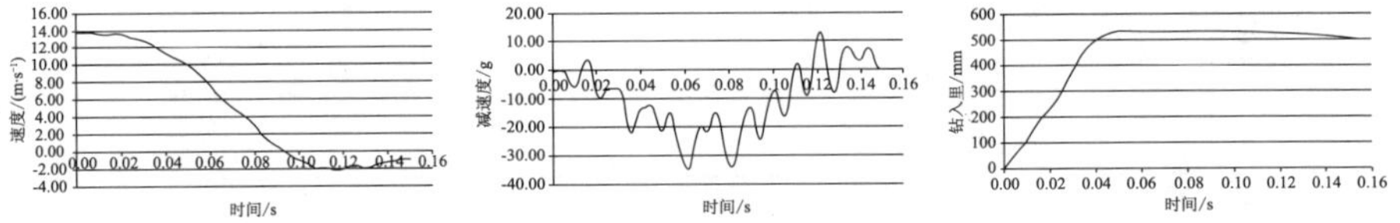


（a）　　　　　　（b）　　　　　　（c）

图 8.5　轿车与重型车原车后防护装置追尾碰撞仿真结果曲线

（a）碰撞过程中轿车速度曲线；（b）碰撞过程中轿车减速度曲线；

（c）碰撞过程中轿车钻入量曲线

当轿车与原车后防护装置追尾碰撞时（图 8.4），轿车的 A 柱、门槛和 B 柱产生了较大的变形。这主要是由于碰撞初始能量很大，已经超过了原车防护装置的极限吸能量值，同时与原车车体结构抗撞性有关。如

图 8. 5 所示，碰撞过程中轿车减速度峰值为 35$g$，小于法规 GB11567. 2−2001 规定的 40$g$；碰撞后的轿车反弹速度为 2. 01 m/s，大于法规中规定的 2 m/s；轿车最大钻入量为 520 mm，大于法规中规定的 400 mm。综上，原车后防护装置不符合法规要求。此外，还可以看出，在碰撞过程中减速度较大，而脉宽较小，这表明原车吸能缓冲功能较弱。

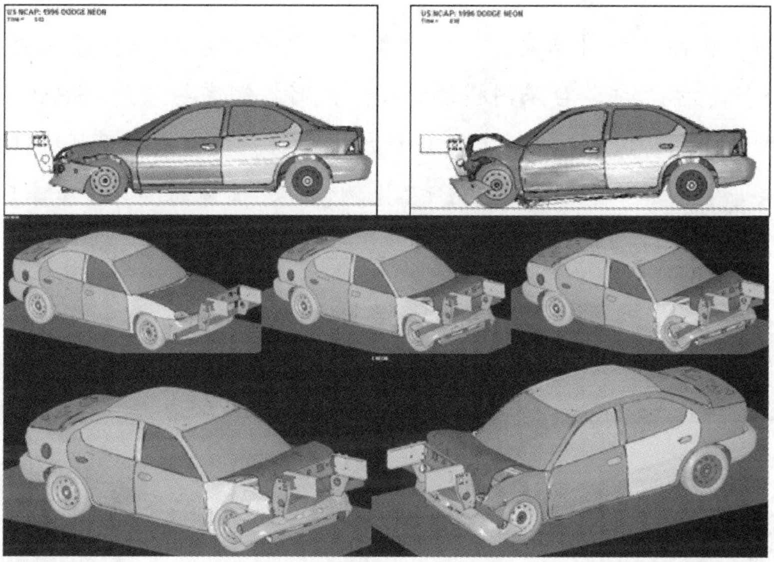


图 8. 6　轿车与重型车智能可调后防护装置追尾碰撞仿真过程

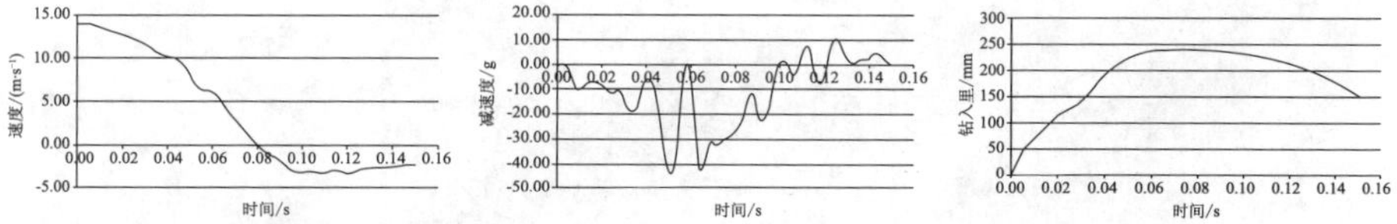


（a）　　　　（b）　　　　（c）

图 8. 7　轿车与重型车智能可调后防护装置追尾碰撞仿真结果曲线
（a）碰撞过程中轿车速度曲线；（b）碰撞过程中轿车减速度曲线；
（c）碰撞过程中轿车钻入量曲线

当采用智能可调后防护装置时，重型车后保险杠高度可根据车辆运行状态进行智能调整，选择最优位置与后方轿车进行碰撞。如图 8. 6 所示，碰撞过程中，轿车的A柱、门槛和B柱的变形均较小。这主要是由于仿生后保险杠中的多孔结构具有较强的缓冲吸能作用，同时具有三角形截面的外壁具有较大的强度，可以很好地阻挡后方车辆钻入。如图8.7所示，碰撞后的轿车最大钻入量为230 mm，小于法规中规定的400 mm。因此，智能可调后防护装置可以更好地保护后方车辆。

（三）系统台架测试

根据作品的设计方案，搭建重型车智能可调后防护装置试验台架，如图8.8所示。试验台采用模块化设计，而控制系统采用dSPACE实时仿真系统；主动传动机构为自行设计加工；试验台架采用铝制型材搭建，安装层与实车车架尾部系统为1∶1比例设计，离地高度与重型车后悬离地高度相同。

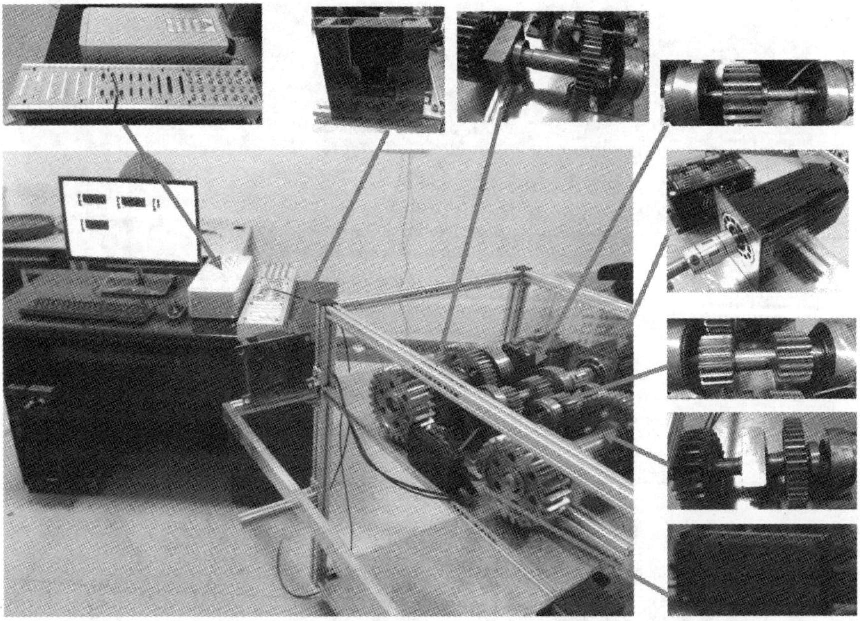

图8.8　重型车智能可调后防护装置试验台

## 八、原理样机实车试用

本作品在一汽解放卡车上进行了原理样机安装试用，如图8.9所示。

图 8.9　一汽解放卡车实车试验图片

试用鉴定结果如下：该智能可调后防护装置可被良好地安装在重型卡车后悬部位上，传感器信号识别较为准确，控制系统工作可靠，可实现后防护部件的自动调节，传动机构工作状况良好，左、右两侧执行机构动作协调。

**九、相关成果**

专利论文成果

[1] 孙博华，朱冰，赵健，孔娟，张俊恺，邓伟文．车辆齿轮齿条式可调后防护装置．专利号：发明专利 CN201310092301. 7/ 实用新型专利 ZL201320131195. 4．

[2] 孙博华，朱冰，韩嘉懿，张俊恺，赵东炎，郭俐彤．重型车可调后防护支架自锁机构．专利号：发明专利 CN201310221207. 7/ 实用新型专利 ZL201320321916. 8．

[3] 孙博华，朱冰，张俊恺，赵东炎，韩嘉懿，郭俐彤．适用于重型车可调后防护装置的车架．专利号：发明专利 CN201310223130. 7/ 实用新型专利 ZL201320324461. 5．

[4] 孙博华，朱冰，张俊恺，赵东炎，韩嘉懿，郭俐彤．重型车可调后防护装置的雷达系统．专利号：发明专利 CN201310223174. X/实用新型专利 ZL201320324649. X．
[5] 赵东炎．汽车尾气管防水装置．专利号：实用新型专利 ZL201220561229. 9．
[6] Sun Bohua, Zhao Jian, Yang Zi, Ren Luquan, Zhu Bing（通信联系人）. Design and Analysis of the Bio-inspired Rear Under-run Protection Devices for Heavy Truck. Proc of the 4th International Conference of Bionic Engineering（EI）.

# 第 9 章

# Chapter 9 大学生科技创新成果提炼

## 9.1 科技论文撰写指南

欧洲学术与专业出版物协会（ALPSP）主席 Bernald Donovan 指出：学术论文本身是一种科研工具。它是科学站立的基石。若没有科研成果的发表，就没有科学的进步。科学论文经过几个世纪已发展成为现在的模式，虽然并不完美，却能很好地为我们服务。

所以，我们应该及时准确地将自己团队的科研成果通过期刊论文或会议论文的形式发表。它既能让读者跟踪所在领域的研究进展，了解专家的研究领域，关注科研动态和研究的焦点，又能提供专业的知识积累。此外，它还可成为某学术团体关注的焦点，以及被用来当作判断我们同行的效率和竞争实力的工具。

### 9.1.1 科技论文常识

#### 9.1.1.1 定义

科技论文在情报学中又被称为原始论文或一次文献。它是科学技术人员或其他研究人员在科学实验（或试验）的基础上，对自然科学工程技术科学以及人文艺术研究领域的现象（或问题）进行科学分析、综合的研究和阐述，进一步进行一些现象和问题的研究，总结和创新另外一些结果和结论，并按照各科技期刊的要求进行电子和书面的表达。

#### 9.1.1.2 功能

作为科技研究成果的科技论文，既可以在专业刊物上发表，也可以在学术会议及科技论坛上报告、交流，并力争通过开发使研究成果转化为生产力。科技论文的主要功能是记录、总结科研成果，促进科研工作的完成，是科学研究的重要手段。科技论文又是科技人员交流学术思想和科研成果的工具，所以，科技论文既可作为科技领导部门进行科技决策的根据，也可作为考核科技人员的依据。科技论文数量越多，质量越高，科技人员和科研单位的科技水平就越高。

#### 9.1.1.3 分类

按照研究方法不同，科技论文可分理论型、实验型和描述型 3 类。理论型论文运用的研究方法是理论证明、理论分析和数学推理，用这些研究方法获得科研成果；实验型论文运用实验方法进行实验研究，获得科研成果；描述型论文运用描述、比较和说明的方法，对新发现的事物或现象进行研究而获得科研成果。

#### 9.1.1.4 特点

科技论文属于议论文的范畴，具有一般议论文的特点，但又不同于一般的议论文。它并非一般性的说理文章。科技论文是针对科学技术领域内亟待研究的理论和工程问题所做的具有创见性的论说。其具有如下特点：

1）科技论文的首要属性即创新性或首创性。科技论文必须是作者本人研究的，并在科学理论、方法和实践上获得新的进展或突破，应体现与前人不同的新思维、新方法和新成果，以提高国内外学术同行的引文率。

2）科技论文的理论性或学术性不容忽视，即任何一篇科技论文都应当具有一定的理论深度和学术价值。这就要求科技论文作者对通过实验、观察或利用其他方式方法得到的研究成果，应从一定的理论高度进行分析和论证，提出并解决一些有科学价值的问题，并形成一定的科学见解。

3）科技论文应当具有较强的科学性和准确性。科技论文作者应尊重科学，尊重事实，严谨认真，力求达到论点正确、论据充分、论证严密、推理符合逻辑、数据可靠、结论客观可信。不允许丝毫虚假，要经得起他人的重复和实践检验。对自己和他人的研究成果评价要确切、恰当和实事求是。

4）科技论文应当具有较强的规范性和可读性。要求语言准确、简明、通顺，条理清晰，层次分明，论述严谨，逻辑性强；同时要求其概念、定义、名词、术语、数字、符号、计量单位的使用以及图表和文献著录格式符合规范要求。

### 9.1.2 检索系统和投稿源推介

目前，国际公认的进行科学统计与科学评价的 3 大科技论文检索系统主要有 SCI，EI，ISTP。国内的数据库检索源包括中国知网、万方数据和维普。

1）SCI（Science Citation Index）是美国《科学引文索引》的英文简称，创刊于 1961 年，是根据现代情报学家尤金·加菲尔德（Eugene Garfield）1953 年提出的引文思想而创立的。SCI 是美国科学情报所（ Institute for Scientific Information Inc，ISI）出版。它不仅是一部重要的检索工具书，而且是科学研究成果评价的一项重要依据。它已成为目前国际上最具权威性的，被用于基础研究和应用基础研究成果的重要评价体系。它是评价一个国家、一个科学研究机构、一所高等学校、一本期刊，乃至一个研究人员学术水平的重要指标之一。SCI 是一部国际性索引，包括自然科学、生物、医学、农业、技术和行为科学等，主要侧重基础科学。所选用的刊物来源于 94 个类、40 多个国家、50 多种文字。这些国家主要有美国、英国、荷兰、德国、俄罗斯、法国、日本、加拿大等，也收录一定数量的中国刊物。

**与汽车专业相关的 SCI 检索国际期刊有（部分）：**

- VEHICLE SYSTEM DYNAMICS（《汽车系统动力学》），ISSN：0042－3114；
- IEEE TRANSACTIONS ON VEHICULAR TECHNOLOGY（《IEEE 车用技术学报》），ISSN：0018－9545；
- IEEE VEHICULAR TECHNOLOGY MAGAZINE（《IEEE 车用技术杂志》），ISSN：1556－6072；
- INTERNATIONAL JOURNAL OF VEHICLE DESIGN（《国际汽车设计杂志》），ISSN：0143－3369；
- PROCEEDINGS OF THE INSTITUTION OF MECHANICAL ENGINEERS PART D－JOURNAL OF AUTOMOBILE ENGINEERING（《英国机械工程师协会会刊，第四部分：汽车工程期刊》），ISSN：0954－4070；
- INTERNATIONAL JOURNAL OF HEAVY VEHICLE SYSTEMS（《国际重型车辆杂志》），ISSN：1744－232X；
- INTERNATIONAL JOURNAL OF AUTOMOTIVE TECHNOLOGY（《国际汽车技术杂志》），ISSN：1229－9138；

• 汽车专业类科技论文还可以选择机械类、交通类、能源类、控制类、工业应用类国际 SCI 检索期刊投稿，国内也有部分 SCI 检索的机械类期刊；

• CHINESE JOURNAL OF MECHANICAL ENGINEERING（《机械工程学报英文版》），ISSN：1000－9345；

• SCIENCE CHINA－TECHNOLOGICAL SCIENCES（《中国科学—技术科学》），ISSN：1674－7321。

2）EI 创刊于 1884 年，是美国工程信息公司（Engineering information Inc.）出版的著名工程技术类综合性检索工具。收录文献几乎涉及工程技术各个领域，例如动力、电工、电子、自动控制、矿冶、金属工艺、机械制造、土建和水利等。

**EI 检索的国际和国内期刊数量丰富，国际汽车相关的 EI 期刊有（部分）：**

• INTERNATIONAL JOURNAL OF AUTOMOTIVE TECHNOLOGY AND MANAGEMENT（《国际汽车技术与管理期刊》），ISSN：1470－9511；

• INTERNATIONAL JOURNAL OF VEHICLE AUTONOMOUS SYSTEMS（《国际汽车自主化系统期刊》），ISSN：1471－0226；

• INTERNATIONAL JOURNAL OF ELECTRIC AND HYBRID VEHICLES（《国际电动车与混合动力汽车期刊》），ISSN：1751－4088；

• INTERNATIONAL JOURNAL OF VEHICLE INFORMATION AND COMMUNICATION SYSTEMS（《国际汽车信息与通信系统期刊》），ISSN：1471－0242；

• INTERNATIONAL JOURNAL OF VEHICLE NOISE AND VIBRATION（《国际汽车噪声与振动期刊》），ISSN：1479－1471；

• INTERNATIONAL JOURNAL OF VEHICLE SAFETY（《国际汽车安全期刊》），ISSN：1479－3105；

• INTERNATIONAL JOURNAL OF VEHICLE SYSTEMS MODELLING AND TESTING（《国际汽车系统建模与测试期刊》），ISSN：1745－6436。

**国内常见的 EI 检索的大量收录汽车专业领域科技论文的期刊有：**

• 专业类期刊:《汽车工程》《机械工程学报》《农业机械学报》《中国公路学报》《内燃机学报》《内燃机工程》《振动与冲击》《控制理论与应用》《电工技术学报》等。

• 以车辆工程为特色的各大学学报，例如《吉林大学学报（工学版）》《清华大学学报》《同济大学学报》《北京理工大学学报》《湖南大学学报》《华中科技大学学报》《哈尔滨工程大学学报》等。

3）ISTP（Index to Scientific & Technical Proceeding）创刊于 1978 年，由美国科学情报研究所编辑出版。该索引收录生命科学、物理与化学科学、农业、生物和环境科学、工程技术和应用科学等学科的会议文献，包括一般性会议、座谈会、研究会、讨论会和发表会等。其中工程技术与应用科学类文献约占 35%，其他涉及学科基本与 SCI 相同。

**国际知名的汽车行业会议有（部分）：**

• SAE CONGRESS（SAE 年会），每年四五月开会；

• FISITA（INTERNATIONAL FEDERATION OF AUTOMOTIVE ENGINEERING SOCIETIES）CONGRESS（世界汽车工程师协会年会），每年 9 月开会；

• IEEE VEHICLE POWER AND PROPULSION CONFERENCE（IEEE 车辆动力与推进技术国际会议），每年八九月开会；

• IEEE INTERNATIONAL CONFERENCE ON VEHICULAR ELECTRONICS AND SAFETY（IEEE 国际车用电子和安全会议），每年七八月开会；

• IEEE TRANSPORTATION ELECTRIFICATION CONFERENCE AND EXPO（IEEE 交通电气化会议和展览），每年六七月开会；

• IEEE INTELLIGENT VEHICLES SYMPOSIUM（IEEE 智能车会议），每年 6 月开会；

• INTERNATIONAL SYMPOSIUM ON DYNAMICS OF VEHICLES ON ROADS AND TRACKS（国际路面、轨道车辆动力学会议），每年 8 月开会；

• INTERNATIONAL SYMPOSIUM ON ADVANCED VEHICLE

CONTROL（AVEC）（国际先进汽车控制会议），每年 9 月开会。

4）中国知网，是国家知识基础设施（National Knowledge Infrastructure，NKI）的概念，由世界银行于 1998 年提出。CNKI 工程是以实现全社会知识资源传播共享与增值利用为目标的信息化建设项目，由清华大学、清华同方发起，始建于 1999 年 6 月。

5）万方数据库是由万方数据公司 1998 年开发的，涵盖期刊、会议纪要、论文、学术成果和学术会议论文的大型网络数据库，也是和中国知网齐名的中国专业的学术数据库。

6）维普网建立于 2000 年。其所依赖的《中文科技期刊数据库》，是中国最大的数字期刊数据库。

### 9.1.3　科技文献检索

#### 9.1.3.1　文献基本常识

文献检索（Information Retrieval）是指根据学习和工作的需要获取文献的过程。文献根据不同出版形式及内容，可以分为图书、连续性出版物和特种文献。

1）图书：篇幅达到 48 页以上并构成一个书目单元的文献被称为图书。

2）连续性出版物：包含期刊（其中含有核心期刊）、报纸和年度出版物。

3）特种文献：包括专利文献、标准文献、学位论文、科技报告、会议文献、政府出版物、档案资料和产品资料。

汽车专业经常检索的文献包括期刊论文、会议论文、专利、国家标准、行业标准、学位论文、科技报告和图书等。

#### 9.1.3.2　文献检索方法

在写作论文之前，应该首先了解获取文献进行阅读的方法。一般在校大学生可以方便地借助所在高校提供的文摘数据库链接和全文数据库链接。例如吉林大学图书馆提供丰富的国内外文摘和全文数据库访问和下载权限（部分），以及常用网络搜索引擎（见表 9－1）。

表 9－1　常用网络搜索引擎

<table>
<tr><td rowspan="7">中文</td><td rowspan="4">论文</td><td>中国知网</td><td rowspan="7">英文</td><td rowspan="4">论文</td><td>SAE</td></tr>
<tr><td>万方</td><td>Spring-Link</td></tr>
<tr><td>维普</td><td>EI – Village</td></tr>
<tr><td>超星</td><td>Web of Science</td></tr>
<tr><td rowspan="2">专利</td><td>国家知识产权局 www.sipo.gov.cn</td><td rowspan="2">专利</td><td>www.freepatentsonline.com</td></tr>
<tr><td>中国知识产权网 www.cnipr.com</td><td>www.wipo.int</td></tr>
<tr><td colspan="2">百度</td><td colspan="2">Google 学术、Wiki 百科</td></tr>
</table>

### 9.1.4　科技论文写作

#### 9.1.4.1　科技论文结构组成

科技论文文本结构由标题、作者、摘要、关键词、前言、方法、结果、分析和结论等部分组成。

（1）标题

简明、准确地写出该课题研究的基本内容。

（2）作者

姓名、职称（或职务）。

（3）摘要

概括地说明该研究的目的及重要性，并极其扼要地表述是以何种实验材料与方法得出的何种研究结论，突出论文的新见解和研究结果的意义。

（4）关键词

这是表达文献主题概念的词汇。它可以从标题和摘要中提出（一般提出 3 ～ 4 个关键词）。关键词可供检索性期刊（或数据库）编入关键词索引，供国内外科技人员查阅。

（5）前言（或导言、引言）

简要表述本研究课题的背景、前人的研究结果和未能解决的问题，以及本研究的主要实验（试验）内容和研究目的。

（6）方法

详细写出本研究所用的实验（试验）材料、实验条件、实验方法、理论依据，以及具体的实验操作步骤。

（7）结果

客观描述和科学分析实验（试验）过程中发生的现象，写明应用的公式、反应方程式，用表格、坐标图或曲线图准确列出实验中得出的数据，表述实验得出的最终结果。

（8）分析

分析讨论是将实验研究中的感性认识提高到理性认识高度。其重点内容是对实验数据和现象进行科学分析，并对数据误差和影响实验结果的因素进行解释，探讨对实验材料及方法的改进。在讨论的撰写中，表述要全面、辩证、客观，切忌武断。

（9）结论

对本研究结果的价值、作用、意义做出判断，说明本研究发现了哪些新的规律，发展了哪些学术理论，能解决什么现实问题。

（10）参考文献

列出与本研究课题直接有关的前人发表的文献（包括参考前人的成果、方法和材料等）。参考文献的格式如下：作者、论文标题、期刊名、卷、期、页、年份（图书主编、书名、页、出版社和出版年份）

具体参考文献著录格式请参考国家标准《GB/T 7714—2005 文后参考文献著录规则》。

#### 9.1.4.2 科技论文写法

写作科技论文前应仔细阅读拟投稿刊物的“投稿须知”，熟悉其撰写格式与规范，并应参考已刊出同类优秀论文，学习科技论文写法和格式规范，不宜匆匆下笔。

（1）题目的写法

科技论文题目应简明扼要地反映论文的主要内容，切忌笼统。由于别人要通过你论文题目中的关键词来检索你的论文，所以用语精确是非常重要的。论文题目应该是对研究对象的精确而具体的描述。这种描述一般要在一定程度上体现研究结论。因此，我们的论文题目不仅应告诉读者这篇论文研究了什么问题，更要告诉读者这项研究得出的结论。

（2）摘要的写法

科技论文的摘要，是对论文研究内容的高度概括。其他人会根据摘要检索一篇论文，因此摘要应包括：对问题及研究目的的描述，对使用的方法和研究过程进行的简要介绍，对研究结论的简要概括等内容。摘要应具有独立性、自明性。

通过阅读科技论文摘要，读者应该能够对论文的研究方法及结论有一个整体性的了解，因此摘要的写法应力求精确、简明。论文摘要切忌写成全文的提纲。

（3）关键词写法

关键词属于主题词中的一类。主题词是被用来描述文献资料主题，给出检索文献资料的一种新型的情报检索语言词汇。主题词是指以概念的特性关系区分事物，用自然语言表达，并且具有组配功能，被用以准确显示词与词之间的语义概念关系的动态性的词或词组。主题词应高度概括论文的主旨大意和核心内容，便于他人通过计算机检索系统迅速、准确地找到本文。

（4）引言的写法

一篇科技论文的引言，大致包含如下几个部分：①问题的提出；②选题背景及意义；③文献综述；④研究方法；⑤论文结构安排。

- 问题的提出：讲清所研究的问题“是什么”。
- 选题背景及意义：讲清为什么选择这个题目加以研究。
- 文献综述：对本研究主题范围内的文献进行详尽的综合述评。
- 研究方法：讲清论文所使用的科学研究方法。
- 论文结构安排：介绍本论文的写作结构安排。

结论前一章的写法是论文作者的研究内容，不能将他人研究成果不加区分地掺和进来。

各章之间要存在有机联系，符合逻辑顺序。要按照研究的科学流程撰写。

（5）结论的写法

结论是对科技论文主要研究结果、论点的提炼与概括，应准确、简明、完整、有条理，使人看后就能全面了解论文的意义、目的和工作内容。必要时也可以指出后续的研究工作内容。

#### 9.1.4.3 论文写作注意事项

1）科技论文写作要加强针对性和专业性。不可像文学创作那样领域宽泛，风格多变，对修辞格式和专业术语的使用应谨慎规范，避免初审拒稿。

2）语法上用第三人称。建议采用“对……进行了研究”“报告了……现状”“进行了……调查”等记述方法，标明一次文献的性质和文献主题，不必使用“本文”“作者”等作为主语。在撰写英文论文时，语法上还应注意时态。

3）摘要中应排除本学科领域已成为常识的内容；切忌把应在引言中出现的内容写入摘要；一般也不要对论文内容做诠释和评论（尤其是自我评价）。摘要慎用长句，句型应力求简单。每句话要表意明白，无空泛、笼统、含混之词，但摘要毕竟是一篇完整的短文，电报式的写法亦不足取。摘要不分段。

4）要使用规范化的名词术语，不用非公知公用的符号和术语。新术语或尚无合适汉文术语的，可用原文或译出后加括号注明原文。缩略语、略称、代号，除了相邻专业的读者也能清楚理解的以外，在首次出现时必须加以说明。科技论文写作时应注意的其他事项，如采用法定计量单位，正确使用语言文字和标点符号等，也同样适用于摘要的编写。

#### 9.1.4.4 论文学术不端问题

近年来随着论文数量的剧增，科研成果发表阶段的学术不端行为也在不断增加。学术不端行为是指违反学术规范、学术道德的行为，国际上一般用来指捏造数据（fabrication）、篡改数据（falsification）和剽窃（plagiarism）3种行为。一稿多投、侵占学术成果、伪造学术履历等行为也可包括进去。目前，世界和我国都建设了相应的学术不端（Cross Check）检测系统，包括科技期刊学术不端文献检测系统（AMLC，中国知网研制）、论文相似性检测服务（PSDS 万方数据网研制）、美国反剽窃服务网站（TurnItIn）、美国反剽窃系统（ROST）等相关的防范学术不端的技术工具已经建立，相应的法律制度也已颁布。

大学生首次参与科学研究工作，在整理、撰写学术论文时更应该端正写作态度，培养良好的学术道德，坚决与学术不端现象划清界限，不能把论文写作当作项目结题，获得学位和奖学金的过场。否则，将丢失个人学术信誉，甚至人格，严重的还能造成犯罪。大学生科技创新指导教师也应有效地发挥学术道德教育的引导作用，把学术可能出现的不良作风遏制在萌芽阶段，挽救学生前程。为此，指导教师应做到以下几个方面：

1）从科技论文的科学性出发，保证学生论文写作的真实性。强调学术论文不得带有个人的好恶和偏见，更不得主观臆造，必须切实地从客观实际出发，从中引出符合实际的结论，杜绝在写作过程中伪造、篡改数据等弄虚作假行为。

2）从科技论文的创造性出发，保证学生写作的独创性。强调学术论文要突出自己的工作和见解，有创新性。指导学生在写作过程中尊重他人的劳动和成果，合理引用他人文献，严禁抄袭和剽窃。

3）加强法制学习，了解《著作权法》《专利法》等相关法律法规，同时结合实际，宣传严谨治学的典型事例，在研究团队中形成良好的学术道德氛围。参与科技创新活动的每个人都应该为净化学术氛围做出自己的贡献。

## 9.2　专利申请指南

### 9.2.1　专利基础知识

专利申请分发明、实用新型和外观设计 3 种类型。针对产品、方法或者改进所提出的新的技术方案，可以申请发明专利；针对产品的形状、构造或者其结合所提出的适于实用的新的技术方案，可以申请实用新型专利；针对产品的形状、图案或者其结合以及色彩与形状、图案的结合所做出的富有美感并适于工业应用的新设计，可以申请外观设计专利。

#### 9.2.1.1　三类专利

（1）发明专利

发明，是利用自然规律对某一特定问题提出的技术解决方案。它所制造的产品或提出的生产方法是前所未有的，或是对原有的产品、生产方法的改进。

取得专利的发明可以分为产品发明（如机器、仪器、设备、用具等）和方法发明（制造方法）两大类。

按照我国专利法的规定，一个发明专利从申请到授权一般要经历下述程序：

1）提供交底书，委托代理机构撰写申请文件，一般要20天至1个月时间（不委托代理机构的可以省略这一步骤）。

2）递交申请文件，取得专利局的受理通知书，确定申请日，递交文件当日也可以递交提前公开声明，及请求实质审查。这样可以加快审查进程。

3）专利局对专利申请文件进行形式审查，需2～3个月。初审合格后进入公开准备阶段。

4）专利局公开发明申请文件，需6～8个月。

5）专利局对发明专利文件进行实质审查，约需一年半到两年。期间审查员就发明的实质内容，即新颖性、创造性和实用性问题与申请人沟通（委托代理机构的跟代理机构沟通，以确定发明合适的保护范围），沟通可能往复数次，直至修改到审查员满意为止。

6）专利局发出授权通知书。

7）申请人办理领取专利证书手续。

8）2～3个月后拿到专利证书。

整个过程持续两年半到3年。具体时间取决于审查员的审查速度与申请人交底资料的翔实程度。

（2）实用新型专利

实用新型，是指对产品的形状、构造或其结合提出的适于实用的新方案。它只保护具有一定形状的产品。方法发明以及没有一定形状的粉末、液体和材料等方面的发明只能申请发明专利。授予实用新型专利不需经过实质审查，手续比较简便，费用较低。因此，关于日用品、机械、电器等方面的有形产品的小发明，比较适于申请实用新型专利。

（3）外观设计专利

外观设计，是指对产品的形状、图案、色彩或其结合做出的富于美感并适于工业上应用的新设计。因此，外观设计专利的保护对象，是产品的装饰性或艺术性外表设计。这种设计既可以是平面图案，也可以是立体造型。更常见的是这二者的结合。授予专利的主要条件是新颖性。其审批程序与专利权期限和实用新型专利相同。

实用新型和外观专利不通过实质审查程序，仅通过形式审查，需要 6 ~ 8 个月。实质审查通过后专利局发授权通知书。申请人收信后办理领证手续，缴纳领证费后需 2 ~ 3 个月拿到专利证书。具体时间同样取决于审查员的审查速度与申请人交底资料的翔实程度及附图的提供情况。

#### 9.2.1.2 授予专利权的条件

授予专利权的条件包括两方面：形式条件和实质条件。

所谓形式条件，是指专利局对专利申请进行初步审查、实质审查以及授予专利权所必要的文件格式和应履行的必需手续。也就是说，专利申请需采用书面形式进行，并需提交具有一定格式和内容要求的申请文件。

实质条件可确定申请专利保护的发明创造有无专利性。这是确定专利申请能否授予专利权的关键。被授予专利权的发明或实用新型,应当具有新颖性、创造性和实用性。授予外观设计的实质条件为同申请日以前在国内外出版物上公开发表过或者国内公开使用过的外观设计不相同或者不相近似。

1）新颖性是指申请专利的发明或者实用新型不属于现有技术，申请专利的外观设计与现有的外观设计不相同或者不相近似。

2）创造性是指申请专利的发明或实用新型比同类型的现有技术更具有进步性和先进性。

3）实用性是指一项发明或者实用新型必须是可被应用于实际目的并能产生积极效果。

需要特别说明的是，我国的专利审查制度决定了对发明要求进行形式审查与实质审查，而对实用新型与外观设计仅进行形式审查，不进行实质审查（所以授权时间很快）。所以，很多代理事务所对外声称100%授权。这是没有问题的，关键在于这可能对申请人造成误导： 认为授权专利就是有效的专利。其实，实用新型与外观设计专利不经过实质审查而有较大的被无效可能。这是事实，而且是由我国的专利审查制度决定的，也是我国的专利现实。

应当说，不论是发明专利，还是实用专利，只要是专利，就必须符合专利的“三性”要求。若不符合专利“三性”要求，即使申请过程中通过审查，拿到专利证书，也可能是无效的，在后续的侵权诉讼中会被无效掉。

一般来讲，商业创意是不能申请专利的，关键在于你的创意是否可以跟具体产品结合，譬如一种广告方法，就是在纯净水筒上做广告。这就可以写成贴有广告宣传页的水桶，可以申请专利。

#### 9.2.1.3 专利申请文件组成

申请发明专利的，申请文件应当包括发明专利请求书、说明书（说明书有附图的，应当提交说明书附图）、权利要求书和摘要（必要时应当有摘要附图），各一式两份。

申请实用新型专利的，申请文件应当包括实用新型专利请求书、说明书、说明书附图、权利要求书、摘要及其附图，各一式两份。

申请外观设计专利的，申请文件应当包括外观设计专利请求书、图片或者照片，各一式两份。要求保护色彩的，还应当提交彩色图片或者照片一式两份。提交图片的，两份均应为图片。提交照片的，两份均应为照片。不得将图片或照片混用。如对图片或照片需要说明的,应当提交外观设计简要说明，一式两份。

### 9.2.2 如何撰写专利申请说明书

说明书是专利申请文件中很重要的一种文件。它起着公开发明的技术内容、支持权利要求的保护范围的作用。

#### 9.2.2.1 说明书的一般要求

1）应清楚、工整地写明发明或实用新型的内容，使所属技术领域的普通专业人员能够根据此内容实施发明创造。说明书中不能隐瞒任何实质性的技术要求。

2）说明书中各部分内容，一般以单独段落进行阐述为好。

3）说明书中要保持用词的一致性。要使用该技术领域通用的名词和术语，不要使用行话，但是其以特定意义作为定义使用时，不在此限。

4）使用国家计量部门规定的国际通用计量单位。

5）说明书中可以有化学式、数学式。说明书附图，应附在说明书之后。

6）在说明书的题目和正文中，不能使用商业性宣传用语，不能使用不确切的语言，例如“相当轻的……”“……左右”等。也不允许使用以地点、人名等命名的名词，商标、产品广告和服务标志等也不允许在说明书中出现。说明书中不允许有对他人或他人的发明创造加以诽谤或有意贬低的内容。

7）涉及外文技术文献或无统一译名的技术名词时，要在译文后注明原文。

#### 9.2.2.2 说明书的结构和内容

专利法实施细则第 18 条规定了说明书 8 个部分的内容及行文的顺序，除发明或实用新型名称外，一般情况下，各部分应当至少使用一个自然段，但不用加序号，列标题。

（1）发明或实用新型的名称

名称应当与请求书中的名称一致，简洁、明确表达发明或实用新型的主题。名称应表明或反映发明是产品还是方法，例如“集成电路气密封方法”“一种电池充电装置”。名称还应尽量反映出发明或实用新型对象的用途或应用领域，例如“汽车发电机”“紧急或备用电源装置”。对于符合单一性的两项或两项以上的发明或实用新型申请，应当将它们在名称中同时反映出来，如“半导体激光器及其生产方法和其生产所用的装置”。不能使用与发明创造技术无关的词命名，字数控制在25个以内。应将名称写在说明书首页的顶部居中位置，下空一行写说明书正文。

（2）发明或实用新型所属的技术领域

所属技术领域是正文的第一自然段落，一般用一句话说明该发明或实用新型所属的技术领域，或所应用的技术领域。值得注意的是，这里所指技术领域是特定的技术领域，如“半导体制造”“碳氢化合物”，而不是“物理”“化学”等广义的技术领域。所属技术领域的书写可采用“本发明涉及一种……”，或“本实用新型是关于……”的形式。

（3）现有技术和背景技术

申请人在这一部分应写明就其所知对发明或实用新型的理解、检索、审查有参考作用的现有技术，并且引证反映这些背景技术的文件。引证的如果是专利文件，则应注明授权国家，公布或公告的日期，专利号及名称； 如果是书刊类的现有技术，则应写明该书籍或期刊的名称、著者、出版者、出版年月及被引用的章节或页码。这些现有技术中应包括相近和最接近的已有技术方案，即与申请专利的技术方案的用途相同、技术实质和使用效果接近的已有技术方案。这里特别应当突出最相近的技术方案，详细分析它的技术特征，客观指出存在的问题或不足，可能时说明这些问题或不足的原因。在这一部分也可写本技术的历史背景和现状。

（4）发明或实用新型的目的

在这一部分里要针对现有技术的缺陷，说明该发明或实用新型要解决的技术课题。语言应尽可能简洁，既不能用广告式宣传语言，也不能采用言过其实的语言。所提出的目的应是所提出的技术方案实际上能达到的直接结果，而不应是发明人的主观愿望。一般采用“本发明（实用新型）的目的在于避免 / 克服论述……中的不足（缺点）而提供一种……产品（方法）”的描述形式。

（5）发明或实用新型的技术方案

这一部分应清楚、简明地写出发明或实用新型的技术方案，使所属技术领域的普通技术人员能够理解该技术方案，并能够利用该技术方案解决所提出的技术课题，达到发明或实用新型的目的。写法可采用“本发明（实用新型）的目的是通过如下措施来达到……”语句开始，紧接着用与独立权利要求相一致的措辞，将发明或实用新型的全部必要技术特征写出来。然后，用诸个自然段，采用不肯定的语气记载与诸从属权利要求附加特征相一致的技术特征。在发明或实用新型简单的情况下，可不写后一部分，而在实施例中或图面说明中进行说明，但与独立权利要求一一对应的一段是必要的。

（6）发明或实用新型与现有技术相比具有的优点、特点或积极效果

这一部分应清楚而有根据地说明发明或实用新型与现有技术相比，所具有的优点和积极效果，说明现有技术的缺陷、不足或存在的主要弊端。可以从方法或者产品的性能、成本、效率、使用寿命以及方便、安全、可靠等诸方面进行比较。评价时应当客观公正，不能以贬低现有技术来抬高自己的发明。

（7）对附图的说明

如果必须用图帮助说明发明创造技术内容，则应有附图并对每一幅图做介绍性说明。首先简要说明附图的编号和名称，例如“图1是本发明（实用新型）的俯视图”“图2是本发明（实用新型）$A-A$的剖视图”，接着可以再次逐一说明附图中的每个标注的符号，或结合附图对发明或实用新型的技术特征进一步阐述。

（8）实施例或者具体的实施方式

这一部分应详细描述申请人认为实施发明或实用新型的最好方式，并将其作为一件典型实例，列出与发明要点相关的参数与条件。必要时，可以列举多个典型实例，有附图的应对照附图加以说明，关键要支持权利要求，而且要详细、具体。

（9）如果是涉及微生物方面的申请，文件中还应当写明该微生物的特征和分类命名，并注明拉丁文名称

前述说明书的几个部分，一般都要采用单独段落进行阐述，但对内容特别简单的发明创造，上述（5）～（7）内容可以合为一段进行阐述。

#### 9.2.2.3 说明书撰写中常见的错误

（1）没有按要求的 8 个部分撰写

一般初学者在掌握正确的写法之前，容易把自己原来的职业习惯带到撰写专利文件中来。如有人用写论文的方法撰写说明书。写论文一般以理论为主，以实验装置和产品为辅，重点说明一种理论的成立；而专利说明书是以具体的技术方案为主，理论说明可有可无。有些人采用撰写产品说明书的方法撰写专利说明书也是不对的。

（2）没有充分公开

说明书对发明创造进行充分的公开，是为了说明申请的内容具有新颖性、创造性和实用性。专利局可以根据说明书给出的内容决定是否授予专利权。因此，说明书公开的内容应当给权利要求以支持，否则，就不会授予专利权。有些说明书通常说明产品和方法的功能，对实质性技术内容，如产品的结构和方法的步骤没有公开。这是不允许的，也是不能够获得专利权的。

（3）说明书内容不支持权利要求

权利要求书中使用的措辞和对特征的描述应与说明书完全一致。有的申请人撰写说明书时随心所欲，将一特征使用多种措辞，势必造成说明书不支持权利要求。

（4）发明的任务和内容不符合单一性原则

申请人往往忽略“一发明一申请”的原则，容易把一项科研全过程的成果写入一份申请中。这也是常见错误之一。

（5）使用广告性宣传用语，不适当地贬低现有技术，无根据地夸大自己发明。另外，写入很多与发明内容无关的文字，也是不允许的

#### 9.2.2.4 怎样把说明书撰写好

一般来说，要把专利说明书撰写好，应遵循以下基本步骤：

（1）全面研究、分析发明，确定发明的技术领域，深入了解发明的实质

在这个过程中，要准确确定发明的技术领域，应结合 IPC 国际专利分类法进行。在分析发明的实质时，应当对发明人的“发明点”进行认真分析。如是产品发明，则要深入研究产品的静态结构、动态结构以及使用、操作过程。如果是方法发明，则应深入研究其各个步骤和工序，以及各个工序中使用的工艺参数和条件。

（2）要认真进行全面检索

做好专利申请前的检索，是申请人撰写好申请文件并顺利获得批准的前提条件。检索工作可委托湖北省专利管理局信息中心办理。申请人对检索的结果要进行分析研究，以确定哪些是属于影响新颖性的材料，哪些是影响创造性的材料，哪些仅仅是背景材料。对关键的材料要深入研究。

（3）确定最接近的对比文件

在检索结果证明发明不丧失新颖性后，要确定最相关的文献。特别是对于改进发明，应对发明原型的文献进行深入细致的分析，明确它的优点和不足。根据它的不足可以提出本发明的任务，同时要确定它与本发明共有的必要技术特征。

（4）明确保护范围

如何确定一个合适的保护范围很重要。太宽了，审查员通不过，专利批

不了；太窄了，发明人的利益不能得到充分的保护。所以，应选择一个尽可能宽的，但又能够通过审查的、合适的保护范围。

（5）严格按照前述介绍的起草说明书的 8 个部分的内容和要求撰写

（6）检查说明书和权利要求书的关系，检查说明书和附图的关系

做好以上几个方面的工作，使说明书支持权利要求，满足已讲过的文字和内容上的要求，再通过具体的撰写实践，就能够撰写出合格的专利说明书了。

### 9.2.3 专利申请书实例

**说　明　书**

楔形自增力盘式制动器

**技术领域**

本发明涉及一种用于汽车上的制动装置。更确切地说，本发明涉及一种基于传统液压促动系统的新型楔形自增力盘式制动器。

**背景技术**

制动器是制动系统中使汽车以适当的减速度减速行驶至安全速度或者直至停车，或在下坡行驶时使汽车保持适当的稳定车速，或使汽车可靠地停止在原有位置的部件。目前制动器从结构上主要分为鼓式制动器和盘式制动器。自增力制动器一般都是鼓式制动器，而盘式制动器目前几乎不存在自增力式。由于没有自增力效果，所以盘式制动器的制动效能较低，为此目前使用的液压盘式制动器必须在系统中安装助力器，而且在使用液压促动装置为其提供促动力时，需要的管路压力非常大，会恶化液压系统的工作状况。

目前国内尚未提出具有自增力效果的楔形盘式制动器的设计研究。国外德国博世公司曾提出电动楔形盘式制动器的概念。它使用电机转动丝杠，将电机的转动变为螺母的移动，从而推动与螺母固连的楔形块压靠制动盘，产生制动力。另外，德国大陆西门子公司也推出了类似的电子楔形制动器。制动盘一侧对置安装有两个电机，通过丝杠螺母机构推动带有多个楔形面的一个滑块横向移动，摩擦衬片外侧为与滑块楔形面对应的楔形面，两楔形面间对应的凹陷部分有滚柱，当两楔形面相对横向移动时，滚柱滚到两楔形面凸起处，推动摩擦衬片向制动盘紧靠，同时反向推动钳体带动另一侧的摩擦衬

片夹紧制动盘。楔形制动器夹紧制动盘可以实现自增力式制动，控制精度高。然而，结构的复杂，对控制的高要求，较高的成本，以及电机的动态响应性问题，是此类电子机械制动需要考虑的问题。此外，将电机直接安装在制动器上，工作环境和振动造成的电机可靠性问题也需要在工程设计时予以考虑。

**发明内容**

本发明所要解决的技术问题是克服了现有技术存在的问题，提供了一种新型的楔形自增力盘式制动器。

为解决上述技术问题，本发明是采用如下技术方案实现的：所述的楔形自增力盘式制动器包括制动钳体、楔形制动块，2个结构相同的摩擦衬片、固定制动块，4 ~ 6个结构相同的滚柱、密封圈、轮缸活塞、轮缸，2个结构相同的挡板、制动钳支架、制动钳导向架、挡块与三爪弹簧夹。

制动钳体的上端与制动钳导向架中的上制动钳口配装，制动钳体中的制动钳口的内侧面与4 ~ 6个结构相同的滚柱接触连接，4 ~ 6个结构相同的滚柱和处于下方的楔形制动块的大直角边面接触连接，楔形制动块的斜边面上用树脂黏合剂牢固粘接有第一个摩擦衬片，楔形制动块通过中心处铆接在楔形制动块小直角边面上的三爪弹簧夹与滑动安装在制动钳体左端轮缸中的轮缸活塞弹性卡住连接，楔形制动块的小直角边面与轮缸的中心轴线垂直，密封圈安装在轮缸活塞与轮缸之间，固定制动块放置于制动钳导向架中的下制动钳口的内侧面上，第二个摩擦衬片的底面与固定制动块上表面用树脂黏合剂牢固粘接，2个结构相同的挡板通过螺栓安装在制动钳体中的制动钳口的两端面上，2个结构相同的挡板的内端面与楔形制动块两端面为间隙配合，2个结构相同的挡板内端面上的横截面为矩形的导向槽和楔形制动块两端面上的横截面为矩形的导轨配装为滑动连接，2个结构相同的挡板与4 ~ 6个结构相同的滚柱的两端为间隙配合。

技术方案中所述的制动钳导向架是一个由上制动钳口与下制动钳口组成的“U”字形结构件，制动钳导向架的下制动钳口的内侧面为一水平面，下制动钳口内侧面的周边设置有横截面为矩形的长条形凸台，相邻两根长条形凸台是断开的，4根长条形凸台中的左侧长条形凸台、前端长条形凸台与右侧长条形凸台的外端面和制动钳导向架下制动钳口的左端面、前端面与右端面在同一平面内。制动钳导向架的上制动钳口的内侧面为水平面，制动钳导向架上制动钳口的中心处设置有矩形通孔，制动钳导向架上制动钳口的左端与右端设置有左端凸耳与右端凸耳，左端凸耳的左端与右端凸耳的右端沿 $Z$ 轴方向设置有安装导向销的导向销通孔。制动钳导向架上制动钳口内侧面的前后端沿 $X$ 方向设置有横截面为矩形的前端长条形上凸台与后端长条形上凸台，前端长条形上凸台与后端长条形上凸台的内侧面上分别设置有横截面为矩形的长条形槽。制动钳导向架上制动钳口内表面的右端设置有右端长条形上凸台，前端长条形上凸台、右端长条形上凸台与后端长条形上凸台之间是断开的，前端长条形上凸台与右端长条形上凸台的外端面和制动钳导向架上制动钳口的前端面与右端面在同一平面内。制动钳导向架上制动钳口的左端面上设置有螺纹孔；技术方案中所述的制动钳体是由制动钳口与轮缸组成的。制动钳体的顶端面为一矩形的水平面，制动钳体中的轮缸左端面的上端设置一个垂直的平面。制动钳体中的制动钳口的内侧面是一个与水平面夹角为一定值的斜平面。该夹角的大小和楔形制动块中的楔角相等。制动钳体中的制动钳口的左端设置一个轮缸，轮缸斜向设置并与制动钳口铸造为一体，轮缸的倾斜角度与楔形制动块的楔角相同，并且轮缸回转轴线与制动钳口的内侧面平行，轮缸的右端面和制动钳口的内侧面垂直，轮缸的内壁上设置有安装密封圈的密封圈槽；技术方案中所述的制动钳体的上端与制动钳导向架中的上制动钳口配装是指：制动钳体的上端装入制动钳导向架上制动钳口上的前端长条形上凸台、右端长条形上凸台、后端长条形上凸台与采用螺钉安装在制动钳导向架上制动钳口左端面上的挡块之间。制动钳导向架上制动钳口的前端长条形上凸台与后端长条形上凸台的内侧面上设置的前端长条形槽与后端长条形槽和制动钳体上的前端长条形凸台与后端长条形凸台相配合为滑动连接，制动钳体中与 $XOZ$ 平面平行的两侧面和制动钳导向架上制动钳口的前端长条形上凸台与后端长条形上凸台的内侧面接触连接，而制动钳体中与 $YOZ$ 平面平行的两侧面和采用螺钉安装在制动钳导向架上制动钳口的左端面上的挡块（19）的右端面与制动钳导向架上制动钳口的右侧长条形上凸台的内侧面不接触，制动钳导向架上制动钳口的内侧面和制动钳体的上端面接触并沿矩形槽滑动连接；技术方案中所述的楔形制动块主要由斜边面、大直角边面、小直角边面与和斜边面、大直角边面、小直角边面垂直的左右端面所围成的空心柱体。斜边面与大直角边面之间的夹角被称为楔形制动块的楔角，楔形制动块的两端面上设置有横截面为矩形的突出的导轨，横截面为矩形的突出的导轨的纵向对称面和楔形制动块的大直角边面平行；技术方案中所述的两挡板为结构相同的矩形板类结构件。两挡板的上端均布有安装螺栓的通孔，两挡板下端的内侧面上设置有与楔形制动块两端面上的矩形横截面的导轨为滑动连接的矩形导向槽，矩形导向槽的纵向对称面和挡板的纵向对称面平行，两挡板上设置有安装滚柱的圆轴孔，安装滚柱的圆轴孔的对称轴线相互平行并处于同一平面内，安装滚柱的圆轴孔的对称轴线所处的平面和矩形导向槽的纵向对称面平行并处于矩形导向槽的上方。

与现有技术相比本发明的有益效果是：

（1）本发明所述的楔形自增力盘式制动器利用楔形效应，使该制动器具有自增力效果，可增大盘式制动器的制动效能。

（2）本发明所述的楔形自增力盘式制动器能够调整自增力效果的大小，可减小液压促动装置的管路压力，优化液压系统工作状况。

（3）参阅图5，本发明所述的楔形自增力盘式制动器可减小液压系统管路压力，从而减小驾驶员踩踏制动踏板所需踩踏力，甚至可以节省掉真空助力器等伺服装置，从而简化了制动系统结构，更保证了在发动机熄火时制动系统工作的可靠性，增大了汽车的安全性。

**附图说明**

下面结合附图对本发明做进一步的说明：

图1为本发明所述的楔形自增力盘式制动器与制动盘装配关系主视图上的剖面图；

图2为本发明所述的楔形自增力盘式制动器与制动盘装配关系右视图上的全剖视图；

图3为本发明所述的楔形自增力盘式制动器中制动钳导向架与制动钳支架之间连接关系主视图上的全剖视图；

图4为本发明所述的楔形自增力盘式制动器结构组成的轴测投影图；

图5为本发明所述的楔形自增力盘式制动器在4个车轮上布置并通过液

压管路和制动主缸相连接的示意框图；

图中：1—制动钳体；2—楔形制动块；3—摩擦衬片；4—制动盘；5—固定制动块；6—滚柱；7—密封圈；8—轮缸活塞；9—轮缸；10—导向销；11—挡板；12—制动钳支架；13—制动钳导向架；14—车轮；15—楔形自增力盘式制动器；16—制动踏板；17—制动主缸；18—液压管路；19—挡块；20—三爪弹簧夹。

**具体实施方式：**

下面结合附图对本发明做详细的描述：

参阅图1，本发明提供了一种基于传统液压促动系统的具有单向自增力效果的楔形自增力盘式制动器。所述的楔形自增力盘式制动器包括制动钳体1，楔形制动块2，2个结构相同的摩擦衬片3，固定制动块5，4～6个结构相同的滚柱6，密封圈7，轮缸活塞8，轮缸9，2个结构相同的导向销10，2个结构相同的挡板11，制动钳支架12，制动钳导向架13，挡块19和三爪弹簧夹20。图中所示箭头为汽车前行时制动盘4的旋转方向。

所述的楔形自增力盘式制动器是在原有浮钳盘式制动器的基础上，将传统制动钳体分解为矩形槽配合的可相互水平滑动的制动钳体1和制动钳导向架13，且保留原有制动钳支架12和2个导向销10，将制动盘4一侧传统的平板形制动块替换为楔形制动块2，并将轮缸9沿轮缸9（的回转轴线）与楔形制动块2的（楔角所对应的）小直角边面垂直的方向布置后改造而成。

参阅图1，图2和图4，所述的制动钳导向架13是一个"U"字形的结构件或者说制动钳导向架13是一个由上制动钳口与下制动钳口组成的"U"字形的结构件。其工作状态为开口指向制动盘4，即制动钳导向架13的上制动钳口与下制动钳口的内侧面处于制动盘4的上下两侧。制动钳导向架13的下制动钳口的内侧面为一水平面，下制动钳口内侧面的周边设置有横截面为矩形的长条形凸台，相邻两根长条形凸台是不相连接的，即断开的，方便在缺口处用工具拆卸固定制动块5。其中左侧长条形凸台、前端长条形凸台与右侧长条形凸台的外端面和制动钳导向架13下制动钳口的左端面、前端面与右端面在同一平面内，下制动钳口内侧面周边的长条形凸台对放置在它们之间的固定制动块5起限位作用。摩擦衬片3与固定制动块5的上表面用树脂黏合剂牢固粘接成一体，更换时一同更换。摩擦衬片 3 与固定制动块 5 皆是横截面为矩形的扇形平板结构件，摩擦衬片 3 是无石棉的有机摩擦材料。制动钳导向架 13 的上制动钳口的内侧面为水平面，制动钳导向架 13 上制动钳口的中心处设置有矩形通孔，便于散热和减轻重量。制动钳导向架 13 上制动钳口的左端与右端设置有左端凸耳与右端凸耳，左端凸耳的左端与右端凸耳的右端沿 *Z* 轴方向设置有安装导向销 10 的导向销通孔，上端套装有制动钳导向架 13 的中端带防尘套的导向销 10 的下端和制动钳支架 12 螺纹连接，制动钳导向架 13 可沿导向销 10 的轴线上下滑动连接。制动钳导向架 13 上制动钳口内侧面的前后端（沿 *X* 方向）设置有横截面为矩形的前端长条形上凸台与后端长条形上凸台，前端长条形上凸台与后端长条形上凸台的内侧面上设置有横截面为矩形的长条形槽。上述两个长条形槽与制动钳体 1 前后端面的上端（沿 *X* 方向）设置的长条形导轨相配合。此种配合起到支撑和水平（即沿 *X* 方向）的导向作用。另外，上述配合的横截面为矩形的长条形槽的底面和横截面为矩形的长条形导轨的顶端面之间留有间隙，以防配合过紧发生制动钳体 1 卡死在制动钳导向架 13 上的情况。此外，制动钳导向架 13 上制动钳口内侧面前后端（沿 *X* 方向）设置有横截面为矩形的长条形槽的前端长条形上凸台与后端长条形上凸台的内侧面与制动钳体 1 上部与 *XOZ* 平面平行的前后端面相接触，用以限制制动钳体 1 沿 *Y* 方向与制动钳导向架 13 发生相对运动。另外，在制动钳体 1 的左上端面上部铣出一平行于 *YOZ* 平面的小矩形平面，同时在制动钳导向架 13 上制动钳口左侧端面上用两个螺钉固定了一个高度方向上（沿 *Z* 轴负方向）凸出于制动钳导向架 13 上制动钳口内表面的挡块 19。该挡块 19 与制动钳体 1 上部与 *YOZ* 平面平行的小矩形平面相对正但不接触，而且两者间隙应保证摩擦衬片 3 磨损后也不应发生两者接触。另外，在制动钳导向架 13 上制动钳口内表面的右端设置有右端长条形上凸台，右端长条形上凸台内侧面与制动钳体 1 上部与 *YOZ* 平行的右端面相接触，限制制动钳体 1 的水平（沿 *X* 方向）运动。前端长条形上凸台、右端长条形上凸台与后端长条形上凸台中相邻两根长条形上凸台是断开的，前端长条形上凸台与右端长条形上凸台的外端面和制动钳导向架 13 上制动钳口的前端面与右端面在同一平面内。制动钳导向架 13 上制动钳口的左端面上设置有用于安装挡块 19 的螺纹孔。制动钳导向架 13 上制动钳口左端的挡块 19 和右侧的长条形凸台仅起到限制制动钳体 1 最大运动位置的作用，以防汽车行驶中制动钳体 1 脱离制动器。上述设计是消除制动时制动器导向销 10 对制动钳体 1 的水平分运动产生干涉作用，从而影响制动钳体 1 的浮动，从而影响制动效果。

所述的制动钳体 1 由制动钳口与轮缸 9 组成。制动钳体 1 中的顶端面为一矩形的水平面，制动钳体 1 中的轮缸 9 左端面的上端设置一个平行于 *YOZ* 平面的安装挡块 19 的平面，制动钳体 1 中的制动钳口的内侧面是一个与水平面夹角为一定值的斜平面。该夹角的大小和楔形制动块 2 中斜边面与大直角边面的夹角即楔角相等。制动钳体 1 中的制动钳口的内侧面与楔形制动块 2 的大直角边面配装，中间安装 4 ~ 6 个滚柱 6 进行减磨。装配以后的楔形制动块 2 的斜边面处于水平面内，与制动盘 4 的侧面平行。也可以说，制动钳体 1 中的制动钳口的内侧面是一个与楔形制动块 2 的大直角边面相平行的斜平面。制动钳体 1 中的制动钳口的左端设置一个轮缸 9，轮缸 9 斜向布置并与制动钳口铸造为一体，轮缸 9（回转轴线）的倾斜角度与楔形制动块 2 的楔角相同，或者说，轮缸 9 回转轴线与制动钳口的内侧面平行。轮缸 9 的外形是一长方体，轮缸 9 的右端面和制动钳口的内侧面垂直形成一个放置楔形制动块 2 的直角形空间，即轮缸 9 的右端面和楔形制动块 2 的小直角边面平行。轮缸 9 的内壁上设置有安装密封圈 7 的密封圈槽，轮缸活塞 8 安装在轮缸 9 内，密封圈 7 起到密封的作用。制动钳体 1 上端的前端面与后端面上沿 *X* 方向分别设置有突出的横截面为矩形的前端长条形凸台与后端长条形凸台，前端长条形凸台与后端长条形凸台和制动钳导向架 13 上制动钳口的前端长条形上凸台与后端长条形上凸台的内侧面上沿 *X* 方向设置的前端长条形槽与后端长条形槽相配合，实现制动钳体 1 沿 *X* 方向的滑动接触。

所述的楔形制动块 2 是一个横截面近似为直角三角形的三棱柱体。为减小整体重量，该楔形制动块 2 是空心的。或者说，楔形制动块 2 主要由斜边面、大直角边面、小直角边面与和斜边面、大直角边面、小直角边面垂直的前后（或者说左右）端面所围成的有一定壁厚的空心柱体，以减小惯量。斜边面与大直角边面之间的夹角被称为楔形制动块 2 的楔角（顶角）。楔形制动块 2 的前后（或者说左右）端面上设置的横截面为矩形的突出的导轨，横截面为矩形的突出的导轨的纵向对称面和大直角边面平行。楔形制动块2的斜边面用树脂黏合剂牢固粘接摩擦衬片3，摩擦衬片3在制动时和制动盘4相接触的底面与制动盘4的上平面平行。楔形制动块小直角边面中心处铆接有一个金属片状的三爪弹簧夹20，在轮缸活塞8端口内壁上切有一道环形凹槽。三爪弹簧夹20的凸出部分靠金属片弹性卡在轮缸活塞8内壁的环形凹槽中，从而三爪弹簧夹20将轮缸活塞8和楔形制动块2连接在一起动作。轮缸9斜向布置并与制动钳体1铸造为一体。轮缸9及装入轮缸9中的轮缸活塞8的中心轴线垂直于楔形制动块2的小直角边面，或者说，轮缸9及装入轮缸9中的轮缸活塞8的中心轴线和楔形制动块2的大直角边面平行。轮缸9内壁与轮缸活塞8之间安装有密封圈7，起到密封和调节制动间隙的作用。轮缸9上的进出油口通过液压管路18与制动主缸17的进出油口连接。制动钳体1中制动钳口的内侧斜面应与楔形制动块2的大直角边面相平行的斜平面。制动钳体1中上制动钳口的内侧斜平面应与楔形制动块2的大直角边面具有一定精度的平行度，以保证楔形制动块2的斜边面与制动盘4的上平面平行，使楔形制动块2在进入制动工况时，参与制动的楔形制动块2斜边面上的摩擦衬片3能与制动盘4完全接触。在制动过程中，整个楔形制动块2的斜边面与摩擦衬片3上的压力分布均匀，以免出现偏磨。楔形制动块2与摩擦衬片3用树脂黏合剂牢固粘接成一体，磨损后一同更换。楔形制动块2与制动钳体1的两侧对称设置的结构相同的挡板11（参阅图2）。挡板11与制动钳体1采用螺栓固定连接。两挡板11为结构相同的矩形板类结构件。两挡板11的上端均布有安装螺栓的通孔。两挡板11下端的内端（内侧）面上设置矩形导向槽，矩形导向槽的纵向对称面和矩形挡板11的纵向对称面平行，即两挡板11安装以后，矩形导向槽的方向平行于楔形制动块2的大直角面，与楔形制动块2两端面上设置的横截面为矩形的突出的导轨为滑动连接，两挡板11内端面上的矩形导向槽成为楔形制动块2的滑行轨道，两挡板11的内端面与楔形制动块2两端面为间隙配合，两侧的挡板11限制楔形制动块2沿垂直于挡板11方向的自由移动。制动钳体1的内侧面与楔形制动块2的大直角边面之间装入一排（4～6个）结构相同的轴线相互平行的滚柱6，即4～6个结构相同的轴线相互平行的滚柱6和制动钳体1中的制动钳口的内侧面与楔形制动块2

的大直角边面接触连接。两挡板 11 上设置有安装滚柱 6 的 4 ~ 6 个结构相同的圆轴孔，安装滚柱 6 的 4 ~ 6 个结构相同的圆轴孔的对称轴线相互平行并处于同一平面内，4 ~ 6 个结构相同的滚柱 6 两端的滚轴与两侧挡板 11 上的 4 ~ 6 个结构相同的圆轴孔间隙配合，挡板 11 上安装滚柱 6 的 4 ~ 6 个结构相同的圆轴孔的对称轴所处的平面和矩形导向槽的纵向对称面平行并处于矩形导向槽的上方。由于设置了 4 ~ 6 个结构相同的轴线相互平行的滚柱 6，使原来的滑动摩擦变为了滚动摩擦，极大地降低了摩擦因数，有利于楔形制动块 2 的进入和退出，防止自锁。

参阅图 1，制动钳体 1 的上端装入制动钳导向架 13 上制动钳口上的前端长条形上凸台、右端长条形上凸台、后端长条形上凸台与采用螺钉安装在制动钳导向架 13 上制动钳口的左端面上的挡块 19 之间，其中，制动钳体 1 中与 *XOZ* 平面平行的两侧面和制动钳导向架 13 上制动钳口的前端长条形上凸台与后端长条形上凸台的内侧面接触连接，而制动钳体 1 中与 *YOZ* 平面平行的两侧面和采用螺钉安装在制动钳导向架 13 上制动钳口的左端面上的挡块 19 的右端面与制动钳导向架13上制动钳口的右侧长条形上凸台的内侧面不接触，制动钳导向架 13 上制动钳口的内侧矩形环面和制动钳体 1 的上端面接触沿矩形槽滑动连接。制动钳导向架 13 上制动钳口的前端长条形上凸台与后端长条形上凸台的内侧面上设置的前端长条形槽与后端长条形槽和制动钳体 1 上的前端长条形凸台与后端长条形凸台相配合为滑动连接，制动钳体 1 中的制动钳口的内侧面与 4 ~ 6 个结构相同的滚柱 6 接触连接。4 ~ 6 个结构相同的滚柱 6 和处于下方的楔形制动块 2 的大直角边面接触连接。楔形制动块 2 的斜边面上固定有第一个摩擦衬片 3，楔形制动块 2 的小直角边面与固定于制动钳体 1 中的制动钳口左端的轮缸 9 中的轮缸活塞 8 的伸出端固定连接，楔形制动块 2 的小直角边面与轮缸 9 的中心轴线垂直。密封圈 7 安装在轮缸活塞 8 与轮缸 9 之间，即安装在轮缸 9 内壁上的密封圈槽里，轮缸活塞 8 与轮缸 9 之间为间隙配合的滑动连接。固定制动块 5 固定于制动钳导向架 13 中的下制动钳口的内侧面上，另一个摩擦衬片 3 的底面与固定制动块 5 上表面用树脂黏合剂牢固粘接。2 个结构相同的挡板 11 通过螺栓安装在制动钳体 1 中制动钳口的两端面上。2 个结构相同的挡板 11 的内端面与楔形制动块 2 的前后(或者说左右）端面为间隙配合。2个结构相同的挡板11内端面上的矩形导向槽和楔形制动块2的前后（或者说左右）端面上的横截面为矩形的突出的导轨配装在一起为滑动连接。2个结构相同的挡板11上的4～6个结构相同的圆孔与4～6个结构相同的滚柱6两端的滚轴配装在一起为间隙配合。2个结构相同的挡板11上的4～6个结构相同的圆轴孔限制滚柱6沿楔形制动块2大直角边面的平动，只能绕滚柱6的回转轴线转动。

**楔形自增力盘式制动器的工作原理：**

参阅图3与图5，所述的4套结构相同的楔形自增力盘式制动器15通过制动钳支架12固定在4个车轮14的转向节上。每个制动钳支架12与导向销10的下端采用螺纹固定连接。每个楔形自增力盘式制动器15通过其中的制动钳导向架13上的导向销通孔套装在导向销10的上端为滑动连接，即楔形自增力盘式制动器15中的制动钳导向架13可沿导向销10相对于制动钳支架12（上下）轴向滑动。制动时，驾驶员踩踏制动踏板16，制动主缸17中的压力油通过液压管路18进入楔形自增力盘式制动器15中的轮缸9中，轮缸活塞8在液压力的作用下，推动楔形制动块2沿制动钳体1的装有滚柱6的内侧面滚道向右斜向滑动。当楔形制动块2下部的摩擦衬片3压靠到制动盘4时，制动盘4产生的反作用力将通过楔形制动块2传递给制动钳体1，使制动钳体1沿垂直于楔形制动块2的小直角边平面方向后退，由于制动钳体1与制动钳导向架13上制动钳口的环形内侧面为平面接触，制动钳导向架13在制动钳体1的作用下，沿导向销10向上滑动，而制动钳体1相对于制动钳导向架13发生水平移动。与此同时，制动钳导向架13中下制动钳口上的固定制动块5和摩擦衬片3便会靠近制动盘4的底面，最终，制动钳导向架13中下制动钳口上的固定制动块5上的摩擦衬片3和楔形制动块2底部的摩擦衬片3一起将制动盘4压紧，产生与制动盘4运动方向相反的制动力矩，促使汽车制动。

由于采用楔形结构，且楔形制动块进入方向与制动盘4旋转切向方向（汽车前进方向）相同，根据楔形效应，该种楔形自增力盘式制动器的当量制动效能因数将大为增加，从而达到自增力的目的。汽车后退时，此楔形制动器并无增力效果，但是由于汽车后退时行驶速度低，无须太大的制动强度，所以此时无增力是可以接受的，也是安全的。

## 说 明 书 附 图

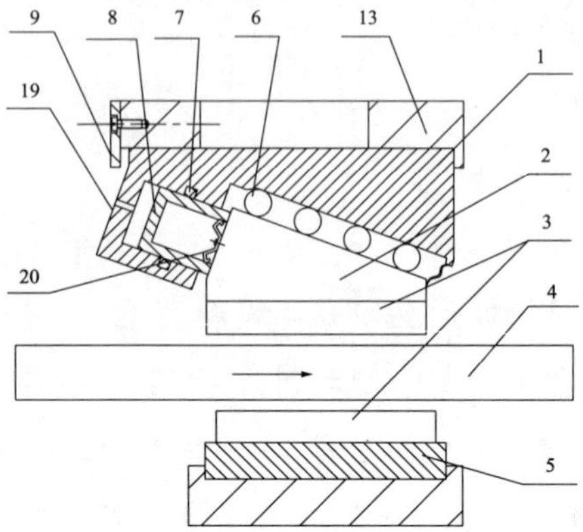


附图 1

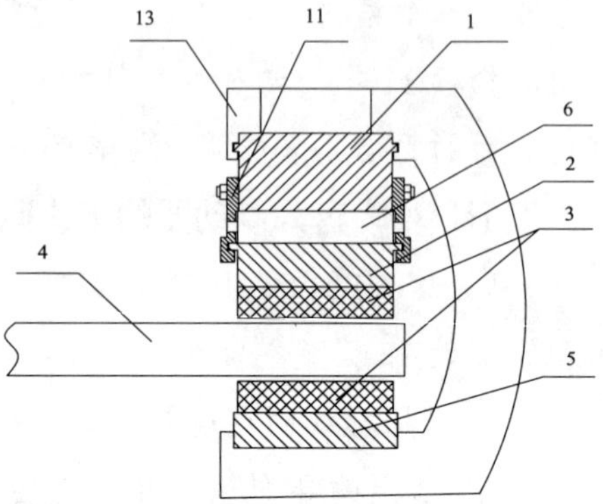


附图 2

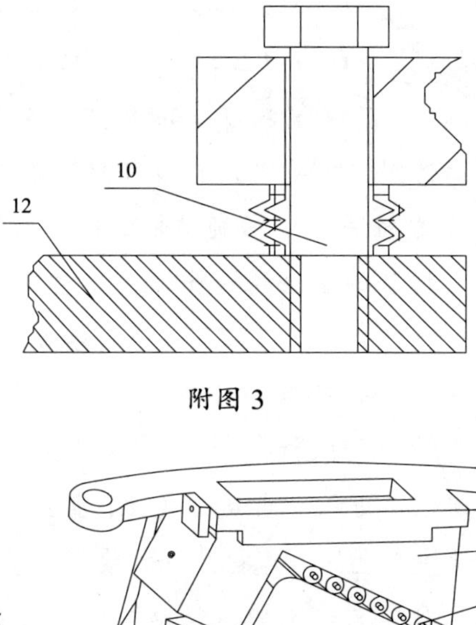


附图 3

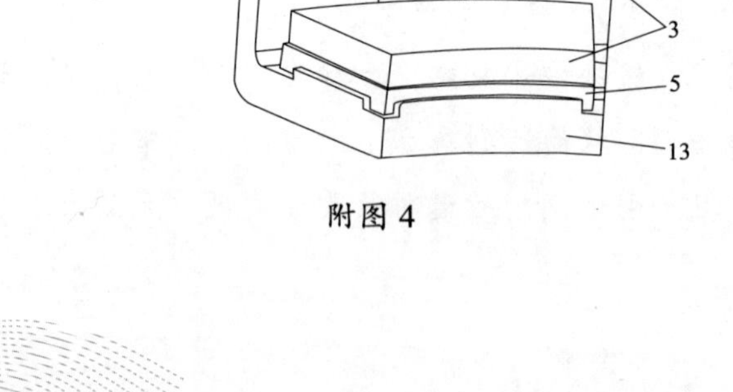


附图 4

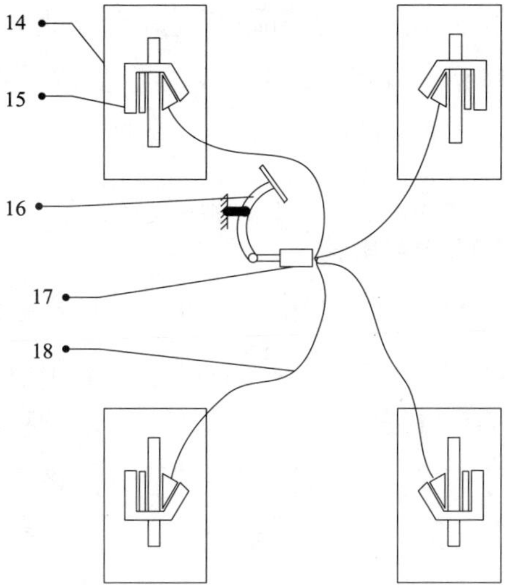


附图 5

——实例结束。

注：该发明专利已经获得授权，授权信息如下：

| 专利号 | 专利名称 | 证书 |
|---|---|---|
| ZL2012100429554 | 楔形自增力盘式制动器的设计方法 | 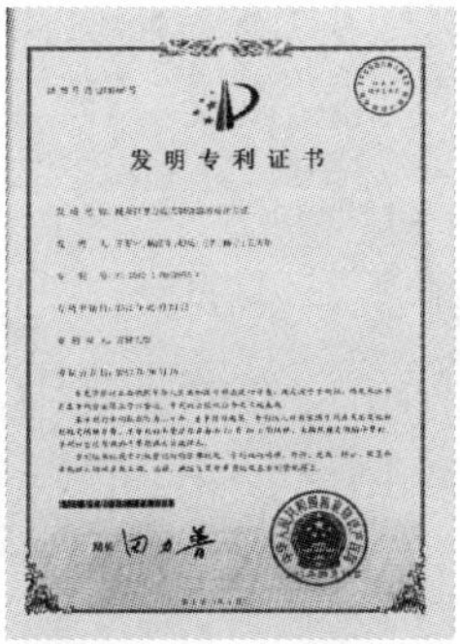  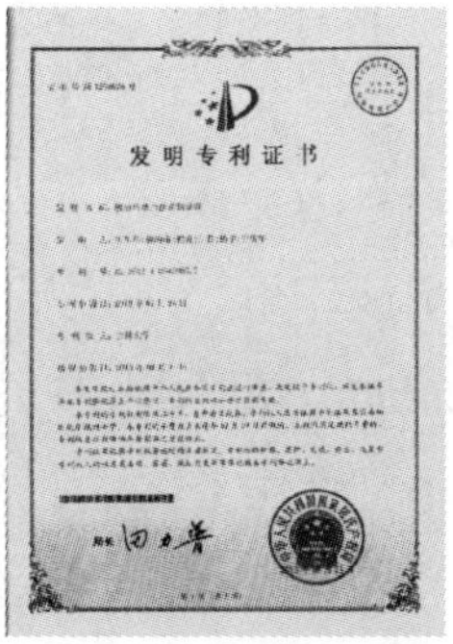  |
| ZL2012100430867 | 楔形自增力盘式制动器 | |

## 9.2.4 专利申请、授权、缴费事务

### 9.2.4.1 受理专利申请的部门

申请人申请专利时，应当将申请文件直接提交或寄交到国家知识产权局专利局受理处（以下简称专利局受理处），也可以提交或寄交到设在地方的国

家知识产权局专利局代办处（以下简称专利局代办处），目前在北京、沈阳、济南、长沙、成都、南京、上海、广州、西安、武汉、郑州、天津、石家庄、哈尔滨、长春、昆明、贵阳、杭州、重庆、深圳、福州设立国家知识产权局专利局代办处；国防专利分局专门受理国防专利申请。

### 9.2.4.2 如何办理专利申请

办理专利申请应当提交必要的申请文件，并按规定缴纳费用。专利申请必须采用书面形式或者电子申请的形式办理。不能用口头说明或者提供样品或模型的方法代替或省略书面申请文件。在专利审批程序中只有书面文件才具有法律效力。各种手续文件都应当按规定签章。签章应当与请求书中填写的姓名或者名称完全一致。签章不得复印。涉及权利转移的手续，应当有全体申请人签章。其他手续可以由申请人的代表人签章办理。委托专利代理机构的,应当由专利代理机构签章办理。办理的手续要附具证明文件或者附件的，证明文件与附件应当使用原件或者副本，不得使用复印件。如原件只有一份的，可以使用复印件，但同时需要附有公证机关出具的复印件与原件一致的证明。

### 9.2.4.3 申请文件的文字和书写要求

申请文件各部分一律使用汉字。外国人名、地名和科技术语如没有统一中文译名，应当注明英文或原文。申请人提供的附件或证明是外文的，应当附有中文译文。申请文件包括请求书在内，都应当用宋体、仿宋体或楷体打字或印刷，字迹呈黑色，字高应当在 3.5 ~ 4.5 mm，行距应当在 2.5 ~ 3.5 mm。要求提交一式两份文件的，其中一份为原件，另一份应采用复印件。申请文件中有图的，应当用墨水和绘图工具绘制，或者绘图软件绘制，线条应当均匀清晰、不得涂改。

### 9.2.4.4 专利申请内容的单一性要求

一件发明或者实用新型专利申请应当限于一项发明或者实用新型。属于一个总的发明构思的两项以上的发明或者实用新型，可以作为一件申请提出。一件外观设计专利申请应当限于一种产品所使用的一项外观设计。用于同一类别并且成套出售或者使用的产品的两项以上的外观设计，可以作为一件申请提出。

#### 9.2.4.5 受理通知书

向专利局受理处或专利局代办处寄交申请文件的，在1个月内可以收到国家知识产权局专利局（以下简称专利局）的受理通知书或者不受理通知书以及退还的申请文件。超过1个月尚未收到专利局的通知的，申请人应当及时向专利局受理处查询，以免申请文件或通知书在邮寄中丢失。

#### 9.2.4.6 申请费的缴纳方式

申请费以及其他费用都可以直接向专利局收费处或专利局代办处面交，或通过银行或邮局汇付。目前，银行采用电子划拨，而邮局采用电子汇兑方式。缴费人通过邮局或银行付专利费用时，应当在汇单上写明正确的申请号或者专利号，缴纳的费用的名称使用简称。汇款人应当要求银行或邮局工作人员在汇款附言栏中录入上述缴费信息。通过邮局汇款的，还应当要求邮局工作人员录入完整的通信地址，包括邮政编码。

#### 9.2.4.7 申请费缴纳的时间

向专利局受理处或者专利局代办处面交申请文件的，可以在取得受理通知书以后，当时缴纳申请费。通过邮寄方式提交申请的，应当在收到受理通知书以后再缴纳申请费，但是缴纳申请费的日期最迟不得超过自申请日起2个月。

#### 9.2.4.8 专利审批程序

依据专利法，发明专利申请的审批程序包括受理、初审、公布、实审以及授权5个阶段。实用新型或者外观设计专利申请在审批中不进行早期公布和实质审查，只有受理、初审和授权3个阶段。

#### 9.2.4.9 答复国家知识产权局专利局的各种通知书

（1）遵守答复期限、逾期答复和不答复后果是一样的

针对审查意见通知书指出的问题，分类逐条答复。答复可以表示同意审查员的意见，按照审查意见办理补正或者对申请进行修改；也可以不同意审查员的意见，并对此进行申辩和陈述意见及理由。

（2）属于格式或者手续方面的缺陷，一般可以通过补正消除缺陷；明显性缺陷一般难以通过补正或者修改消除，多数情况下只能就是否存在或属于明显性缺陷进行申辩和陈述意见

（3）对发明或者实用新型专利申请的补正或者修改均不得超出原说明书和权利要求书记载的范围。对外观设计专利申请的修改不得超出原图片或者照片表示的范围。修改文件应当按照规定格式提交替换页

（4）答复应当按照规定的格式提交文件。如提交补正书或意见陈述书。申请人使用补正书还是意见陈述书，应当根据审查员要求选用。一般补正形式问题或手续方面的问题使用补正书，而修改申请的实质内容则使用意见陈述书；申请人不同意审查员意见而进行申辩时，则使用意见陈述书

#### 9.2.4.10 申请被视为撤回及其恢复

逾期未办理规定手续的，申请将被视为撤回，专利局将发出视为撤回通知书。申请人如有正当理由，可以在收到视为撤回通知书之日起2个月内，向专利局请求恢复权利，并说明理由。请求恢复权利的，应当提交恢复权利请求书一式两份，说明耽误期限的正当理由，同时补办未完成的各种应当办理的手续，并补缴需要缴纳的费用。补办手续及补缴费用一般应当在上述2个月内完成。

#### 9.2.4.11 办理专利权登记手续

实用新型和外观设计专利申请经初步审查，发明专利申请经实质审查，未发现驳回理由的，专利局将发出授权通知书和办理登记手续通知书。申请人接到授权通知书和办理登记手续通知书以后，应当在2个月之内按照通知的要求办理登记手续并缴纳规定的费用。在期限内办理了登记手续并缴纳了规定费用的，专利局将授予专利权，颁发专利证书，在专利登记簿上记录，并在专利公报上公告，专利权自公告之日起生效。未在规定的期限内按规定办理登记手续的，视为放弃取得专利权的权利。

#### 9.2.4.12 驳回申请及请求复审

在审查程序中，申请人应审查员要求陈述意见或进行修改或补正以后，专利局认为申请仍不符合专利法及其实施细则规定的，应当做出驳回申请的决定，书面通知申请人。申请人对专利局驳回申请的决定不服的，可以在收到通知之日起3个月内向国家知识产权局复审委员会请求复审。请求复审应当提交复审请求书一式两份，在其中说明复审的理由。复审理由应当针对专利局的驳回决定中提出的事项请求进行申诉，否则不予受理。为了支持复审

理由或者消除申请文件中的缺陷，申请人在请求复审时，既可以附具有关证明文件或资料，也可以对驳回决定中涉及的部分内容进行修改。复审请求应当由全体申请人共同提出。请求复审还应当缴纳规定的费用。

#### 9.2.4.13　办理登记手续应缴纳的费用

办理登记手续时，不必再提交任何文件，申请人只需按规定缴纳专利登记费（包括公告印刷费用）和授权当年的年费、印花税及发明专利申请的维持费就可以了。授权当年即办理登记手续通知书中指明的年度。

#### 9.2.4.14　视为放弃取得专利权的权利以后的恢复

申请人在规定期限内未办理登记手续的，将被视为放弃取得专利权的权利。如果申请人耽误期限是有正当理由的，可以请求恢复权利。恢复权利的请求应当在专利局发出的视为放弃取得专利权通知书的发文日起2个月内提出，同时应当补办登记手续（缴纳专利登记费和授权当年的年费；发明专利申请需要缴纳维持费的，还应缴纳维持费）并缴纳规定的恢复权利请求费。

#### 9.2.4.15　专利权的维持

专利申请被授予专利权后，专利权人应于每一年度期满前一个月预缴下一年度的年费。期满未缴纳或未缴足，专利局将发出缴费通知书通知专利权人自应当缴纳年费期满之日起6个月内补缴，同时缴纳滞纳金。滞纳金的金额按照每超过规定的缴费时间1个月，加收当年全额年费的5%计算；期满未缴纳的，专利权自应缴纳年费期满之日起终止。

#### 9.2.4.16　专利权的终止

专利权的终止根据其终止的原因可分为：①期限届满终止：发明专利权自申请日起算维持20年，实用新型或外观设计专利权自申请日起算维持满10年，依法终止；②未缴费终止：专利局将发出缴费通知书，通知申请人缴纳年费及滞纳金后，申请人仍未缴纳或缴足年费及滞纳金的，专利权自上一年度期满之日起终止。

#### 9.2.4.17　专利权的无效

请求宣告专利权无效或者部分无效的，应当按规定缴纳费用，提交无效宣告请求书一式两份，填明请求宣告无效的专利名称、专利号并写明依据的事实和理由，附上必要的证据。对专利的无效请求所做出的决定任何一方如有不服的，可以在收到通知之日起3个月内向人民法院起诉。专利局在决定发生法律效力以后予以登记和公告。宣告无效的专利权视为自始即不存在。

注：专利费缴费方式

（1）现场缴费地址：长春市人民大街9999号招商银行楼（与南三环交汇处），国家知识产权局专利局长春代办处

电话：（0431）82752929（咨询）

传真：（0431）82752930

（2）电汇缴费账号和开户行：

账户名：国家知识产权局专利局长春代办处

账 号：0109121000000051

开户行：吉林银行长春吉工支行

注：通过银行汇款，请于汇款当日把缴费清单传真至我处并致电确认。需传真的缴费清单包括：汇款单复印件、专利号、费用名称、缴费金额、回邮地址及邮编、联系人及电话。（咨询电子邮箱：ccdbcyhjf @ 163. com）

## 9.3 吉林大学吉速车队商业策划实例

Cspeed

昆仑润滑油杯
中国大学生方程式汽车大赛
KUNLUN LUBRICANT
FORMULA STUDENT CHINA

吉林大学吉速车队
2012—2013赛季商业策划
Sponsorship Proposal

赛事介绍

Formula SAE赛事创办于1978年，旨在激励高校学生自主设计制作一辆小型方程式赛车参加比赛，现已发展成为在全球每年拥有15场比赛，数以百计的顶尖车队参与的大学生赛事。中国汽车工程师学会于2009年将此项赛事引进国内，得到了国内众多高校的积极响应。参赛队伍由最初的20支增到45支，覆盖全国各大高校。2013赛季将全面开启国际组比赛，并增加电动车组比赛，大幅提高了该赛事在国内和国际的影响力。

该比赛分为静态项目和动态项目两个部分：

**静态项目**

| | |
|---|---|
| 赛车设计 | 15% |
| 营销报告 | 10% |
| 成本与制造分析 | 7.5% |

**动态项目**

| | |
|---|---|
| “8”字绕环 | 5% |
| 直线加速 | 7.5% |
| 高速避障 | 15% |
| 耐久和燃油经济性 | 40% |

静态项目

动态项目

Design it Build it Race it

车队简介

吉林大学吉速车队成立于2009年，是由吉林大学汽车工程学院面向中国大学生方程式汽车大赛而组建的学生科技创新团体。吉速车队在汽车工程学院和社会各界的帮助下开发了3代赛车，参加过3届中国大学生方程式汽车大赛并取得了优异的成绩。吉速车队坚持走技术创新路线，是国内技术较为领先的车队之一。

2010赛季，吉速车队取得了赛车设计第1名、营销报告第2名、成本与制造分析第1名、直线加速第3名、最佳外观设计等奖项。

2011赛季，吉速车队取得了赛车设计第4名、营销报告第4名、成本与制造分析第4名、直线加速第4名、总成绩第7名的成绩。

2012赛季，吉速车队因发动机故障导致动态赛成绩欠佳，但仍取得赛车设计第1名、成本制造与分析第5名、静态赛总成绩第1名的好成绩。

**Design it　Build it**
**Race it**

## 车队构架

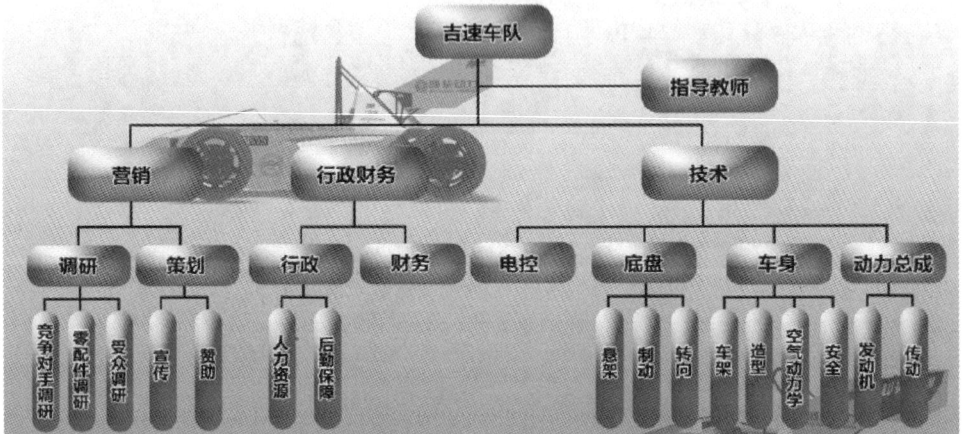


## 开发流程

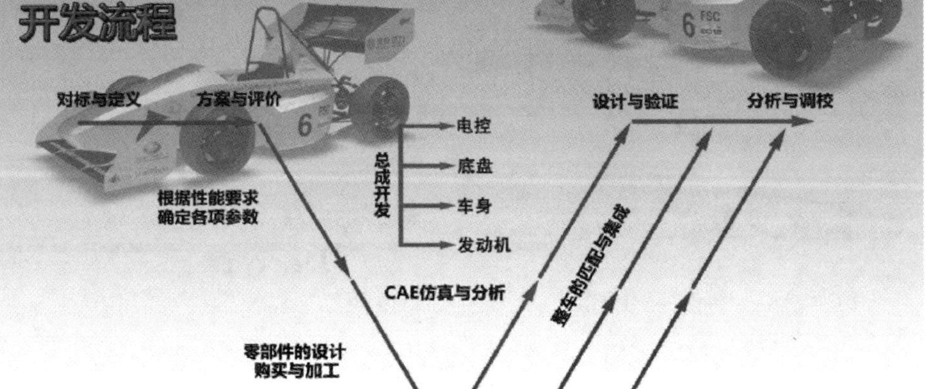


Design it Build it
Race it

speed

昆仑润滑油杯
中国大学生方程式汽车大赛
KUNLUN LUBRICANT
FORMULA STUDENT CHINA

| 车身 | 车架 | 发动机 |
| --- | --- | --- |
| • 碳纤维材料制作的轻量化车身<br>• 合理的分块及固定方式，拆装方便 | • 铬钼钢无缝钢管焊接的车架<br>• 车架采用空间桁架结构，有较好的强度和刚度 | • 0.6L高转速涡轮增压发动机<br>• MoTeC M84赛车专用ECU<br>• 全车采用CAN总线通信 |

| 轮辋&轮胎 | 悬架 | 传动 |
| --- | --- | --- |
| • Keizer Kosmo 13英寸镁合金轮辋<br>• Continental 205/510R13高性能半热熔轮胎 | • 前后不等长双横臂独立悬架<br>• 轻量化设计的三角臂、立柱、轮毂<br>• 高性能的阻尼可调避震器 | • Drexler轻量化限滑差速器<br>• 自主设计加工铝制球笼壳体<br>• 6档序列式变速器、拨片换档 |

*Design it　Build it*
*Race it*

昆仑润滑油杯
中国大学生方程式汽车大赛
KUNLUN LUBRICANT
FORMULA STUDENT CHINA

## 宣传推广

吉速车队 3 年来开展了从校园到社会各层级的推广活动，并吸引了各级媒体的报道宣传，先后共参与过“吉林大学大学生方程式赛车新车发布会”“第九届中国长春（国际）汽车博览会”“第三届中国•长春创新创业博览会”等大规模汽车展会。吉速车队从新车发布到参加比赛的全程中，受到市级媒体（长春电视台等）、省级媒体（吉林电视台等）、网络媒体（凤凰网专栏报道）及各报纸杂志多次报道，并在赛场上受到 CCTV 新闻频道、CCTV 体育频道“赛车时代”栏目的集中报道。吉速车队将更加致力于寻求宣传能力更强、辐射范围更广、媒体关注度更高的推广活动。

Design it Build it
Race it

昆仑润滑油杯
中国大学生方程式汽车大赛
KUNLUN LUBRICANT
FORMULA STUDENT CHINA

## 经费预算

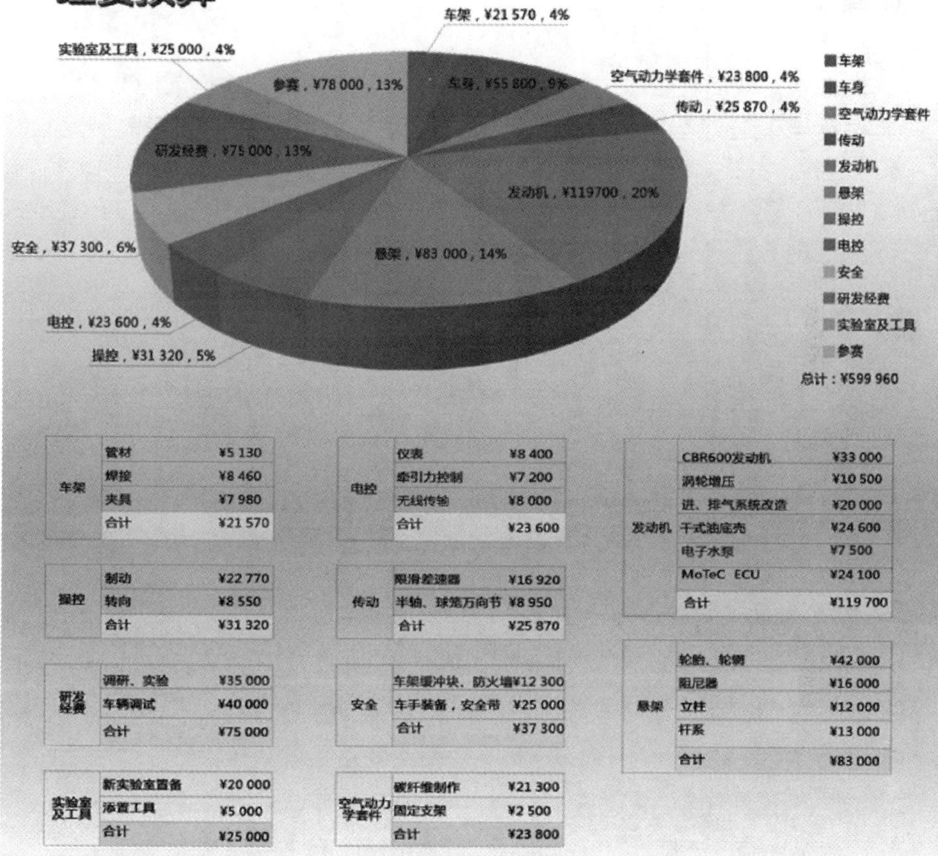


| | | |
|---|---|---|
| 车架 | 管材 | ¥5 130 |
| | 焊接 | ¥8 460 |
| | 夹具 | ¥7 980 |
| | 合计 | ¥21 570 |

| | | |
|---|---|---|
| 电控 | 仪表 | ¥8 400 |
| | 牵引力控制 | ¥7 200 |
| | 无线传输 | ¥8 000 |
| | 合计 | ¥23 600 |

| | | |
|---|---|---|
| 发动机 | CBR600发动机 | ¥33 000 |
| | 涡轮增压 | ¥10 500 |
| | 进、排气系统改造 | ¥20 000 |
| | 干式油底壳 | ¥24 600 |
| | 电子水泵 | ¥7 500 |
| | MoTeC ECU | ¥24 100 |
| | 合计 | ¥119 700 |

| | | |
|---|---|---|
| 操控 | 制动 | ¥22 770 |
| | 转向 | ¥8 550 |
| | 合计 | ¥31 320 |

| | | |
|---|---|---|
| 传动 | 限滑差速器 | ¥16 920 |
| | 半轴、球笼万向节 | ¥8 950 |
| | 合计 | ¥25 870 |

| | | |
|---|---|---|
| 悬架 | 轮胎、轮辋 | ¥42 000 |
| | 阻尼器 | ¥16 000 |
| | 立柱 | ¥12 000 |
| | 杆系 | ¥13 000 |
| | 合计 | ¥83 000 |

| | | |
|---|---|---|
| 研发经费 | 调研、实验 | ¥35 000 |
| | 车辆调试 | ¥40 000 |
| | 合计 | ¥75 000 |

| | | |
|---|---|---|
| 安全 | 车架缓冲块、防火墙 | ¥12 300 |
| | 车手装备，安全带 | ¥25 000 |
| | 合计 | ¥37 300 |

| | | |
|---|---|---|
| 实验室及工具 | 新实验室置备 | ¥20 000 |
| | 添置工具 | ¥5 000 |
| | 合计 | ¥25 000 |

| | | |
|---|---|---|
| 空气动力学套件 | 碳纤维制作 | ¥21 300 |
| | 固定支架 | ¥2 500 |
| | 合计 | ¥23 800 |

| | | |
|---|---|---|
| 参赛 | 运费、车费 | ¥28 000 |
| | 食宿 | ¥50 000 |
| | 合计 | ¥78 000 |

| | | |
|---|---|---|
| 车身 | 碳纤维制作 | ¥52 000 |
| | 喷涂 | ¥3 800 |
| | 合计 | ¥55 800 |

**Design it　Build it**
**Race it**

## 赞助回馈

■赞助商基本回馈

赛车车身、队员服装、车队赞助策划书、纪念品等加印赞助商LOGO

车队参与车展、博览会、媒体采访等社会活动时宣传赞助商信息

车队官方网站、论坛、微博、人人主页支持赞助商宣传推广

车队新车媒体发布会推广赞助商品牌

车队定期向赞助商反馈工作进程

■白银级赞助商（20 000 ~ 50 000元）

赞助商基本回馈

邀请赞助商参与赛车试驾活动

协助赞助商进行校园产品推广

协助赞助商进行相关市场调研

赛后赠送车队全年发展记录册

■黄金级赞助商（50 000 ~ 80 000元）

白银级赞助商回馈

赛手服、头盔加印赞助商LOGO

协助赞助商进行校园企业推广

邀请赞助商参与赛车设计加工流程

赛车可供赞助商静态展示使用

■白金级赞助商（80 000 ~ 120 000元）

黄金级赞助商回馈

比赛现场协助赞助商进行产品宣传

邀请赞助商莅临现场观看比赛

赛车可供赞助商动态展示使用

■钻石级赞助商（>120 000元）

白金级赞助商回馈

赞助商冠名车队开放日

协调使用车队实验资源

满足赞助商个性化需求

*Design it　Build it*
*Race it*

昆仑润滑油杯
中国大学生方程式汽车大赛
KUNLUN LUBRICANT
FORMULA STUDENT CHINA

| 赞助级别 | | | 钻石级 | 白金级 | 黄金级 | 白银级 | 常规级 |
|---|---|---|---|---|---|---|---|
| 赞助费用 | | | >¥120 000 | ¥80 000—¥120 000 | ¥50 000—¥80 000 | ¥20 000—¥50 000 | <¥20 000 |
| LOGO尺寸 | | | 最大尺寸 | 大号尺寸 | 中号尺寸 | 小号尺寸 | 最小尺寸 |
| 广告位置 | 赛车外观 | 前定风翼 | | ★ | | | |
| | | 后定风翼 | ★ | | ★ | | |
| | | 车头正面 | ★ | | | | |
| | | 车头侧面 | | ★ | ★ | | |
| | | 车身两侧 | ★ | ★ | ★ | ★ | |
| | | 车身后侧 | | | | ★ | ★ |
| | 装备服装 | 车队队旗 | ★ | ★ | ★ | | |
| | | 赛车手头盔 | ★ | ★ | ★ | | |
| | | 赛车手服装 | ★ | ★ | ★ | | |
| | | 队员服装 | ★ | ★ | ★ | ★ | ★ |
| | 网络宣传 | 网站首页 | ★ | ★ | ★ | ★ | ★ |
| | | 网页链接 | ★ | ★ | ★ | | |
| | | 校园BBS | ★ | ★ | ★ | ★ | ★ |
| | | 博客、微博宣传 | ★ | ★ | ★ | ★ | ★ |
| | 宣传纪念品 | 车队宣传册 | ★ | ★ | ★ | ★ | ★ |
| | | 赞助策划书 | ★ | ★ | ★ | ★ | ★ |
| | | 车队纪念品 | ★ | ★ | ★ | ★ | ★ |
| | | 车队发展记录册 | ★ | ★ | ★ | ★ | |

注：1.吉速车队为大学生创新项目，非营利性组织
2.赞助为现金或实物的形式，实物参照市场定价
3.赞助合作有效期为2013年整年
4.未尽事宜以双方合同协议为准

**Design it Build it Race it**

昆仑润滑油杯
中国大学生方程式汽车大赛
KUNLUN LUBRICANT
FORMULA STUDENT CHINA

## 致赞助商

衷心感谢每位关心支持吉速车队发展的企业朋友。吉速车队一路走来，取得成绩的同时也受到越来越多的社会关注。您的支持，我们的动力。车队发展的同时未曾忘记对赞助商的责任，校企双赢永远是我们的发展愿景。朝气蓬勃的吉速队员，积淀雄厚的技术保证，规范完善的合作体制，我们期待与您携手打造吉速车队2013赛季的辉煌。

## 特别感谢吉速车队2011—2012赛季赞助商

潍柴动力 WEICHAI POWER　Continental　MathWorks

中国第一汽车集团公司 CHINA FAW GROUP CORPORATION　3M　MSC Software

ANSYS　MoTeC　wilwood

*Design it　Build it*
*Race it*

# 附录一　理工类大学生科技创新活动全国竞赛项目

| 综合竞赛 | 主办单位 | 时间 | 详细介绍及参考资料 |
| --- | --- | --- | --- |
| 全国大学生数学竞赛 | 全国大学生数学竞赛委员会 | 初赛10月末，决赛翌年3月 | http://www.cmathc.com/（官网）<br>http://baike.baidu.com/view/2904171.htm#3（百科） |
| **全国大学生数学建模竞赛** | 教育部高等教育司 | 每年9月正式竞赛 | http://www.mcm.edu.cn/（官网）<br>http://baike.baidu.com/view/1261041.htm（百科）<br>http://www.madio.net/（数学中国） |
| **“挑战杯”大学生课外学术科技作品竞赛** | 共青团中央、中国科协、教育部、全国学联等 | 每两年（5月报名） | http://www.tiaozhanbei.net/news/show/158/（官网）<br>http://baike.baidu.com/view/557800.htm（百科）<br>http://wenku.baidu.com/view/d85c38d7c1c708a1284a 443f. html（简介） |
| **中国MEMS传感器应用大赛** | 全球华人微纳米分子系统学会 | 5—8月分赛区选拔，10月总决赛 | http://china.ican-contest.org/（官网）<br>http://www.docin.com/p-203624999.html（第四届简介）<br>http://baike.baidu.com/view/4690175.htm（百科）<br>http://wenku.baidu.com/view/fe8070ea6294dd88d0d 26b50.html（历届作品） |
| **全国大学生物流设计大赛** | 教育部高等学校物流类专业教学指导委员会 | 初赛11月份，决赛翌年4月份 | http://www.clpp.org.cn/（官网）<br>http://search.dangdang.com/search_pub.php?key=%B0%B2%B5%C3%CE%EF%C1%F7（第一届获奖作品集）<br>http://blog.sina.com.cn/s/blog_4da6b5570100cyd3.html（案例）<br>http://wenku.baidu.com/view/da0a14314332396-8011c92f8.html?from=rec&pos=3&weight=2&lastweight=2&count=5（方案） |
| **全国大学生机械创新设计大赛** | 教育部高等教育司批准 | 每两年（10月报名） | http://www.umic.edu.cn/（官网）<br>http://baike.baidu.com/view/902899.htm（百科）<br>http://blog.renren.com/share/307329799/6254760270（简介） |

续表

| 综合竞赛 | 主办单位 | 时间 | 详细介绍及参考资料 |
| --- | --- | --- | --- |
| **全国大学生“飞思卡尔”智能汽车竞赛** | 教育部高等学校自动化专业教学指导分委员会 | 7月 | http://www.smartcar.au.tsinghua.edu.cn/（官网）<br>http://wenku.baidu.com/view/3feaf5d6195f312b3169a5f3.html（比赛规则）<br>http://www.docin.com/p-100117209.html（简介）<br>http://wenku.baidu.com/view/4b1a7bbff121dd36a32-d823a.html?from=rec&pos=0&weight=4&lastweight=2&count=5（学习资料） |
| **全国大学生结构设计大赛** | 国家教育部等 | 10月 | http://www.ccea.zju.edu.cn/structure/redir.php?catalog_id=5（官网）<br>http://baike.baidu.com/view/3070660.htm（百科）<br>http://www.dlnu.edu.cn/tujian/extra/col226/1230033883.pdf（大学生结构设计大赛指导） |
| 全国大学生电子设计竞赛 | 教育部高等教育司 | 每两年（9月） | http://www.nuedc.com.cn/（官网）<br>http://baike.baidu.com/view/1261469.htm（百科）<br>http://www.bipt.edu.cn/pub/eetec/docs/201003141-31338971711.doc（历届题目） |
| 全国大学生工程训练综合能力竞赛 | 教育部高等教育司 | 每两年（10月） | http://www.gcxl.edu.cn/（官网）<br>http://baike.baidu.com/view/4410970.htm（百科） |
| 全国大学生节能减排社会实践与科技竞赛 | 教育部高等教育司 | 预赛6月初<br>决赛8月下旬 | http://jnjp.hit.edu.cn/（官网）<br>http://baike.baidu.com/view/3735200.htm（百科）<br>http://wenku.baidu.com/view/587a1321dd36a32d737581c3.html（简介） |
| 中国大学生机器人电视大赛 | 中央电视台 | 7月份 | http://space.tv.cctv.com/podcast/jiqirendasai-kongjian（官网）<br>http://baike.baidu.com/view/1831605.htm（百科）<br>http://wenku.baidu.com/view/da13cb3383c4bb4cf7-ecd1b8.html?from=rec&pos=3&weight=1&lastweight=1&count=5（机器人基础知识讲座） |
| 全国英语演讲大赛 | 外语教学与研究出版社 | 分初赛、复赛、决赛 | 百度、土豆、优酷、酷6上有很多视频<br>http://baike.baidu.com/view/4635930.htm（简介）<br>http://wenku.baidu.com/view/bb23c83e5727a5e9856a6174.html（CCTV杯全国英语演讲大赛主持词） |

续表

| 综合竞赛 | 主办单位 | 时间 | 详细介绍及参考资料 |
|---|---|---|---|
| 全国英语辩论赛 | 外语教学与研究出版社 | 初赛4月中旬，决赛5月中旬 | http://edu.qq.com/a/20110428/000174.htm（介绍）<br>http://wenku.baidu.com/view/aa7020e9b8f67c1cfad6-b899.html（推荐使用辩题）<br>http://wenku.baidu.com/view/ecf928c789eb172ded-63b7d1.html?from=rec&pos=1&weight=6&lastweight=2&count=5（经典辩题） |
| 全国大学生力学竞赛 | 教育部高等教育司、中国力学学会等 | 每两年（5月） | http://zpy.cstam.org.cn/templates/jiaoyu_001/second_65.html（官网）<br>http://www.docin.com/p-81550455.html（第一到七届周培源全国大学生力学竞赛试题和答案大全）<br>http://wenku.baidu.com/view/150f12c20c2259010-2029d14.html（2011全国大学生力学竞赛试题范围） |
| 全国大学生交通科技大赛 | 教育部高等学校交通运输与工程学科教学指导委员会交通工程教学指导分委员会 | 5月 | http://st.chd.edu.cn/（官网）<br>http://baike.baidu.com/view/2483064.htm（百科）<br>http://danbaidong789.blog.163.com/blog/static/12795082007118450566/（简介）<br>http://wenku.baidu.com/view/e2204ed6195f-312b3169a538.html?from=rec&pos=0&weight=13&lastweight=3&count=5（第四届作品） |
| 全国大学生电子商务“创新、创意及创业”挑战赛 | 教育部高等学校电子商务专业教学指导委员会 | 11月或12月 | http://3chuang.fsbuc.com/（官网）<br>http://baike.baidu.com/view/4288963.htm#4（百科）<br>http://bjx.sdkd.net.cn/xszz/kl/kjst/201010/26-41595.html（简介） |
| 全国大学生物理竞赛 | 北京物理学会和北京高校物理教学研究会 | 12月 | http://hi.baidu.com/6228/blog/item/e84fffed8ce-4334f-79f05550.html（简介）<br>http://wenku.baidu.com/view/7fb2444769eae-009581becba.html（总结）<br>http://wenku.baidu.com/view/a8fc8605cc1755-270722-0806.html（第22届试题） |

续表

| 综合竞赛 | 主办单位 | 时间 | 详细介绍及参考资料 |
| --- | --- | --- | --- |
| 中国大学生公共关系策划大赛 | 中国国际公共关系协会 | 12月总决赛 | http://prpk2010.17pr.com/（官网）<br>http://www.docin.com/p-79340093.html<br>http://wenku.baidu.com/view/cd3950303968011ca300910f.html?from=rec&pos=2&weight=2&lastweight=2&count=5（作品参考）<br>http://wenku.baidu.com/view/148f69e69b89680203-d82512.html（第三届介绍） |
| 大学生程序设计大赛（ACM） | 美国计算机协会 | 亚洲从9月开始 | http://baike.baidu.com/view/5888909.htm（百科）<br>http://wenku.baidu.com/view/f2eee121af45b307e8719782.html（介绍）<br>http://wenku.baidu.com/view/6890bd23482fb4daa58d4bcf.html?from=rec&pos=0&weight=2&lastweight=2&count=5（题目） |
| 全国计算机仿真大赛 | 教育部高教司 | 6月份 | http://www.lgqn.cn/kjcx/2006/0715/content_4493.htm（简介）<br>http://www.doc88.com/p-61170065701.html（章程） |

注： 表中文字加黑的为教育部资助的赛事。

# 附录二 “挑战者杯”竞赛章程

## 第一章 总则

（2004 年 6 月 10 日全国组委会第一次全体会议通过）

第一条 “挑战杯”全国大学生课外学术科技作品竞赛是由共青团中央、中国科协、教育部、全国学联主办的大学生课外学术科技活动中一项具有导向性、示范性和群众性的竞赛活动，每两年举办一届。

第二条 竞赛的宗旨：崇尚科学，追求真知，勤奋学习，锐意创新，迎接挑战。

第三条 竞赛的目的：引导和激励高校学生实事求是，刻苦钻研，勇于创新，多出成果，提高素质，培养学生的创新精神和实践能力，并在此基础上促进高校学生课外学术科技活动的蓬勃开展，发现和培养一批在学术科技上有作为、有潜力的优秀人才。

第四条 竞赛的基本方式：高等学校在校学生申报自然科学类学术论文、哲学社会科学类社会调查报告和学术论文、科技发明制作三类作品参赛；聘请专家评定出具有较高学术理论水平、实际应用价值和创新意义的优秀作品，给予奖励；组织学术交流和科技成果的展览、转让活动。

## 第二章 组织机构及其职责

第五条 竞赛设立领导小组，由主办单位和承办单位的有关负责人组成，负责指导竞赛活动，并对全国组织委员会和全国评审委员会提交的问题进行协调和裁决。

第六条 竞赛设立全国组织委员会，由主办单位、承办单位和联合发起单位（含高校、新闻单位、相关企业）的有关负责人组成。主办单位和承办单位分别委派有关负责同志作为组委会成员，各联合发起单位推荐一名主管领导作为组委会成员。全国组织委员会设主任一名，副主任若干名。

第七条　全国组织委员会的职责如下：

1. 审议、修改竞赛的章程和评审规则；

2. 筹集竞赛组织、评审、奖励所需的经费；

3. 投票表决竞赛承办高校；

4. 议决其他应由组委会议决的事项。

第八条　全国组织委员会下设秘书处，负责按照全国组委会通过的章程组织竞赛活动并向全国组委会报告工作。秘书处设秘书长一名，由承办单位有关领导担任；设副秘书长若干名。

第九条　竞赛设立全国评审委员会，由主办单位聘请的相关学科具有高级职称的非高校专家组成。全国评审委员会设主任一名，常务副主任两名，评审委员若干名。

全国评审委员会经主办单位批准成立，有权在本章程和评审规则所规定的原则下，独立开展评审工作。

第十条　全国评审委员会职责如下：

1. 在本章程和评审规则基础上制定评审实施细则；

2. 审看参赛作品及其演示，对作者进行问辩；

3. 确定参赛作品获奖等次。

第十一条　竞赛设立作品资格评判委员会，在全国组委会第二次全体会议召开时成立，由全国评审委员会常务副主任1名、评审委员3名（根据被评判作品学科分布选定）、主办单位各1名代表、全国组织委员会高校委员中抽签产生的10名代表组成。资格评判委员会主任由全国评审委员会常务副主任担任。资格评判委员会会议由资格评判委员会主任负责召集。

第十二条　作品资格评判委员会职责如下：

1. 授权全国组委会秘书处在预审开始至终审决赛结束前接受参赛学校和学生、评委、社会各界人士对参赛作品资格的质疑投诉；

2. 在终审决赛结束前，如出现被质疑投诉作品，资格评判委员会应召开会议，对被质疑投诉的参赛作品的作者及所属学校进行质询；

3. 投票表决被质疑投诉作品是否具备参赛资格。

第十三条　全国组委会秘书处对质疑投诉者的姓名、单位予以保密。质疑投诉者需提供相关证据或明确的线索。资格评判委员会开会时，到会委员超过 2/3 方可进行表决；表决时实行回避制度；若参加表决委员中有 2/3 以上认为该作品不具备参赛资格，则评委会对该作品不予评审，其参赛得分随之取消。全国组委会秘书处不受理匿名质疑投诉。

终审决赛结束后，对作品的质疑投诉继续按本章程第三十三条执行。

第十四条　主办单位根据团体总分优先原则，确定上届竞赛总分前 70 名的学校为联合发起高校，并可根据终审决赛规模、地区平衡、学校类别及代表性、承办地区等因素做部分调整。

第十五条　各省（区、市）、各高校应举办与全国竞赛接轨的届次化的学生课外学术科技作品竞赛。各省（区、市）团委、科协、教育部门、学联联合设立省级组织协调委员会和评审委员会，负责本省（区、市）竞赛的组织协调、参赛作品资格审查、作品初评等有关工作。

## 第三章　参赛资格与作品申报

第十六条　凡在举办竞赛终审决赛的当年 7 月 1 日以前正式注册的全日制非成人教育的各类高等院校在校中国籍专科生、本科生、硕士研究生和博士研究生（均不含在职研究生）都可申报作品参赛。

第十七条　申报参赛的作品必须是距竞赛终审决赛当年 7 月 1 日前两年内完成的学生课外学术科技或社会实践活动成果，可分为个人作品和集体作品。申报个人作品的，申报者必须承担申报作品 60% 以上的研究工作，作品鉴定证书、专利证书及发表的有关作品上的署名均应为第一作者，合作者必须是学生且不得超过两人；凡作者超过三人的项目或者不超过三人，但无法区分第一作者的项目，均须申报集体作品。集体作品的作者必须均为学生。凡有合作者的个人作品或集体作品，均按学历最高的作者划分至本专科生、硕士研究生或博士研究生类进行评审。

毕业设计和课程设计（论文）、学年论文和学位论文、国际竞赛中获奖的作品、获国家级奖励成果（含本竞赛主办单位参与举办的其他全国性竞赛的获奖作品）等均不在申报范围之列。

第十八条　申报参赛的作品分为自然科学类学术论文、哲学社会科学类社会调查报告和学术论文、科技发明制作三大类。自然科学类学术论文作者限本专科生。哲学社会科学类社会调查报告和学术论文限定在哲学、经济、社会、法律、教育、管理六个学科内。科技发明制作类分为 A、B 两类：A 类指科技含量较高、制作投入较大的作品；B 类指投入较少，且为生产技术或社会生活带来便利的小发明、小制作等。

第十九条　参赛作品涉及下列内容时，必须由申报者提供有关部门的证明材料，否则不予评审。

动植物新品种的发现或培育，须有省级以上农科部门或科研院所开具证明；

对国家保护动植物的研究，须有省级以上林业部门开具证明，证明该项研究的过程中未产生对所研究的动植物繁衍、生长不利的影响；

新药物的研究，须有卫生行政部门授权机构的鉴定证明；

医疗卫生研究须通过专家鉴定，并最好附有在公开发行的专业性杂志上发表过的文章；

涉及燃气用具等与人民生命财产安全有关用具的研究，须有国家相应行政部门授权机构的认定证明。

第二十条　参赛作品必须由两名具有高级专业技术职称的指导教师（或教研组）推荐，经本校学籍管理、教务、科研管理部门审核确认。

第二十一条　每个学校选送参加竞赛的作品总数不得超过 6 件，每人限报一件，作品中研究生的作品不得超过作品总数的 1/2，其中博士研究生的作品不得超过 1 件。参赛作品须经过本省（区、市）组织协调委员会进行资格及形式审查和本省（区、市）评审委员会初步评定，方可上报全国组委会办公室。各省（区、市）选送全国竞赛的作品数额由主办单位统一确定。每所发起学校可直接报送 3 件作品（含在 6 件作品之中）参加全国竞赛。

## 第四章　展览、交流、转让

第二十二条　全国评审委员会推荐通过预审的一定比例的自然科学类学术论文、哲学社会科学类社会调查报告和学术论文及全部科技发明制作类作品参加展览。科技发明制作类作品须有实物或模型参展。

第二十三条　全国组委会将在竞赛的终审决赛阶段组织多种形式的学术交流和工作交流活动，并适时举办单项展示赛或邀请赛等丰富“挑战杯”竞赛的活动。

第二十四条　全国组织委员会在终审决赛期间，举办成果转让活动；成果是否转让不作为作品评审获奖的依据。

第二十五条　全国组织委员会拥有组织转让获奖作品的优先权。成果产权及利益分配由学校和作者协商确定。

全国组织委员会可以结集出版竞赛获奖的作品及评委评语。

## 第五章　奖励

第二十六条　全国评审委员会对各省级组织协调委员会和发起高校报送的参赛作品进行预审，评出 80% 左右的参赛作品进入终审决赛。参赛的自然科学类学术论文、哲学社会科学类社会调查报告和学术论文、科技发明制作三类作品各设特等奖、一等奖、二等奖、三等奖。各等次奖分别约占进入终审决赛各类作品总数的 3%，8%，24% 和 65%。本专科生、硕士研究生、博士研究生三个学历层次作者的作品获奖数与其进入终审决赛作品数成正比例。科技发明制作类中 A 类和 B 类作品分别按上述比例设奖。

第二十七条　参加全国终审决赛的作品，确认资格有效的，由全国组织委员会向作者颁发证书，并视情况颁发相应的奖金。参加各省（区、市）预赛的作品，确认资格有效而又未进入全国竞赛的，由各省（区、市）组织协调委员会向作者颁发证书。

第二十八条　竞赛以学校为单位计算参赛得分，团体总分按名次排列，按位次公布。最高荣誉“挑战杯”为流动杯，授予团体总分第一名的学校；设“优胜杯”若干，分别授予团体总分第二至第二十一名的学校。累计三次捧得“挑战杯”的学校，可永久保存复制的“挑战杯”一座。

第二十九条　各等次奖计分方法如下：特等奖作品每件计 100 分，一等奖作品每件计 70 分，二等奖作品每件计 40 分，三等奖作品每件计 20 分，上报至全国组委会但未通过预审的作品每件计 10 分。如遇总积分相等，则以获特等奖的个数决定同一名次内的排序，以此类推至三等奖。

第三十条　竞赛设10个左右省级优秀组织奖和进入终审决赛高校数30%左右的高校优秀组织奖，奖励在竞赛组织工作中表现突出的省份和高校。省级优秀组织奖由主办单位根据《优秀组织奖评选办法》评定，报全国组织委员会确认。高校优秀组织奖由各省（区、市）组织协调委员会参照《优秀组织奖评选办法》提名，主办单位确定后报全国组织委员会确认。

第三十一条　在符合竞赛宗旨、具有良好导向作用的前提下，可联合社会有关方面设立、评选专项奖。专项奖不计分。

**第六章　附则**

第三十二条　竞赛联合发起高校应向全国组织委员会交纳规定数额的发起组织费。参加全国终审决赛的作品，作者所在学校应向全国组织委员会交纳规定数额的参赛费。发起组织费、参赛费主要用于竞赛的组织、评审、奖励所需经费的补充。

第三十三条　竞赛结束后，对获奖作品保留一个月的质疑投诉期。若收到投诉，竞赛领导小组将委托主办单位有关部门进行调查。经调查，如确认该作品资格不符者，取消该作品获得的奖励，重新计算作者所在学校团体总分及名次，取消该校、该省所获的优秀组织奖，通报全国组织委员会成员单位；并视情节轻重，分别给予所在学校取消下届联合发起单位资格或参赛资格的处罚。

竞赛组委会保护投诉人的合法权益。

第三十四条　承办竞赛的高校应按当届组委会通过的申办办法，申请承办下一届竞赛活动；获得历届“挑战杯”和“优胜杯”的学校具有承办下届竞赛的优先权；当届组委会通过一定的民主程序产生下届承办单位。

第三十五条　竞赛承办单位有权以全国组织委员会名义寻求赞助。最高荣誉“挑战杯”不得用于寻求赞助。

# 附录三　吉林大学大学生创新创业训练计划实施办法

## 一、总则

第一条　为贯彻落实《教育部关于做好“本科教学工程”国家级大学生创新创业训练计划实施工作的通知》(教高函〔2012〕5号)精神，学校决定在“大学生创新实验计划”基础上，实施“大学生创新创业训练计划”。为规范计划管理，特制定本办法。

第二条　实施“大学生创新创业训练计划”，是国家“本科教学工程”的重要组成部分，包括学生创新创业训练项目管理和学校创新创业训练计划。计划的实施旨在完善在以问题为核心的教学模式，深化以大学生为主体的创新性实验改革，构建大学生创业训练教育体系，培养大学生的创新创业意识和实践能力。

第三条　实施原则：兴趣驱动，自主实践，注重过程，团队合作，求实创新，培养能力。

## 二、管理机制

第四条　学校成立“吉林大学大学生创新创业训练计划领导小组”(以下简称“领导小组”)，成员包括教务处、科学技术处、社会科学处、实验室与设备管理处、财务处、学生处、团委、毕业生就业指导中心、科技园办公室等单位的主要负责人。“领导小组”下设办公室，办公室设在教务处。学校“领导小组”负责宏观管理，包括制定政策，协调资源，组织评审，检查过程，管理经费，验收成果，实施奖励等工作。

第五条　学院成立“大学生创新创业训练计划工作组”(以下简称“工作组”)，组长由主管教学工作副院长担任，副组长由主管学生工作的副书记担任，小组成员由学院教学、科研、实验室、学生工作的领导和部分工作人员担任。学院“工作组”负责本学院计划项目的具体实施与管理，包括组织项目申报，管理项目实施，提供实验条件，验收项目结果，管理经费等工作。

## 三、项目的立项

第六条　学校大学生创新创业训练计划项目每年进行一次立项工作。计划项目分为国家级、校级和院级三级资助项目。校级项目分为一类资助项目和二类资助项目。

第七条　大学生创新创业训练计划原则上面向全校全日制在校二、三年级本科生。参与学生应能够按培养方案规定完成学习任务，对科学研究与发明或创业有浓厚兴趣，敢于探索与实践，具有创新意识与创新精神，具备良好的学术道德和社会公德。

鼓励申请者组成项目组合作申请项目，原则上每组 3 ～ 4 人为宜，项目组最多不超过 5 人。鼓励跨院系、跨学科的合作。每名学生（含申请人与参加人）限同时申报一个项目，在研项目未结题时不能申报新的项目。

指导教师原则上应具有副高级（含）以上职称，熟悉该项目涉及的研究领域。如聘请其他高校、科研单位或企业的专家担任指导教师，也应有校内的导师负责日常管理，协助指导工作。

第八条　学校于每年 3 月开始组织项目申报工作，3—5 月中旬学生准备选题、项目论证与填写申报书，5 月下旬学院组织初评，5 月底学校组织立项评审。

第九条　大学生创新创业训练计划内容包括创新训练项目、创业训练项目和创业实践项目三类。

（1）创新训练项目。创新训练（创新性实验）项目是本科生个人或团队，在导师指导下，自主完成创新性研究项目设计、研究条件准备和项目实施、研究报告撰写、成果（学术）交流等工作。

（2）创业训练项目。创业训练项目是本科生团队，在导师指导下，团队中每个学生在项目实施过程中扮演一个或多个具体的角色，通过编制商业计划书，开展可行性研究，模拟企业运行，参加企业实践，撰写创业报告等工作。

（3）创业实践项目。创业实践项目是学生团队在学校导师和企业导师共同指导下，采用前期创新训练项目（或创新性实验、大学生学科竞赛）的成果，提出一项具有市场前景的创新性产品或者服务，以此为基础开展创业实践活动。

第十条　学生可根据所学专业、兴趣爱好或在教师的指导下自主进行选题。选题要求思路清晰，目标明确，具有创新性和探索性。项目内容难易适度，可行性强。创新训练项目内容包括自主性学习、实验方法的设计、组织设备与材料、实施实验、数据分析处理、撰写总结报告、成员分工等；创业训练与创业实践项目内容包括自主性学习、商业计划书编制、项目可行性研究、模拟企业运行方案、计划参加的企业实践、撰写创业报告（计划）、成员分工等。项目内容由学生个人或创新团队（不超过 5 人）完成，每个项目配备指导教师 1 ～ 2 人。

第十一条　大学生创新创业训练计划项目原则上要求项目负责人在毕业前完成项目，即完成时间一般为 1 ～ 2 年，最长不得超过 3 年。创业实践项目负责人毕业后可根据情况更换负责人，或是在能继续履行项目负责人职责的情况下，以大学生自主创业者的身份继续担任项目负责人。创业实践项目结束时，要按照有关法律法规和政策妥善处理各项事务。

第十二条　项目评选要经过学院初评、学校评审与学校“领导小组”审批等过程。学院“工作组”组织专家（5 ～ 7 人）对学生申报的创新创业训练项目进行初审，确定参评校级项目。跨学院组队项目由项目负责人所在学院受理立项申请。学校根据学科特点按学部组成校级专家组（5 ～ 7 人）评选校级创新创业训练项目，确定校级一类、二类资助项目。校级专家组对校级一类资助项目以公开答辩的方式进行再评选，最终确定拟申报的国家级项目。经过评审拟确定的国家级、校级资助项目名单，学校“领导小组”审批后，正式确定为吉林大学大学生创新创业训练计划项目。

第十三条　创新训练与创业训练项目评审，主要依据以下标准：①项目成员具备一定的相关专业基础和基本业务素质，具有初步的综合研究能力，鼓励跨学科、跨年级组建团队；②项目选题具有一定的先进性和实际意义，研究目的明确、原理可靠、方法科学，具备研究的可行性；③项目应在研究对象、应用理论、采用方法或实现路径等某一或某几方面具有创新性；④项目团队成员及指导教师对课题领域的研究具有一定工作基础，研究的技术路线清晰，阶段划分合理，阶段性任务及成果明确；⑤项目的难易程度适合团队能力，所需研究及实验条件能够得到基本满足；⑥项目经费预算合理，建立明确的经费使用制度，设备、材料等管理责任明确；⑦项目负责人组织能力较强，团队成员分工合理，指导教师具备专业能力并指导到位，项目经努力能够按时完成。

第十四条　创业实践项目评审，主要依据以下标准：①项目成员具有旺盛的创业热情，具备基本专业知识和良好的心理素质，沟通实践能力较强，团队具有基本的专业与特长组合。②项目选题建立在充分的市场分析基础上，具有一定技术或专业依托，鼓励从我校教师的科研成果，特别是我校大学生的创新训练项目中进行选择。③技术型项目应具有一定的高新技术含量和市场开发价值，应具备技术的合理性和经济的可行性，并能产生良好的经济与社会效益。④应建立清晰的公司化运作方式，明晰利益关系，建立基本的组织架构与制度框架，明确团队成员的角色分工。⑤要编写规范的商业计划书，有基本的商业模式设计，有较详细的公司运营计划，有明确经营目标，基本运作条件和资金的需求应在现实可实现的范围内。⑥应遵守国家的法律法规，诚信经营。要有风险意识，明晰项目风险，建立规避机制。如项目失败，应能进行合理清算，尽量减少损失。⑦项目负责人能发挥核心作用；团队成员各尽其职，关系融洽；指导教师具备专业水平或管理经验，并指导到位。⑧项目组聘请企业指导教师，签署指导协议。

## 四、项目运行与管理

第十五条　大学生创新创业训练计划项目，由学校“领导小组”进行宏观管理，项目所在学院具体实施。每批项目公布后，参与学生即可在教师的指导下自主开展研究工作。项目组成员应严格按照项目实施计划开展工作。全体成员应保证时间和精力的投入，自主设计和组织实施，独立进行实验，独立撰写总结报告，同时应做好训练过程记录。项目成员不得抄袭、拷贝、移植他人成果，引用参考资料须在报告中注明出处。

第十六条　每个项目配备 1 ~ 2 名指导教师，每个指导教师同时指导的项目不超过 2 个。

指导教师要根据项目的实施计划及时给予指导，保证指导时间和指导质量。在项目实施中，指导教师应在学术思想、研究技术手段与研究方法、研究工作成果分析总结方面给予指导，引导学生自主学习、自主完成研究计划；应注重学生创新思想的激发，培养团队的协作精神；应严格要求学生，注重学生综合素质的培养，包括发展学生对科学研究的兴趣，培养实事求是的科学精神及坚韧不拔的态度。指导教师不得代替学生完成项目内容，也不得将自己的成果转嫁给学生。

如有特殊原因致使指导教师不能完成指导任务，学院“工作组”要及时采取措施或变更指导老师，确保项目顺利进行。

第十七条　学校及学院对所有项目的进展情况进行定期检查及随机抽查。定期检查安排在每年 4 月和 10 月。项目组要定期向学院提交进展报告。学院“工作组”组织专家检查本院所有执行项目。学校“领导小组”组织专家检查国家级项目、校级一类资助项目。校级专家组还要随机抽查校级二类资助项目。对检查中发现的问题及时采取措施予以改进。每次检查要形成书面报告，并存档。

第十八条　项目在运行过程中可以申请变更相关事宜。

项目组成员如需变更，须由项目负责人提交申请，经指导教师审查，学院“工作组”审批，报学校“领导小组”办公室备案。项目组成员变更仅限人员替换，变更人数应在参加人数的 1/2 以内，且项目负责人不得变更。创新训练、创业训练项目人员变更事宜,限定在项目计划时间的前 1/2 时段内进行。

创业实践项目负责人毕业后如需更换负责人，由原负责人提出变更申请，经学院“工作组”审查，报学校“领导小组”审批。变更负责人，应按照有关法律法规和政策妥善处理涉及事务。

如遇特殊原因不能继续指导，指导教师应向学院“工作组”申请变更，学院“工作组”批准后报学校“领导小组”办公室备案。

第十九条　校级项目如需延期或提前结题，须提交书面申请。申请延期结题，须在计划时间的前 2/3 时段内进行，并说明充分理由，经学院“工作组”审核。学校“领导小组”办公室审批后,可以延期完成。最长延期时间为一年。

原计划完成时间为三年的项目，或延期后项目组成员不能在本科学习期间完成的项目，不得延期。国家级项目，原则上不得延期。申请提前结题，须提供完整的成果资料，经学院“工作组”严格审查，报学校“领导小组”办公室审批后，方可提前进行结题验收工作。

第二十条　项目的主体研究内容和研究方向不得变更，否则按终止处理。

第二十一条　经项目组成员努力仍不能完成预期研究任务，或项目研究内容严重偏离原计划研究方向，该项目按终止处理。项目终止可由项目组提出申请，学院“工作组”研究批准后终止，或校、院专家组建议终止。终止的项目须报学校“领导小组”办公室备案。

第二十二条　大学生创新创业训练计划项目结题验收工作由学校和学院共同完成，每年两次，分别在 5 月、9 月进行。

第二十三条　项目按计划完成后，项目组向学院工作组提交结题申请，附加成果报告、发表文章、专利、产品或作品、成果应用情况、经费支出情况、项目实施记录本等资料。跨学院的项目，由项目负责人所在学院受理结题申请。

第二十四条　学院“工作组”组织专家（5 人以上）对本学院的项目以答辩形式进行结题评审，并对每个项目形成书面评审意见。学院“工作组”对结题项目的总体研究结果进行总结，并将项目评审意见、项目结题申请资料及时报学校“领导小组”审查。

学校“领导小组”组织专家对申请结题的国家级项目以答辩形式评审，对校级项目以审查资料形式评审。通过评审的项目由学校“领导小组”审批后即可结题。未通过学校审查的项目，应当继续进行；对不能继续进行的项目，学院应提供相关说明材料，并提出终止意见。

第二十五条　创新创业训练项目，应按照立项申请书中的实施方案进行，完成设计工作内容，项目支撑材料充分翔实，项目成果达到或基本达到预期指标，研究报告规范翔实，鼓励项目成果申报专利或有偿转让，鼓励在学术刊物或会议上公开发表。

创业实践项目，团队应遵守国家法律法规，诚信经营。项目支撑材料充分翔实，项目运作达到或基本达到预期指标，鼓励项目做大做强，并以多种方式引入技术、资金、生产和市场等合作者。

第二十六条　结题项目成果受益人为吉林大学。

## 五、条件保障

第二十七条　大学生创新创业训练计划项目经费来源于教育部专项经费和学校划拨的专项经费。教育部专项经费用于国家级项目。学校划拨的专项经费用于配套支持国家级项目和资助校级项目。院级资助项目由学院筹专款资助。项目经费实行专项管理，由学院“工作组”组长负责。

第二十八条　经费使用应符合以下要求：①专项经费专款专用，任何单位或个人不得截留、挪用，变更用途。②学校财务部门按年度分批次划拨到学院，由学院“工作组”进行具体管理。③经费列支范围包括图书资料费、网络费、实验材料费、实验费、简单仪器费、设计费、复印费、论文版面费、调研耗材费等，原则上不支付差旅费。④使用经费，首先由项目负责人根据项目运行情况提出申请（经办人），项目合作者证明（验收人），经指导教师同意（分管负责人),学院“工作组”组长（项目负责人）批准,方可分批支付。支出总额度不能超过该项目的资助额度。⑤项目结题时，项目组要做出经费使用说明。

第二十九条　对于延期的项目，学校不予追加经费；对于终止的项目，学校将不再下拨剩余经费。

第三十条　学校为大学生创新创业训练计划项目无偿提供必要的实验条件。学生需要跨学院进行实验，或进入科研、重点实验室使用设备、设施，或需要场地、技术、政策，可向学校“领导小组”办公室申请协调，确保项目顺利完成。

## 六、监督与奖惩

第三十一条　学校为结题的大学生创新创业训练项目的指导教师一次性计算教学工作量。国家级项目计 100 个标准学时，校级一类资助项目计 50 个标准学时，校级二类资助项目计 30 个标准学时。

第三十二条　学校设立“吉林大学大学生创新创业训练计划优秀奖”，分

“成果奖”“指导奖”及“管理奖”，对训练成果显著的学生、指导工作突出的指导教师及组织管理工作突出的学院予以奖励。对获得管理奖的学院，学校将在下一年度的大学生创新创业训练项目的申报数额分配上予以奖励。

第三十三条　学校建立公开监督机制，跟踪各类项目实施管理，特别是创新实践项目，及时检查项目运行情况，督促项目实施，防范潜在风险。

第三十四条　学生在项目研究过程中，如有抄袭、剽窃他人研究成果，违反项目经费使用规定，恶意套取项目费等行为，按舞弊论处，给予相应的纪律处分。

第三十五条　学院及指导教师在创新创业训练专项经费使用过程中，如违反管理要求，截留、挪用学生项目经费，将受到相应处理。

**七、附则**

第三十六条　本办法自公布之日起实施，《吉林大学大学生创新性实验计划实施办法》（校发〔2008〕56号）同时废止。

第三十七条　本办法解释权在吉林大学大学生创新创业训练计划领导小组。

# 附录四　汽车专业大学生创新创业训练计划项目清单

| 年份 | 项目名称 | 负责人 | 参加人 | 指导教师 | 级别 |
|---|---|---|---|---|---|
| 2007 | 电动汽车新型助力转向实现方法 | 宋世欣 | 肖　峰、李霄蓬、陶庆华、姬昆鹏 | 靳立强 | 国家级 |
| 2007 | 滑行节油离合器节能试验研究 | 刘俊杰 | 姜伟生、李发勇 | 李　静 | 国家级 |
| 2007 | 基于车辆动力学的模型小车智能导航系统探索性匹配实验 | 曹子健 | 刘海涛、陆　辉、王　竣、田小彦 | 李　静 | 校二级 |
| 2007 | 汽车爆胎应急装置 | 张嘉豪 | 王剑丰、李祥臣 | 卢　荡 | 校二级 |
| 2008 | 基于 CAN 总线网络 VDC 与智能导航小车 ECU 试验研究 | 吴颖熹 | 赵祥磊 | 李　静 | 国家级 |
| 2008 | 提高操纵稳定性的线控电动车底盘集成控制算法研究 | 潘　钊 | 冯　源、刘经文、段向雷 | 宗长富 | 校一级 |
| 2009 | 汽车轮速传感器检测平台的研制和轮速信号处理算法的开发 | 赵　迪 | 邵　东、黄禹霆 | 初　亮 | 国家级 |
| 2009 | 轮边综合转向与驱动的新型汽车行走机构设计 | 赵　鼎 | 崔文峰、朱琳、李明昊 | 管　欣 | 国家级 |
| 2009 | 节能车发动机效率优化实验研究 | 韩佐悦 | 王达、李晓锦、朱戈、陈仕兴 | 李　静 | 国家级 |
| 2009 | 基于自主导航小车的智能调度试验研究 | 徐　帆 | 郝　值 | 赵　健 | 国家级 |
| 2009 | 微型遥操作陆空两栖车辆实验研究 | 李升阳 | 孙　勇、郑雪鹏、郑　确 | 李　静 | 校一级 |
| 2009 | SUV 侧翻警示系统开发 | 张不扬 | 缪其恒、潘太勇、陈光玉 | 宗长富 | 校二级 |
| 2010 | 新一代底盘车辆精准阿克曼转向的实现 | 洪　峰 | 李陆浩、孙昊龙、田长安、吴玉杰 | 管　欣<br>詹　军 | 国家级 |
| 2010 | 混合动力轿车专用制动操纵机构的研究 | 王　碧 | 朱永逾 | 初　亮 | 国家级 |

续表

| 年份 | 项目名称 | 负责人 | 参加人 | 指导教师 | 级别 |
|---|---|---|---|---|---|
| 2010 | 电缸应用于混合动力汽车悬架的阻尼特性研究 | 魏　昊 | 范　达、张立淼、谢英元 | 王庆年 | 国家级 |
| 2010 | 基于竞速赛车不等长双横臂悬架的参数优化实验研究 | 陈光玉 | 韩佐悦、李程祎、郭章勇、王　虹 | 李　静 | 校一级 |
| 2010 | 电动模型车的沙地加速性能与电机驱动电压关系研究 | 张　亮 | 孙博华、朱　江、许宇能、赵煜然 | 宋大凤 | 校一级 |
| 2010 | 微型车载飞行器平台试验研究 | 孙诗株 | 李　闯、郑　确、刘广辉、钱　诚 | 李　静 | 校一级 |
| 2010 | FSAE 赛车限滑差速器的改进设计实验研究 | 陈祖光 | 梁立强、王成浩、王　斌 | 王建华 | 校一级 |
| 2010 | 电磁离合器在 FSAE 方程式赛车上的实验研究 | 周　衡 | 吴海燕、陈宗明、韩佳骏 | 王建华 | 校一级 |
| 2010 | 四足行走机械机构的研究 | 范钦钰 | 蔡　东、刘　辉、郭丁伊、赵亚东 | 李　静 | 校二级 |
| 2011 | 新一代汽车底盘车架改善与可旋转车身设计 | 吴玉杰 | 刘笃优、邵清波、陈永尚、曹启南 | 管　欣<br>贾　鑫 | 国家级 |
| 2011 | FSAE 赛车减震器阻尼特性实验匹配 | 韩佳君 | 范　达、董虎臣、祁　祥、郭　晗 | 赵　健 | 国家级 |
| 2011 | 仿生六腿爬行机构优化实验研究 | 王天斌 | 乔俊贤、周平章、王洪峰、孙文龙 | 宋大凤 | 校一级 |
| 2011 | 汽车制动距离实时计算 | 高东亮 | 张　健、王　艳、谢　旭、田佰昌 | 吴　坚 | 校一级 |
| 2011 | 电控智能驻车制动系统 | 王青松 | 陈黄捷、杨首辰 | 王军年 | 校一级 |
| 2011 | 驾驶员酒后驾驶检测与辅助安全系统 | 彭宇君 | 钱　皓、王　迪 | 王军年 | 校一级 |
| 2011 | 节油车动力传动系节油精细化匹配实验 | 钱丁超 | 郑　伟、曾忠敏、高　吉、丁天威 | 李　静 | 校一级 |
| 2011 | 线控转向操纵杆及控制方法研究 | 袁　昆 | 侯嘉封、郭阳子、赵镜澈、孙　俏 | 郑宏宇 | 校一级 |
| 2011 | 智能交通调度网络下的节能驾驶实验研究 | 陈　龙 | 李楚照、邱宗阳、于　龙、姚文龙 | 吴　坚 | 校二级 |

续表

| 年份 | 项目名称 | 负责人 | 参加人 | 指导教师 | 级别 |
|---|---|---|---|---|---|
| 2011 | 楔形盘式制动器的研究与设计 | 杨南南 | 王　哲 | 王军年 | 校二级 |
| 2011 | “车适应人”线控汽车理想特性参考模型算法研究与实现 | 林　娜 | 文丽娜、张为荣、蒋维旭、高　帅 | 宗长富 | 校二级 |
| 2011 | 半热熔轮胎动力学特性的研究 | 王　斌 | 李慧寰、冯　田、郭铁钢、王会茹 | 庄　晔 | 校二级 |
| 2012 | 新型自行车自发电车灯及报警器 | 朱赛华 | 赵东炎、方　刚、高若翔、刘雨晴 | 朱　冰 | 国家级 |
| 2012 | 汽车追尾及主动变线预警系统 | 潜　磊 | 钟红敏、王　健、李峻峰、白　哲 | 庄　晔 | 国家级 |
| 2012 | 节油车柱塞式化油器油门开度电控实验 | 邓忠伟 | 吴东远、杨　帆、吕　赫、何英鹏 | 李　静 | 国家级 |
| 2012 | 商用车制动集成管理研发平台及制动集成管理算法研究 | 刘宗宇 | 许文凯、刘　凤、邓文哲 | 郑宏宇 | 国家级 |
| 2012 | 基于便携电子设备的车道偏离预警系统 | 孟祥媛 | 鲁居印、梁　帆、伞吉路、刘滨诺 | 管　欣<br>贾　鑫 | 校一级 |
| 2012 | 汽车全工况智能油门防误踩应急制动系统设计 | 张峻恺 | 张　超、陈家楠、范国庆、孙浩然 | 朱　冰 | 校一级 |
| 2012 | 基于AMEsim的新型液压混合动力系统匹配与控制研究 | 曾　炜 | 王靖宇、陈长亮、张　雷、于　鑫 | 曾小华 | 校一级 |
| 2012 | 基于RFID无线射频技术的汽车黑匣子 | 王郑强 | 陈永超 | 王军年 | 校一级 |
| 2012 | 基于MicroAutoBox的FSAE赛车数据采集系统设计及赛车的性能测试与数据分析 | 张睿垚 | 刘达亮、谭　超、付佳琪、王际洲 | 吴　坚 | 校一级 |
| 2012 | 基于超声波测距的汽车侧向防撞及盲区预警系统 | 陈永超 | 崔　双、姜黎华、程家荃 | 王军年 | 校二级 |
| 2012 | FSAE赛车牵引力控制系统设计与实验 | 王景智 | 黄　健、廖紫均、杜　伟、王　钊 | 朱　冰<br>赵　健 | 校二级 |
| 2012 | 大学校园电动三轮代步小车 | 李　震 | 许黛云、李炤宇 | 初　亮<br>王军年 | 校二级 |

续表

| 年份 | 项目名称 | 负责人 | 参加人 | 指导教师 | 级别 |
|---|---|---|---|---|---|
| 2012 | 太阳能车自动调速系统研究 | 张　煦 | 康　丹、张君彦、唐德隆 | 王庆年<br>王军年 | 校二级 |
| 2013 | 汽车落水救生装置 | 赵东炎 | 张峻恺、张　超、王兆佐、杨　帆 | 朱　冰 | 国家级 |
| 2013 | 新型车辆电磁动力驱动装置设计 | 谢　腾 | 王冠林、黄　俊、李春鹏 | 赵　健<br>朱　冰 | 国家级 |
| 2013 | 基于压力传感的幼童被置车内预警系统 | 周君为 | 陈思吉 | 王军年 | 国家级 |
| 2013 | 汽车制动机器人执行机构研究 | 朱鹏昊 | 张雨萌、刘初群、王严伟、张美佳 | 初　亮 | 国家级 |
| 2013 | 智能化公共交通信息交互与显示系统 | 韩嘉懿 | 朱赛华、李雅欣、高　静、宋佳儒 | 朱　冰 | 国家级 |
| 2013 | 具有车辆运动模拟功能的ESP硬件在环小型化试验装置 | 吕卓阳 | 段京良、闫学军、魏树军、石建策 | 李　静 | 国家级 |
| 2013 | FSAE赛车悬架系统零部件的应力测量与结构优化 | 赵文强 | 陈长亮、陈雪平、张　琼 | 贾　鑫 | 国家级 |
| 2013 | 基于倒立摆原理的两轮自平衡智能服务车 | 李伟强 | 杨文轩、张　腾、张康平、魏永禄 | 宋大凤 | 国家级 |
| 2013 | 基于ABAQUS for CATIA的FSAE赛车新型横向稳定杆CAD/CAE开发技术的研究 | 王靖宇 | 朱　强、郭思远、曾　炜、黄明星 | 谢　飞 | 国家级 |
| 2013 | FSAE赛车悬架优化设计和调校 | 阳　超 | 王际洲、刘焕杰、吴文君、匡宏玉 | 郭孔辉<br>章新杰 | 国家级 |
| 2013 | 基于电磁离合器及其与电控油门一体化控制的节油车节油实验研究 | 施　勇 | 王登峰、李思哲、陈　着、刘志远 | 李　静 | 国家级 |
| 2013 | 基于光学传感器技术的汽车自动防炫目系统 | 苏　琛 | 陈帅帅、陈　栋、刘　昊、孔文霞 | 贾　鑫 | 国家级 |
| 2013 | 线控转向方向盘与操纵杆角传动比设计与研究 | 韩亚凝 | 刘译萱、孙　玢、张　浩、杨玉晴 | 郑宏宇 | 校　级 |
| 2013 | 重型商用车载荷分配和质心位置信息估计算法 | 赵汉卿 | 崔禹倩、袁　晶、高　迪、刘慧怡 | 宗长富<br>郑宏宇 | 校　级 |

续表

| 年份 | 项目名称 | 负责人 | 参加人 | 指导教师 | 级别 |
|---|---|---|---|---|---|
| 2013 | 用于汽车主动避撞系统的路面附着系数估计方法研究 | 李建平 | 董文龙、杨　震<br>胡景博 | 何　磊 | 校　级 |
| 2013 | 制动管路各分路工作状态监测、预警、采集设备以及分析实验 | 马将军 | 苗青林、杨　扬、<br>朱显明 | 郭　睿<br>张素民 | 校　级 |
| 2013 | 轮毂电机驱动系统再生制动技术 | 陈　煜 | 谢馥璟、李雨浓、<br>赵　前、胡毓超 | 靳立强 | 校　级 |
| 2013 | 磁流变液（MRF）减振器 | 高若翔 | 孙　超、谷　铮、<br>陈博伦 | 史文库 | 校　级 |
| 2013 | 汽车自主保洁系统 | 吴思美 | 杨　迪、马森友、<br>付　冰 | 王建华 | 校　级 |
| 2013 | 新型抽油机能源再生系统 | 曹毅星 | 徐智勇、孙娜娜 | 王庆年<br>王军年 | 校　级 |
| 2014 | 基于永磁同步电机的代步车动力系统的开发 | 程　晋 | 刘　璐、王泽宇、<br>张　毅、赵　亮 | 初　亮<br>许　楠 | 国家级 |
| 2014 | 水陆两栖休闲自行车研究 | 李若琳 | 崔诗超 刘雅丹 | 王建华 | 国家级 |
| 2014 | 汽车自动导驶仿真平台教具及其实验研究 | 詹坚成 | 谢　腾、邵　阳、<br>韩　旭 | 李　静 | 国家级 |
| 2014 | 电控转向随动轮胎挡泥板及实验设计 | 付　饶 | 王心楚、王连宇、<br>高如杉 | 王军年 | 国家级 |
| 2014 | 汽车防盗车窗报警装置 | 王　远 | 田　浩、梁　宇、<br>刘庆武、廖梦迪 | 卢延辉<br>付铁军 | 国家级 |
| 2014 | 基于激光网格的路面监测系统 | 黄普淳 | 韩嘉懿、邱天宇 | 朱　冰 | 国家级 |
| 2014 | 小型可变轮距节能车及其实验研究 | 何晓临 | 唐子超、钱　瑞 | 李　静 | 国家级 |
| 2014 | 轮毂电机驱动汽车差动助力转向与电动助力转向结合助力优化研究 | 代凌云 | 尹华喜、丁运康、<br>杨　宇 | 宗长富<br>陈国迎 | 国家级 |
| 2014 | FSAE 赛车车载数据采集及遥测系统的开发与应用 | 代　凯 | 蔺煜新、阙高蓉、<br>袁晶鑫、陈林峰 | 朱　冰<br>宋大凤 | 国家级 |
| 2014 | 基于主动激光雷达的汽车交叉路口驾驶员辅助系统 | 王永辉 | 刘岩通、朱婧祎、<br>李　莉、郭伟男 | 吴　坚 | 国家级 |

续表

| 年份 | 项目名称 | 负责人 | 参加人 | 指导教师 | 级别 |
|---|---|---|---|---|---|
| 2014 | 混合动力客车AMT变速器参数全面优化设计方法的研究 | 高官健 | 孙茂远、闫国明 | 宗长富 | 国家级 |
| 2014 | 汽车磁流变液半主动双质量飞轮扭振减振器结构设计与控制研究 | 姜洪伟 | 罗钧夫、王秀雨、宋　杰、孔祥仁 | 陈志勇 | 国家级 |
| 2014 | 基于多传感器的智能泊车系统控制策略算法研究 | 李昊宇 | 李婷玉、沈静祺、路　峰、赵　琪 | 陈国迎 | 国家级 |
| 2014 | 限滑差速器的改制及对FSAE赛车性能的影响研究 | 刘昨非 | 蔡育展、董文龙、夏　天、魏建彪 | 王建华 | 校　级 |
| 2014 | 汽车的质量减震器及振动能量回收一体化系统 | 索艳茹 | 贺毓凯、李金杭、梁桂琦、童　炅 | 庄　晔 | 校　级 |
| 2014 | 电磁馈能悬架减振器 | 王伟臣 | 张　垚、于杰明、陆天怡、安靖雅 | 付铁军 | 校　级 |
| 2014 | 基于多传感器信息融合的行车障碍物识别 | 王晓松 | 常印坤、李禄弟、任念祖、焦　健 | 何　磊 | 校　级 |
| 2014 | 基于FSAE赛车的ABS控制算法实现 | 徐伟健 | 尹玉龙、朱　俊、王彦哲 | 郑宏宇 | 校　级 |
| 2014 | 非接触式轮胎测温器 | 张艺馨 | 邓佳慧、孙仁政、邵明志、赵梓博 | 曾小华 | 校　级 |
| 2014 | 残疾人单操纵杆驾驶系统 | 张照普 | 贵　琳、朱恒利、崔玉卿 | 宗长富<br>郑宏宇 | 校　级 |
| 2014 | 乘用车平顺性主客观评价一致性初步研究 | 黄海东 | 周水华、杨龙帆、张悦琪、杨　悦 | 郭孔辉<br>章新杰 | 校　级 |
| 2014 | 长春市风暴卡丁车馆 | 林　博 | 马将军、周君为、张璐瑒 | 王建华 | 校　级 |

# 附录五　肯赛节能车队纳新题

肯赛车队微信公共账号：weixinconception

肯赛车队人人主页用户名：吉林大学肯赛节能车队

肯赛节能车队邮箱：conception_ecocar. @163com

## 吉林大学肯赛节能车队纳新考核初试之发动机组

**一、请从以下题目中任选两题作答：**

1. 请叙述四冲程汽油机的一个工作循环。

2. 请简述汽油机设定点火提前角的原因。

3. 请解释为什么两冲程发动机比四冲程发动机费油。

4. 请简述化油器和电子喷射系统的优缺点。

**二、请从以下两题中任选一题作答：**

1. 试对汽油车、柴油车、混合动力车以及电动车在未来的发展前景，做出你自己的预测。

2. 列举几项现有的汽车发动机节油措施，并通过自己的思考，想出一种新的节油方法（理论上可行即可）。

## 吉林大学肯赛节能车队纳新考核初试之“行驶组”

**一、从下面 5 道题中任选两道作答**

1. 调研几种动力传输方式（链传动、带传动、齿轮传动等），总结各自优缺点，适用场合，推荐一种适合节能车队的，并说明理由。

2. 弹簧的调研（类型、材料、参数、性能特点与适用场合）。

3. 刹车器调研（类型、参数、品牌、优缺点、安装方法等）。

4. 轴承的调研（关于轴承、结构、类型、代号以及性能评价标准，并给出安装使用的注意事项）。

5. 螺栓、螺母的调研（类型、材料、使用条件、设计安装的注意事项等，推荐节能车一种新型的螺栓螺母材料）。

**二、必答题**

谈谈对节能车的认识，就如何做到“节能”，提高成绩，给“行驶组”一些建议。

**吉林大学肯赛节能车队纳新考核初试之车体组**

**试题部分：**

1. 目前节能车车架主要采用铝合金管材为骨架。试分析：①节能车车架材料的选取主要应该考虑哪些因素？②根据你能调查到的相关知识，除了铝材外，哪种材料更适合制作车架？

2. 你认为车架的设计需要考虑哪些因素？哪种因素对节能车行驶效果影响最为显著？

3. 铝的焊接性能受合金成分影响很大。试着从车架加工及性能需要分析6063与7075铝合金哪种更适合做车架的加工原材料。

4. 有限元模型数据包括节点数据、单元数据和边界条件数据。它们分别包括哪些内容？请简要写出采用有限元软件进行悬臂板结构静力分析的一般步骤（软件不限）。

5. 试分析亚克力、聚碳酸酯这两种材料哪种更适合做车窗，并说明理由。

6. 空气阻力对汽车行驶的影响十分显著。试分析在汽车车身设计中为了减小空气阻力，设计师们通常都会采取哪些措施。

7. 请举例谈谈你对“以人为本”的设计理念的理解。

8. 请举例说明生活中色彩的冷暖给人造成的不同心理感受。

9. 色彩的轻、重感与色彩的什么属性有关？举例说明。

10. 请分别在15 cm×15 cm纸中以单一颜色表达点、线、面构成（以照片形式添加到附件发至邮箱）。

**吉林大学肯赛节能车俱乐部电控组初试试题**

请仔细阅读试题，认真完成试卷，在2013年3月20日晚11：30之前将答案以 Word 文档的形式（文件名为姓名 + 学号）发送至电控组的邮箱：conception2013dk@163. com。发送完成后等待短信通知，进入下一轮考核。

前 3 道为必答题；后 4 道为开放性题，请从中选两道作答。

**一、必答题**

1. 1（大一作答） 51 系列是经常用到的单片机。以下给出一组简单的程序，请说出程序表达的意思（其中 P1 口接 8 个 LED 灯）。

```
#include<reg52. h>
void main（void）
{
P1=0xFF；
P1=0xfe；
While（1）
{
}
}
```

1. 2（大二及以上作答） 下面是一个完整程序的一部分。在程序右面翻译程序，或说说你的理解（用红色的字体写出，双斜杠为辅助注释）。

```
#include<reg52. h>
sbit en=P2^0； // 电机使能
sbit ZZ=P2^1； // 正转
sbit FZ=P2^2； // 反转
void delay（unsigned int ms）
{
int i，j；
for（i=ms；i>0；i－－）
{
for（j=2000；j>0；j－－）；
}
```

```
}
void backward ( ) // 电机反转程序
{
en=1;
ZZ=0;
FZ=1;
delay ( 15 );
}
```

2. 用 C 语言编程时，欲启用 STC89C52RC 的定时 / 计数器 T0 的 16 位定时器功能，使其不受外部中断请求信号影响并将 T0 启动，请写出相应的寄存器设置（既可对寄存器整体设置，也可只写出某些位的设置；不相关位可置零）。

3. 请简单比较一下轮毂电机和普通电机在传动及操纵性方面的差别。

**二、开放性题（4 选 2）：**

1. 现在实验室有 12 V 直流电机一台，5 V 直流稳压电源一台（具备 +5 V 接线柱、−5 V 接线柱和接地接线柱），12 V 直流稳压电源一台（具备 +12 V 接线柱、−12 V 接线柱和接地接线柱），按键开关、单刀双掷开关及其他种类开关若干，三极管若干，LM298 芯片若干，MC33886 芯片若干。暂且不考虑电流大小对电路的影响。请大胆设计至少 3 种电路，以实现对电机的正、反转控制，并在电路图上注明操作方式。

2. 请以电控技术为例，谈谈你如何学习一门从未接触过的新知识（请用自己的语言表述，内容力求详尽充实）。

3. 怎样用飞思卡尔单片机（MC9S12XS128）实现两路测速功能？

4. 以下为按键扫描电路，被用于检测按键是否按下，以达到用按键控制的目的。其中 KeyOut1 ～ 4，KeyIn1 ～ 4 与单片机 P2 口各引脚相连。请说明按键扫描原理和扫描检测方式。

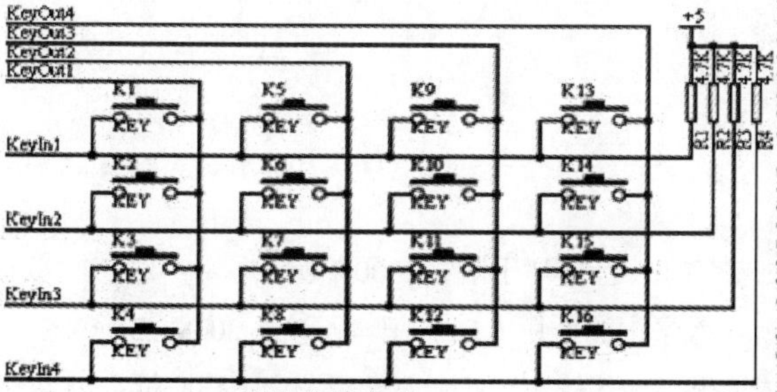


矩阵按键电路

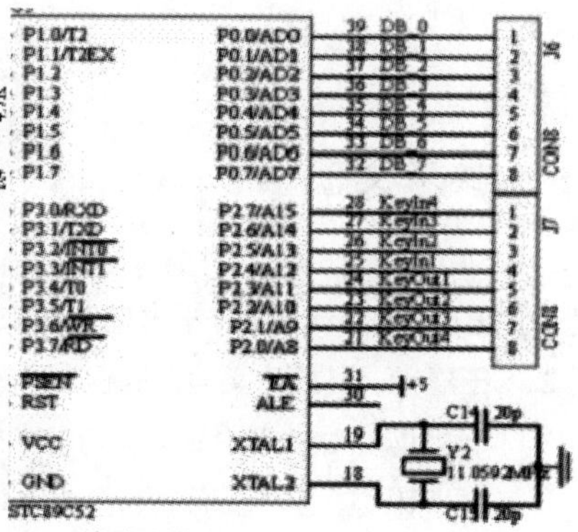


单片机电路

问卷调查（与答题无关，请认真填写）

你是通过什么途径了解到我们的?

从学长、学姐那里听到的神秘传说（　　）

宣传手册（　　）

宣传现场（　　）

人人网（　　）

班长通知(　　)

其他（　　）

# 参考文献


［1］ Bernald Donovan. 学术期刊的未来［J］. 科技与出版，2000（2）.

［2］ 王建青. 科技论文写作课程在研究生教学中的作用［J］. 教学研究，2008，31（4）.

［3］ 杨兆弘. 对学术论文发表与学术规范的若干思考［C］. 第十二届全国核心期刊与期刊国际化、网络化研讨会论文集，2014（9）.

［4］ 何雪. 科技论文写作中的常见问题与建议［J］. 学报编辑论丛，2008（1）.

［5］ 陈素清，李若. 大学生科技论文写作能力培养方法探析［J］. 科技情报开发与经济，2010，20（9）.

［6］ 百度文库. 科技论文［EB/OL］. http：//baike. baidu. com/view/4286893. htm.

［7］ 刘国存. 大学生科技创新能力培养存在的问题及原因探究［J］. 河南教育：高校版，2007（9）.

［8］ 唐君. 刍议理工科大学生科技创新能力培养［J］. 湖南科技学院学报，2011（4）.

［9］ 吴明全，田懿. 大学生科技创新能力培养的探索与实践［J］. 教育与职业，2010（35）.

［10］ 苏海泉. 大学生科技创新的现状分析及对策研究［J］. 山东省团校学报，2010（3）.

［11］ 郑绍春. 浅谈如何发挥指导老师在大学生科技创新团队中的作用［J］. 航海工程，2008（4）.

［12］ 崔彬，谢伟. 大学生科技创新的探索与实践［J］. 继续教育研究，2009（2）.

［13］ 王泰鹏. 大学生课外科技创新活动指南（机械、近机械类专业）［M］. 北京：北京理工大学出版社，2012.

［14］ 林学东. 发动机原理［M］. 北京：机械工业出版社，2010.

［15］ 陈家瑞. 汽车构造（下册）（第3版）［M］. 北京：机械工业出版社，2011.

［16］ 余志生. 汽车理论（第5版）［M］. 北京：机械工业出版社，2012.

［17］ 郑建荣. ADAMS——虚拟样机技术入门与提高［M］. 北京：机械工业出版社，2012.

［18］ 陈积伟. 工程材料［M］. 北京：机械工业出版社，2007.

［19］ 成大先. 机械设计手册（第五版·第3卷）［M］. 北京：机械工业出版社，2008.

［20］ Smith C. Tune to Win［M］. Fallbrook, CA: AERO Publishers, Inc., 1978.

［21］ Milliken W. F., Milliken D. L. Race Car Vehicle Dynamics［M］. Warrendale, PA: Society of Automotive Engineers International, 1995.

[22] 柴天. FSAE 赛车整车性能分析与研究 [D]. 长沙：湖南大学，2009.
[23] 张武. FSAE 赛车操纵稳定性的仿真研究 [D]. 长沙：湖南大学，2008.
[24] 百度文库. FSAE 项目轮胎参考材料. 2011-03-03. http://wenku. baidu. com/view/b8831989d0d233d4b14e691c. html
[25] 张阳，等. MC9S12XS 单片机原理及嵌入式系统开发 [M]. 北京：电子工业出版社，2011.
[26] 邵贝贝. 单片机嵌入式应用的在线开发方法 [M]. 北京：清华大学出版社，2004.
[27] 童诗白，华成英. 模拟电子技术基础 [M]. 北京：高等教育出版社，2001.